武汉大学中国传统文化研究中心『985工程』项目成果

學鑒

【第四辑】

丁四新 主编

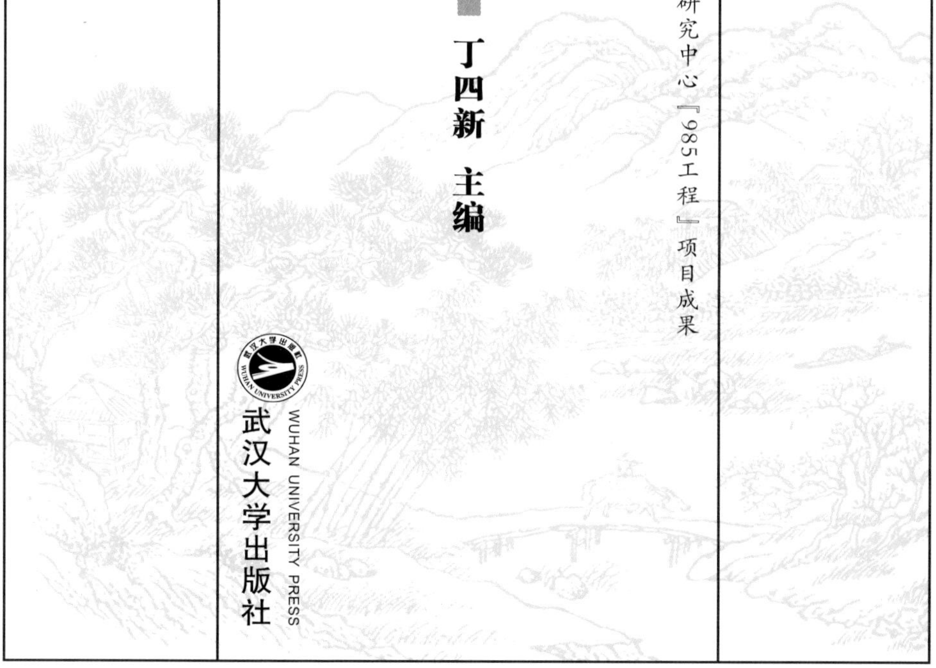

武汉大学出版社
WUHAN UNIVERSITY PRESS

图书在版编目(CIP)数据

学鉴．第4辑/丁四新主编．—武汉：武汉大学出版社，2011.9
ISBN 978-7-307-08895-5

Ⅰ．学…　Ⅱ．丁…　Ⅲ．社会科学—文集　Ⅳ．C53

中国版本图书馆CIP数据核字(2011)第123165号

责任编辑：陶佳珞　　责任校对：刘　欣　　版式设计：詹锦玲

出版发行：武汉大学出版社　(430072　武昌　珞珈山)
(电子邮件：cbs22@whu.edu.cn　网址：www.wdp.com.cn)
印刷：武汉中远印务有限公司
开本：720×1000　1/16　印张：24　字数：343千字　插页：2
版次：2011年9月第1版　2011年9月第1次印刷
ISBN 978-7-307-08895-5/C·287　定价：53.00元

发刊缘起

当代中国，学术之繁荣，大有空前之势；然则是否绝后，吾辈不敢悬揣。学人如云而书刊如林，以概言当代学术之盛况，似乎并无矫诬之嫌。学人既夥，其研究之轨辙则不拘于一途；书刊甚众，其成果之公布亦各得于其所。然轨辙非一，其取径必有末路与康衢之别；文事既繁，其创获亦必有深弘与浅狭之殊。而鱼龙相杂，玉石共生，不惟有司惮于悉察，繄学人又恶乎尽辨！于是出版单位可定学术之高下，刊物级别能判文章之优劣，其于鉴照乏术衡程无式之际，由外以觇内，据简以控繁，未尝不可以济一时之穷耳。然舍经从权，行之既久，非惟其本末倒置之弊立显，而学术之种种颓败，又无不乘瑕蹈隙而起！长此以往，其所断送者又非徒学术之一端而已！斯有二三同仁，人称珞珈七子，亟思有以振济靡溺而救人心于万一。然狂澜既倒而清流不足以当其颓波，人心惟危而道德亦无以救其沦丧，此孔子所谓末如之何也！而七子者，于匪夷匪惠之时，何为邪？何不为邪？亦惟趋古人之风，学以为己而已矣，岂有他哉！然独学而无友，孤陋而寡闻，是以《易象》曰“丽泽，兑；君子以朋友讲习”，其言兑以两泽相丽而偶，像君子群居以切磋也。特七子聚而讲读，迄之于今者，钻燧改火，其数有五矣。而学之有所得于心，必有所应之于手者也，是以又不能无文。然海内君子，饱学之士众矣！欲与讲习之而切磋之，何由而能致之乎？庄生云遥而无闷者，其可得邪？此《学鉴》之必不可无也。且《书》有之曰“孝乎惟孝，友于兄弟，施于有政”，孔子亦有之曰“是亦为政，奚其为为政”！施于有政者，其于圣人则可，而区区七子者又何能间焉！然则《诗》不亦云之乎？“孝子不匮，永锡尔类”，又云“嘤其鸣矣，求其友声”，则“学鉴”云者，锡其“类”求其“声”而已。倘蒙海内君子有充类之思而继以伐柯之行，则浮尹旁达，又何虑滥风恶俗不能为之一改也！然则《学鉴》之发刊，尤为铭感于心而不可不志之者，武汉大学中国传统文化研究中心主任冯天瑜教授暨郭齐勇教授，既为七子之讲习辟其场所，亦予《学鉴》之创刊斥其资度；而武汉大学校长刘经南院士亦时加褒诱，武汉大学出版社社长陈庆辉博士又慨然承其梓事，其援引后进策励学术之公心，亦可鉴之于居诸也！

程水金

公历二〇〇六年一月廿五日

草于珞珈山麓颜乐斋

目 录

经史抉微

典籍辨伪

古典新义

中西论衡

玄圃评鉴

经史抉微

学鉴

楚竹书《周易》卦爻辞校札二十一则

◎丁四新

上海博物馆藏战国楚竹书《周易》，是当前可以见到的最早本子。目前，学界对于此本的研讨和校注已进入成熟阶段。近年来，笔者主要从事楚竹书《周易》的校注工作，略有所得，今不揣拙陋，罗列数十条，以俟方家指正。

一、孠于⿰土⿸尾少

楚竹书《周易·孠（需）》九二爻辞（第2号简）曰：

孠（需）于⿰土⿸尾少（沙），少（小）又（有）言，冬（終）吉。

“⿰土⿸尾少”，帛本、今本作“沙”，《释文》：“郑作沚。”案：“⿰土⿸尾少”，濮茅左说：“《说文》所无，从土、从尾，少声，读为‘沙’。”①

---

① 濮茅左：《楚竹书〈周易〉释文注释》，马承源主编：《上海博物馆藏战国楚竹书（三）》，上海：上海古籍出版社2003年版，第139页。

何琳仪说："𡊦，从'土'、从'徙'之异文。（参《说文》'徙'之古文，然其右下稍有讹变，实则从'少'得声。）"① 何说是。徙为心纽支部，沙为心纽歌部，支歌旁转，二字音通，故"𡊦"可读作"沙"。《说文·水部》："沙，水散石也。……沚，谭长说，沙或从尐。""沚"为"沙"字或体。宋翔凤《周易考异》按："惠君辩沚为沙，极当。……沚（沚）之讹沚，传郑《易》者相沿已久，陆亦不省，故《音义》先言'如字'，后言'郑本作沚'。近余姚卢氏刊《经典释文》径改作沚（沚），虽合郑义，实非陆恉。"李富孙《易经异文释》等亦有相近说法，② 可参看。据此，郑作"沚"，乃"沚"之形讹。《象传》："'需于沙'，衍在中也。""衍"，孔颖达《正义》训"宽衍"，疑非。《集解》引虞翻曰："衍，流也。"李道平《周易集解纂疏》："《说文》'衍，水朝宗于海也。从水从行'，故云'衍，流也'。""衍"字王筠《说文句读》："字形，水在行中，与'洐'水在行外异，当是即形为义，乃《孟子》'水由地中行'之说。"据此，"衍"殆指在地中或在沙中之水。《纂疏》李道平《案》："《穆天子传》'天子乃遂东征，南绝沙衍'，水中有沙者曰'沙衍'。"其说相反，按经意，此字当从《句读》为训。

二、惕意

楚竹书《周易·讼》彖辞（第4号简）曰：

---

① 何琳仪校点：《上海博物馆藏楚竹书〈周易〉》，《儒藏》精华编二八一册，北京：北京大学出版社2007年版，第74页。

② 李富孙《异文释》案："《说文》沙重文沚，云：'谭长说：沙或从尐。'今郑作沚，正从谭说。《诗·凫鹥》疏引郑《易》注云：'沚，接水者。'今本直作沙，亦字之讹。（惠氏曰：'沚，当据古文《易》。'惠氏士奇曰：'汉人多识字，唐人略识字，今人不识字。'是作沚作沙，皆以后人不识沚字。）《穆天子传》云：'天子东征，渴于沙衍。'《注》云：'沙衍，水中有沙者。'依此，《象传》'衍'字属上读，则爻当亦有'衍'字。"案：《象传》："'需于沙'，衍在中也。"李富孙以"衍"字属上读，且认为经文亦当有"衍"字，说误。

又（有）孚，懥（窒）悤（惕），中吉，冬（終）凶。利見大人，不利涉大川。

“㥄悤”，帛本作“洫宁”，今本作“窒惕”，汉石经作“懫惕”，《释文》：“马作咥，云：读为踬，犹止也。郑云：咥，觉悔貌。”案：“㥄”字，从何琳仪释，何氏并以为“陟”字异文；①濮茅左原隶作“懥”。②“陟”字古文，《说文》作“㥄”，“步”旁与简文正同。“㥄”从步声，与“窒”音通。作“懫”、“踬”或“窒”，义近。李富孙《异文释》案：“马读咥为踬，训犹止，与窒义略同。”说是。《集韵·至韵》：“咥，止也。”即从“踬”为训。李氏《异文释》又曰：“《毛诗传》咥谓笑，郑云‘觉悔貌’，当即就本义而引申之，盖以笑若有觉悔之意也。”据此，可知郑玄实援毛《传》以训本经，而私为新说也。今本“窒”，李镜池说：“借为恎，惧也（《广雅·释诂二》）。”③此以窒惕近义为训，而蔑削经义，殆不可从。“悤”从啻声，濮茅左说读作“惕”，④啻、惕俱为透纽支部字。《说文·心部》：“惕，敬也。”帛本“洫宁”亦读作“窒惕”，“洫”与“窒”，“宁”与“惕”声亦通。王弼《注》：“窒谓窒塞也。皆惕，然后可以获中吉。”孔颖达《正义》：“窒，塞也。惕，惧也。凡讼者，物有不和，情相乖争而致其讼。凡讼之体，不可妄兴，必有信实，被物止塞而能惕惧，中道而止，乃得吉也。”可以参看。

---

① 何琳仪校点：《上海博物馆藏楚竹书〈周易〉》，《儒藏》精华编二八一册，北京：北京大学出版社2007年版，第75页。

② 濮茅左：《楚竹书〈周易〉释文注释》，马承源主编：《上海博物馆藏战国楚竹书（三）》，上海：上海古籍出版社2003年版，第141页。季旭升同意濮释，认为“步”是由“疐”字逐渐演变而成的。参看季旭升主编：《〈上海博物馆藏战国楚竹书（三）〉读本》，台北：万卷楼图书股份有限公司2005年版，第11页。

③ 李镜池：《周易通义》，北京：中华书局1981年版，第15页。

④ 濮茅左：《楚竹书〈周易〉释文注释》，马承源主编：《上海博物馆藏战国楚竹书（三）》，北京：上海古籍出版社2003年版，第141页。

三、逯肤丌邑人晶四户亡褙

楚竹书《周易·讼》九二爻辞（第4—5号简）曰：

不克訟，逯（歸）肤，丌（其）邑人晶（三）四〈百〉户，亡（无）褙（眚）。

“逯肤”，帛本、今本作“归而逋”。案：“逯”为“归”字或体。《说文》“歸（归）”字籀文从止旁。“肤”读作“逋”，声通。《说文·辵部》：“逋，亡也。”《集解》引荀爽曰：“逋，逃也。”《象传》：“不克讼，归逋窜也。自下讼上，患至掇也。”此训“逋”为“窜”，与训“亡”、训“逃”同义。“逯”下，楚简本无“而”字，《象传》亦无，疑原本如此。帛本、今本增“而”字，其义更显。

“四”，帛本、今本作“百”。案：濮茅左以“百”为误字。① 廖名春说：“简文‘四’乃‘百’形讹。”② 李学勤说：“‘四’字不作重画而作‘四’，实系‘百’字形误。”③ 二氏说是。“三百邑”者，孔《疏》引郑注《礼记》云：“小国下大夫之制。”《穀梁传》庄公九年：“十室之邑可以逃难，百室之邑可以隐死。”可证本爻之义。“亡褙”，帛本作“无省”，今本作“无眚”，《释文》：“《子夏传》云：妖祥曰眚。马云：灾也。郑云：过也。”案：“省”、“眚”古本一字。“褙”亦读作“眚”。“眚”训“灾眚”。

---

① 濮茅左：《楚竹书〈周易〉释文注释》，马承源主编：《上海博物馆藏战国楚竹书（三）》，上海：上海古籍出版社2003年版，第142页。季旭升同意濮说，而有所申辩。季旭升主编：《〈上海博物馆藏战国楚竹书（三）〉读本》，台北：万卷楼图书股份有限公司2005年版，第14～15页。

② 廖名春：《楚简〈周易〉校释记（一）》，《周易研究》2004年第3期，第9页。

③ 李学勤：《周易溯源》，成都：巴蜀书社2006年版，第287页。

王弼《注》："以刚处讼，不能下物。自下讼上，宜其不克。若能以惧，归窜其邑，乃可以免灾。邑过三百，非为窜也。窜而据强，灾未免也。"王弼释义可取。本爻"自下讼上"，刚而居柔，与九五相敌，未能胜讼，祸患到来很近（掇，短也）。

四、冬朝晶裹之

楚竹书《周易·讼》上九爻辞（第5—6号简）曰：

或賜繙（鞶）縶（帶），冬（終）朝晶（三）裹（褫）之。

"裹"，帛本作"搋"，① 今本作"褫"，《释文》："本又作褫，音同。王肃云：解也。郑本作拕。"《集解》作"拕"。案：濮茅左说"裹"（同褷）为"表"之古文。② 何琳仪说："'裹'，从'衣'，'鹿'声，疑'襹'之异文。（'鹿'、'丽'同属来纽）'裹'、'摅'声母同属来纽。'襹'，来纽支部；'褫'，定纽支部；双声（端组）叠韵。"③ 今从何说。"裹"为"襹"之异文。"裹"、"搋"均读作"褫"，声通。《释文》云"本又作褫"，据帛

① 此从张政烺释文。《〈六十四卦〉校勘记》以为左从手，右从虎下加一横，云"盖即虒"。李零说："案马王堆本与此相当的字是左从手，右从虍，下面加巾，巾下有一横，张政烺《六十四卦》手稿以为搋字，虍加巾是虎的异体，下面加横，相当虒字。我怀疑此字初从鹿，或本借为卢，或讹为卢，后演变成马王堆本的那种写法，最后变成褫。无论哪种写法，都与鹿无关。"侯乃峰同意张、李说，郑玉姗隶字同。张政烺：《马王堆帛书〈周易〉经传校读》，北京：中华书局2008年版，第70页；李零：《读上博楚简〈周易〉》，《中国历史文物》2006年第4期，第56页；侯乃峰：《〈周易〉文字汇校集释》，台北：台湾古籍出版有限公司2009年版，第70页；郑玉姗：《出土与今本〈周易〉六十四卦经文考释》，台湾师范大学博士学位论文2010年2月，第151页。

② 濮茅左：《楚竹书〈周易〉释文注释》，马承源主编：《上海博物馆藏战国楚竹书（三）》，上海：上海古籍出版社2003年版，第144页。

③ 何琳仪校点：《上海博物馆藏楚竹书〈周易〉》，《儒藏》精华编二八一册，北京：北京大学出版社2007年版，第76页。

本，此即"褫"之异体。黄焯《汇校》："惠云：拕亦训夺，见《淮南子》。"①《说文·衣部》："褫，夺衣也。"段玉裁《注》："夺当作敚。许训夺为遗失，训敚为强取也，此等恐非许原文，后人以今字改古字耳。《周易·讼》上九：'或锡之鞶带，终朝三褫之。'侯果曰：'褫，解也。'郑玄、荀爽、翟元皆作'三拕之'。荀、翟训拕为夺。《淮南》书曰秦牛缺遇盗，'拕其衣'，高《注》：'拕，夺也。'拕者，褫之假借字。十七、十六二部音冣近也。引申为凡敚之偁。"据段《注》，"拕"即为"褫"之假字。

五、帀出以聿不牄凶

楚竹书《周易·帀（师）》初六爻辞（第7号简）曰：

帀（師）出以聿（律），不（否）牄（臧）凶。

"帀"，阜本同，帛本、今本作"师"。"聿"，帛本、今本作"律"。案："聿"读作"律"。《说文·彳部》："律，均布也。"段玉裁《注》："均、律双声。均，古音同匀也。《易》曰：'师出以律。'《尚书》：'正日，同律度量衡。'《尔雅》：'坎律，铨也。'律者，所以范天下之不一而归于一，故曰'均布也'。"引申之，"律"训法令、法律。惠栋《周易述》卷二："律者，同律也。《周礼·太师》曰：'大师执同律以听军声而诏吉凶。'郑《注》云：'大师，大起军师。'《兵书》曰：'王者行师，出军之日，太师吹律合音。商则战胜，军士强；角则军扰多变，失士心；宫则军和，士卒同心；征则将急数怒，军士劳；羽则兵弱，少威明。'《史记·律书》曰：'王者制事立法，壹禀于六律。六律为万事根本，其于兵械尤重。'是'师出以律'之事也。"王引之《经义述闻》

① 陆德明撰、黄焯汇校：《经典释文汇校》，黄延祖重辑，北京：中华书局2006年版，第37页。

驳之，而云“律”训“律令”。① 王说详实，当从之。

“不”，帛本同，今本作“否”，《释文》：“音鄙，恶也。《注》同。马、郑、王肃方有反。”案：晁氏《易》云：“否，荀、刘、一行作不。”李富孙《异文释》案：“《论语》：‘予所否者。’《孔子世家》作不。《说文》云：‘否，不也。’义本同，声亦相近。”此调和之说也。“否”，王弼音鄙，训“恶”，与马、郑、王肃音“方有反”实有别。王弼《注》：“律不可失，失律而臧，何异于否？失令有功，法所不赦。故师出不以律，否臧皆凶。”“否”，音鄙，与“臧”相反，而均从失令之后果言之：不论结果之或恶或善，皆凶也。简帛本“不”字，当据王弼《注》读作“否”，音鄙。“牂”，帛本、今本作“臧”。“牂”从爿声，读作“臧”。“凶”，今本同，帛本作“兇”。“凶”本吉凶字，“兇”本凶惧字，帛本二字混用。

六、帀左宋

楚竹书《周易·帀（师）》六四爻辞（第7号简）曰：

> 帀（师）左宋（次），亡（无）咎。

“宋”，帛本、帛书《昭力》、今本均作“次”。案：“宋”，或释

---

① 《经义述闻》卷一“师出以律”条：“引之谨案：此《史记·索隐》、《正义》之说也。《索隐》曰：‘《易》称“师出以律”，是于兵械尤重也。’（见《律书》。）《正义》曰：‘古者师出以律，凡军出皆吹律听声。’（见《自序》。）盖唐人说《易》，有以律为六律者。案《尔雅》曰：‘律，常也，法也。’《九家易》曰：‘坎为法律。’（见《集解》。）王《注》曰：‘律以齐众。’盖律者，军之常法，若进退有度、左右有局之类是也。《象传》曰：‘失律凶也。’正谓不循常法以致败亡，岂失六律之谓乎？宣十二年《左传》引《易》‘师出以律，否臧凶’而释之曰：‘有律以如己也，故曰律。否臧，且律竭也，盈而以竭，夭且不整，所以凶也。’亦未尝以为六律。《索隐》、《正义》之说，殆不可通。惠氏袭用之，非也。”

为"朿"。① "宎"读作"次"，音通。《象传》："左次无咎，未失常也。""左次"，古人说有多种。帛书《昭力》："次也者，君之立也。见事而能左其主，何咎之又?"此读"左"为"佐"，训"次"为"立（位）"，疑均为作者臆解。《集解》引荀爽曰："'左'谓二也，阳称'左'。次，舍也。"《纂疏》李道平案："行军以右为前，以左为后，初在后，四与同志，故有'左次'之象。"《集解》引崔觐曰："偏将军居左，'左次'，常备师也。"此与《老子》"偏将军居左，上将军居右"同，皆以行师时三军之位次而言。② 然经文曰"师左次"，"师"者，军旅也，似非专就左军而言。且偏将军居左，礼法固如是也，何必于本爻言"师左次，无咎"？王弼《注》："行师之法，欲右背高，故左次之。"陈惠玲引《史记·淮阴侯列传》"兵法右倍山陵，前左水泽"以证之，③ 可从。

七、畋又𩐈利䎽言

楚竹书《周易·币（师）》六五爻辞（第8号简）曰：

> 畋又𩐈（禽），利䎽（執）言，亡（无）咎。長子衒（帥）币（師），弟子舉（與）𣨼（尸），貞凶。

"畋又𩐈"，帛本、阜本、今本作"田有禽"，《释文》出"有禽"，云："徐本作擒。"案："畋"为"田"之分化字。"又"通"有"。"𩐈"，濮茅左说："《说文》所无，简文从今、从凶，当是

---

① 此字下部，徐在国、李零释作"朿"，陈伟认为仍应隶作"朩"。今从濮、陈说。徐在国：《上博竹书（三）〈周易〉释文补正》，简帛研究网，2004年4月24日；陈伟：《楚简文字识小——"朩"与"社稷"》，丁四新主编：《楚地简帛思想研究（三）》，武汉：湖北教育出版社2007年版，第169~172页。

② 《礼记·少仪》："军尚左，卒尚右。"郑《注》："左，阳也，阳主生。将军有庙胜之策，左将军为上，贵不败绩。右，阴也，阴主杀。卒之行伍，以右为上，示有死志。"其行师位次亦同。不过，《老子》的解释依据不同，不可与儒书混看。

③ 参看季旭升主编：《〈上海博物馆藏战国楚竹书（三）〉读本》，台北：万卷楼图书股份有限公司2005年版，第22页。

禽字。"① 廖名春说："'㕩'实'禽'之省文。"② 徐作"擒"，阮元《校勘记》按："徐本俗字也。"李富孙《异文释》案："是禽已赅擒义。擒即《说文》捦，为后加偏旁俗字。""擒"为"禽"之分化字。"禽"为禽兽义，"擒"为擒获义。据王引之《经义述闻》，本爻"禽"字当作如字训，不读为"擒"。《说文·内部》："禽，走兽总名。"

"䙝"，帛本、今本作"执"。"䙝"读作"执"，出土楚简多见。《说文·㚔部》："执，捕罪人也。""田有禽，利执言"，谓田猎而获兽，利于秉命，参看王引之说。③ 《集解》引荀爽曰："五利度二之命，执行其言，故无咎也。"荀即训"言"为"言命"。

---

① 濮茅左：《楚竹书〈周易〉释文注释》，马承源主编：《上海博物馆藏战国楚竹书（三）》，上海：上海古籍出版社 2003 年版，第 147 页。

② 廖名春：《楚简〈周易〉校释记（一）》，《周易研究》2004 年第 3 期，第 10 页。

③ 《集解》引虞翻曰："'田'谓二，阳称'禽'。震为'言'，五失位，变之正，艮为'执'，故'利执言，无咎'。"引荀爽曰："田，猎也。谓二帅师禽五，五利度二之命，执行其言，故无咎也。"王弼《注》："阴不先唱，柔不犯物。犯而后应，往必得直，故田有禽也。物先犯己，故可以执言而无咎也。"王引之《经义述闻》卷一"田有禽利执言"条："引之谨案：荀解'田'字是也，解'禽'字非也。（禽者，兽也，非擒之谓。）虞解'禽'字是也，解'田'字非也。（田者，猎也，与'见龙在田'之'田'异。）王《注》则愈失其义矣。'田有禽'者，田猎而获兽也。盖师，众也。大田之礼，所以简众，故《师》之六五取象于田焉。经凡言'田无禽'、（《正义》曰：'田猎而无所获。'）'田获三狐'、（王《注》曰：'田而获三狐。'《正义》曰：'田猎而获窟中之狐。'）'田获三品'、（据王《注》一曰干豆，二曰宾客，三曰充君之庖，则谓田猎也。）皆以田猎言之。此'田有禽'不应独异。'田无禽'为猎而无所获，则'田有禽'为猎而有所获矣。六五所以田有禽者，案与本爻相对之爻为阴爻，则占失禽、无禽，为阳爻，则占有禽。《比》之九五下当六二，而曰'失前禽'，《恒》之九四下当初六，《井》之初六上当六四，而曰'无禽'，皆遇阴爻也。《师》之六五下当九二，而曰'有禽'，则遇阳爻也。阴体虚，故遇之者无所得。阳体实，故有所得也。凡卦一爻之中兼取数象者，不必同为一事。'田有禽'，自谓田猎；'利执言'，自谓秉命。（从荀说。）'长子帅师，弟子舆尸'，自谓行军，三者各为一事。而王以为物先犯己，故可以执言，则以'田有禽'与'执言'误合为一。荀以为二帅师禽五，则又与'帅师'误合为一矣。"

又，上六曰“大君有命”，正与本爻“利执言”相应。“言”，或解为“言语”，不确；或训为“语辞”，则误。

八、备箁

楚竹书《周易·比》彖辞（第9号简）曰：

比：备（邍）箁（筮），元羕（永）貞，吉，亡（无）咎。不盗（寧）方逨（来），遂（後）夫凶。

“备箁”，帛本、今本作“原筮”。濮茅左说：“‘备’，《说文》所无，‘邍’省文，古文‘原’作‘邍’。《周礼·地官·大司徒》：‘辨其山林、川泽、丘陵、坟衍、原隰之名物。’《经典释文》云：‘原，本又作邍。’”① 李零说：“简文作备（和备的简化字无关），今本作原。备乃邍字所从。两周金文，原野的原都是写成邍，和原是两个字。”②

案：濮、李二氏说是。《说文·辵部》：“邍，高平曰邍。”③ 段玉裁《注》：“《大司徒》：‘山林川泽丘陵坟衍邍隰。’郑云：‘下平曰衍，高平曰原，下湿曰隰。’《释地》：‘广平曰原，高平曰陆。’此及郑《注》皆以‘高平’释原者，谓大野广平偁原，高而广平亦偁原。下文所谓可食者曰原也。凡陆阜陵阿皆高地，其可种谷给食处皆曰原，是之谓高平曰原也。《序官·邍师》注云：‘邍，地之广平者。’与《大司徒》注不同者，单言原则为广平，坟衍原隰并言则衍为广平，原为高平也。‘邍’字，后人以‘水泉本’之

① 濮茅左：《楚竹书〈周易〉释文注释》，马承源主编：《上海博物馆藏战国楚竹书（三）》，上海：上海古籍出版社2003年版，第148页。

② 李零：《读上博楚简〈周易〉》，《中国历史文物》2006年第4期，第56页。

③ 郑玉姗据刘钊、季旭升说，认为：“‘邍’指在邍野上捕到野猪，可捕捉野猪的邍野也称‘邍’。”郑玉姗：《出土与今本〈周易〉六十四卦经文考释》，台湾师范大学博士学位论文2010年2月，第171页。

'原'代之，惟见《周礼》。"《灥部》："厵，水泉本也。从灥出厂下。原，篆文从泉。"段《注》："后人以原代高平曰邍之邍，而别制源字为本原之原，积非成是久矣。"据《说文》及段《注》，可知"邍"与"原"本为二字，后人以"原"字代"邍"，"原"行而"邍"废矣。帛本、今本"原"字，依正字均当作"邍"。"原"作"邍"或"备"，在出土古文字材料中习见。李鼎祚《周易集解》引干宝曰："原，卜也，《周礼》三卜，一曰'原兆'。"《周礼·太卜》郑玄《注》："原，原田也。"孙诒让《正义》："云'原，原田也'者，读原为邍也，原即邍之借字。""原兆"，谓龟裂如原田之兆象也。干宝以"原，卜也"为说，则所谓"原筮"乃"原兆之筮"，如此而沦为不辞矣。"筶"即"筮"字，其下"口"旁，何琳仪说："乃增饰偏旁，古文字习见。"① 尚秉和曰："原者，田也。……原筮，犹言野筮也。……《仪礼·士丧礼》：'筮于兆域。'兆域在郊外，即原筮也。"② 说可参。总之，"邍筮"与"原兆"不类，此词宜解释为"邍野之筮"。虞翻、俞樾解"原筮"为"再筮"（参看《集解》卷二、《群经平议·经一》），孔颖达《正义》、李鼎祚《集解》释"原"为"原穷"、"原究"，四氏均依"原"字为训，说疑非。《比》彖辞："不宁方来，后夫凶。"《彖传》据以阐发辅比、顺从之义。《象传》："先王以建万国，亲诸侯。""邍筮"与"建万国"、"亲诸侯"相关，可见此种占筮十分重要。

---

① 何琳仪：《上海博物馆藏楚竹书〈周易〉》，《儒藏》精华编二八一册，北京：北京大学出版社 2007 年版，第 78 页。

② 尚秉和：《周易尚氏学》（《尚氏易学存稿校理》第三卷）卷三，北京：中国大百科全书出版社 2005 年版，第 49 页。陈仁仁据楚简本字形，同意尚氏之说，然对尚氏"筮于兆域"的解释作了批评，云："'原筮'之确义当为：登于野外高处察看地形地貌，并卜筮之视其吉凶，以确定是否于此处建都。"陈仁仁：《战国楚竹书〈周易〉研究》，武汉：武汉大学出版社 2010 年版，第 164 页。

九、氒孚洨女悫女

楚竹书《周易·大有》六五爻辞（第11号简）曰：

氒（厥）孚洨（皎）女（如），悫（威）女（如），吉。

“氒孚”，帛本作“阙复”，今本作“厥孚”。濮茅左说：“‘氒’，《唐韵》：‘氒，厥古文。’”① 案：“氒”即“厥”字古文二字，《说文》分列于《厂部》和《氏部》。“阙”读作“厥”。《尔雅·释言》：“厥，其也。”“复”读作“孚”。“阙复”读作“厥孚”。

“洨女”，帛本、今本作“交如”，帛书《二三子》作“绞如”。濮茅左说：“‘洨’，《集韵》音‘交’，读为‘皎’。《庄子·渔父》‘须眉交白’，《经典释文》：‘交一本作皎。’”② 廖名春引《易传》类帛书为证，亦认为诸字均读作“皎”。③ 案：“女”读作“如”。帛书《二三子》曰：“《卦》曰：‘绞如，委如，吉。’孔子曰：‘绞，白也；委，老也。老白之行□□□，故曰吉。’”据此，“洨”、“绞”、“交”诸字确实当读作“皎”，训“白”，与《庄子》“须眉交白”相合。濮、廖训是。需要补充的是，本爻《象传》：“厥孚交如，信以发志也。”《丰》六二《象传》：“有孚发若，信以发志也。”二《象》辞互看，可知“交”当训“发”。“发”、“白”义近，乃显白、显发之义，故得换字。又，“交”，俞樾《群经平议·经一》：“凡言‘如’者……大半皆形容之词。《正义》训‘交’为‘交接’，殆非也。‘交’当读为‘皎’。六五

① 濮茅左：《楚竹书〈周易〉释文注释》，马承源主编：《上海博物馆藏战国楚竹书（三）》，上海：上海古籍出版社2003年版，第151～152页。

② 濮茅左：《楚竹书〈周易〉释文注释》，马承源主编：《上海博物馆藏战国楚竹书（三）》，上海：上海古籍出版社2003年版，第151～152页。

③ 廖名春：《楚简〈周易〉校释记（一）》，《周易研究》2004年第3期，第13页。

一爻居外卦离体之中，为明之主，故其信皎然。皎之言明也。《诗·大车篇》谓‘予不信，有如曒日。’此即‘厥孚皎如’之义。”俞樾已先濮、廖二氏得训。

“悳”，帛本、帛书《二三子》作“委”，今本作“威”。案：“委”，疑帛书《二三子》读为“萎”，故其释为“老”。引文见上。《释名·释言语》：“委，萎也。”《礼记·檀弓上》“哲人其萎乎”，《孔子家语》作“委”。“萎”，衰萎，有“老”象。“老”寓涵重厚、敬重之义。帛本作“委”字，帛本《二三子》乃因之而作训，然未必为经文本意。彼时《易》家，望文生义者多见，汉儒尤然，似不必执此以为信诂。今本作“威”，孔颖达《正义》云“畏也”。“威如”，令人敬畏之貌。《家人》上九“有孚威如，终吉”，“威”帛本亦作“委”。

十、貨壓

楚竹书《周易·壓（谦）》六四爻辞（第12号简）曰：

亡（无）不利，貨（撝）壓（谦）。

“亡”，帛本、今本作“无”。“亡”通“无”，“无”即奇字“无”。

“貨壓”，帛本作“譌（讹）嗛”，今本作“扮谦”，《释文》出“扮”，云：“毁皮反，指扮也，义与麾同。《书》云‘右秉白旄以麾’是也。马云：扮，犹离也。郑读为宣。”案：濮茅左说“貨”读为“扮”、“化”，① 其说不确。“化”，乃《子夏传》释“扮”（参看《汉上易传》引子夏曰）之辞，非经文本字也。“貨”从艸，货声。“賜”，《说文·贝部》：“或曰：此古货字。”“貨”、“讹”均读作“扮”。晁氏《易》云：“京房作挥。”（《汉上易传》引京房曰：“上下皆通曰挥谦是也。”）“挥”与“扮”、“麾”义

① 濮茅左：《楚竹书〈周易〉释文注释》，马承源主编：《上海博物馆藏战国楚竹书（三）》，上海：上海古籍出版社2003年版，第154页。

通。马训“离”，郑读作“宣”，皆离散、宣扬义。李富孙《异文释》案：“《淮南·览冥》注云：‘㧑，挥也。’《乾·文言》王肃《注》云：‘挥，散也。’……段氏曰：‘㧑谦者，溥散其谦，无所往而不用谦。’是挥与㧑义通。”《易·说卦》：“发挥于刚柔而生爻。”陆氏《释文》出“挥”字，云：“郑云：扬也，王廙、韩云：散也。”《广韵·仙韵》：“宣，布也。”《左传》昭公十二年：“宠光之不宣。”杜预《注》：“宣，扬也。”郑读为“宣”，宋翔凤《考异》以“宣”为“宜”字之讹，而云“‘宣’与‘㧑’形声俱不近”，说误。宣为心纽元部，㧑为晓纽歌部，二字声近。“宣”、“离”同义。总之，“㧑谦”，依马、郑解，乃所谓“溥散其谦”者；依王弼《注》“指㧑皆谦”，乃所谓“无所往而不用谦”者，二训义通。

十一、𡗝于石

楚竹书《周易·豫（豫）》六二爻辞（第14号简）曰：

𡗝（介）于石，不冬（終）日，貞吉。

“𡗝于”，帛本作“疥于”，今本作“介于”，《释文》：“音界，纤。介，古文作砎，郑古八反，云：谓磨砎也。马作扴，云：触小石声。”案：《释文》曰“音界，纤”，则读“介”为“芥”。此非王、孔之义，王《注》、孔《疏》“介”训“坚硬”。其实，“𡗝”、“疥”可读作“扴”、“砎”或“介”，而“扴”、“砎”可看作“介”之分化字。依《说文》，“扴”为本字；依古文、郑《注》，“砎”为本字。“扴”曰“刮扴”，“砎”曰“磨砎”，引申之，均有“坚硬”义。①《说文·手部》：“扴，刮也。”《广韵·黠韵》：

① 宋翔凤《考异》按：“马氏亦古文，作扴是也。郑谓‘磨砎’，即‘刮摩’之义，与《说文》扴训同。”李富孙《异文释》案：“《说文》：‘扴，刮也。’《广韵》云：‘扴者，揩扴物也。’是与‘磨砎’义略同。……段氏曰：‘扴于石，谓摩䃏于石也。’”

“扴，揩扴物也。”《广韵·怪韵》：“砎，硬也。”《晋书·孔坦传》何超《音义》引《字林》云：“砎，坚也。”而“介”字本身即包含了“坚固”义。罗振玉《增订殷墟书契考释》卷中云“介”“象人著介（甲）形”。①《诗·郑风·清人》“驷介旁旁”、《大雅·瞻卬》“舍尔介狄”，《传》、《笺》均曰：“介，甲也。”“甲”性坚固，可以推知矣。今经文通用“介”字。“于”，犹“如”也，见王引之《经传释词》卷一如字条。

十二、可余母迟又母

楚竹书《周易·余（豫）》六三爻辞（第14号简）曰：

可（盱）余（豫）悬（悔），迟（遲）又（有）悬（悔）。

“可余”，②帛本“杅余”，阜本作“歌豫”，今本作“盱豫”，帛书《二三子》作“盱予”，《释文》出“盱”，云：“香于反，睢盱也。向云：睢盱，小人喜悦之貌。王肃云：盱，大也。郑云：夸也。《说文》云：张目也。……《子夏》作纡，京作污，姚作盱，云：日始出，引《诗》‘盱日始旦’。”案：“歌”从可声，“可”、“歌”均读作“盱”或“吁”，音通。“盱”，王弼解作“睢盱”。《庄子·寓言》：“老子曰：‘而睢睢盱盱，而谁与居？大白若辱，盛德若不足。’”郭象《注》：“睢睢盱盱，跋扈之貌。”成玄英《疏》：“睢盱，躁急、威权之貌也。”《释文》：“《广雅》云：‘睢睢盱盱，元气也。’……言汝与元气合德，去其矜骄，谁复能同此心？解异郭义。”《释文》引《广雅》卷六“冯冯翼翼，烟烟煴

① 罗振玉：《殷墟书契考释三种》，北京：中华书局2006年版，第469页。

② 李零说：“可，简文写法类似吁，马王堆本作杅，双古堆本作歌，今本作盱，都是吁的误写。”李学勤亦认为竹书本“可”系“吁”字形误。案：二说可参。李零：《读上博楚简〈周易〉》，《中国历史文物》2006年第4期，第57页；李学勤：《周易溯源》，成都：巴蜀书社2006年版，第287页。

煴，睢睢盱盱，元气也”为说，此本自汉人（如扬雄）用语，①而先秦“睢盱”与之异义。“睢盱”，双声謰语。《玉篇·目部》：“睢盱，视皃。”《说文·目部》：“睢，仰目也。”同部：“盱，张目也。”“睢盱”，义从“睢”、“盱”二字。郭《注》“跋扈之貌”，成《疏》“躁急、威权之貌”，皆引申义，而得其意。向云“小人喜悦之貌”，与孔颖达《正义》训同。又，凡从“于”之字皆有“大”义，故“盱”王肃训“大”，郑玄训“夸”。②《尔雅·释诂》：“吁，大也。”《释文》：“本又作盱。”《诗·大雅·抑》“吁谟定命”，毛《传》：“吁，大也。”《诗·郑风·溱洧》“洵吁且乐”，毛《传》：“吁，大也。”《汉书·地理志》下引此《诗》作“盱”，颜师古《注》：“盱，大也。”“盱”、“吁”同义。“予”亦读作“豫”。“盱豫”，谓妄大之豫乐。阮元《校勘记》：“古本‘豫’下有‘有’字。”“有”字殆衍文。“悬”，帛本同，阜本作“𠧪”，今本作“悔”。案：“悬”即“谋”字古文，见《说文·言部》。《卜部》：“𠧪，《易》卦之上体也。《尚书》曰：‘曰贞曰𠧪’”“悬”、“𠧪”均读作“悔”。③

“遟”，帛本、今本作“迟”，阜本作“夷”。案：阮元《校勘记》：“石经迟作遲。”《说文·辵部》：“迟，徐行也。从辵犀声。《诗》曰：‘行道迟迟。’遟，迟或从遟。遲，籀文迟从屖。”“遟”、“遲”皆为“迟”之或体。“夷”读作“迟”。夷、迟二字俱属脂部，同属舌音，故二字通假。“又”，帛本、阜本、今本作“有”。“悬”，帛本同，阜本作“𠧪”，今本作“悔”。今本“迟有悔”，“有”，王引之《经义述闻》读作“又”，云：“此与他卦言

---

① 王念孙《广雅疏证》卷六上：“睢睢盱盱，犹烟烟煴煴也。扬雄《剧秦美新》云：‘权舆天地未祛，睢睢盱盱。’元气未判谓之睢盱，太朴未雕亦谓之睢盱。”

② 《说文·目部》：“盱，张目也。”《言部》：“吁，诡讹也。”

③ 《说文·心部》：“悔，悔恨也。”《广韵·贿韵》：“悔，悔吝。”《法言·修身》“悔吝不至”李轨《注》：“悔吝，小疵也。”《易·系辞上》：“悔吝者，忧虞之象也。”孔颖达《正义》：“悔，忧之象。”《疏》又曰：“悔者，其事已过，意有追悔之也。”诸训相通。

'有悔'者不同。他卦'有悔'对'无悔'言之也，此'有'字则当读为'又'。古字'有'与'又'通。言盱豫既悔，迟又悔也。《正义》曰：'居豫之时，若迟停不求于豫，亦有悔也。'则是读为有无之有，失之矣。"（卷一"迟有悔、曰动悔有悔"条）

十三、堋盍疌

楚竹书《周易·余（豫）》九四爻辞（第14号简）曰：

> 猷（由）余（豫），大又（有）㝵（得）。母（毋）頪（疑），堋（朋）欱（盇）疌（撍）。

"欱"，帛本作"甲"，今本作"盇"，《集解》作"盍"，《释文》："合也。"案："欱"字，从何琳仪释文；① 濮茅左原释作"欲"，② 误。"欱"、"甲"均通"盇"。"盇"即"盍"字。《说文·血部》："盍，覆也。""覆"有"合"义。王弼《注》："盇，合也。"与《说文》同。

"疌"，帛本作"谗"，《集解》作"戠"，今本作"簪"，《释文》："《子夏传》同，疾也。郑云：速也。埤苍同。王肃又祖感反。古文作贷，京作撍，马作臧，荀作宗，虞作戠。戠，丛合也。蜀才本依京，义从郑。"案："疌"，濮茅左原释作从止从商，③ 误。相近字形，还出现在楚简《缁衣》（郭店16号、上博9号）、新蔡简（189号、300号、484号）等中。刘乐贤认为此诸字所从之声旁可能就是"疌"，宋华强认为当释作"簪"字，陈剑认为诸

---

① 何琳仪校点：《上海博物馆藏楚竹书〈周易〉》，《儒藏》精华编二八一册，北京：北京大学出版社2007年版，第82页。

② 濮茅左：《楚竹书〈周易〉释文注释》，马承源主编：《上海博物馆藏战国楚竹书（三）》，上海：上海古籍出版社2003年版，第155页。

③ 濮茅左：《楚竹书〈周易〉释文注释》，马承源主编：《上海博物馆藏战国楚竹书（三）》，上海：上海古籍出版社2003年版，第155页。

字形共有之声符乃“琮”字的表意初文，在楚简《周易》中可与“簪”、“宗”等字相通。① “簪”为“先”之俗字，见《说文·先部》。《说文》“先”字段玉裁《注》：“古经无簪字，惟《易·豫》九四‘朋盍簪’，郑云：‘速也。’实寁之假借字。张揖《古今字诂》：‘庴作撍。’埤苍云：撍，疾也。寁、庴、撍同字。京作撍。经文之簪，古无释为笄者。又《士丧礼》‘复者一人，以爵弁服簪衣于裳’，《注》云：‘簪，连也。’然则此实鐕之假借字。《金部》曰：‘鐕，可以衣箸物者。’凡经典此二簪字外，无言簪者。”其说，又见“寁”字、“戠”字《注》。② 《说文·宀部》：“寁，居之速也。从宀从疌。”《止部》：“疌，疾也。”王引之《经义述闻》卷一“朋盍簪”条：“作‘撍’者正字，作‘簪’者借字也。《玉篇》：‘撍，侧林切，急疾也。’《广韵》：‘撍，速也。’《集韵》：‘撍，疾也。通作簪。’是也。‘撍’之言‘寁’也。《尔雅》曰：‘寁，速也。’《释文》：‘寁，子感反。’子感与祖感同，是‘撍’即‘寁’也。又通作‘憯’。《墨子·明鬼篇》：‘鬼神之诛，若是之憯遬也。’‘憯’与‘撍’通，‘遬’即‘速’字，‘撍’亦‘速’也。震为躁卦，又为决躁，（决躁，谓急疾也。说见本条。）古有急疾之象。而侯果乃云‘朋从大合，若以簪篸之固括也。’（见《集解》。‘篸’下盖脱‘冠’字。）如其说，则经当云‘朋盍若簪冠’，其义始明，岂得径省其文而云‘朋盍簪’乎？盖侯氏不

---

① 刘乐贤：《读楚简札记二则》，简帛研究网（www.jianbo.org），2004年5月29日；宋华强：《新蔡简与“速”义近之字及楚简中相关诸字新考》，简帛网（www.bsm.org.cn），2006年7月31日；陈剑：《释“琮”及相关诸字》，《中国简帛学国际论坛二〇〇六论文集》，武汉大学简帛研究中心等主办，2006年11月，第60~97页。

② 《说文·戈部》“戠，阙。从戈，从音”段玉裁《注》曰：“大徐如此。小徐无‘从戈从音’，有‘职从此，古职字。古之职役皆执干戈’十四字。盖后人笺记之语，非许语也。其义其音皆盖阙矣。考《周易》‘朋盍簪’，虞翻本簪作戠，云：戠，聚会也，旧读作撍作宗。《释文》云：荀作撍，京作宗。阴弘道云：张揖《字诂》庴撍同字。按此，戠当以音为声，故与朁声疌声为伍。然《尚书》‘厥土赤埴’，古文作‘赤戠’，是戠固在古音弟一部也。”

知‘簪’为‘撍’之假借，故臆说横生而卒不可通矣。王应麟曰：‘朋盍簪，簪，疾也。至侯果始有冠簪之训。’晁景迁云：‘古者礼冠未有簪名。’”朱骏声《说文通训定声·临部》：“先、簪，叚借为寁。”朱氏《六十四卦经解》卷三：“簪读为寁，疾速也。”宋翔凤《周易考异》、李富孙《易经异文释》亦有相近疏述，① 可以参看。据段、王诸氏说，“坔”、“谗”均当读作“撍”或“寁”。王弼《注》曰：“夫不信于物，物亦疑焉。故勿疑，则朋合疾也。盍，合也。簪，疾也。”“簪（先）即“撍”或“寁”之假。本爻义，不论是楚简本还是帛书本，仍俱应从弼《注》作解。

“盍簪”二字，高亨曾读为“嗑谮”，将“朋盍簪”解释为：“勿疑朋嗑谮者，谓勿疑朋友之多言而谮己也。”② 王辉据帛本作“谗”，而肯定高说。③ 今楚简本作“坔”，学者分析其形音，咸以为与“簪”、“谗”音通，乃“寁”或“撍”之假字，可知高、王说未必是也。

十四、官又愈

楚竹书《周易·隓（随）》初九爻辞（第16号简）曰：

官又（有）愈，貞吉。出門交又（有）工（功）。

---

① 段、王、朱等氏之训诂相因，乃成清人通说。惟钱大昕曰：“予谓三代以前无簪、笄字，当以‘戠’为正，与上‘大有得’句协韵。撍、臧、宗、簪皆声之转。……戠与埴同。……是戠、埴同物，皆取黏义。黏与合，义相成也。”（《十驾斋养新余录》卷上“簪当作戠”条）案：钱说甚为迂曲，不可从。

② 高亨：《周易古经今注》（重订本），北京：中华书局1984年版，第209页。

③ 王辉：《马王堆帛书〈六十四卦〉校读札记》，《古文字研究》第十四辑，北京：中华书局1986年版，第289页。此字，廖名春隶作上从辰、下从止，误；又，廖氏据此形以申高说，亦误。廖名春：《上海博物馆藏楚简〈周易〉管窥》，《周易研究》2000年第3期，第25页。

"官又",帛本作"官或",阜本、今本作"官有",《释文》:"蜀才作馆有。"案:"又"、"或"读作"有"。《说文·宀部》:"官,吏事君也。从宀从自。自犹众也,此与师同意。"此乃"官"之引申义。何子贞《东洲艸堂文钞》卷八跋《汉潘干校官碑》云:"校官者,学舍也。官字从宀,凡从宀之字皆以屋室为义。官字下从自,盖象周庐列舍之形,谓臣吏所居,后乃引申为官职之称。《周礼》官府都鄙并称,是其本义也。"①"官"、"馆"为古今字,②"舘"为"馆"之俗体。宋翔凤《考异》按:"蜀才晚出,所传或有讹字。"据简帛本,宋说是。孔颖达《正义》:"官谓执掌之职。人心执掌与官同称,故人心所主谓之官。""官"犹"管"也。"愈",帛本作"谕",今本作"渝"。"愈"、"谕"均读作"渝"。孔颖达《正义》:"渝,变也。"

十五、"系而敂之"三句

楚竹书《周易·陏(随)》上六爻辞(第17号简)曰:

> 係而敂(拘)之,從乃𤔲(纗)之。王用亯(享)于西山。

"係而敂",帛本作"枸系",汉石经、今本作"拘系",阜本"拘□"。案:"敂"、"枸"均读作"拘"。《说文·人部》:"係,絜束也。"段玉裁《注》:"絜者,麻一端也。絜束者,围而束之。《左传》'系舆人'、'又以朱丝系玉二瑴',束之义也。束之,则缕与物相连。故凡相连属谓之系。《周易》'系遁'、'系丈夫'、

---

① 参看杨树达:《积微居小学金石论丛》卷一,上海:上海古籍出版社2007年版,第29~30页。

② 李富孙《异文释》案:"官、馆一声之转。《正义》曰:'官谓执掌之职。'是与管义相近。惠氏曰:'官本古文馆。'《穆天子传》云:'官人陈牲。'《聘礼》:'管人布幕于寝门外。'郑《注》云:'管犹馆也。古文管作官。'"

‘系小子’，《释诂》曰：‘系，继也。’”《手部》：“拘，止也。从手句。手句者，以手止之也。”“系”、“拘”义近。楚简本可据，作“系”前“拘”后较当，帛本等字倒。①

“从乃”，帛本、汉石经、今本作“乃从”。案：当从楚简本，作“从”前“乃”后。上“系而敂（拘）之”与此“从乃𣍘（维）之”对言，据此可知也。系者、从者当实有所指，今不详。又，此上下二句的文字顺序，相对于楚简本而言帛本等的变化较大，故凡建立在汉人及其后诸本之上的疏注，均不可据。

“𣍘”，帛本作“巂”，今本作“维”。案：“巂”即“嶲”字。“𣍘”，濮茅左说：“读为‘纗’，或读为‘维’。”② 何琳仪说：“‘嶲’，诸家均归之部，唯严可均归脂部。据《说文》‘纗’或读若‘维’（脂部），即沪本异文，严说不无道理。”③《说文·糸部》：“纗，维纲，中绳。从纗声。读若画，或读若维。”同部：“维，车盖维也。”“𣍘”、“巂”均当读作“纗”。“纗”、“维”同义换字，声亦相通。二字在本爻中皆作动词，《玉篇·糸部》“维，系也”是也。《诗·小雅·白驹》：“系之维之，以永今朝。”毛《传》：“维，系也。”

“亯”，帛本作“芳”，阜本、汉石经、今本作“亨”，《释文》出“用亨”，云：“许庚反，通也。陆许两反，云：祭也。”案：《说文·亯部》：“亯，献也。从高省，曰象进孰物形。《孝经》曰：‘祭则鬼亯之。’……享，篆文亯。”“亨”、“享”古同字。“芳”，帛本均用作“享”；楚简本“亨”作“卿”，“享”作“亯”，二字正相区别。据此，陆读“许两反”是。

“西山”，帛本、今本同，阜本作“支山”。案：濮茅左云：

① 廖名春说：“从《习坎》卦上六爻辞看，应该是先‘系缚’而后‘拘止’，楚简的‘系而敂（拘）之’较之‘拘系之’更胜。”案：廖说是。廖名春：《楚简〈周易〉校释记（二）》，《周易研究》2004年第5期，第13页。

② 濮茅左：《楚竹书〈周易〉释文注释》，马承源主编：《上海博物馆藏战国楚竹书（三）》，上海：上海古籍出版社2003年版，第161页。

③ 何琳仪校点：《上海博物馆藏楚竹书〈周易〉》，《儒藏》精华编二八一册，北京：北京大学出版社2007年版，第84页。

"'西山'，岐山在周西，文王所治之地。……或'西山'指西方险阻之地。"① 李零说："西山，……双古堆本作'枝（岐）山'，似以西山为岐山。"② 何琳仪说："'支山'，当指'岐山'，山名，在周之西，故诸本亦作'西山'。"③ 韩自强说"西山"即是"岐山"。④ 据《升》六四"王用亨于岐山"，可证本爻"西山"即指所谓"岐山"。不过，据楚简本、帛本、今本，疑阜本抄手以本爻"西山"为"岐山"，故径直改字。朱熹《周易本义》："诚意之极，可通神明。故其占为'王用亨于西山'。'亨'，亦当作'祭享'之享。自周而言，岐山在西。凡筮祭山川者得之，其诚意如是，则吉也。"说可参考。

十六、亓非逗又禬

楚竹书《周易·亡（无）忘（妄）》彖辞（第20号简）曰：

亡（无）忘（妄），元卿（亨），利貞。亓（其）非逗（復）又（有）禬（眚），不利又（有）攸（攸）迬（往）。

"亓非逗"，帛本作"非正"，阜本作"其非证"，今本作"其匪正"。案："亓"即"丌"字，"丌"同"其"，帛本脱。王引之

① 濮茅左：《楚竹书〈周易〉释文注释》，马承源主编：《上海博物馆藏战国楚竹书（三）》，上海：上海古籍出版社2003年版，第161页。

② 李零：《读上博楚简〈周易〉》，《中国历史文物》2006年第4期，第57页。

③ 何琳仪校点：《上海博物馆藏楚竹书〈周易〉》，《儒藏》精华编二八一册，北京：北京大学出版社2007年版，第84页。

④ 韩自强说："'岐山'，后稷十三世孙古公亶父始居此，山有二岐故名。阜易作'枝山'。……'支'与'枝'通。……岐山因周文王东迁于丰，岐山在丰之西，所以又称西山。阜易和帛书的'支山'、'枝山'和'西山'，都是古公亶父始居的岐山。"韩自强：《阜阳汉简〈周易〉研究》，上海：上海古籍出版社2004年版，第115页。

《经传释词》卷五：“其，更端之词也。”并引本卦彖辞为例。“匪”、“非”二字音义俱同。“逿”即“復（复）”字。《说文·彳部》：“复，往来也。”“延”为本字，“征”为或体。《说文·辵部》：“延，正行也。……征，延或从彳。”段玉裁《注》：“引伸为征伐，《孟子》曰：‘征之为言正也。’”“复”与“正行”相对而言，且与下“往”字相应。《彖传》：“‘其匪正有眚，不利有攸往’，《无妄》之往，何之矣？天命不佑，行矣哉！”此“行”字就“征”字作解。今本作“正”，读作“征”。① “征”训“行”，“行”，“行还”，与“往”对。王《注》、孔《疏》据今本“正”字，训为“正道”，② 殆误。

十七、勿药又菜

楚竹书《周易·亡（无）忘（妄）》九五爻辞（第21号简）曰：

> 亡（无）忘（妄）又（有）疾，勿藥又（有）菜（喜）。

“又”，帛本、今本均作“之”。案：“又”读作“有”。袁金平引吴昌莹《经词衍释》，谓“有”应训为“之”。③ 可从。吴氏《经词衍释》卷三：“有，犹于也，之也。《孟子》：‘则地有肥硗，雨露之养，人事之不齐也。’有与之对文，有实之义。‘日月有明，容光必照焉。’言日月之明也。”“又（有）疾”犹“之疾”。

---

① 韩自强读“正”为“征”，并以“上伐下”为训。不可从。韩自强：《阜阳汉简〈周易〉研究》，上海：上海古籍出版社2004年版，第124页。

② 王弼《注》：“天之教命，何可犯乎，何可妄乎？是以‘匪正’则‘有眚’，而‘不利有攸往’也。”孔颖达《正义》：“‘其匪正有眚，不利有攸往’者，物既‘无妄’，当以正道行之。若其匪依正道，则有眚灾，不利有所往也。”

③ 侯乃峰同意袁说。袁金平：《新蔡简‘大川有介（从水）’试解——兼谈古汉语中‘有’的特殊用法》，简帛网，2007年1月20日；侯乃峰：《〈周易〉文字汇校集释》，台北：台湾古籍出版有限公司2009年版，第208页。

“有”、“之”韵部相同。

“药”，今本同，帛本作“乐”。案：“乐”读作“药”。《说文·艸部》：“药，治病艸。”《玉篇·艸部》引《说文》：“药，治疾之艸总名。”“药”在本爻中作动词用。焦循《易章句》：“药，治疾者也。”“药”，疗也。孔颖达《正义》：“勿须药疗。”《申鉴·俗嫌》：“药者，疗也，所以治疾也。”王引之《经义述闻·左传中·药石》：“《庄子·天地篇》曰：‘有虞氏之药疡也。’《荀子·富国篇》曰：‘不足以药伤补败。’药字并与疗同义。”

“又菜”，帛本、今本作“有喜”。“菜”字训读，学者异说纷呈。① 案：“菜”（清纽之部），宜从帛本、今本读作“喜”（晓纽之部），二字音近。“有喜”乃《周易》经传成辞。《贲》六五《象传》：“六五之吉，有喜也。”《大畜》六四《象传》：“‘元吉’，有喜也。”《损》六四：“使遄有喜。”《升》九二《象传》：“九二之孚，有喜也。”《兑》九四：“介疾有喜。”计本条，凡六例。总之，简文“菜”当读为“喜”。又，“有喜”之“有”不训为“之”，此与上“又（有）疾”字异训。

十八、车敚复

楚竹书《周易·大笙（畜）》九二爻辞（第22号简）曰：

車敚（挩）复（輹）。

“车”，帛本同，今本作“舆”，《释文》出“舆”，云：“本或作轝，音同。”案：《象传》与今本同。《说文》无“轝”字，“轝”即“舆”字之异构。《墨子·公输》：“邻有敝轝而欲窃之。”

---

① 参看侯乃峰：《〈周易〉文字汇校集释》，第206～208页；郑玉姗：《出土与今本〈周易〉六十四卦经文考释》，台湾师范大学博士学位论文2010年2月，第346页；陈仁仁：《战国楚竹书〈周易〉研究》，武汉：武汉大学出版社2010年版，第290～291页。

孙诒让《间诂》："《宋策》、《神仙传》并作弊舆。"毕沅曰："轝即舆之异文耳。"①《说文·车部》："舆，车舆也。"引申之，可泛指车子。"车"、"舆"音义俱通。"敓"，帛本、今本作"说"。案："敓"、"说"均读作"挩"。《说文·手部》："挩，解挩也。"段玉裁《注》："今人多用脱，古则用挩，是则古今字之异也。今脱行而挩废矣。""复"，帛本作"緮"，今本作"輹"，《集解》作"腹"，并云"腹或作輹"，《释文》："蜀才本同。或作辐。一云车旁作复，音服，车下缚也。作畐者，音福，《老子》所云'三十辐共一毂'是也。《释名》云：'輹，似人屐；又曰伏菟，在轴上似之；又曰輹，伏于轴上。'"案："輹"乃经文本字，此亦为清人之通识也。阮元《校勘记》按："作'輹'是也。輹者，伏兔也，可言脱。辐贯于牙毂，不可言脱。"宋翔凤《考异》按："此载'一说'（见《释文》——引者注）足证'輹'之不可作'辐'。"《说文·车部》："轐，车伏兔也。"段玉裁《注》："戴先生曰：伏兔谓之轐。《易·小畜》九三'舆脱輹'，《大畜》九二'舆脱輹'，《大壮》九四'壮于大舆之輹'。《说文》：'轐，车伏兔也'，'輹，车轴缚也'。《释名》：'屐〈輹〉，似人屐也。又曰伏兔，在轴上似之也。又曰輹。輹，伏也，伏于轴上也。'按轐、輹实一字，其下有革以缚于轴。今《易·小畜》作辐，系转写者误。辐在毂与牙之间，非可脱者。玉裁谓刘成国合輹于伏兔，非也。依许，则伏兔名轐，车轴之缚名輹，迥然二物。轐之言仆也。毛《传》曰：'仆，附也。'为伏兔之形附于轴上，以輅固之。钩畚于两伏兔间者，名曰当兔。"段玉裁在此不同意戴震所谓"轐、輹实一字"的说法。《车部》："輹，车轴缚也。从车复声。《易》曰：'舆脱輹。'"段《注》："谓以革若丝之类缠束于轴，以固轴也。……马云'车下缚也'，与许合。其非轐，明矣。或作腹者，叚借字。或作辐者，讹字。"段氏再申明轐、輹非一字。据段《注》，楚简本"复"、帛本"緮"均当读作"輹"，"輹"为"车轴缚"，与

---

① 孙、毕说，均见孙诒让：《墨子间诂》，北京：中华书局2001年版，第485页。

“輹”异。① 王引之与段氏训诂同，《经义述闻》卷一“舆说輹、大车以载”条：“况‘腹’为‘輹’之借字。輹，车下缚也。何得以坤为腹解之？……案輹以缚轴而舆乃行，说輹则不行矣。”又，《左传》僖公十五年：“车说其輹，火焚其旗。”与本爻辞互证。

十九、曰班车戋

楚竹书《周易·大笙（畜）》九三爻辞（第22号简）曰：

> 良馬由（逐），利堇（艱）貞。曰班車戔，利又（有）卣（攸）遑（往）。

“曰”，帛本、今本同，《释文》云：“刘云：曰犹言也。郑：人实反，云：日习车徒。”《集解》作“日”。案：“曰”，发语词。《说文·曰部》：“曰，词也。”王筠《句读》：“吐词为曰，发语之词亦为曰。”帛书《昭力》引此爻辞，省“曰”字。宋翔凤《考异》按：“虞注‘离为日’，义亦同郑。”李富孙《异文释》案：“据义，郑读为长。”郑、虞作“日”字及李富孙以“郑读为长”，皆误。据简帛本，“曰”为本字。“班”，帛本、帛书《昭力》作“阑”，今本作“闲”，《释文》出“闲”，云：“如字，阂也，马、郑云习。”案：从帛本、今本同义异字来看，楚简本“班”当读作“阑”。班为帮纽元部，阑为来纽元部，二字声通。郑训“习”，则读“闲”为“娴”，此与经义不合。王弼云“闲，阂也”，王《注》可从。《说文·门部》：“闲，阑也。”同部：“阑，门遮也。”同部：“阂，外闭也。”“闲”、“阑”同义，韵部相同。“车”，帛本同，今本作“舆”。“戔”，帛本、今本作“卫”，帛书《昭力》

---

① 杨伯峻《左传注》云：“輹音服，车下伏兔，轻车曰轐，……轐与輹异名而同实。”案：杨说与刘成国、戴震合，而与段玉裁异。其说未确，义仍当从《说文》及段《注》。杨伯峻：《春秋左传注（修订本）》，北京：中华书局1990年第2版，第364页。

作“衜”。案：“戋”，又见于子弹库楚帛书、新蔡楚简、上博楚简，其字待考，① 濮茅左疑为“卫”字别体。②“衜”即“衛（卫）”字省形。王弼《注》：“卫，护也。”本句经意，参看王弼《注》：“进得其时，虽涉艰难而无患也，舆虽遇闲而故卫也。与上合志，故利有攸往也。”

二十、僮牛之梏

楚竹书《周易·大筀（畜）》六四爻辞（第22—23号简）曰：

僮（童）牛之梏（牿），元吉。

“僮”，《说文·告部》引同，帛本、阜本、今本作“童”，《释文》出“童牛”，云：“无角牛也。《广》、《苍》作犝。刘云：童，妾也。”案：“犝”，《说文》本无，新附有之，云：“犝，无角牛也。从牛童声。古通用僮。”《释名·释长幼》：“牛羊之无角者曰童。”《王力古汉语字典》从之，且云“僮”为“童”的区别字，③ 而“犝”为“童”之后起分别字。刘训“童”为“妾”，非是。“僮牛”，谓僮昏之牛。“梏”，帛本作“鞫”，今本作“牿”，《说文·告部》引作“告”，《释文》：“刘云：梏之言角也。陆云：梏当作角。九家作告，《说文》同，云：牛触角著横木，所以告人。”案：濮茅左曰：“‘梏’，从木、从臯，会意，桎梏，读

---

① 此字释读，学界意见纷纭，参看侯乃峰：《〈周易〉文字汇校集释》，台北：台湾古籍出版有限公司2009年版，第215~223页；郑玉姗：《出土与今本〈周易〉六十四卦经文考释》，台湾师范大学博士学位论文2010年2月，第355页。

② 濮茅左：《楚竹书〈周易〉释文注释》，马承源主编：《上海博物馆藏战国楚竹书（三）》，上海：上海古籍出版社2003年版，第161页。

③ 王力主编：《王力古汉语字典》，北京：中华书局2000年版，第867、797页。

为‘牿’，加于牛角上的横木；楅设于角，衡设于鼻，止其抵触。”① 何琳仪说：“‘㮤’右所从偏旁乃‘梏’之初文。”② 当从何说。“㮤”、“梏”乃一字之异体。《说文·木部》：“梏，手械也。”《告部》：“告，牛触人，角箸横木，所以告人也。从口从牛。《易》曰：‘僮牛之告。’”据此，惠栋《周易述》改“牿”为“告”字，宋翔凤《考异》云“告是正字”，非是。李富孙《异文释》认为训从“梏”字，然其又认为作“牿”字讹，则不确。段玉裁《注》批评许说，云：“如许说，则告即楅衡也。……牛、口为文，未见告义。且字形中无木，则告意未㬎。……愚谓此许因‘童牛之告’而曲为之说，非字意。故《木部》‘楅’下不与此为转注。”段氏不以“告”为“楅衡”之义。《牛部》：“牿，牛马牢也。”段玉裁《注》：“《周易》‘童牛之牿’，许及九家作告，郑作梏，刘、陆作角，不训‘牢’也。”据此，本爻“牿”字与“楅”同义。《说文·木部》：“楅，以木有所逼束也。从木畐声。《诗》曰：‘夏而楅衡。’”马宗霍《引易考》批评段《注》，云：“正字当作告。告义既主于告牛，而兼以告人为义者。……段疑角箸横木为许曲说、非字意者，殆不然矣。……知告、梏、牿三字古盖通用，而要以告为其本。”③ 今按，马说误。甲文“告”字均不从“牛”形，从“牛”者乃形近致讹。④ 许氏据讹形为说，乃失其实。总之，“梏”为本字，“㮤”为或体，“牿”则为后起之专字，今通作“牿”，与“楅”同意。帛本作“鞫”，乃“牿”之借。牿、鞫皆为见纽觉部字，故通。

---

① 濮茅左：《楚竹书〈周易〉释文注释》，马承源主编：《上海博物馆藏战国楚竹书（三）》，上海：上海古籍出版社 2003 年版，第 168 页。

② 何琳仪校点：《上海博物馆藏楚竹书〈周易〉》，《儒藏》精华编二八一册，北京：北京大学出版社 2007 年版，第 88 页。

③ 马宗霍：《说文解字引经考》，台北：台湾学生书局 1971 年版，第 37～39 页。

④ 于省吾主编、姚孝遂按语编撰：《甲骨文字诂林》第一册，北京：中华书局 1996 年版，第 689 页。

二十一、敊颐

楚竹书《周易·颐》初九爻辞（第24号简）曰：

豫（舍）介（爾）需（靈）龜，觀我敊（朵）頤，凶。

“敊”，① 帛本作“揓”，阜本作“端”，今本作“朵”，《释文》：“多果反，动也。郑同京，作椯。”案：《释文》“京作椯”，“椯”为“揣”字之讹，前人已习知，唐写本“椯”作“揣”。② 宋翔凤《考异》按：“《广韵·上声·三十四·果》：‘揣，摇也（丁果反）。’则揣有朵音。《广雅·释训》：‘揣，抁，摇，捎也。’亦同摇动之训，则揣是正字，朵、椯叚藉字。”此以“揣”为正字，“朵”为假字。黄焯《汇校》云：“京作揣者，音义并与朵同，唯形异耳。黄云：揣训动者，仍为朵之叚借。”③ 此以“揣”为“朵”之假字。“敊”、“端”、“揣”、“椯”、“揓”、“朵”诸字音

---

① 此字从陈伟、何琳仪等释。濮茅左原释作“敚”，误。陈伟：《楚竹书〈周易〉文字试释》，简帛研究网，2004年4月18日；何琳仪校点：《上海博物馆藏楚竹书〈周易〉》，《儒藏》精华编二八一册，北京：北京大学出版社2007年版，第89页；廖名春：《楚简〈周易·颐〉卦试释》，孔子2000网，2004年4月16日；孟蓬生：《上博竹书〈周易〉字词考释》，《华学》第八辑，北京：紫禁城出版社2006年版，第122页；濮茅左：《楚竹书〈周易〉释文注释》，马承源主编：《上海博物馆藏战国楚竹书（三）》，上海：上海古籍出版社2003年版，第169页。

② 晁氏《易》云：“京作端，与朵同音，动也。”李富孙《异文释》据之，而曰：“朵、端音同，京、郑并训为动，则椯为端之讹。椯无垂、动义，丁度在北宋时，当不误。”李据晁氏《易》，以京作“端”字，未必是也，不可从。

③ 黄焯《汇校》：“写本多作都，椯作揣。宋本亦作揣。惠云：朵揣同音。毛居正《正误》曰：京作揣；揣作端，误。吴云：《尔雅》、《广雅》揣并训动。（案：《尔疋》无揣训动之文，吴说误。）然则京作揣者，音义并与朵同，唯形异耳。黄云：揣训动者，仍为朵之叚借。”陆德明撰、黄焯汇校：《经典释文汇校》，黄延祖重辑，北京：中华书局2006年版，第44页。

通，“敠”、“揣”为异体字。“朶”训“动”，王弼注：“朶颐者，嚼也。”孔颖达《正义》：“朶是动义，如手之捉物谓之朶也。”郑玄《注》：“朶，动也。”此以“朶”为本字。《说文·手部》：“揣，量也。从手端声。度高曰揣。一曰捶之。”徐锴音“初委切”。此“揣”字本义也，故训多见。《广雅·释诂一》：“揣，动也。”此“揣”音丁果反，则实为“朶”之假。总之，“敠”、“揣”诸字均为假字，“朶”为本字。李鼎祚《集解》案：“朵颐垂下，动之貌也。”李道平《纂疏》：“《说文》‘朵，树木垂朵朵也’，故云‘朵颐垂下’。震为动，故云‘动之貌也’。”是“朶”本含“动”义。京氏作“揣”，虽与楚简本作“敠”合，然未必即可据此断定“揣”为本字，而“朶”为假字也。“朶颐”，孔颖达《正义》：“谓朶动之颐以嚼物，喻贪惏以求食也。”

（作者单位：武汉大学哲学学院、中国传统文化研究中心）

楚竹书《周易》卦爻辞校札二十七则

◎ 丁四新

一、钦亓肩嫢丌陵

楚竹书《周易·钦（咸）》九三爻辞（第26号简）曰：

钦（咸）亓（其）肩（腓），嫢（執）丌（其）陵（随），吝。

“肩”，帛本作“䏶”，今本作“股”。案：本爻“肩”、“䏶”仍当读作“腓”。“腓”与下“随”字韵部属于微歌旁转关系。李零认为：“今本九三的股字则是错字。”① 此字，帛书六二、九三爻辞均作“䏶”，与楚简本均作“肩”相应。疑今本“股”字乃后

① 李零：《读上博楚简〈周易〉》，《中国历史文物》2006年第4期，第60页。

人有意改易。①

“陸”，帛本、今本作“随”。案：“陸”读作“随”。俞樾《群经平议·经一》：“窃疑随乃骽之叚字。古无骽字，故以随为之。”《新书·容经·跪容》：“拜以磬折之容……随前以举，项衡以下。”俞樾《诸子平议》卷二十六《贾子二》：“言拜之时，其骽必前以举，其项必衡以下也，益知随之为骽叚字矣。”《玉篇·骨部》：“骽，骽股也。”《广韵·贿韵》同。《集韵·贿韵》：“骽，或作腿。”据楚简本、帛本字形来看，俞氏读“随”为“骽（腿）”，恐误，不可从。《象传》：“志在随人，所执下也。”王弼《注》及崔觐（见《集解》）从之，皆训“随”为“随从”。

股虽在上，然进退动静皆不能自制，所执在下，惟随足动而已。其意，参看王弼《注》。

二、钦丌拇

楚竹书《周易·钦（咸）》九五爻辞（第27号简）曰：

钦（咸）丌（其）拇，亡（无）悬（悔）。

① 今本《咸》卦九三爻辞似有人为改动的痕迹，非其初本。初六“咸其拇”，六二“咸其腓”，九三“咸其股”，九五“咸其脢”，上六“咸其辅颊舌”，由初到上，依次形成了一个由身体的下部（低）到上部（高）的顺序。这似乎显得非常合理。不过，将楚简本、帛本、今本对照起来看，这种十分合乎高低之次的叙述不免令人疑窦丛生。九三爻辞楚简本作“肻”（帛本作“䏿”），按照六二爻辞的读法，此二字皆当读为“腓”。然而，今本此字作“股”，介于“腓”、“脢”之间。此其一。其二，九三爻辞“随”下，只有一个“吝”字以断占，然而今本作“往吝”二字，且“往”与“随”在词义上相应，而合乎《象传》的解释。“往”字，当为后人衍增。其三，九五爻辞楚简本作“拇”，帛本作“股”，今本作“脢”。若依帛本，“股”介于“䏿（腓）”、“辅颊舌”之间，这已具备了一定的高低之序。今本则更进一层，很可能将楚简本之“拇”读作“脢”，从而在初至上诸爻之间构造出了一个秩序井然的系统。不过，九五爻之“拇”是否本应读作“脢”，及帛本缘何改作无音理联系之“股”字？此二疑问对今本乃原本的看法，形成了巨大的挑战。反观之，楚简本基本上无所谓将爻位之高低与人体部位之高低密切对应起来的特征，与今本迥然不同。因此，将今本三、五爻辞及其相关联的整体看作人为有意改编的结果，这是较为合理的。

"拇"，帛本作"股"，今本作"脢"，《释文》："心之上、口之下也。郑云：背脊肉也。《说文》同。王肃又音灰。《广雅》云：胂谓之脢。"案："拇"、"股"、"脢"三字异义。《说文·手部》："拇，将指也。"《肉部》："股，髀也。"同部："胂，夹脊肉也。"《广雅·释亲》所谓"胂谓之脢"，① 浑言之也，与许、郑说同义。《说文·肉部》："脢，背肉也。……《易》曰'咸其脢。'"段玉裁《注》："按诸家之言，不若许分析憭然。胂为迫吕之肉，脢为全背之肉也。"此析言之也。脄即脢字。晁氏《易》云："脢，或作脄作膴作骸。"李富孙《异文释》案："虽诸家所训略异，然皆作脢字，大体谓脊背，其义相同。脄、骸当为俗体字。"王弼《注》所谓"心上"、"口下"，据孔颖达《正义》，说与东汉诸儒相通。"股"，《〈六十四卦〉校勘记》云："帛书涉六二爻辞而误。"② 何琳仪说："帛本'股'疑'服'之形讹……'拇'、'服'、'脢'声母同属邦纽，韵母同属之部。"③ 何说可从。"股"

---

① 王念孙《广雅疏证》卷六下"胂谓之脢"条："《说文》：'胂，夹脊肉也。'《急就篇》云：'胂腴胷胁喉咽髃。《咸·释文》胂音以人反，字亦作夤。'《艮》九三：'艮其限，列其夤。'马融《注》云：'夤，夹脊肉也。'《说文》：'脢，背肉也。'《咸》九五：'咸其脢。'《子夏传》云：'在脊曰脢。'虞翻云：'脢，夹脊肉也。'《释文》：'脢，武杯反，又音每。'《内则》：'取牛羊麋鹿麕之肉必脄。'郑《注》云：'脄，脊侧肉也。'《楚辞·招魂》：'敦脄血拇。'王逸《注》云：'脄，背也。'脄与脢同。郑众注《周官·内饔》云：'刑膴，谓夹脊肉。'膴亦与脢同。《集韵》云：'脢，或作膴。'"

② 张政烺：《马王堆帛书〈周易〉经传校读》，北京：中华书局2008年版，第83页。

③ 何琳仪：《帛书〈周易〉校记》，《周易研究》2007年第1期，第4页。何说帛本"股"疑"服"之形讹，侯乃峰批评之，曰："何老师所说在字形上也有可能，但'钦其服'似不辞。……依赵平安先生所说，'夃'为'股'之本字，上古音为鱼部见纽。（赵平安：《关于夃的形义来源》，武汉大学简帛网站，2007年1月23日。）竹本《比》卦'盜'字从水从夃作，原考释者即隶定作'海'，可见'股'之本字字形（即'夃'，或从'肉'从'夃'作）和'脢'字形有相混的可能。"案：何说，侯乃峰述之未周。何氏仍读"服"为"脢"。侯乃峰：《〈周易〉文字汇校集释》，台北：台湾古籍出版有限公司2009年版，第281页。

即“服”字之讹，“服”、“拇”均通“脢”。“脢”，当从《说文》为训。

三、利贞亡咎

楚竹书《周易·丞（恒）》彖辞（第28号简）曰：

卿（亨），利貞，亡（无）咎。

“利贞亡咎”，帛本、今本作“无咎利贞”。案：今本《随》彖辞作“利贞无咎”，《恒》作“无咎利贞”，且各自仅此一例。此种情况，帛本与今本全同。帛书《二三子》及《彖传》引经亦同。至于楚简本，则《随》、《恒》二卦俱作“利贞，亡咎”。这里，疑《恒》彖辞词序存在两种可能：或据楚简本，作“利贞亡咎”；或据帛本、今本，作“无咎利贞”。① 又，帛本、今本“无咎利贞”下多“利有攸往”四字，楚简本无之。案：《彖传》引经亦有此四字（帛书《二三子》引经残损，点数其字格，当有），疑楚简本脱去。

四、敔丞

楚竹书《周易·丞（恒）》上六爻辞（第29号简）曰：

① 陈仁仁、廖名春认为当从楚简本词序，帛本、今本等作“无咎利贞”，词倒。案：得出此种结论的逻辑前提，乃是假定《易经》之系辞从一开始起在语言表达上即已是完全统一和规整的，不能有任何例外。其实，先秦文本在初作之时及其后相当一段长的时间里未必如此。帛本、今本及帛书《二三子》、《彖传》引经是相同的，陈、廖二氏皆罔顾之，则与校勘学的法则相违。据此，二氏说未必是也。陈仁仁：《战国楚竹书〈周易〉研究》，武汉：武汉大学出版社 2010 年版，第 193 页；廖名春：《楚简〈周易〉校释记（二）》，《周易研究》2004 年第 5 期，第 18 页。

𢿌（振）死（恆），貞凶。

“𢿌”，帛本作“夐”，今本作“振”，《释文》：“马云：动也。郑云：摇落也。张作震。”《集解》作“震”。案：《说文·木部》：“楮，柱砥〈氐〉。古用木，今以石。从木耆声。《易》：‘楮恒，凶。’”段玉裁《注》：“耆声、辰声合韵最近。许偁，盖孟《易》也。”马宗霍《引易考》：“惟柱砥之训，似于《易》义无当。楮与震、振既以音相通借，则是引之说叚借耳。”① 据二氏说，“楮”当读作“振”。“振”章纽文部字，与“𢿌”、“夐”声通。“𢿌”、“夐”均读作“振”。《说文·手部》：“振，举救也。……一曰奋也。”“奋”即“动”义。《广雅·释诂一》：“振，动也。”《说文·雨部》：“震，劈历，振物者。”引申之，“震”亦有“动”义。“振”、“震”为同源字。马训“动”，王《注》、孔《疏》同，当从之。

五、𢦒用黄牛之革

楚竹书《周易·滕（遯）》六二爻辞（第30号简）曰：

𢦒（執）用黄牛之革，莫之𦙶（勝）敚（挩）。

“𢦒”，帛本作“共”，今本作“执”，《说文·革部》作“巩”。案：“𢦒”字，亦见于曾侯乙墓42、69号简、上博《容成氏》38号简，此数处均用为“饰”字。② 濮茅左说：“音与‘执’

① 马宗霍：《说文解字引经考》，台北：台湾学生书局1971年版，第59页。

② 参看徐在国、杨泽生、李零等意见。徐在国：《上博竹书（三）〈周易〉释文补正》，简帛研究网，2004年4月24日；杨泽生：《竹书〈周易〉札记一则》，简帛研究网，2004年4月24日；李零：《读上博楚简〈周易〉》，《中国历史文物》2006年第4期，第60页。

近，可通。”①“弌”、“执”同属舌音，职缉二部通转，故二字相通。《说文·幸部》：“执，捕罪人也。从丮从幸，幸亦声。”董作宾《殷历谱》：“幸，象手械，即桊字，盖加于俘虏之刑具也。”②引申之，“执”，拘系也。帛本“共”读作“桊”。③《说文·手部》：“桊，两手共同械也。”与“执”同义。《革部》：“巩，以韦束也。《易》曰：‘巩用黄牛之革。’”《革卦》初九王弼《注》：“巩，固也。”“巩”训“固”，乃其引申义。“巩”与“桊”、“执”音义俱近，故得换字。“革”，今本同，帛本作“勒”。“勒”读作“革”，音通。帛本“共”、今本“执”下，均有“之”字，楚简本则无。

六、肥豚

楚竹书《周易·豚（遯）》上九爻辞（第31号简）曰：

肥豚（遯），亡（无）不利。

“肥”，帛本、今本同，《释文》出“飞遯”，云：“《子夏传》云：肥，饶裕。”案：《集解》李道平《纂疏》：“古本‘肥’作‘𩙿’，与‘蜚’、‘飞’字同。”李富孙《易经异文释》：“肥遯，晁氏《易》云：陆希声本作飞遯。……飞、肥音之转，是唐以前本有作飞遯者，晁氏以为未知所据何也。（姚氏宽曰：肥字，古作𩙿，与古蜚字相似，即今之飞字，后世遂改为肥字。富孙案：《子

① 濮茅左：《楚竹书〈周易〉释文注释》，马承源主编：《上海博物馆藏战国楚竹书（三）》，上海：上海古籍出版社2003年版，第177页。

② 转见《汉语大字典》，武汉：湖北辞书出版社、四川辞书出版社1986—1990年版，第536页。

③ 《〈六十四卦〉校勘记》、季旭升均同此读。张政烺：《马王堆帛书〈周易〉经传校读》，北京：中华书局2008年版，第68页；季旭升主编：《〈上海博物馆藏战国楚竹书（三）〉读本》，台北：万卷楼图书股份有限公司2005年版，第80～81页。

夏传》作肥，古当有此二字之异。)”所谓古有二本，一作“肥”，一作“飞”也。从“系遯”、“好遯”、“嘉遯”来看，本爻“肥”当作如字读，《子夏传》训“饶裕”，得其义。《集解》引虞翻曰“乾盈为肥”，则虞氏亦作如字解。《象传》“肥遯无不利”，《集解》引侯果曰：“果行育德，安时无闷，遯之肥也。”上九王弼《注》：“最处外极，无应于内，超然绝志，心无疑顾，忧患不能累，矰缴不能及，是以‘肥遯，无不利’也。”孔颖达《正义》：“惟上九最在外极，无应于内，心无疑顾，是遯之最优，故曰肥遯。遯而得肥，无所不利，故云无不利也。”侯、王、孔三氏均将“肥”看作“遯”的结果，并着重从心理状态而言之，可知亦作“优裕”义解。朱熹《周易本义》云“肥者，宽裕自得之意”是也。惑者依弼《注》“矰缴不能及”，而曰王本当作“飞”，其实此乃王弼喜用的譬喻之辞，又见《老子》五十章弼《注》。据简帛本，可知别本无论作“飞”或读作“飞”,① 皆非也。

七、丌牛攸

楚竹书《周易·楑（睽）》六三爻辞（第32号简）曰：

見車遨（轍），丌（其）牛攸（觢），丌（其）人天㪺（且）剘，亡（无）初又（有）冬（終）。

“牛攸丌人天㪺剘亡初又冬九”十二字，据香港中文大学中国

① 李道平《纂疏》案：“《后汉书》注引《九师训》曰‘遯而能飞’。曹植《七启》曰‘飞遯离俗’。张衡《思玄赋》曰‘欲飞遯以保名’。盖上变则体《小过》，《小过》有飞鸟之象，上六应之，故曰‘飞遯’。荀注《乾》九五云‘飞者，喻无所拘也’。无所拘，故‘无所疑’云。”李富孙《异文释》案：“《淮南·九师道训》曰：‘遯而能飞，吉孰大焉。’《后汉·张衡传》：‘利飞遯以保名。’(《文选·思元赋》作肥遯)《文选·七启》‘飞遯离俗’，章怀、六臣《注》引皆同。金陵《摄山碑》云：‘缅怀飞遯。’盖上变体《小过》有飞鸟之象，故云飞遯。”

文化研究所藏楚简《周易》残片缀补，字形与上博简合。“敂”，帛本作“諜”，阜本作“絜”，今本作“掣”，《释文》：“郑作犎，云：牛角皆踊曰犎。……《说文》作觢，之世反，云：角一俯一仰。子夏作㓞，《传》云：一角仰也。荀作觭，刘本从《说文》，解依郑。”《集解》作“觢”。案：曾宪通说：“‘恝’，与上举郑注之‘犎’，许书之‘觢’，及子夏传之‘㓞’皆从‘㓞’声，例可通假。然以字义而言，当以‘觢’字为正。”① “敂”从介声，见纽月部字，“諜”从世声，书纽月部字，“絜”为见纽月部字，“掣”为昌纽月部字，四字音通。帛本“諜”与上“恝”字互倒。说见上。《说文·角部》：“觭，角一俛一仰也。”同部：“觢，一〈二〉角仰也。……《易》曰：‘其牛觢。’”段玉裁《注》：“一当为二。《释兽》曰：‘角一俯一仰，觭。皆踊，觢。’皆踊，谓二角皆竖也。蒙上文一俯一仰故曰皆，许一俯一仰之云在下文，故云二角。俗讹为一，则与觭无异。《易·音义》引《说文》，以角一俯一仰系之觢，当时笔误耳。《睽》六三：‘其牛掣。’郑作犎，云牛角皆踊曰犎，与《尔雅》、《说文》同。子夏作契，荀作觭，虞作掣〈觢〉，② 皆以一俯一仰为训，与许、郑不同也。觢者，如有掣曳然，角本当邪展而乃耸直也。虞本当同荀作觭，李氏鼎祚正文作掣，遂比而同之耳。”李富孙《异文释》案：“盖诸家皆本《尔雅》之说，以字形相涉而文义亦因各异。……《子夏传》云‘一角仰’，是子夏、荀、虞皆作‘觭’也。”此字，汉人或抄作“觢”，训二角仰；或抄作“觭”，训一俯一仰。义当从许、郑，本字作“觢”。宋翔凤《考异》案：“《说文》无掣、犎字，郑本或传写之误。”此说非，“犎”非误字。《异文释》引惠氏曰：“张有《复古编》云：‘觢从角，㓞省。别作掣，非。’觢从角、㓞，故子夏作㓞。诸家无作掣者，王弼读为‘牵掣’之字，失之。”马宗霍

① 曾宪通：《〈周易·睽〉卦辞及六三爻辞新诠》，《中国语言学报》第九期，北京：商务印书馆 1999 年版，第 302～303 页。

② 经韵楼版段氏《说文解字注》引作“掣”，盖刻写致误耳。《集解》本作“觢”，虞翻亦依此字作训。

《引易考》同意段《注》，曰："至觢、挈、契、掣异文，以声求之，亦皆可通。……惟《说文·牛部》无挈字，《手部》无掣字，《大部》契训大约，亦与角义无涉，则正字当作觢。王弼以为其牛掣者，滞隔所在不获进，是读为牵掣之掣。望文生义，宜见讥于惠栋矣。"①"掣"非经文本字，可以决矣。弼本作"掣"，乃后人误改所致。楚简本、阜本、帛本此字俱当读作"觢"。"觢"，二角仰也。②

八、陞宗筮肤

楚竹书《周易·楑（睽）》六五爻辞（第33号简）曰：

> 悬（悔）亡，陞（陞）宗筮（噬）肤（膚），违（往）可（何）咎？

"陞"，帛本作"登"，今本作"厥"。案：濮茅左说："'陞'，即'升'，亦见于《包山楚简》。"③"升"、"登"同义，声亦相通。《说文·癶部》："登，上车也。"《尔雅·释畜》："騉蹏趼，善升甗。""升"，《释文》："本亦作升。"《广雅·释诂一》、《玉篇·阜部》："升，上也。"《广韵·蒸韵》："升，登也，跻也。""厥"之初文作"氒"，与"升"字形近。何琳仪说："'升'所从'升'，与'厥'之初文作'氒'形近混。换言之，沪本'升'省

① 马宗霍：《说文解字引经考》，台北：台湾学生书局1971年版，第54页。

② 廖名春有新解，云："可见'掣'其实就是《说文》的'瘳'字。……'瘳'是一种俗称抽风的病。所以，'其牛掣'就是'其牛瘳'，是说拉车的牛在抽风。"其说殆不可从。廖名春：《楚简〈周易〉睽卦新释》，《周易研究》2006年第4期，第35页。

③ 濮茅左：《楚竹书〈周易〉释文注释》，马承源主编：《上海博物馆藏战国楚竹书（三）》，上海：上海古籍出版社2003年版，第181页。

作‘升’，又讹作‘乑’，故今本以‘厥’为之。”① 季旭升、李学勤说同。② 据此，今本“厥”乃“升”字之讹。《周易》包含“升”字的卦爻辞，有两种词语组成结构：一者，《同人》九三“升其高陵”，《升》九三“升虚邑”，《升》六五“升阶”；二者，《升》初六“允升”，《升》上六“冥升”。本爻“升宗”，显然属于第一种辞例。“宗”字，依例为实有、具体之物。《说文·宀部》：“宗，尊（也），祖庙也。”“升宗”即登上祖庙。孔颖达《正义》曰“宗，主也”，疑误。“嗇”，帛本、阜本作“筮”，今本作“噬”。案：“嗇”，濮茅左说：“据帛本、今本可读为‘筮（噬）’或‘啮’。”③ 何琳仪说：“疑‘嗇’从‘辥（辪）’得声，与‘筮’、‘噬’韵母同属月部。”④ 是字，又见郭店《语丛四》19号简。或增水旁，作“澘”形，见于郭店《老子》甲组22号简、包山96号简等。据孟蓬生、王宁、李零等的分析，⑤ 此字乃“噬”字异构。目前，学者意见渐趋一致。《说文·口部》：“噬，啖也。”“肤”，帛本、阜本、今本均作“膚”。“肤”读作“膚”。“膚（肤）”为“胪”字重文，见《说文·肉部》。“肤”谓“肤肉”。

① 何琳仪校点：《上海博物馆藏楚竹书〈周易〉》，《儒藏》精华编二八一册，北京：北京大学出版社2007年版，第96页。

② 季旭升主编：《〈上海博物馆藏战国楚竹书（三）〉读本》，台北：万卷楼图书股份有限公司2005年版，第88页；李学勤：《周易溯源》，成都：巴蜀书社2006年版，第286~287页。

③ 濮茅左：《楚竹书〈周易〉释文注释》，马承源主编：《上海博物馆藏战国楚竹书（三）》，上海：上海古籍出版社2003年版，第181页。

④ 何琳仪校点：《上海博物馆藏竹书〈周易〉》，《儒藏》精华编二八一册，北京：北京大学出版社2007年版，第96页。

⑤ 孟蓬生：《郭店楚简字词考释》，《古文字研究》第24辑，北京：中华书局2002年版，第406~407页；王宁：《释郭店楚简中的“噬”与“澨”》，简帛研究网，2002年8月27日；孟蓬生：《上博竹书（三）字词考释》，简帛研究网，2004年4月26日；李零：《读上博楚简〈周易〉》，《中国历史文物》2006年第4期，第61页。此外，侯乃峰有比较详细的汇考，可参看。侯乃峰：《楚竹书〈周易〉“升宗噬肤”汇考》，《〈周易〉文字汇校集释》，台北：台湾古籍出版有限公司2009年版，第510~518页。

王弼《注》："'噬肤'者，啮柔也。""噬肤"亦见《噬嗑》六二"噬肤灭鼻"。

九、王臣讦讦非今之古

楚竹书《周易·讦（蹇）》六二爻辞（第35号简）曰：

王臣訐（蹇）訐（蹇），非今之古。

"臣"，今本同，帛本作"仆"。"臣"、"仆"义近。"臣"换作"仆"字，乃帛本常例。

"讦讦"，帛本作"蹇蹇"，汉石经作"謇謇"，今本作"蹇蹇"。案：濮茅左说："'讦讦'，意同'謇謇'，直言。《楚辞章句·离骚经》'余固知謇謇之为患兮，忍而不能舍也'，王逸注：'謇謇，忠贞貌也。《易》曰：王臣謇謇，匪躬之故。舍，止也，言已知忠言謇謇，刺君之过，必为身患，然中心不能自止而不言也。'"①《玉篇·言部》："謇，难也，吃也。"《说文·足部》："蹇，跛也。"行难、言难均谓之蹇。"謇"为"蹇"之本字，"蹇"为"謇"之分别字。"讦讦"读作"蹇蹇"，从俗读作"謇謇"。《广雅》卷六《释训》："蹇蹇，难也。"依王逸《注》，"蹇蹇"乃忠贞之貌。《说苑·正谏》、《魏志·陈群传》注引《袁子》同作"蹇蹇"，《群书治要》引桓范《世要论谏争》则作"謇謇"，从上下文来看，其义均与王逸《注》同。不过，王逸《注》与《广雅》未必相非。虞翻等从卦象分析，谓二五皆坎，有蹇蹇之象（见《集解》）。此乃汉末解经之风气，未必可据。

"今"，帛书《二三子》同，帛本残，今本作"躬"。案："匪躬之故"，《象传》未引此句。"今"、"躬"音近，然二字义有别。帛书《二三子》："《易》曰：'王臣蹇蹇，非今之故'。孔子曰：

---

① 濮茅左：《楚竹书〈周易〉释文注释》，马承源主编：《上海博物馆藏战国楚竹书（三）》，上海：上海古籍出版社2003年版，第184页。

'王臣蹇蹇'者，言亓（其）难也。夫唯智亓（其）难也，故重言之，以戒今也。……'非今之故'者，非言独今也，古以状〈肰〉也。"据此，帛本残字，《〈六十四卦〉校勘记》补作"今"。① 刘大钧说："作'今'亦较之今本作'躬'似于义更胜。"② 说是。不过，《汉书·叙传下》、《说苑·正谏》及《前汉纪·昭帝纪》等皆引作"躬"字，且《正谏》曰："《易》曰：'王臣蹇蹇，匪躬之故。'人之所以蹇蹇为难而谏其君者，非为身也，将欲以匡君之过，矫君之失也。"则"今"改作"躬"，亦远逮西汉矣。

"古"，帛本、今本作"故"。"古"读作"故"。"故"训"事"，参看王引之《经义述闻》说。③

十、繲亓拇

楚竹书《周易·繲（解）》九四爻辞（第37号简）曰：

---

① 《〈六十四卦〉校勘记》："非下缺文，王弼本作躬。帛书《二三子》引作今，且释曰'非言独今也，古以（已）壮〈肰〉也'，且释为'非独今之故也'，知此处当为今字。躬今可以通假。"张政烺：《马王堆汉墓帛书〈周易〉经传校读》，中华书局2008年版，第75页。《马王堆帛书〈六十四卦〉释文》（《文物》1984年第3期）即补为"今"字。

② 刘大钧：《今、帛、竹书〈周易〉综考》，上海：上海古籍出版社2005年版，第60页。

③ 《经义述闻》卷一"匪躬之故、随无故也"条："今案，'故'，事也。（《广雅》曰：'故，事也。'《系辞传》：'又明于忧患与故。'韩《注》曰：'故，事故也。'《正义》曰：'使人明晓于忧患，并与万事也。'又'是故知幽明之故'、'感而遂通天下之故'、'是以明于天之道而察于民之故'，《正义》并曰：'故，谓事也。'言王臣不避艰难，尽心竭力者，皆国家之事，而非其身之事也。故曰：'王臣蹇蹇，匪躬之故。'不言'事'而言'故'者，以韵初爻之'誉'也。《杂卦》：'《随》，无故也，《蛊》则饬也。'……今案'故'，事也。《随》之为道，动静由人而已无事，故曰'《随》，无故也'。《蛊》则有事矣，有事则当整治，故曰'《蛊》则饬也'。玩'则'字文义，与上句正相呼应，明《随》无事而《蛊》则有事也。'蛊'之为言犹'故'也。"

緸（解）亓（其）拇（拇）。

“緸亓拇”，帛本作“解亓栂”，汉石经、今本作“解而拇”，《集解》作“解而母”，《释文》出“拇”，云：“陆云：足大指。王肃云：手大指。荀作母。”案：“亓”同“其”。孔颖达《正义》：“而，汝也。”第二人称代词。杨树达《词诠》卷四：“其，代名词，彼也。兼人称、指示二种。用于主位与领位。”① 依此，“而”、“其”义有别，用法不同。王弼《注》：“失位不正，而比于三，故三得附之，为其拇也。三为之拇，则失初之应，故解其拇，然后朋至而信矣。”可知王所据本亦作“其”。今本作“而”，本自汉石经，误。“而”、“亓”形近。《象传》引经亦作“而”，疑系后人回改的结果。“栂”、“母”均读作“拇”。《说文·手部》：“拇，将指也。”手足之大指皆谓之“拇”。

十一、遇雨女雺

楚竹书《周易·夬》九三爻辞（第38号简）曰：

君子夬夬蜀（獨）行，遇雨女（如）雺，又（有）厲，亡（无）咎。

“女”，帛本作“如”，今本作“若”。“女”读作“如”。“如”、“若”音通义同，训则也，而也。孔颖达《正义》：“则受濡湿其衣。”王引之《经传释词》卷七“若”条：“顾欢注《老子》曰：‘若，而也。’……《易·夬》九三曰：‘君子夬夬独行，遇雨若濡。’言遇雨而濡也。”

“雺”，帛本、今本作“濡”。案：雺、濡二字俱属侯部，然声纽（明日）有隔，似不必以为通假。濮茅左引《尔雅》为据，以

① 杨树达：《词诠》，北京：中华书局1965年第2版，第158页。

“雺”、“霿”二字异义。①《尔雅·释天》：“天气下，地不应曰雺。地气发，天不应曰霿。霿谓之晦。”《说文·雨部》：“霿，地气发，天不应。……雺，籀文省。”同部：“霚，天气下，地不应曰霚。霚，晦也。”徐铉音“霿”亡遇切，音“霚”莫弄切。《尔雅》“雺、霿”二字，《说文》合为一字，而别出“霚”而同于《尔雅》之“霿”字。在此，疑“雺、霿”二字常混用，故许慎特制“霚”字以别之，从目以示意也。其实，“霿”、“霚”均为“雺”之孳乳字。今从《尔雅》，则楚简“雺”当读作“霿”，从《说文》则当读作“霚”。“晦雺”，谓天色昏蒙。本爻说遇雨而天色昏蒙，由此足见云之密、雨之大也。今本作“濡”，《说文·水部》段玉裁《注》：“今字以濡为沾濡，经典皆然。”《汉书·谷永传》“《易》曰濡其首”颜师古《注》：“濡，湿也。”“濡”，依《正义》，谓濡衣，“濡衣”亦包含雨大之意。“雺”、“濡”二字义正相通，而韵部亦相同，故得换字。

十二、䎽言不冬

楚竹书《周易·夬》九四爻辞（第39号简）曰：

> 誫（臀）亡（无）肤（膚），丌（其）行緀（趑）疋（趄）。䘮羊，𢘽（悔）亡，䎽（聞）言不冬（忡）。

“䎽”，帛本、今本作“闻”。“䎽”读作“闻”。“䎽”从昏声，通行本《老子》四十一章诸“闻”字，郭店竹书《老子》均写作“昏”。“冬”，帛本、今本作“信”。案：濮茅左读“冬”为“聪”，②疑非。本爻《象传》：“‘闻言不信’，聪不明也。”“聪不

① 濮茅左：《楚竹书〈周易〉释文注释》，马承源主编：《上海博物馆藏战国楚竹书（三）》，上海：上海古籍出版社2003年版，第188页。

② 濮茅左：《楚竹书〈周易〉释文注释》，马承源主编：《上海博物馆藏战国楚竹书（三）》，上海：上海古籍出版社2003年版，第189页。

明也”，当谓“聪而不明也”。《噬嗑·象传》：“何校灭耳，聪不明也。”“聪”、“明”分别对应耳听、心知而言。盖徒尚耳聪而不能审知其真伪，故致“何校灭耳”之“凶”。《说文·耳部》：“聪，察也。”《管子·宙合》：“耳司听，听必顺闻，闻审谓之聪。”《象传》既释为“聪不明也”矣，则经文“不冬”似不当读作“不聪”。“冬”疑读作“忡”。《说文·心部》：“忡，忧也。”“忧”属于一种十分基础的心理活动，参看简帛《五行》。闻言而不忧之，则至于不明或轻信矣。“不忡”与“不信”义正相反而相成。《困》彖辞“有言不信”，《彖传》云“尚口乃穷也”，帛书《缪和》曰“此耶（圣）人之所重言也”，此属于另一解说系统，与楚简本有异。

十三、羸豕孚是蜀

楚竹书《周易·敂（姤）》初六爻辞（第40号简）曰：

> 繫于金柅，貞吉。又（有）卣（攸）造（往），見凶。羸（羸）豕孚是（蹢）蜀（躅）。

“羸”，帛本、今本作“羸”。“羸”从羸声，读作“羸”。《说文·羊部》：“羸，瘦也。”王弼《注》从此。虞翻、宋衷解为“绳”、“大索”（见《集解》），则读“羸”为“累”。今从王《注》。“豕”，今本同，帛本作“豨”。“豕”、“豨”同义，声亦相通。《说文·豕部》：“豕，彘也。……读与豨同。”王弼《注》：“羸豕，谓牝豕也。羣豕之中，豭强而牝弱，故谓之羸豕也。”“孚”，今本同，帛本作“复”。“复”读作“孚”。王弼《注》：“孚犹务躁也。”则读“孚”为“浮”。虞翻、宋衷训相近（见《集解》）。俞樾《群经平议·经一》疑王《注》，而训“孚”为“孚乳”，曰：“‘羸豕孚蹢躅’言拘羸之豕方孚乳而蹢躅也。”俞氏仅依声训为说，似不足以颠覆故训。“是蜀”，帛本作“适属”，今本作“蹢躅”，《释文》出“蹢”，云：“一本作踯，古文作蹢。”

出“躅”，云：“本亦作躅。蹢躅，不静也。古文作蹳。”《集解》作“蹢蹳”。案：宋翔凤《考异》按：“‘蹢’字篆作足旁‘啻’，隶作足旁‘商’，本一字形异。《说文》无‘蹳’字，其载古文或不备。踯、躅字皆俗。”李富孙《异文释》案：“《广雅》云：‘蹢躅，跢跦也。’蹢、踯，躅、躅字皆同。《说文》：‘蹢，住足也。或曰蹢躅，贾侍中说。’《集韵》云：‘蹳，同躅。’惠氏曰：‘啻与商通。逐与蜀古今字。’”“是蜀”、“适属”均当读作“蹢躅”。“蹢躅”乃双声謰语，“蹢”、“躅”均系“蹢躅”义。《说文·足部》：“躅，蹢躅也。”《礼记·三年问》“蹢躅焉，踟蹰焉”陆德明《释文》：“蹢躅，不行也。”“不行”与“不静”二义相辅。《庄子·秋水》：“蹢躅而屈伸，反要而语极。”成玄英《疏》：“蹢躅，进退不定之貌。”

十四、㠯芑橐苽、又惪自天

楚竹书《周易·敂（姤）》九五爻辞（第41号简）曰：

> 㠯（以）芑（杞）橐（包）苽（瓜），欽（含）章，又（或）惪（憂）自天。

“㠯”，帛本、今本作“以”。案：“㠯”即“以”字。“以”，动词，训“用”。《说文·巳部》：“㠯，用也。”甲、金文“㠯”字象耕地的农具，“以”象人用“㠯”形，古文即借“㠯”为“以”。① 例如，《书·立政》“其勿以憸人”，《论语·为政》“视其所以”，二“以”字均训动词“用”。或读“以”为“似”，此非，《易》无是读。“芑”，帛本作“忌”，今本作“杞”，《释文》出“以杞”，云：“张云：枸杞。马云：大木也。郑云：柳也。薛云：柳，柔韧木也。并同。”案：“芑”、“忌”均读作“杞”。

---

① 汉语大字典编辑委员会：《汉语大字典》，武汉：湖北辞书出版社、成都：四川辞书出版社1986—1990年版，第105页。

“杞”，郑、薛、虞、子夏均训“杞柳”。孔颖达《正义》：“《子夏传》曰：作‘杞匏瓜’。薛、虞《记》云：‘杞，杞柳也。杞性柔刃，宜屈桡，似匏瓜。’又为杞柳之杞。”杞柳性柔，故虞翻训“苞”为“包裹”义。《正义》又曰：“王氏云‘生于肥地’，盖以杞为今之枸杞也。”《说文·木部》：“杞，枸杞也。”《诗·小雅·四牡》“集于苞杞”毛《传》：“杞，枸檵也。”今从此训。“橐苽”，帛本作“枹苽”，今本作“包瓜”，《释文》：“子夏作苞。”案：“苽”读作“瓜”。“包”，《集解》及虞《注》作“苞”。据“苞”、“匏”可通假，李富孙《异文释》认为子夏、薛、虞、王、孔训皆同，“包（或苞）瓜”读为“匏瓜”。今按，据《集解》引虞翻《注》及李道平《纂疏》来看，“苞”字，虞训为“包裹”，“以杞苞瓜”即用杞柳包裹瓜，“以”为介词。虞义与王、孔实不同。王弼《注》：“包瓜，为物系而不食者也。”孔颖达《正义》：“杞之为物，生于肥地；匏瓜为物，系而不食。九五处得尊位而不遇，其应是得地而不食，故曰‘以杞匏瓜’也。”王、孔义长，宜从之。由此，“橐”、“枹”、“苞”、“包”诸字均当读作“匏”。“匏”或作“瓟”。《说文》“匏”、“瓠”互训。《包部》：“匏，瓠也。从包，从夸声（瓠省）。包，取其可包藏物也。”

“又”，帛本作“或”，今本作“有”。案：“又”读作“或”或“有”。王引之《经传释词》卷三“有”条：“有，犹‘或’也。……《易·姤》九五曰：‘有陨自天。’言或陨自天也。”此“有”与“或”对，“有”训“或有”。“慐”，帛本作“塤”，今本作“陨”。案：“塤”读作“陨”。《说文系传·雨部》“陨”引作“霣”。“霣”通“陨”。《尔雅·释诂一》：“陨，落也。”又曰：“陨，坠也。”《说文·𨸏部》：“陨，从高下也。从𨸏员声。《易》曰：‘有陨自天。’”“慐”、“陨”二字韵部（幽文）有隔。疑本作“慐”字，后讹作“塤”或“陨”字。“慐”从“憂（忧）”省。“忧”通“慐”。《说文·心部》：“慐，愁也。”“慐”、“忧”为古今字，后“忧”行而“慐”废。

“枸杞”、“匏瓜”皆隐喻，其虽位居九五高厚、尊贵之地，然而“枸杞”（落叶小灌木）不为栋梁之材，“匏瓜”系而不食，故此时仍需虚己自卑，含晦章美，以备所忧之灾自天降落也。

十五、一斛于芺

楚竹书《周易·啐（萃）》初六爻辞（第42号简）曰：

又（有）孚不冬（終），乃𤔔（亂）𠧧（乃）啐（萃），若唇（號），一斛（握）于芺（笑），勿卹，進（往）亡（无）咎。

“𤔔”，帛本作“乳”，汉石经、今本作“乱”。案：《说文·𠬪部》：“𤔔，治也。幺子相乱，𠬪治之也。读若乱同。一曰理也。”《乙部》：“乱，治也。从乙；乙，治之也。从𤔔。”“𤔔”、“乱”二字音义俱同。“𤔔”即“𤔔”字，濮茅左以为《集韵》古文“乱”字。① 何琳仪说“乳”、“乱”形近易混，② 说是。帛本“乱”字常写作“乳”。“𠧧”，帛本、汉石经、今本作“乃”。“𠧧”读作“乃”。③ 上“乃”字训“则”，下“乃”字训“而”。“啐”，帛本作“卒”，汉石经、今本作“萃”。

“斛”，帛本作“屋”，汉石经、今本作“握”，《释文》：“傅氏作渥。郑云：握当读为‘夫三为屋’之‘屋’。蜀才同。”案：“斛”、“屋”均读作“握”。斛、握同为屋部，匣影为邻纽，故二

---

① 濮茅左：《楚竹书〈周易〉释文注释》，马承源主编：《上海博物馆藏战国楚竹书（三）》，上海：上海古籍出版社2003年版，第193页。

② 何琳仪校点：《上海博物馆藏楚竹书〈周易〉》，《儒藏》精华编二八一册，北京：北京大学出版社2007年版，第103页。

③ 陈惠玲等说：“‘乃’与‘迺’在西周金文中大多分用，‘乃’为指称词，‘迺’为连词，战国文字开始混用。本爻二字似不分，但第一‘乃’字用为语词，无意义；第二‘迺’字用为‘于是’。”季旭升主编：《〈上海博物馆藏战国楚竹书（三）〉读本》，台北：台湾万卷楼图书股份有限公司2005年版，第111页。

字相通。傅作“渥”，郑读作“屋”，李富孙《异文释》案：“盖汉人多同音通借字，诸家相传，各守师承，故文义往往不同。惠氏曰：‘古文握字，或省文，或屋字反从水旁，故诸儒训诂各异也。’”孔颖达《正义》：“‘一握’者，小之貌也，自比一握之间，言至小也。”“于”，帛本同，汉石经、今本作“为”。案：“于”、“为”同义，声亦相通。王引之《经传释词》卷二：“家大人曰：为，犹‘于’也。庄二十二年《左传》曰：‘并于正卿。’《释文》曰：‘于，本或作为。’（于、于古字通。）”同书卷一：“于，犹‘为’也。（此为字读平声。）……《仪礼·士冠礼》曰：‘宜之于假。’郑《注》曰：‘于，犹为也。’《聘礼记》曰：‘贿在聘于贿。’《注》曰：‘于，读曰为。’”“芺”，帛本同，汉石经作“芺”，今本作“笑”。案：《说文·艸部》：“芺，艸也。味苦，江南食以下气。”“芺”、“芺”形近易讹，二字音亦通。“芺”同“笑”，二字均为正体，“笑”乃俗体。《说文》无“笑”字，徐铉据前人引《说文》补，段玉裁正作“笑”。①

① 关于“笑”字的构形、释义，参看《说文》“笑”字徐铉《案》及段玉裁《注》。《说文·竹部》：“笑，此字本阙。臣铉等案：孙愐《唐韵》引《说文》云：‘喜也。从竹从犬。’而不述其义。今俗皆从犬。又案：李阳冰刊定《说文》从竹从夭义云：竹得风，其体夭屈如人之笑。未知其审。”段《注》：“徐鼎臣说孙愐《唐韵》引《说文》云：‘笑，喜也。从竹从犬。’而不述其义。考孙愐《唐韵序》云：‘仍篆隶石经勒存正体。’幸不讥烦。盖《唐韵》每字皆勒《说文》篆体，此字之从竹犬，孙亲见其然，是以唐人无不从犬作者。干禄《字书》云：‘咲通，笑正。《五经文字》力尊《说文》者也，亦作“笑，喜也”，从竹下犬。’《玉篇·竹部》亦作笑，《广韵》因《唐韵》之旧亦作笑。此本无可疑者。自唐玄度《九经字样》始先笑后笑，引杨承庆《字统》异说云：‘从竹从夭，竹为乐器，君子乐然后笑。’《字统》每与《说文》乖异，见玄应书。盖杨氏求从犬之故不得，是用改夭形声，唐氏从之，李阳冰遂云：‘竹得风，其体夭屈如人之笑。’自后，徐楚金缺此篆，鼎臣竟改《说文》笑作笑，而《集韵》、《类篇》乃有笑无笑，宋以后经籍无笑字矣。今以顾野王、孙愐、颜元孙、张参为据，复其正始。或问曰：从犬可得其说乎？曰：从竹之义且不敢妄言，况从犬乎！闻疑载疑可也。”案：“笑”字或从艸，从竹与从艸同义。字或作笑、芺，乃俗体。不过，此俗体起源亦甚早，段氏有所未瞭。

十六、苯墓、剔□、曰达母又母

楚竹书《周易·困》上六爻辞（第43号简）曰：

> 困于苯（葛）藟（藟），于剔□，曰达（逸）悬（悔）又悬（悔），征吉。

“苯藟”，帛本作“褐累”，汉石经、今本作“葛藟”，《释文》出“藟”，云：“似葛之草，本又作虆。《毛诗草木疏》云：一名巨荒，似蘡薁，连蔓而生，幽州人谓之推虆。”案：“苯”、“褐”均读作“葛”。“苯”从率声，生纽物部字；葛，见纽月部字。生见邻纽，物月二部旁转，故“苯”可读作“葛”。① “《说文·艸部》：“葛，絺绤艸也。”本爻孔颖达《正义》：“葛、藟，引蔓缠绕之草。”“藟”、“累”，均读作“藟”或“虆”。《说文·艸部》：“藟，艸也。”《诗·周南·南有樛木》“葛藟累之”孔颖达《正义》：“藟，与葛异，亦葛之类也。陆玑云：藟，一名巨苽，似燕薁，亦延蔓生，叶似艾，白色，其子赤，亦可食。”卢文弨云“似燕薁，此似误”。《周易音义》黄焯《汇校》案：“《广雅》：燕薁，蘡舌也。王念孙《广雅疏证》云：即蘡薁，蘡燕声之转。”②

“剔□”，③ 帛本作“贰掾”，汉石经作“剔剑”，今本作“臲卼”，《释文》出“臲”，云：“《说文》作剔，牛列反。薛同。”又出“卼”，云：“《说文》作鼿，云：鼿，不安也。薛又作杌，字

① “苯”，陈剑径直释作“葛”。可参。陈剑：《上博竹书“葛”字小考》，简帛网，2006年3月10日。

② 陆德明撰、黄焯汇校：《经典释文汇校》，北京：中华书局2006年版，第52页。

③ 李零说：“剔□……下字残，我查过原简，笔记上留下的记录是，它与简四十四第五句第三字相当今本繘字的字似是同一字。这两个字，就是今本上文的‘剔刖’。”李零：《读上博楚简〈周易〉》，《中国历史文物》2006年第4期，第62页。

同。”案：《说文·出部》：“𣪠，槷𣪠，不安也。从出臬声。《易》曰：‘槷𣪠。’”段玉裁《注》：“九五‘劓刖’，荀、王作臲卼。郑云：‘劓刖当为倪杌。’则两爻辞义同矣。许作槷𣪠，盖孟《易》也。《尚书》‘邦之杌陧’，槷与陧、臲、劓、倪同，𣪠与杌、卼、卼、杌同。杌、卼、卼、杌皆兀声，以《说文》梼杌作梼柮例之，则出声、兀声同。”《说文·𨸏部》：“陧，危也。”段玉裁《注》：“危者，在高而惧也。《秦誓》曰：‘邦之杌陧。’《易》作臲卼。许《出部》之‘槷𣪠，不安也’，皆字异而音义同。”马宗霍《引易考》说之颇详，可参考。① 《广雅·释诂一》“陧，危也”王念孙《疏证》：“槷𣪠、臲卼、倪杌、劓刖，古皆通用。”李富孙《异文释》案：“王弼作‘臲卼’，许作‘槷𣪠’，薛作‘劓杌’，皆文异而音义同。王氏鸣盛曰：‘劓，本劓字，假借为不安。槷字见郑《周礼》注，云：是古文臬字(《匠人》注。)。又《仪礼》注以为即古文闑字(《士冠礼》注。)。今与𣪠连文为不安，亦是假借。《易》之槷𣪠，《书》之阢陧，音义并同，特倒其文，故字亦异。此古训也。后人改为臲卼，非。’”于豪亮说：“劓刖、臲卼、劓刽、槷𣪠都是同一个词的不同写法，帛书的‘贰椽’、‘贰掾’也是这个词的不同写法之一。”② 于说与段《注》等一致。总之，臲卼有各种写法，双声联绵字，乃“不安”之义。孔颖达《正义》：“臲卼，动摇不安之辞。”正得其义。高亨读“臲卼”为“臬兀”，训“木橛”，③ 不依典训，误甚。又，孔颖达《正义》：“应亦言

① 马宗霍：《说文解字引经考》，台北：台湾学生书局1971年版，第60~62页。

② 于豪亮说：“贰字与臲、劓、槷、劓音近相通。《仪礼·特牲馈食礼》：‘闑西阈外。’郑《注》：‘闑古文作槷。’武威出土汉《仪礼》简甲本，‘闑’作‘柭’，是‘柭’与‘闑’、‘槷’相通，因此‘贰’也与‘臲’、‘槷’、‘卼’、‘劓’等字相通。‘椽’、‘掾’古音在元部，刖、卼、刽等字在祭部，祭、元通转，故‘椽’、‘掾’与刖、卼、劓等字相通。”于豪亮：《帛书〈周易〉》，《文物》1984年第3期，第21页。

③ 高亨：《周易古经今注》（重订本），北京：中华书局1984年版，第296~297页。

‘困于臲卼’，‘困’因于上，省文也。”本句及上句经义，参看王弼《注》：“行则缠绕，居不获安，故曰‘困于葛藟，于臲卼’也。……处困之极，行无通路，居无所安，困之至也。”

“曰迖悬又悬”，帛本作“曰悬夷有悬”，汉石经、今本作“曰动悔有悔”，《释文》出“曰动悔”，云：“音越。向云：言其无不然。”案：帛本“悬夷”字倒，当作“夷悬”。“迖”，何琳仪说为“逸”字异文，① 可从。“夷”（喻纽脂部）读作“逸”（喻纽质部），音通。《说文·兔部》：“逸，失也。”今本作“动”，与“迖”、“夷”二字旁纽。“悬”读作“悔”。“有”读作“又”。王弼《注》：“曰者，思谋之辞也。谋之所行，有隙则获。言将何以通至困乎？曰动悔，令生有悔，以征则济矣。故曰‘动悔有悔，征吉’也。”弼《注》训误。王引之《经义述闻》卷一：“案‘曰’之言聿，语助也。（见《释词》。）‘有’，亦当读‘又’。上六处《困》之极，动辄得咎，故已悔又悔。当以‘曰动’二字连读，‘悔有悔’三字连读。王说非。”（“迟有悔、曰动悔有悔”条）当从王引之说。又，向云“言其无不然”，则以“曰”为总凡之辞，亦非。

十七、亦毋禼汬

楚竹书《周易·汬（井）》彖辞（第44号简）曰：

> 攺（改）邑不攺（改）汬（井），亡（无）喪亡（无）旻（得）。进（往）坴（來）汬（井）汬（井），气（汔）至，亦母（毋）禼（矞）汬（井），羸（羸）亓（其）缾

① 徐在国、陈惠玲据吴振武说，认为即“逐”字。案：此备说。徐在国：《上博竹书（三）〈周易〉释文补正》，简帛研究网，2004年4月24日；季旭升主编：《〈上海博物馆藏战国楚竹书（三）〉读本》，第121页；吴振武：《陈曼瑚“逐”字新证》，《吉林大学古籍所建所十五周年纪念文集》，长春：吉林大学出版社1998年版，第46～47页。

（瓶），凶。

“亦”，语助词，见王引之《经传释词》卷三“亦”条。“毋”，帛本、今本作“未”。“毋”读作“毋”，毋、毋本一字。①“毋”、“未”同义。“□”，帛本作“汲”，今本作“繘”，《释文》：“音橘，徐又居密反。郑云：绠也。《方言》云：关西谓绠为繘。郭璞云：汲水索也。又其律反，又音述。”案：“□”字，濮茅左原隶作“□”，② 今从陈剑隶定。③ 徐在国疑此字左上部所从之“□”是“肸”，与下部所从“犬”旁合起来为“类”字异体，并说：“此字所从的‘类’、‘惟’都是声符，当读为‘繘’。”④何琳仪说此字“从‘隹’得声，与‘繘’韵母同属之部。‘繘’与‘汲’声母同属见组”。⑤《说文·水部》：“汲，引水于井也。”《糸部》：“繘，绠也。”《礼记·丧大记》：“管人汲，不说繘，屈之，尽阶不升堂，授御者。”“绠”即“汲水索”。王引之《经义述闻》卷一“亦未繘井”条：“《井》：‘汔至，亦未繘井。’王《注》曰：‘已来至而未出井也。’《正义》曰：‘汔，几也。繘，绠也。虽汲水以至井上，（以与已同。）然绠出犹未离井口，而钩羸其瓶而覆之也。’家大人曰：‘《正义》所云，非《注》意也。《注》内出字正释繘字。《广雅》曰：“矞，出也。”矞与繘通，矞

---

① 于省吾说：“甲骨文和金文均借用母字以为否定词之毋。……毋字的造字本义，系把母字的两点变为一个横画，作为指事字的标志，以别于母，而仍因母字以为声。”于省吾：《甲骨文字释林》，北京：中华书局2009年版，第477页。

② 濮茅左：《楚竹书〈周易〉释文注释》，马承源主编：《上海博物馆藏战国楚竹书（三）》，北京：上海古籍出版社2003年版，第196页。

③ 陈剑：《上博竹书〈周易〉异文选释（六则）》，《出土简帛文献与古代学术国际研讨会论文集》，台湾政治大学中文系主办，2005年12月。

④ 徐在国《上博竹书（三）〈周易〉释文补正》，简帛研究网，2004年4月24日。

⑤ 何琳仪校点：《上海博物馆藏楚竹书〈周易〉》，《儒藏》精华编二八一册，北京：北京大学出版社2007年版，第105页。

训为出，故出井谓之矞井。作繘者，字之假借耳。“汔至”者，所汲之水几至井上也。“亦未矞井”者，所汲之水尚未出井口也。《彖》曰：“汔至亦未繘井，未有功也。”盖水已出井，人得其用，而后汲者有功。今未出井，故未有功也。揆之文义，王《注》为长。盖汉代经师说《易》，有训繘为出者，而辅嗣用之也。诸家以繘为绠者，失之。’引之谨案：震为出，巽为入，井上坎下巽，巽以木入水而无出象，故云未矞井也。”据王念孙说，“繘”实乃“矞”字之假。“矞”训“出”，与“汲”义通。经文以作“繘（矞）”字为确。上下二句，高亨曾说：“往来井句。井汔至句。旧读皆误。……至借为窒。……井汔窒者，谓井水涸竭而泥塞其中也。”又云：“矞井与掘井同义。”① 高说殆不可从。

十八、隹袮缕

楚竹书《周易·汬（井）》九二爻辞（第44—45号简）曰：

汬（井）浴（谷）弦（射）𧊒（鲋），隹（甕）袮（敝）缕（漏）。

“隹”，帛本作“唯”，今本作“瓮”，《释文》：“郑作瓮，云：停水器也。《说文》作瓮，汲缾也。”案：黄焯《汇校》：“经文瓮……卢从雅雨本作雍。《考证》云：观注云郑作瓮，则正文非瓮明矣。惠亦云：依字当作雍，郑读为瓮。阮云：陆改雍非，惟与郑作瓮，二瓮字当有一误。”② 何琳仪说：“‘雍’作‘雝’形，与‘唯’形近易讹。”③ 简本“隹”从“雝”省。据《释文》及黄焯

① 二引文，均见高亨：《周易古经今注》（重订本），北京：中华书局1984年版，第298页。

② 陆德明撰、黄焯汇校：《经典释文汇校》，黄延祖重辑，北京：中华书局2006年版，第52页。

③ 何琳仪校点：《上海博物馆藏楚竹书〈周易〉》，《儒藏》精华编二八一册，北京：北京大学出版社2007年版，第105页。

《汇校》，郑所据本当作“雍”，读作“瓮”。《说文·缶部》：“瓮，汲缾也。”黄焯《汇校》案：“瓮、瓮正俗字。”①“褊缕”，帛本作“敝句”，阜本作“敝屡”，今本作“敝漏”。“褊缕”、“敝屡”、“敝句”均读作“敝漏”。② 四字古音均为侯部，前三字为来纽，句为见纽。今本《噬嗑》初九“屦校灭趾”，“屦”，帛本作“句”，阜本作“屡”，帛本《系辞》作“构”，可证“句”与“缕”等字相通。“瓮敝漏”喻井，孔颖达《正义》：“井而下注，失井之道，有似瓮敝漏水，水漏下流，故曰‘瓮敝漏’也。”可参看。

十九、攺日逌孚元羕贞

楚竹书《周易·革》彖辞（第47号简）曰：

> 攺（巳）日逌（乃）孚，元羕（永）貞，利貞，㑀（悔）亡。

“攺”，帛本残，今本作“巳”。案：《说文》分别“攺”、“改”为二字，误。其实为一字，字本从巳从攴，“改”乃俗讹字。《集解》作“己日”，乃据虞翻《注》回改经文所致，误。顾炎武从朱子发说，亦读“巳”为“己”，云“古人有以‘己’为变改之义者”（《日知录》卷一“巳日”条），亦误。“攺”读作“巳”。“巳、已”古同字。《说文·巳部》：“巳，巳也。四月阳气巳出，阴气巳藏，万物见，成文章，故巳为蛇，象形。”第二、三、四“巳”字均读作“已”。段玉裁《注》：“《律书》曰：‘巳者，言万

① 陆德明撰、黄焯汇校：《经典释文汇校》，黄延祖重辑，北京：中华书局2006年版，第52页。

② 韩自强读“敝句”为“敝笱”，引《诗·敝笱》“敝笱在梁”为证，又引《说文》为诂：“笱，曲竹捕鱼器也。”案：韩说袭自于豪亮。于、韩说殆非。韩自强：《阜阳汉简〈周易〉研究》，上海：上海古籍出版社2004年版，第139页；于豪亮：《帛书〈周易〉》，《文物》1984年第3期，第18页。

物之已尽也。'《律历志》曰：'已盛于巳。'《淮南·天文训》曰：'巳则生已定也。'《释名》曰：'巳毕布已也。'辰巳之巳即久用为已然、已止之已，故即以已然之巳释之。"孔颖达《正义》："故革命之初，人未信服，所以即日不孚，巳日乃孚也。""巳"读为"已"，"巳日"谓后于革命之日。于省吾、高亨说"巳日"乃"祀日"。① 其说可参。濮茅左曰："'攺日'，逐鬼禳祟之日。"② 濮说存疑。或谓"改日犹革日"，③ 然六二既云"巳日乃革之"，则"改日乃革之"，"改"、"革"辞复，此恐非古人话语，亦疑非。"卣"，帛本残，今本作"乃"。"卣"，或写作"乃"，通"乃"。"孚"，今本同，帛本作"复"。"复"读为"孚"。

"元羕贞，利贞，呣亡"，帛本作"元亨，利贞，悬亡"，今本作"元亨，利贞，悔亡"。案："羕"读作"永"。"呣"、"悬"俱为"谋"字古文，见《说文·言部》，均读作"悔"。"元永贞"，又见《比》彖辞、《萃》九五爻辞。《比》彖辞："元永贞，无咎。"《萃》九五："元永贞，悔亡。""无咎"、"悔亡"皆是从负的方面对"元永贞"作补充。在帛本、今本的整理者看来，"元永贞，悔亡"（或"元永贞，无咎"）与"元亨，利贞，悔亡"各成体例，不得相混。据此，楚简"利贞"二字殆衍文。疑帛本抄手有见于楚简本之不是，而特将"元永贞"三字易作"元亨"二字。刘大钧说："竹书于'元羕贞'后，又曰'利贞'，其文字重复而义亦不通，疑竹书此处当为抄写之误。"④ 其说是。总之，楚简本当作"元永贞，悔亡"，帛本、今本则作"元亨，利贞，悔亡"，

---

① 于省吾：《于省吾著作集·双剑誃易经新证》，北京：中华书局 2009 年版，第 726 页；高亨：《周易古经今注》（重订本），北京：中华书局 1984 年版，第 302 页。

② 濮茅左：《楚竹书〈周易〉释文注释》，马承源主编：《上海博物馆藏战国楚竹书（三）》，上海：上海古籍出版社 2003 年版，第 199 页。

③ 参看屈万里引吴夌云说。屈万里：《读易三种》，台北：联经出版事业公司 1984 年版，第 298 页。

④ 刘大钧：《今、帛、竹书〈周易〉古经文字考》，上海：上海古籍出版社 2005 年版，第 85 页。

前后之间具有文本演变上的联系。

二十、艮■丌伓

楚竹书《周易·艮》彖辞（第48号简）曰：

> 艮■丌（其）伓（背），不膿（獲）丌（其）身，行丌（其）廷（庭），不〔見其人，无咎〕。

“艮”下，楚简本有首符（黑方套红块），帛本、今本等无。又，帛本“根”、今本“艮”字与彖辞连读。就此，高亨曾说：“《周易》通例，每卦先列卦形，次列卦名，次列卦辞，依此通例以读全书，知《履》、《否》、《同人》、《艮》四卦卦名皆误脱。”①濮茅左认为简本《艮》彖辞脱首字“艮”。② 案：今据简本、帛本覆核之，高、濮二说均不确。帛本于诸卦画下均连书“礼虎尾”、“妇之非人”、“同人于野”、“根亓北”，且于“礼”、“妇”、“同人”、“根”诸字下，未有重文符号。依此，高氏所谓此四卦“卦名皆误脱”，及濮氏所谓《艮》之彖辞脱一“艮”字的看法，皆是不正确的。③ 不过，据简本“艮”下有首符来看，此“艮”字不仅为卦名，且当与下“丌伓”二字连读。简言之，若卦名与彖辞首字相同，则经文合为一字书写：本卦彖辞首字兼为卦名，简本特于字下画一首符以标出之。

---

① 高亨：《周易古经今注》（重订本），北京：中华书局1984年版，第18页。又参看同书，第22~23、311页。

② 濮茅左：《楚竹书〈周易〉释文注释》，马承源主编：《上海博物馆藏战国楚竹书（三）》，北京：上海古籍出版社2003年版，第201页。

③ 林忠军批评了高亨的说法，云：“《周易》今本和新出土本皆无脱去卦名字，高亨等先生所说《周易》脱去卦名的说法难以成立。”案：林说是。林忠军：《从战国楚简〈周易·艮〉谈〈周易〉脱卦名问题》，郑吉雄主编：《周易经传文献新诠》，台北：台湾大学出版中心2010年版，第95页。

二十一、艮丌�𬫊丌衠厉同心

楚竹书《周易·艮》九三爻辞（第48—49号简）曰：

艮丌（其）�（限），𬫊（列）丌（其）衠（夤），厲同（痛）心。

“瞤”，帛本残，今本作“限”，《释文》出“其限”，云：“马云：限，要也。郑、荀、虞同。”案：此字从徐在国隶定，① 濮茅左原隶作“瞙”，并引《玉篇》“张目也”为训，读今本“限”为“眼”。② 濮读及训均不可从。“瞤”（见纽文部）当读作“限”（匣纽文部），二字音通。王弼《注》：“限，身之中也。”此与马、郑等训同。“要”为“腰”之本字，《说文·臼部》云：“要，身中也。”

“𬫊”，帛本作“戾”，今本作“列”，《集解》作“裂”。案：“𬫊”，濮茅左说读作“列”。③“𬫊”为籀文“锐”，见《说文·金部》。𬫊为喻纽月部字，戾、列均为来纽月部字，喻来二纽同声系，故三字相通。《说文·刀部》：“列，分解也。”“裂”为“列”之分化字。“戾”亦读作“列”，声通。“衠”，帛本作“肥”，今本作“夤”，《释文》：“马云：夹脊肉也。郑本作膑。……荀作肾，云：互体有坎，坎为肾。”案：“衠”从胤声，与“夤”声韵俱同，故二字声通。“肥”从巳声，巳为精纽质部字，夤为喻纽真部字，

① 徐在国：《上博竹书（三）〈周易〉释文补正》，简帛研究网，2004年4月24日。

② 濮茅左：《楚竹书〈周易〉释文注释》，马承源主编：《上海博物馆藏战国楚竹书（三）》，上海：上海古籍出版社2003年版，第202页。

③ 濮茅左：《楚竹书〈周易〉释文注释》，马承源主编：《上海博物馆藏战国楚竹书（三）》，上海：上海古籍出版社2003年版，第202页。

舌齿音为邻纽，质真二部对转，故“肥”、“夤”声通。《说文》有“夤”而无“膑”字。宋翔凤《考异》按：“《说文》无膑字，作夤者叚藉字，郑作膑，以隶读之。”晁氏《易》云：“列，孟、一行作裂。夤，孟、京、一行作朋。”李富孙《异文释》案：“《说文》云：……‘胂，夹脊肉也。’……马云‘夤，夹脊肉也’，辅嗣《注》云‘当中脊之肉’，是与许训‘胂’同。（徐锴曰‘夤’当即此‘胂’字。）郑作膑，当为胂之别体，胂、肾，声之转。夤，本上从肉，与膑同，今俗本误从夕。（姚氏、小彭曰：夤字从肉，字书作膑。）朋，疑亦胂之叚字。”不过，李氏所谓“夤，本上从肉，与膑同，今俗本误从夕”，以“夤”为俗讹字，则未必是也。《说文·夕部》：“夤，敬惕也。从夕，寅声。《易》曰：‘夕惕若夤。’”“夤”字自有其义。《集韵·谆韵》：“膑，夹脊肉也。通作夤。”“膑”为本字，与《说文》“胂”字同，“夤”为通用字。

“厉”，危也。《象传》：“危薰心也。”“同”，帛本、阜本、今本均作“薰”，《释文》：“荀作动，云：互体有震，震为动。”《集解》作“阍”。案：《集解》引虞翻曰：“阍，守门人，坎盗动门，故‘厉阍心’。古‘阍’作‘薰’字，马因言‘熏灼其心’，未闻易道以坎水熏灼人也。荀氏以‘熏’为‘勋’，读作动，皆非也。”虞非荀，此是，然其非马而读“熏”为“阍”，则不可从也。李富孙《异文释》案：“古动、勋字每相乱。《乐记》‘讙以立动’，《注》云：‘动或为勋。’段氏曰：‘……阍者，古主门官。光禄主宫门，故曰勋。是古勋、阍通。此以汉时音读释经也。’”汉时，此字经文均作“薰”，据李氏《异文释》，可知荀、虞之读误矣。“薰”，马读作“薰”，训熏灼、熏烤。王弼《注》：“危亡之忧，乃薰灼其心也。”与马同。“同”字，简文原作“台”，何琳仪、李零同意此释，濮茅左读作“痛”，李云：“同，疑读恫、恸或痛，……疑古本作童或重，讹为熏。”① 李说可备参考。这里，疑“同”仍当从濮氏训作“痛”，“薰”通“熏”，训“熏灼”，二字义通。王弼《注》：“危亡之忧，乃薰灼其心也。”孔颖达《正义》：“薰，烧灼也。……夤既分列，身将丧亡，故忧危之切，薰灼其心矣。”或训“薰”为“熏染”，误。

二十二、鳿漸于䦨

楚竹书《周易·漸》初六爻辞（第50号简）曰：

> 鳿（鴻）漸（漸）于䦨（干），少（小）子厲，又（有）言不冬（終）。

“鳿”，帛本同，今本作“鸿”。案：“鳿”即“雁”字。《说文·隹部》：“雁，鸟肥大雁雁也。从隹工声。鳿，雁或从鸟。”“鳿”读为“鸿”，二字有别。《鸟部》：“鸿，鸿鹄也。”“漸”，帛本、今本均作“渐”。“䦨”，帛本作“渊”，今本作“干”，《释文》出“于干”，云：“如字。郑云：干，水旁，故停水处。陆云：水畔称干。《毛传诗》云：涯也；又云：涧也。荀、王肃云：山间涧水也。翟云：涯也。”案：濮茅左说“䦨”为“涧”字异体。②

---

① 何琳仪校点：《上海博物馆藏楚竹书〈周易〉》，《儒藏》精华编二八一册，北京：北京大学出版社2007年版，第108页；李零：《读上博楚简〈周易〉》，《中国历史文物》2006年第4期，第64页；濮茅左：《楚竹书〈周易〉释文注释》，马承源主编：《上海博物馆藏战国楚竹书（三）》，上海：上海古籍出版社2003年版，第202页。此字，徐在国释作“台”，读若沇州之沇，读为“熏”；黄锡全释为“同”，读作“炯”。案：释“台”，释“同”，与原字形均不尽相合。又，允为喻纽文部，熏为晓纽文部，二字声纽有隔。徐在国：《上博竹书（三）〈周易〉释文补正》，简帛研究网，2004年4月24日；黄锡全：《读上博〈战国楚竹书（三）〉札记数则》，简帛研究网，2004年6月24日。

② 濮茅左：《楚竹书〈周易〉释文注释》，马承源主编：《上海博物馆藏战国楚竹书（三）》，上海：上海古籍出版社2003年版，第204页。

“𪙭”从𨸏从水，《说文·𨸏部》：“𨸏，两𠂤之间也。从二𠂤。”《𠂤部》：“𠂤，大陆，山无石者。象形。”《水部》：“涧，山夹水也。”“𪙭”殆为“涧”字，濮释可从。①“干”，从《释文》来看，汉人有二训，或云“涯也”，或云“涧也”。从物理而言，鸿本水鸟，其所谓渐者，当谓渐于涯岸也。《说文·屵部》：“岸，水厓而高者。”孔颖达《正义》：“干，水涯也。渐进之道，自下升高，故取譬。”据此，简文“涧”、帛本“渊”，均当从今本读作“干”。渊为影纽真部，涧、干为见纽元部，喉牙邻纽，真元旁转，故三字相通。

二十三、鳿渐于坙畬飤𩞁𩞁

楚竹书《周易·渐》六二爻辞（第50号简）曰：

> 鳿（鸿）渐于坙（阪），畬（飲）飤（食）𩞁（衎）𩞁（衎），吉。

“坙”，帛本作“坂”，汉石经、《汉书·郊祀志》作“般”，今本作“磐”，《释文》：“山石之安也。马云：山中（石）磐纡。”② 案：濮茅左说“坙”亦“阪”字。③ 其下“土”旁，何琳

---

① 学者多从濮释。李零释为“岸”字，云：“岸，简文从双阜，中间有水，字像两岸夹河；马王堆本作渊，是换用其义，别为一字；今本作干，干同岸。这个字，曾见于青川木牍，辞例作‘利津~’，过去有不同释法，现在看来应释‘利津岸’。岸、阪、陆互文，濮注读涧，不妥。”案：李释备说。李零：《读上博楚简〈周易〉》，《中国历史文物》2006年第4期，第64页。

② 黄焯《汇校》：“写本‘山中’下有‘石’字，与孔《疏》引马季良语合。”陆德明撰、黄焯汇校：《经典释文汇校》，北京：中华书局2006年版，第54页。

③ 濮茅左：《楚竹书〈周易〉释文注释》，马承源主编：《上海博物馆藏战国楚竹书（三）》，上海：上海古籍出版社2003年版，第204页。

仪说，乃装饰部件。①“坂”同“阪”。《说文·𨸏部》：“阪，坡者曰阪。一曰泽障。一曰山胁也。”虞翻曰：“艮为山石，坎为聚，聚石称磐。”（《集解》）王弼《注》：“磐，山石之安者。”“阪”、“磐”义有别，“磐”、“般”均当读作“阪”，二字声通。疑因汉人或抄作“般”，今本进而误作“磐”，并如字作解矣。此前，王引之已疑马、虞、王诸氏之训，而据孟康《注》“般，水涯堆也”为说，②云：“般之言泮也，陂也，其状陂陀然高出涯上，因谓之般焉。”此卓然有见。不过，据简帛本，“般”似当读作“阪”。“阪”，谓水涯坡地也。又，此爻意，孔颖达已生疑窦，参看《正义》：“马季良云：‘山中石磐纡，故称磐也。’鸿是水鸟，非是集于山石陵陆之禽，而爻辞以此言‘鸿渐’者，盖渐之为义，渐渐之于高，故取山石陵陆以应渐高之义，不复系水鸟也。”

“酓”，帛本作“酒”，汉石经、今本作“饮”。案：“酓”为“歙”字初文，即“饮”字。《玉篇·欠部》：“歙，古文饮。”《集

① 何琳仪校点：《上海博物馆藏楚竹书〈周易〉》，《儒藏》精华编二八一册，北京：北京大学出版社2007年版，第109页。

② 《经义述闻》卷一“鸿渐于磐”条：“引之谨案：《渐》之为义，循次而进。三爻止渐于陆，而二爻遽在山石之上，非其次也。且遍考西汉以前之书，言磐石者，皆连石字为文，无单称磐者。今案《史记·孝武纪》《封禅书》、《汉书·郊祀志》并载武帝诏曰：‘鸿渐于般。’孟康《注》曰：‘般，水涯堆也。’其义为长。初爻渐于干，干，水涯也。二爻渐于般，般为水涯堆，则高于水涯矣。三爻渐于陆，（《尔雅》：高平曰陆。）则又高于水涯堆矣。此其次也。许氏《说文》偁《易》孟氏古文也，而其书有般无磐，则古文《周易》作般不作磐可知。（《屯》初九‘磐桓’亦然。）只以后汉注家解为磐石，故其字亦遂作磐。所谓说误于前，文变于后也。汉诏作般，殆本古文经，孟康之《注》，殆前汉经师之说与？般之言泮也，陂也。（《卫风·氓篇》：‘隰则有泮。’毛《传》曰：‘泮，陂也。’其状陂陀然高出涯上，因谓之般焉。……马氏既误以为‘山石磐纡’，遂并以三爻之陆为山上高平，（《尔雅》‘高平曰陆’，在《释地》，则非山上可知。《豳风》‘鸿飞遵陆’，尤非山上之称。上九之渐于陆，则又阿字之讹也。）虞氏又以初爻之‘干’为小水从山流下，皆不得其解而为之辞。”案：王引之疑后汉注家之说而另起新解，较为有见。不过，今据楚简本、帛本，经文本字当作“阪”。又，王引之以上九之“渐于陆”，“陆”字为“阿”字之讹，据帛本，可知其说非也。

韵》："歙，《说文》：'歠也。'或从食，古作㱗。"帛本作"酒"，疑为误字。"𧊒𧊒"，① 帛本、汉石经作"衎衎"，今本作"衎衎"，《释文》："马云：饶衍。"案："𧊒"从侃声，侃、衎均为溪纽元部，衍为喻纽元部。据马训，"衎衎"有二读。王弼《注》："其为欢乐，愿莫先焉。"训"衎衎"为欢乐貌。《说文·行部》："衎，行喜皃。"《尔雅·释诂上》："衎，乐也。"郝懿行《义疏》："衎，通作侃。"《广雅·释诂》："衎衎，和也。"王念孙《疏证补正》："衎衎，即侃侃也。"此为一说。如此，则"𧊒𧊒"读作"衎衎"。马氏训"饶衍"，则其所据本原作"衍衍"。《诗·大雅·板》"及尔游衍"毛《传》："衍，溢也。"《荀子·赋》"暴人衍矣。"杨倞《注》："衍，饶也。"《文选·左都赋》："丰肴衍衍，行庖皤皤。"吕向《注》："衍衍、皤皤，并多皃。"此又为一说，而本于《象传》。《象》曰："'饮食衎衎'，不素饱也。"以"饱"训之，则《象传》所据本原字亦作"衍衍"。不过，古籍亦见"衎"、"衍"二字相混之例。《穀梁春秋·襄公二十六年》："卫侯衎复归于卫。"陆氏《释文》："本作衍。"

二十四、丰丌芾日中见芠

楚竹书《周易·丰》九三爻辞（第51号简）曰：

> 豊丌（其）芾（旆），日中見芠（昧），折丌（其）右㕼（肱），亡（无）咎。

① 此字，今从何琳仪隶定。陈伟、李零释同。濮茅左原隶作上从人从鳥，下从蚀，误。何琳仪校点：《上海博物馆藏楚竹书〈周易〉》，《儒藏》精华编二八一册，北京：北京大学出版社2007年版，第109页；李零：《读上博楚简〈周易〉》，《中国历史文物》2006年第4期，第64页；陈伟：《楚竹书〈周易〉文字试释》，简帛研究，2004年4月18日；濮茅左：《楚竹书〈周易〉释文注释》，马承源主编：《上海博物馆藏战国楚竹书（三）》，上海：上海古籍出版社2003年版，第204页。

“芾”，帛本作“薠”，今本作“沛”，《释文》：“本或作旆，谓幡幔也。又普贝反。姚云：滂沛也。……子夏作芾，《传》云：小也。郑、干作韦〈芾〉，① 云：祭祀之蔽膝。”案：“芾”、“沛”、“薠”、“旆”四字音通。薠、旆均为并纽，元月对转。《子夏传》作“芾”，字与简本合。宋翔凤《考异》按：“子夏作芾者，为‘蔽芾’之芾，《韩诗》作‘蔽茀’。《说文》无芾字。……郑、干作芾，芾当是市字之误。……市为韨之古文。”李富孙《异文释》疏相近。据宋、李二氏说，子夏作“芾”，乃“蔽芾”字，郑、干作“芾”，乃“市”之假字。《说文·市部》：“市，韠也。上古衣蔽前而已，市以象之。天子朱市，诸侯赤市，大夫葱衡。从巾，象连带之形。”《集解》引虞翻曰：“日在云下称沛。沛，不明也。”王弼《注》云：“沛，幡幔，所以御盛光也。”王与虞异，王以“沛”为“旆”之假字。衡量诸训，当以王说为正，而虞说“日在云下称沛”最为失理。六二“丰其蔀”，《集解》引虞翻曰：“日蔽云中称蔀。蔀小，谓四也。”九四“丰其蔀”，《集解》引虞翻曰：“蔀，蔽也。《噬嗑》离日之坎云中，故‘丰其蔀’。”此三爻，虞《注》均以日云相蔽为说，然与上六“丰其屋”其实不相匹配。“屋”乃实物，据此推之，二四之“蔀”，三之“沛”，亦当为实物也。又，九三爻，西汉解经均以天人相征为说，“丰其沛”属人事，“日中见沬”为天象，即日蚀也，参看《汉书·五行志、王商传、元后传》之相关文本。《元后传》：“王凤上疏：《五经》传记，师所诵说，咸以日蚀之咎在于大臣非其人。《易》曰：‘折其右肱。’”“蔽芾”，小貌，《子夏传》此训失之笼统无依，且单字“芾”训作“蔽芾”，亦失于牵强。蔽膝为礼服之具，然不知何以丰大蔽膝而至于“日中见沬”？比较而言，王弼《注》最为合理。“芾”、“沛”均通“旆”，《释文》曰“一本作旆”，“旆”，幡幔

① 黄焯《汇校》：“宋本韦作芾，卢本同，《考证》云：韦字乃后人所肊改。焯案：写本芾作茀，或作茀，展转迻写，遂误作韦。”陆德明撰、黄焯汇校：《经典释文汇校》，黄延祖重辑，北京：中华书局2006年版，第55页。

也，“幡幔”即帘幕也。“幡幔”所以御盛光而致暗也。六二“蔀”字，王弼《注》曰“覆暖，鄣光明之物”，即席棚之属，郑、薛训为“小席”，与“幡幔”正相应。总之，“沛（旆）”，王弼训为“幡幔”可据。

“芨”，帛本作“茉”，今本作“沬”，《释文》：“微昧之光也。《字林》作昧……云：斗杓后星。王肃云：音妹。郑作昧。服虔云：日中而昏也。《子夏传》云：昧，星之小者。马同。薛云：辅星也。”案：“芨”，濮茅左原释作“芾”，今从何琳仪等隶定。① 濮氏并读“芾”为“瞒”，训“暗”，亦非是。《说文·目部》：“瞒，平目也。”徐锴《系传》：“瞒，目睑低也。”《广韵·桓韵》：“瞒，目不明也。”“瞒”以“目”为意旁，与“沬”、“昧”字义有别。“芨”、“茉”均当读作“昧”或“沬”，三字均为唇音月部。“昧、沬”，疑字或乱作“昧、沫”，四字均为唇音，月物旁转，音亦通。李富孙《异文释》案：“《汉书·王商传、王莽传》并引作昧。《晁氏易》云：‘九家、虞亦作昧。’《广韵》十三《未》引同。”“昧”或作“沬”。《集解》引虞翻曰“沬，小星也”，引《九家易》曰“沬，斗杓后小星也”。“昧”或“沬”有二说，一为“微昧之光”，一为“小星”。李富孙《异文释》案：“诸家皆作‘昧’，子夏、马、薛、《字林》、王肃谓‘星’，郑、服谓‘昏昧’，王弼以‘沬’为‘微昧之明’。昧、沬亦声相近。昏昧而见星，其义并通。惠氏曰：‘日中见斗，日食之象也。汉儒以“日中见沬”为日食，良然。’”从六二、九四爻辞“日中见斗”来看，当以“小星”说较确，汉儒亦多作此解。李道平《纂

① 濮茅左：《楚竹书〈周易〉释文注释》，马承源主编：《上海博物馆藏战国楚竹书（三）》，上海古籍出版社 2003 年版，第 205 页；何琳仪、程燕：《沪简〈周易〉选释》，简帛研究网，2004 年 5 月 16 日；何琳仪：《帛书〈周易〉校记》，《周易研究》2007 年第 1 期，第 6 页。季旭升同何释，参看季旭升主编：《〈上海博物馆藏战国楚竹书（三）〉读本》，台北：万卷楼图书股份有限公司 2005 年版，第 149 页。

疏》："子夏、马融皆云'星之小者'，薛氏云'昧，辅星也'，《星经》曰'北斗七星，辅一星，在大微北，北斗第六星旁'，陆希声云'沬者，斗槩，谓斗之辅星。斗以象大臣，槩以象家臣'，故曰'沬，小星也'。"可以参看。

二十五、𧷢走亓凥

楚竹书《周易·𧷢（涣）》九二爻辞（第54号简）曰：

𧷢（涣）走亓（其）凥（几），悬（悔）亡。

"𧷢走"，帛本作"涣贲"，汉石经、今本作"涣奔"。案："贲"读作"奔"，二字均为帮纽文部。《说文·走部》："走，趋也。"《夭部》："奔，走也。从夭，贲省声。与走同意，俱从夭。""奔"、"走"同义。"亓"，帛本作"亓"，汉石经、今本作"其"。"亓"即"亓"字，"亓"同"其"。"凥"，帛本、帛书《缪和》作"阶"，汉石经、今本作"机"。案：《说文·几部》："凥，处也。从尸得几而止。《孝经》曰：'仲尼凥。'凥，谓闲居如此。"同部："処（处），止也。得几而止。从几从夂。處，处或从虍声。"许慎以"凥"、"处"为二字。据包山32号楚简"居凥名族"，学者已习知"凥"、"居"字别，"凥"即"处"字。"處"为"处"字或体，《说文》云"或从虍声"，则"處"为"处"之音化字。"阶"、"机"均为见纽脂部字，音通。帛书《缪和》："贲阶，几也，时也。"此以"机"为本字。王弼《注》："机，承物者也。"《集解》引虞翻曰："坎为棘为矫輮，震为足，輮棘有足，艮肱据之，凭机之象也。"李道平《纂疏》："矫輮棘下而有足，机之象。互艮手为肱，据之，凭机之象也。'机'与'几'通。《春官·司几筵》'掌五几五席之名物'，皆庙中大朝觐、大飨射所用。""机"通"几"，俗亦常写作"机"。《说文·几部》：

“几，踞几也。象形。《周礼》五几：玉几、雕几、彤几、鬃几、素几。”“凥”从“几”而衍意，“凭几之象”与“从尸得几而止”正通。本爻与九五两“凥”字，帛本、今本均异字，疑本爻“凥”字即用为“几”字，或者为“几”字之讹。如此，则本爻楚简本经文固与今本同。帛本“阶”亦当读作“几”，帛书《缪和》读作“机”，误。“几”以为凭据，王弼《注》“机，承物者也”，故《象》曰“得愿也”，王《注》“得其所安”也。

二十六、韯丌凥亡咎

楚竹书《周易·䆊（涣）》九五爻辞（第55号简）曰：

> 韯（涣）丌（其）【汗】，大唇（號）。韯（涣），丌（其）凥亡（无）咎。

“丌凥”，帛本、今本作“王居”。案：“丌”同“其”。作“其”，作“王”，字意大殊。“丌”，亦常写作“亓”，疑“王”（参看金文字形）字烂，楚简本误抄作“亓（丌）”，且涉上诸“丌”字而误。《象传》：“王居无咎，正位也。”亦引作“王”字。另外，九五为本卦主爻，与“王”者相匹。《彖传》：“‘涣，亨’，刚来而不穷，柔得位乎外而上同。‘王假有庙’，王乃在中也。‘利涉大川’，乘木有功也。”所谓“柔得位乎外而上同”，所谓“在中”，皆即九五爻而言之。本句，今本读为：“涣，王居无咎。”与主爻之义正合。或以“涣王居”绝句，疑误。据出土楚文，“凥”即“处”字。《说文·几部》：“凥，处也。”《尸部》：“居，蹲也。”“居”引申，亦为“处”义。“凥”、“居”音义俱通，故得换字。“亡咎”，帛本、今本均作“无咎”。本爻义，参看《集解》引荀爽曰：“布其德教，王居其所，故‘无咎’矣。”

二十七、需又衣絮

楚竹书《周易·既济》六四爻辞（第57号简）曰：

需（襦）又（有）衣絮（袽），冬（終）日戒。

“需”，帛本作“襦”，今本作“繻”，《释文》出“繻有”，云：“子夏作襦，王廙同，薛云：古文作繻。”案：“需”、“繻”均读作“襦”。《说文·糸部》：“繻，缯彩色。从糸需声。读若《易》‘繻有衣’。”①《衣部》：“襦，短衣也。……一曰㬎衣。”江藩《周易述补》即据此为训，云：“襦，㬎衣也。”“又”，帛本、今本作“有”。“又”、“有”均读作“或”。“絮”，帛本作“茹”，今本作“袽”，《释文》出“衣袽”，云：“丝袽也。……《说文》作絮，云：缊也。《广雅》云：絮，塞也。子夏作茹，京作絮。”案：《说文·糸部》：“絮，敝绵也。”新者为绵，故者为絮。同部：“絮，絮缊也。一曰敝絮。从糸奴声。《易》曰：‘需有衣絮。’”《衣部》：“袽，敝衣。”段玉裁《注》：“袽者敝衣，帤者敝巾，絮者敝絮，各依所从而解之。《易·既济》六四‘繻有衣袽’，虞翻曰：‘袽，败衣也。’然则袽即袽字。《糸部》引《易》‘需有衣絮’，又见袽与絮可通用也。晁说之曰：‘袽又作袽。’玉裁谓：袽、袽皆袽之误字耳。”宋翔凤《考异》、李富孙《异文释》均以段《注》为据。黄焯《汇校》：“黄云：袽盖袽之后出。”②亦与段《注》同。据此，“袽”为正字，“袽”、“袽”等为后出俗讹字。

---

① 段玉裁《注》：“《周易·既济》六四文。盖有讹夺，证之以絮篆下所偁，则繻当作需，衣下夺絮字。”

② 黄焯《汇校》：“絮，宋本同，卢依《说文》改作絮，下絮塞同，并于缊上增絮字。黄云：袽盖袽之后出。”陆德明撰、黄焯汇校：《经典释文汇校》，黄延祖重辑，北京：中华书局2006年版，第58页。

“綮”、“茹”均读作“袈”，音通。“繻有衣袽”，参看王引之《经义述闻》释义。①

（作者单位：武汉大学哲学学院、中国传统文化研究中心）

① 王引之《经义述闻》卷一“繻有衣袽”条：“《既济》六四：‘繻有衣袽，终日戒。’虞本繻作襦，(《释文》：繻，子夏作襦，王廙同。）注曰：‘干为衣，故称襦。（今本《集解》作繻，误。）袽，败衣也。（袽与袈同。《说文》：袈，獘衣也。）《干》二之五，（谓《泰》二之五成《既济》。）衣象裂坏，故襦有衣袽。谓伐鬼方三年乃克，旅人懃劳，衣服皆败。’王《注》曰：‘繻，宜曰濡。衣袽所以塞舟漏也。夫有隙之弃舟而得济者，有衣袽也。’卢氏曰：‘繻者，布帛端末之识也。袽者，残币帛可拂拭器物也。繻有为衣袽之道也。四处明暗之际，贵贱无恒，犹或为衣或为袽也。’（见《集解》。）引之谨案，如王说，则经当作舟漏而濡，有衣袽以塞之，文义始明。今但云‘濡有衣袽’，则所濡者何物？所谓衣袽者又将何用乎？恐经文不如是之晦也。如卢说，则经当作繻有为衣袽之道，文义始明。今但云‘繻有衣袽’，则为之意不见。且为衣袽者，布帛也，不直言布帛而但举端末之识，区区端末之识，岂遂可以为衣乎？二说殆非达诂。惟虞氏差为近之，然必承伐鬼方言之则非。爻各为义，不必相承也。又谓干二之五，衣象裂坏，故‘襦有衣袽’。如其说，则经何不于二五两爻言之而言之于四爻乎？且襦即衣名，不得又以衣袽之衣为衣服也。今案：《说文》：‘襦，㬈衣也。’‘㬈，温也。’㬈衣所以御寒也。有之言或也。……衣，读‘衣敝缊袍’之‘衣’（于气切），谓箸之也。《易通卦验》曰：‘坎主冬至，四在两坎之闲（二四互坎）。固阴沍寒，不可无㬈衣以御之。’六四体坤为布(《说卦传》‘坤为布’），故称襦。处互体离之中画（三五互离），离火见克于坎水，有败坏之象，故称袽。四在外卦之内，有箸于外而近于内之象，故称衣（于气切）。衣袽，谓箸败坏之襦也。御寒者固当衣襦矣，乃或不衣完好之襦而衣其败坏者，则不足以御寒。譬之人事，患至而无其备则可危也，故曰‘襦有衣袽终日戒’。故《象传》曰：‘君子以思患而豫防之。’”

关于古书疑难词句解读的几个问题

◎杨逢彬

一

高邮王念孙、王引之父子所著《读书杂志》《广雅疏证》《经义述闻》、《经传释词》四书，由于其精湛绝伦，两百年来为学术界所盛赞。其中《读书杂志》《经义述闻》二书解决了许多两千年来古籍中悬疑未决的疑难问题，尤为学界所称道。王绍兰赞之曰："以众经诂一经，而经之本义以立；以一经贯众经，而经之通义以明。"① 陈寿祺赞之曰："奥眇之蕴，深湛之思，绍许、郑而正贾、孔。……由其审订精确，左证明通，先于本书前后洽熟，然后旁取它书，一文一字，靡不钩稽详核，合于古而即于心，此诸家所莫及也。"②

杨树达先生曰：

① 罗振玉辑：《昭代经师手简》二编，上虞罗氏景印本1918年版，第14页。

② 《昭代经师手简》二编，第32页。

凡读书者有二事焉，一曰明训诂，二曰通文法。训诂治其实，文法求其虚。清儒善说经者，首推高邮王氏。其所著书，如《广雅疏证》，征实之事也；《经传释词》，捣虚之事也。其《读书杂志》《经义述闻》，则交会虚实而成者也。呜乎！虚实交会，此王氏之所以卓绝一时，而独开百年来治学之风气也。①

先生又曰：

治国学者必明训诂，通文法。近则益觉此二事相须之重要焉。盖明训诂而不通文法，其训诂之学必不精；通文法而不明训诂，则其文法之学亦必不至也。②

在《中国文法学小史》一文中，杨树达先生指出：

乾嘉之际，小学之盛，如日中天。除实字义训外，虚助之字亦时有创获。……其专著一书而极卓绝者，则为王氏之《经传释词》。王书与刘武仲之书（逢彬按：刘淇《助字辨略》）之体例相同，而精湛则远过之。其书虽未能成为系统整然之文法学，而文法学材料之丰富与精当，未有过之者。盖王氏父子文法观念之深，确为古人所未有，故其说多犁然有当于人心也。③

在《训诂学小史》一文中，杨树达先生总结王氏的成功，综观其训诂学之所以绝人者，约有四端，分述之于下：

---

① 杨树达：《词诠》，上海：上海古籍出版社 2007 年版，第 1 页。

② 杨树达：《高等国文法》上海：商务印书馆 1934 年大学丛书版，第 1 页。

③ 杨树达：《积微居小学述林全编》，上海：上海古籍出版社 2007 年版，第 631 页。

> 一曰了彻音义相通之故……二曰能钩古义之沉……三曰审句例……四曰审词气。①

20世纪50年代，杨树达先生在其旧著《汉书补注补正》的基础上，成《汉书窥管》一书。该书纠正了高邮王氏的一些错误，其精湛程度又高于王氏《读书杂志》、《经义述闻》，陈寅恪先生因此称先生为“汉圣”；特该编专攻班书，不如《读书杂志》、《经义述闻》之网罗群籍洋洋大观耳。学界咸认为，《汉书》至此，已无剩疑。

小学在清代取得超迈汉唐的成功，其语言学内部的因素，学界以为是由于古音学大明，学者多了一件方法上的利器——因声求义。而高邮二王又居于群峰之巅者（如王力先生在《汉语史稿》中认为，清代小学以段王为最精，而王氏又高于段玉裁），则由于王氏父子又多了一件方法上的利器——文法。关于此点，杨树达先生在其著作中多次提及，裘锡圭先生在北大讲课时亦三致意焉。

如果说，王氏父子之运用文法解决古书中此句疑难问题并非自觉，那么杨树达、杨伯峻叔侄乃是自觉应用之，并取得了巨大的成功。这一点语言学史已有明载，此处无须赘言。

我们以为，20世纪语言文字方面的学者，在试图超越清儒这一点上，在方法上有所突破的，主要有两点：一为“二重证据法”的应用，二为语言学方法的引进。关于“二重证据法”，王国维先生本用以考史，若以之解决文字之释读，就有一系列必须解决的问题，或必须具备几个前提。此点，我在拙著《殷墟甲骨刻辞词类研究》一书的《绪论》中已经谈及，此不赘。而文献学和语言学（尤其是语法学）的结合，实在是解决古书疑难问题的康庄大道。而杨氏叔侄的成功，唯此实赖之。这一点，我在上期《学鉴》的文章中已经详谈，这里从略。

① 《积微居小学述林全编》，第616～620页。

二

如前所述，杨树达先生总结王氏父子的成功，在于他们了彻音义相通之故，能钩古义之沉，能审句例，能审词气。四点中，第一点前文已经说过，清代大家多能因声以求义；而所谓钩古义之沉，审句例，审词气，其共同特点，无非通过古文词句之组织规律，求得疑难词句之确诂，或从词义上论证其结论在当时语言中是带有普遍性的。所谓词句之组织规律，就是文法，今日通称“语法”；而当时语言中带有普遍性的论证，符合普通语言学中语言，尤其是历史语言的研究必须强调历史性和社会性的原则。这些方法，清代诸大师亦多偶能为之，但远不如王氏父子之运用得心应手，炉火纯青。最能体现王氏父子“文法观念之深”者，莫过于“明句例”“审词气”。先说“明句例”，杨树达先生《训诂学小史》中以王氏训诂学的代表作《终风篇》为例：

家大人曰，《终风篇》：“终风且暴。”《毛诗》曰：“终日风为终风。”《韩诗》曰：“终风，西风也。”此皆缘词生训，非经文本义。终，犹既也，言既风且暴也。《尔雅》曰：“南风谓之凯风，东风谓之谷风，北风谓之凉风，西风谓之泰风。焚轮谓之颓，回风为飘。”以上六句通释《诗》词，而不及终风。又曰：“日出而风为暴”，“风而雨土为霾”，“阴而风为曀”。以上三句专释此诗之文，而亦不及终风。然则“终”为语词明矣。《燕燕》曰：“终温且惠，淑慎其身。”《北门》曰：“终窭且贫，莫知我艰。”《小雅·伐木》曰：“神之听之，终和且平。”《商颂·那》曰：“既和且平。”《甫田》曰：“禾易长亩，终善且有。”《正月》曰：“终其永怀，又窘阴雨。”“终”字皆当训为“既”。《王风·葛藟篇》：“终远兄弟。”言既远兄弟也。《郑风·扬之水篇》：“终鲜兄弟。”言既鲜兄弟也。《墉风·定之方中篇》：“终然允臧。”言既而允臧也。《列女传》：“楚昭越姬曰：‘昔吾先君庄王淫乐三年，不听政事，终而能改，卒霸天下。'" 言既而能改也。"既"、"终" 语之转，"既已" 之 "既" 转为 "终"，犹 "既尽" 之 "既" 转为 "终" 耳。解者皆失之。①

上文用三分之二文字阐明句子的规律，是本文的重点。如缺此一部分，则所提论点不足以成立。再看"审词气"，杨树达先生用了以下这个例子：

三十一章："夫佳兵者，不祥之器；物或恶之，故有道者不处。" 释文："佳，善也。" 河上云："饰也。" 念孙案：善、饰二训，皆于义未安。古所谓"兵"者，皆指五兵而言，故曰兵者不祥之器。若自用兵者言之，则但可谓之不祥，而不可谓之不祥之器矣。今案"佳"当作"隹"，字之误也。隹，古"唯"字也。唯兵为不祥之器，故有道者不处。上言"夫唯"，下言"故"，文义正相承也。八章云："夫唯不争，故无尤。" 十五章云："夫唯不可识，故强为之容。" 又云："夫唯不盈，故能蔽不新成。" 二十二章云："夫唯不争，故天下莫能与之争。" 皆其证也。古钟鼎文"唯"字作"隹"，石鼓文亦然。……据此，则今本作"唯"者，皆后人所改。此"隹"字若不误为"佳"，则后人亦必改为"唯"矣。②

这里也用一半以上文字不厌其烦地举证"夫唯……故……"的句式。而且我们所举的两个例子，都是以本书证本书，这样自然避免了以前代或后代典籍的材料来证明可能带来的舛误。因为语言是变化的，用不同时代的语料来做论证，等于刻舟求剑。

杨树达先生用高邮的方法，纠正高邮的千虑之失。如《汉书·霍光金日磾传》："赏为奉车，建附马都尉。" 王念孙说：

---

① 王引之：《经义述闻》，南京：江苏古籍出版社 2000 年版，第 123 页。
② 王念孙：《读书杂志》，南京：江苏古籍出版社 2000 年版，第 1010 页。

“车”下有“都尉”二字，而今本脱之。《百官表》云：奉车都尉掌御乘舆车，附马都尉掌附马。《艺文类聚·人部》十七、《御览·仪式部》三引此并作“赏为奉车都尉，建附马都尉”。①

杨树达先生指出：

此因下“都尉”二字省。《类聚》《御览》引有“都尉”二字，乃二书补足之耳。《儒林传》云：“上于是出龚等补吏，龚为弘农，歆河内，凤九江太守。”“弘农”“河内”下各省“太守”二字。《王莽传》云：“又置师友祭酒及侍中谏议六经祭酒各一人，凡九祭酒。琅琊左咸为讲《春秋》，颍川满昌为讲《诗》，长安国由为讲《易》，平阳唐昌为讲《书》，沛郡陈咸为讲《礼》，崔发为讲《乐》祭酒。”讲《春秋》、讲《诗》、讲《易》、讲《书》、讲《礼》下各当有“祭酒”二字，因下“讲《乐》祭酒”字而省，与此句例正同。《魏志·董卓传》云：“以暹为征东，才为征西，乐为征北将军。”“征东”、“征西”下各省“将军”二字，亦袭此句法。王说知其常而不知其变也。②

这里大量举证同时代史学文献中蒙后省略职官名的句例，证明“赏为奉车都尉，建附马都尉”为省略而非脱漏。

我们再来看另外几段论证，为德高望重的学者王叔岷先生的《古籍虚字广义》中的所谓“新义”。为了区别，从这里开始，我们称呼王念孙父子为“高邮”，而称呼王叔岷先生为“简阳”（四川简阳人）。为免“鸡蛋里挑骨头”之讥，我们先从第一页第一行看起：

① 《读书杂志》，第340页。

② 杨树达：《汉书窥管》，上海：上海古籍出版社1984年版，第535页。

> 与，及也。《礼记·檀弓上》："圣人之葬人与人之葬圣人也。"郑注："与，及也。"《论语·子罕篇》："子罕言利，与命与仁。"言、与互文，"与"读为"举"，"举"犹"言"也。(《礼记·杂记》："过而举君之讳则起"，郑注："举，犹言也。")此谓孔子罕言利，而言命言仁也。《论语》中孔子言命言仁之例多矣，特不轻以仁许人耳。①

这一段论证问题很多，完全不能成立。首先，所引《礼记·檀弓上》郑注"与，及也"是说连词"与"和"及"同义。我们知道，所谓同义词，实际上是指甲词的某个义位和乙词的某个义位同义（"同义"又区分为等义和近义两种，等义极少，主要是近义），而既然简阳读为"子罕言利，与命与仁"，"与"就不是连词了，自然也就不与"及"同义了。这里犯了偷换概念的错误而作者不自知。况且，作者的结论是"与"读为"言"，那么"与，及也"就与结论自相矛盾了。其次，说"子罕言利，与命与仁"之"言、与互文"难以成立。以《论语·学而》第一章为例，如果"言"和"与"也算互文，那"学而时习之，不亦说乎？有朋自远方来，不亦乐乎？人不知而不愠，不亦君子乎？"之"不亦说乎"、"不亦乐乎"、"不亦君子乎"的"说""乐""君子"更应视为互文，是否应该说"说，乐也""乐，君子也"？又以第四章"吾日三省吾身，为人谋而不忠乎？与朋友交而不信乎？传不习乎？"为例，是否能说"忠，信也""信，习也"呢？即使"言""与"互文，也难以说明问题。郭锡良先生说："训诂学上的'互文见义'用在词义训释上也有它的局限性，不能任意比附、阐发，用在语法分析上就更加危险。"② 再次，为什么说"与"读为"举"？在此语境，"与"读为"举"的证据何在？最后，就算"与"读为"举"，而"举"有"称引"义，可勉强以"言"释之，又有何证

① 王叔岷：《古籍虚字广义》，北京：中华书局2007年版，第1页。

② 郭锡良：《介词"于"的起源和发展》，载《古汉语语法论集》，北京：语文出版社1998年版，第100页。

据说明“子罕言利，与命与仁”的“与”该读为“言”呢？类似王念孙为论证“终风且暴”而提供的“终温且惠”“终窭且贫”“终和且平”那样的证据作者一个也没有提供。没有证据，只是提出了问题，并没有解决问题，就有了结论，这种结论可信吗？

再以简阳最为得意的“新义”为例：

> “后”犹“不”也。（此新义）《论语·子罕篇》：“岁寒然后知松柏之后凋也。”何晏注：“大寒之后，众木皆死，然后知松柏之小凋伤。”《史记·伯夷列传》，《集解》引何晏注“小凋伤”作“少凋伤”。“小”犹“少”也。然“少凋伤”仍是有所凋伤，何注未得“后凋”之义。……然则“后凋”之义云何？“后”盖与“不”同义，“后凋”犹言“不凋”耳。《庄子·德充符篇》载鲁哀公传国于哀骀它，哀骀它“闷然而后应，泛若而辞”。……《田子方篇》载文王以臧丈人为太师，臧丈人“昧然而不应，泛然而辞”。两文末二句文义全同。“后应”犹“不应”也。《史记·项羽本纪》：“项王已死，楚地皆降，独鲁不下。”荀悦《汉纪》三“不”作“后”，“后”与“不”同义。晋陆机拟古诗：“嘉树生朝阳，凝霜封其条。执心守时信，岁寒终不凋。”《弘明集·七·释慧通驳顾道士夷夏论》：“松柏岁寒之不凋。”《刘子·大质篇》：“寒岭之松，处于积冰，终岁而枝叶不凋。”诸言“不凋”，正《论语》“后凋”之义也。①

在另一处，简阳又论述了“‘不’，犹‘后’也。”文太长不具引，概述如下：首先概述《论语·乡党篇》“厩焚，子退朝，曰：‘伤人乎？’不问马”一章中“不问马”的五种“旧解”，指出旧解或“既已问人，似亦不得不爱怜马之伤否而不问，故此解终觉未安”，“如谓不顾己马之伤亡以矫俗，殊非仁者之怀”，或“此颇得圣人仁民爱物之心，然如此断句（谓读为“伤人乎不？问

---

① 《古籍虚字广义》，第137～138页。

马”也），终嫌牵强”。然后笔锋一转，说：

> 二句应如何解释，乃最符圣人之心，而又毫不牵强，问题耑在一“不”字。古籍中“不”“后”二字，往往同义，此前人所未发者也。此文“不”字，义与“后”同。“伤人乎？不问马”犹言“伤人乎？后问马”，文义灿然明白。圣人仁民爱物之心，表达无遗。无须曲解，亦无须曲为断句。《论语·子罕篇》：“岁寒然后知松柏枝后凋也。”彼文之“后凋”，“后”与“不”同义（说已详前）；此文之“不问马”，“不”与“后”同义。正可互证。旧解诸家，未留意耳。①

真的是“正可互证”吗？乍一看，“彼文之‘后凋’，‘后’与‘不’同义（说已详前）；此文之‘不问马’，‘不’与‘后’同义”，端的是“正可互证”；实际却是“以子之矛攻子之盾”，一面的成立是以另一面的不成立为前提的。试为君剖析之：“岁寒然后知松柏枝后凋也”，若“后”=“不”，即由“非否定”转为“否定”；同理，“不问马”，“不”=“后”，即由“否定”转为“非否定”。双方互换了场地。“不问马”，诸家理解为“问马”的否定形式，简阳以为不确，认为是“后问马”。然而“后”如果转化为“否定”成立，依然还是“不问马”。转了一圈又回到了原点。“岁寒然后知松柏枝后凋也”，诸家不认为“后凋”是否定形式，简阳以为不确，认为是“不凋”。然而“不”如果转化为“非否定”成立，依然还是“后凋”。同样转了一圈又回到了原点。读者诸君可能认为我在钻牛角尖，会说：简阳的意思是“不”和“后”都兼有“不”“后”二义。“岁寒然后知松柏枝后凋也”的“后”用的是“不”义，而“不问马”的“不”用的是“后”义。如果是这样，同样不能“正可互证”，而是互相拆台。从共时平面看，语言是一个条理整然的系统，语言中各子系统如语音、语法、词汇都是条理整然的系统。虽然就目前的认识来看，词汇系统的条

---

① 《古籍虚字广义》，第550～551页。

理性不如语音系统、语法系统，但是，多义词一旦进入语境，一般都以其中的一个意义呈现。制约单一词义呈现的，自然是特定语境中的词义和句义，不可能是由特定语境之外的诸如“圣人仁民爱物之心”之类来制约的。此其一。从历时发展看，词义的引申发展是有规律的，也是有脉络可循的；不是盲目发展的，不是以一堆乱麻呈现的。具体到“不”和“后”，目前没有任何证据表明“不”发展出了“后”的意义，也没有任何证据表明“后”发展出了“不”的意义。

当然，所引以上两段的不可通绝不止此。以前一段文字为例：首先，作者说“‘闷然而后应，泛若而辞’与‘昧然而不应，泛然而辞’两文末二句文义全同”，故“‘后应’犹‘不应’也”。这里又用了所谓“互文见义”法。前面我们已经说了此法之不可据。这里再不厌其烦地说说。《论语·述而》有两段话。一为“默而识之，学而不厌，诲人不倦，何有于我哉”，一为“若圣与仁，则吾岂敢。抑为之不厌，诲人不倦，则可谓云尔已矣”。“学而不厌，诲人不倦”与“为之不厌，诲人不倦”八个字中有六个全同，能够说“学而”就是“为之”，能够说“学，犹‘为’也”吗？其次，作者引《史记·项羽本纪》“项王已死，楚地皆降，独鲁不下”，而云“荀悦《汉纪》三‘不’作‘后’”，故“‘后’与‘不’同义”。但是，简阳所依据的《汉纪》恰恰是极不可靠的。杨树达先生在《离骚传与离骚赋》中指出：

> 早些年在北京教书的时候，对于《汉书》，曾下过一点工夫，知道荀悦《汉纪》与《汉书》文字不同的地方，一定是《汉书》对，《汉纪》不对。后来偶读顾亭林先生的《日知录》，先生说了一句话，恰恰是这个意思。我当时一面感到前人读书的精细，一面自己也增加了一点校勘上的自信。因为我有过这样的实践，所以我现在可以大胆地说：荀悦这个人虽然是一个汉朝人，但是他对于《汉书》文字的了解力，实在是低能到万分。不过他虽然低能，胆子却又极大。他对于《汉书》的文句有不了解的处所，便毫不客气地大改特改起来，

往往因此弄得牛头不对马嘴，将班固原文的意思丧失得干干净净。①

按，顾炎武语见《日知录》卷二十六，原文为："荀悦《汉纪》改纪、表、志、传为编年，其叙事处索然无复意味，间或首尾不备；其小有不同，皆以班书为长，惟一二条可采者。"② 荀悦如何胡乱窜改《汉书》文字，读者如有兴趣，可查阅《汉书窥管》及《积微居小学述林》的有关部分，此不赘言。最后，王叔岷引陆机诗、《弘明集》、《刘子》来证明"诸言'不凋'，正《论语》'后凋'之义也"，但我们知道，用典可以化裁，不必字字与所用之典籍同，甚至可以说用典多数是经过化裁的。例如《论语·卫灵公》："小不忍，则乱大谋。"《毛诗·郑风序》："《将仲子》，刺庄公也。不胜其母，以害其弟。弟叔失道而公弗制，祭仲谏而公弗听，小不忍以致大乱焉。"《史记·梁孝王世家》："袁盎等入见太后：'太后言欲立梁王，梁王即终，欲谁立?'太后曰：'吾复立帝子。'袁盎等以宋宣公不立正，生祸，祸乱后五世不绝，小不忍害大义状报太后。太后乃解说，即使梁王归就国。"这里两处显然都是用《论语》典故，都有化裁。因此我们不能说"乱，致也""谋，乱也"，也不能说"乱，害也""谋，义也"。

总之，这种论证，看似证据纷至沓来，却没有一处是靠得住的。简言之，《古籍虚字广义》一书中，凡标明"新义"者大率荒谬绝伦，鲜有例外。如说"适犹所也""是犹终也""是犹犹也""彼犹使也""彼犹则也""彼犹且也""被犹有也""薄犹近也""每犹必也""莫，最也""勿犹虽也"③，皆随文释义，谬以千里。

---

① 杨树达：《积微居小学述林》，北京：中华书局1983年版，第258页。

② 黄汝成：《日知录集释》，长沙：岳麓书社1994年版，第898页。

③ 《古籍虚字广义》，第480、492～493、515～516、534、538、540、545、578页。

三

我们不妨比较一下上文所引王念孙王引之成功的例子和王叔岷先生失败的例子，大约也就“思过半矣”。

如前所述，不难看出高邮论证的重点是用同时代甚至同书的同一句型来加以论证，而简阳判断正误的标准却是看是否符合他心目中的诸如“圣人仁民爱物之心”等。也即，高邮重在向语言之内求证，简阳重在向语言之外求证。我们索性将杨树达先生《训诂学小史》中所引高邮“钩古义之沉”的两个例子之一呈现如下，再一次看看高邮是如何做的：

《左传》宣公十二年云：“旅有施舍。”杜注云：“旅客来者施之以惠，舍，不劳役。”

王氏云：“古言‘施舍’有二义。一为免傜役。《地官·小司徒》：‘凡征役之施舍。’郑注曰：‘施读为弛。’《乡师》：‘辨其可任者与其施舍者。’郑注曰：‘施舍谓应复免不给傜役是也。’一为布德惠。盖古声舍、予相近，‘施舍’之言‘赐予’也。‘旅有施舍’，谓有所赐予，使不困乏也。成十八年《传》：‘施舍已责。’襄九年《传》：‘魏绛请施舍，输积聚以贷。’三十一年《传》：‘施舍可爱。’昭十三年《传》：‘施舍宽民。’又：‘施舍不倦。’二十五年《传》：‘喜有施舍。’《周语》：‘县无施舍。’又：‘圣人之施舍也议之。’又：‘布宪施舍于百姓。’《晋语》：‘施舍分寡。’《楚语》：‘明施舍以道之忠。’皆谓赐予之也。杜注‘施舍不倦’曰：‘施舍，犹云布恩德。’得《传》意矣。而其他则分‘施舍’为二，非也。韦注《国语》亦然。同一‘施舍’，而说屡不同，盖古训之失传久矣。”①

① 《经义述闻》，第424页。

上文论证的重点是以《左传》《国语》两部同时代的典籍中诸多当解为“布德惠”的“施舍”，论证“施舍”连言为一义，不当如杜注之解为二义也。与本文第二部分所引两段相比可知，上两段是从句型上论证结论的合理性，这一段则从词义上加以论证。其共同点，无非从共时平面上论证其结论与当时语言的表达方式相符。普通语言学强调语言的社会性。高邮的这三段论证，是体现语言社会性的典范之作。反观简阳，他也并非不向语言之内求证；在心目中根据是否符合“圣人仁民爱物之心”有了个答案之后，再向语言内求证。根据已经设定的答案再去求证，虽然不妥，却无大碍。“大胆假设，小心求证”嘛！关键是，他在向语言内部求证的时候，用了不正确的方法，却把最为关键的一个步骤放弃了。这最为关键的一个步骤，就是如高邮那样考察所得结论是否符合语言的社会性。

“词义在古书中的应用，是带有普遍性的；因为词义是具有社会性的，社会对它有共同的理解。例如《左传》‘再’字共见四十七次，都是‘两次’(或“第二次”)的意义，没有一次是‘復’的意义的。”①

体现语言社会性的一个重要方面是语言符号的强制性。语言是一种社会的契约，这种契约一旦形成，便成为一种“强制性的分牌”。二十年前在武大，听一老外说：“在中国，说电话真不方便！”“说电话”之所以不通，在于这种表达没有遵循语言符号的强制性原则，即，所有人都那样表达，而非只有一人或几人这样表达。而我们通常说的“打电话”、“挂电话”之所以畅行无碍，就在于这两种表达遵循了这一原则。现代汉语中，符不符合这一原则，我们凭语感就知道；而古代汉语就必须如高邮那样，举同时代典籍所记录的语言为证，表明你的表达符合那一时代的“强制性的分牌”。你得证明，这种表达在那一时代，也是“所有人都那样表达”。于是高邮罗列种种，来证明在那一时代确实如此。这就是王氏父子的高明所在。用高邮自己的话来说，就是“揆之本文而

① 王力主编：《古代汉语》，北京：中华书局1999年版，第87页。

协，验之他卷而通”。① 与此相反，就是随文释义，也即高邮深恶痛绝的“缘词生训”。

简阳的论证一以是否符合“圣人仁民爱物之心”为依皈。窃以为，以此作为标准是有大问题的。比如，我们以给出的各项条件列出数学方程式，解方程之后，答案未必与解方程者心中预想的答案相符；解方程者心中疑惑答案不确是可以的，但他必须重新运算。也即，数学问题的解决，最终必须用数学的方法。这是至为浅显的道理。如果某人因为有疑惑却不再验算，径直将答案改得符合他的想法，并声称，这样才最合情合理，那么任何有初等数学常识的人都期期以为不可。语言问题也是如此。词句等语言问题的解决，端赖语言内部的证据；诸如是否符合某人的思想这类语言外东西，当然可以为研究者提供思路，却不能作为证据；退一步说，至少不能以之作为最重要的证据，更不能作为唯一的证据。但这一问题至为复杂，语言外的证据也不能一概而论。诸如，按某种解读就不符合历史事实，是否可以据此重新解读？非语言内的证据不能作为主要证据、唯一证据，是否涵盖文字校勘的问题？这是一个颇大的课题，这里没法解决，只有俟诸异日。但可以肯定的是，诸如是否符合“圣人仁民爱物之心”之类，是不能作为主要证据，更不能作为唯一证据的。这是我们的第一个原则。

那么，语言内部的证据除了必须在形、音、义三方面与所释字词句密合无间外，最不可缺少的是什么？上文早已给出了答案。即，必须如高邮所为，给出那一时代那样解读的大量书证。只有完成了这一步，才能证明你给出的答案符合那一时代的语言习惯，也即所谓符合语言的社会性。你的证明才是“打电话”而非“说电话”。这是我们的第二个原则。

我们发现许多人仅凭义理即推翻古注，另立新说。许多不足为凭的新说都是天水一朝之后的。如前所言，除非有语言内部的坚强证据，一般不能另立新说。当然，对此不能一概而论，例如，如果旧说违反历史事实，就不得不重新审视。但如果光凭是否符合

① 王引之：《经传释词》，长沙：岳麓书社 1984 年版，第 3 页。

“圣人仁民爱物之心”之类，就随便推翻汉魏六朝时人所作的注，显然是不够的。得有语言内部的坚强证据。因为汉魏六朝“去古未远”，那时的语言距离先秦差距远小于后世；当时的注家，其语感也远胜于后世的注家。这是我们的第三个原则，即“崇古原则”。

以上三个原则，其实是密切相关的，有着内在联系的。

四

根据以上介绍的高邮王氏解决古籍疑难问题的方法，根据以上所拟定的三个原则。我们对《论语》中一些自古众说纷纭、见仁见智的问题予以了辨析。

《论语·为政篇》：“《诗》三百，一言以蔽之曰：‘思无邪。’”思无邪，见《诗经·鲁颂·駉篇》。“思”是句首语助词，有人说孔子于此为断章取义，把“思”字当“思想”解，因此这句就该译为“思想纯正”；① 此说未必正确。何晏《集解》引包咸说：“思无邪，归于正也。”并未言及“思”字；更为重要的是，孔子时代的典籍中，“思”字从未见用为名词可解作“思想”者。据我们全面调查，孔子时代及之前，“思”通常只有两种用法：一是用作动词，意为思念、思考，如“学而不思则罔”（《论语·为政》）；一是用作语助词，如“汉之广矣，不可泳思。江之永矣，不可方思”（《诗经·周南·汉广》）。“思”用作名词表示“思想”，已经是很晚近的事了。因此可以认为，孔子于此绝没有断章取义。

《论语·为政篇》：“视其所以，观其所由，察其所安。人焉廋哉？人焉廋哉？”关于“所以、所由”，何晏《集解》说：“以，用也，言视其所行用也。由，经也，言观其所经从也。”通过对《论语》时代典籍中这两个较为常见的词组的全面考察，我们以为此说对“所以”的解释是比较可靠的。“所以”往往表示行事的方法

---

① 杨伯峻：《论语译注》，北京：中华书局1980年版，第11页。

和途径，如《公冶长》："归与！归与！吾党之小子狂简，斐然成章，不知所以裁之。"《左传》隐公三年："去顺效逆，所以速祸也。"《左传》桓公八年："弗许而后战，所以怒我而怠寇也。"《左传》庄公二十三年："夫礼，所以整民也。"《左传》僖公二十八年："微楚之惠不及此，退三舍辟之，所以报也。"《孟子·公孙丑上》："今人乍见孺子将入于井，皆有怵惕恻隐之心，非所以内交于孺子之父母也，非所以要誉于乡党朋友也。""所由"则往往表示如此行事的缘由，如《左传》文公七年："义而行之，谓之德、礼。无礼不乐，所由叛也。"昭公元年："患之所生，污而不治，难而不守，所由来也。"《左传》昭公十三年："不明弃共，百事不终，所由倾覆也。"《左传》哀公二十六年："今君再在孙矣，内不闻献之亲，外不闻成之卿，则赐不识所由入也。"《左传》昭公四年这段文字中，"所以""所由"同时存在，可以比较："夫六王二公之事，皆所以示诸侯礼也，诸侯所由用命也。夏桀为仍之会，有缗叛之。商纣为黎之搜，东夷叛之。周幽为大室之盟，戎狄叛之。皆所以示诸侯汰也，诸侯所由弃命也。"至于"所安"，这个词组也较常见，是所赖以生存，所赖以安身立命者之意。如《左传》庄公十年："衣食所安，弗敢专也，必以分人。"《国语·晋语一》："孝、敬、忠、贞，君父之所安也。"《吴语》："寡人其达王于甬句东，夫妇三百，唯王所安，以没王年。"《墨子·非乐上》："且夫仁者之为天下度也，非为其目之所美，耳之所乐，口之所甘，身体之所安，以此亏夺民衣食之财，仁者弗为也。"因此我们今译这段话为："考察一个人做事的方法、途径；观察他为什么那样做的缘由；了解他赖以安身立命的是什么。那么，这个人如何能隐藏得住呢？这个人如何能隐藏得住呢？"

《论语·八佾篇》："夷狄之有君，不如诸夏之亡也。"这句话有两种解释。杨伯峻先生《论语译注》译为："文化落后国家虽然有个君主，还不如中国没有君主哩。"① 杨遇夫先生《论语疏证》说，夷狄有君指楚庄王、吴王阖庐等。君是贤明之君。句意是夷狄

① 《论语译注》，第24页。

还有贤明之君，不像中原诸国却没有。① 两说其来有自：惠琳(《论语说》)、邢昺(《论语疏》)、刘宝楠(《论语正义》)、钱穆(《论语新解》)、潘重规(《论语今注》) 诸家之说与杨伯峻先生同②，而朱熹、程颐之说（二人之说均见《四书集注》）与杨遇夫先生同③。杨柳岸以为前说正确，即杨伯峻先生所译是对的。一般来说，像“呜呼！曾谓泰山不如林放乎”（《八佾》）、“知之者不如好之者，好之者不如乐之者”（《雍也》）这样的句子是我们常见的，姑且称之为“第一种类型”。而“夷狄有君……亡也”句却好似下面这种类型：“十室之邑，必有忠信如丘者焉，不如丘之好学也”（《公冶长》），“纣之不善，不如是之甚也”（《子张》），“吾不如衰之文也”（《左传》僖公二十三年），“仁言不如仁声之入人深也，善政不如善教之得民也”（《孟子·尽心上》）。姑且称之为“第二种类型”。如果“夷狄有君”句是第二种类型，此句就该依照而朱熹、程颢、杨遇夫先生的解释。但仔细推求，“夷狄有君”句与第二种类型实有不同：“忠信如丘者”的对比项是“不如”后的“丘”，不包括“之好学”；而“夷狄之有君”的对比项是“不如”后的整个“诸夏之亡（君）”。然则，“夷狄有君”句就是第三种类型，与它类似的有：“子之为雀也，不如匠之为车辖”（《墨子·鲁问篇》），“星之昭昭，不如月之曀曀”（《晏子春秋·内篇谏下》），“吾尝终日而思矣，不如须臾之所学也；吾尝企而望矣，不如登高之博见也”（《荀子·劝学》），“虽有戈矛之刺，不如恭俭之利也”（《荣辱》）。第三种类型其实是第一种类型的一种特殊形式。④

《论语·公冶长篇》：“巧言、令色、足恭，左丘明耻之，丘亦

---

① 杨树达：《论语疏证》，上海：上海古籍出版社2007年版，第67页。

② 程树德：《论语集释》，北京：中华书局1990年版，第148页；刘宝楠：《论语正义》，北京：中华书局1990年版，第84页；钱穆：《论语新解》，北京：三联书店2002年版，第56～57页；潘重规：《论语今注》，台北：里仁书局2000年版，第41页。

③ 宋·朱熹：《四书章句集注》，北京：中华书局1983年版，第62页。

④ 此说详杨柳岸：《“严夷夏大防”抑或“重君臣大义”》，载《中国哲学史》，2009年第4期。

耻之。匿怨而友其人，左丘明耻之，丘亦耻之。”该章“足”字旧读去声，音 jù，但许多学者主张如字读 zú，“足”为手足之“足”，如邢昺《疏》与刘宝楠《正义》,① 我们以为后说正确。如释为“充足”义，有好几点不能说通。首先，在先秦汉语中，定中结构的“足某”未见，因此不可能是“十足的恭敬”；如释为“使充足其恭敬”，又从未见以“恭”这种抽象名词作中心语或宾语的；且“恭”在先秦儒家典籍如《论语》《孟子》《荀子》中，是至高无上的道德范畴之一，为典型的褒义词，从未有用为贬义者；“十足的恭敬”适足以褒扬之，何贬之有？因此“足恭”只能是主谓结构，“足”为手足之足。如“富贵而体恭”（《荀子·修身》）、“晋侯视远而足高”（《国语·周语下》）。我们认为，“恭”虽为褒义，但以“手足”的“足”来限制它意义就不一样了。《国语·鲁语上》：“今将惠以小赐，祀以独恭。小赐不咸，独恭不优。”独恭，一身之恭，故不能优裕也。“足恭”与“独恭”类似。何晏《集解》引孔安国注云：“足恭，便僻貌。”邢昺《疏》：“便僻其足以为恭，谓前却俯仰，以足为恭也。”翟灏《论语考异》：“（《礼记》）《表记》云：‘君子不失足于人，不失色于人，不失口于人。’失足于人，足恭也；失色于人，令色也；失口于人，巧言也。”②《史记·五宗世家》：“彭祖为人巧佞卑谄，足恭而心刻深。好法律，持诡辩以中人。”《大戴礼记·曾子立事》：“忿怒而为恶，足恭而口圣，而无常位者，君子弗与也。”“口圣”和“足恭”一样，用“口”限制褒义词“圣”，就成了贬义词。

《论语·泰伯篇》：“泰伯，其可谓至德也已矣。三以天下让，民无得而称焉。”民无得而称，即“民无称”强调形式，也即民众（因无从知道泰伯“三以天下让”之事而对他）无所称述。“得而”+动词，早期是联动结构，后“得而”虚化；虚化后“得而”只起强调作用。如：“善人吾不得而见之矣；得见有恒者，斯可矣。”（《论语·述而》）“仲尼，日月也，无得而逾焉。”（《子张》）

---

① 《论语正义》，第 202～204 页。

② 《论语集释》，第 348 页。

“见且由不得亟，而况得而臣之乎?”（《孟子·尽心上》）知此，则不能将这句理解为“老百姓不知道如何来称赞他才好”。王肃云：“泰伯以天下三让于王季。其让隐，故无得而称言之者，所以为至德也。”① 刘宝楠《论语正义》引郑玄《注》云：“三让之美，皆隐蔽不著，故人无得而称焉。”皇侃《义疏》也说“隐而不彰，故民无得而称。”② 另外，本篇第十九章“民无能名焉”的意思与这一句类似。

《论语·颜渊篇》：“克己复礼为仁。一日克己复礼，天下归仁焉。为仁由己，而由人乎哉?”关于“归仁”，《孟子·离娄上》云：“民之归仁也，犹水之就下、兽之走圹也。”这里的“归仁”与之相同，都是“归向于仁德（之人）”的意思。《国语·越语上》云：“寡人闻，古之贤君，四方之民归之，若水之归下也”，也是这个意思。清代毛奇龄《论语稽求篇》说“归仁”是“称仁”之意，③ 不确。对此，我们有专文论证，此不赘述。

《论语·卫灵公篇》：“巧言乱德。小不忍，则乱大谋。”朱熹《四书集注》说：“小不忍，如妇人之仁、匹夫之勇皆是。”他的《四书或问》说：“妇人之仁，不能忍其爱也；匹夫之勇，不能忍其暴也。”④ 蔡清《四书蒙引》、钱宾四先生《论语新解》等俱从之。⑤ 这是不对的。一个多义词在一定语境中，除非运用双关的修辞方法，只可能以一个义位出现，不可能几个义位同时出现。具体到这一章的“忍”，它的“忍心”义和“忍耐”义也只能出现一项，不可能同时出现。根据我们所作的穷尽性调查，从《论语》时代直到汉初，当“忍”不带宾语且受否定副词“不”修饰时，通常表示“忍心”的意义，绝少例外。如“寡君不忍，使群臣请于大国，无令舆师淹于君地。”（《左传》成公二年）“观从谓子干

---

① 《论语集释》，第510页。

② 《论语正义》，第287页；《论语集释》，第510页。

③ 《论语集释》，第818页。

④ 《四书章句集注》，第167页；《论语集释》，第1115页。

⑤ 《论语集释》，第1115页；钱穆：《论语新解》，北京：三联书店2002年版，第415~416页。

曰：‘不杀弃疾，虽得国，犹受祸也。’子干曰：‘余不忍也。’子玉曰：‘人将忍子，吾不忍俟也。’乃行《左传》。”（昭公十三年）“臣固知王之不忍也。”（《孟子·梁惠王上》）“人皆有所不忍，达之于其所忍，仁也。”（《孟子·尽心下》）“与人之兄居而杀其弟，与人之父居而杀其子，吾不忍也。”（《庄子·让王》）“吾秉君以杀太子，吾不忍。”（《国语·晋语二》）“吾须之不能，去之不忍。”（《吴语》）有鉴于此，这一章的“小不忍”，其意义当为“小小的仁慈”。汉代人也确实是这样理解的。《毛诗·郑风序》：“《将仲子》，刺庄公也。不胜其母，以害其弟。弟叔失道而公弗制，祭仲谏而公弗听，小不忍以致大乱焉。”《史记·梁孝王世家》：“袁盎等入见太后：‘太后言欲立梁王，梁王即终，欲谁立？’太后曰：‘吾复立帝子。’袁盎等以宋宣公不立正，生祸，祸乱后五世不绝，小不忍害大义状报太后。太后乃解说，即使梁王归就国。”《汉书·外戚传》：“夫小不忍乱大谋，恩之所不能已者，义之所割也。”以上三处“小不忍”都出自《论语》这一章，也都是“小小的仁慈”的意思。

《论语·阳货篇》：“唯女子与小人为难养也，近之则不孙，远之则怨。”女子，有人解这一章的“女子”为“你的儿子”“你这位先生”，可是先秦古籍中除此之外再也找不到第二例了，可证其说不能成立。王力先生《汉语史稿》说《诗经·小雅·斯干》“乃生男子……乃生女子”，“其中的‘男子’‘女子’实在等于说‘男儿子’‘女儿子’”，有的学者便据此说这一章的“女子”指女孩子；① 但《小雅》的时代较早，《论语》未必如此。《论语》《左传》时代，女子都是指女性。以后者为例，“女子”既指老年的哀姜（《左传》僖公元年），又指刚出生“赤而毛”的女婴（《左传》襄公二十六年），还指年轻的季芈（《左传》定公四年）和中年的辟司徒之妻（《左传》成公二年）；其实就是女性的意思，可不必今译。

《论语·子张篇》：“博学而笃志，切问而近思，仁在其中矣。”笃志：孔安国曰：“博学而笃志，广学而厚识之也。”皇侃《论语

① 陈戍国：《校注本四书五经》，长沙：岳麓书社 2006 年版，第 157～158 页。

疏》："博，广也；笃，厚也；志，识也；言人当广学经典而深厚识录之不忘也。"① 刘宝楠《正义》从之。② 然则"博学笃志"乃"博闻强记"之意。我们以为，"笃志"是"笃于其志"之意。《荀子·修身》："好法而行，士也；笃志而体，君子也；齐明而不竭，圣人也。"王念孙《读书杂志》曰："笃志而体，谓固其志而履道。"③《左传》昭公十三年言重耳："亡十九年，守志弥笃。""守志笃"即"笃志"，也即"笃于其志"。"笃"意为厚实坚固，先秦及汉初时多特指思想品德方面诚而厚重，心意不改变。那时文献尤其能反映这一点。而同时期文献，我们却未见"笃"的宾语是"识"（记）或类似者。《论语·泰伯》："君子笃于亲，则民兴于仁。"同上："笃信好学，守死善道。"《卫灵公》："言忠信，行笃敬，虽蛮貊之邦行矣。言不忠信，行不笃敬，虽州里行乎哉？"《子张》："执德不弘，信道不笃，焉能为有，焉能为亡？"《左传》文公十八年："昔高阳氏有才子八人……明允笃诚，天下之民谓之八恺。"《左传》成公十三年："是故君子勤礼，小人尽力，勤礼莫如致敬，尽力莫如敦笃。敬在养神，笃在守业。"《左传》襄公二十二年："君人执信，臣人执共，忠信笃敬，上下同之，天之道也。"《公羊传》宣公十二年："是以君子笃于礼而薄于利，要其人而不要其土。"《礼记·礼运》："礼义以为纪：以正君臣，以笃父子，以睦兄弟，以和夫妇，以设制度……父子笃，兄弟睦，夫妇和，家之肥也。"《中庸》："博学之，审问之，慎思之，明辨之，笃行之。……有弗行，行之弗笃，弗措也。……君子笃恭而天下平。"《儒行》："儒有博学而不穷。笃行而不倦；幽居而不淫，上通而不困。"要之，"笃志"为"笃于其志"，也即"坚守志向"，绝无疑义。朱熹《集注》："从事于此，则心不外驰，而所存自熟，故曰'仁在其中矣'。"近之。④

（作者单位：上海大学文学院）

① 《论语集释》，第1311页。

② 《论语正义》，第740页。

③ 《读书杂志》，第639页。

④ 《四书章句集注》，第188页。

典籍辨伪

学鉴

《昼永编》辨伪①

◎ 司马朝军

一、缘　起

《昼永编》二卷，旧本题明宋岳撰。宋岳自号东越承山子，承山人。中嘉靖辛丑科沈坤榜，曾任天雄兵宪。是书分上下二集，不分子目，收入《续修四库全书》子部杂家类。今应傅璇琮先生之邀，撰写杂家类提要稿，详考其书，始知大致抄录前人嘉言懿行之可为法则者，点窜数字，掩为己有，而一一讳其出处。此本为嘉靖甲子（1564 年）阎承光刊刻行世，当时吕时中、阎承光均撰序跋，极力推扬。然吕、阎二氏未得其实，皆为所蒙蔽矣。数百年来，其书之伪，无人道破。今不惮繁琐，一一疏证，务使此伪书之真面目大白于天下。

---

① 本文为武汉大学自主科研项目（人文社会科学）研究成果，得到“中央高校基本科研业务专项基金”资助。本文亦为国家社科基金项目“文献辨伪的集成与创新”的中期成果之一。

二、条　辨

1. 自大舜称禹，不过勤俭两字，况下于禹者，可以不勤不俭乎？予①尝论俭有四益。勤亦有三益。盖民生在勤，勤则不匮。一夫不耕，必受其饥；一妇不蚕，必受其寒。是勤可以免饥寒也。农民昼则力作，夜则颓然甘寝，故非心淫念，无从而生。晋公父文伯之母曰："瘠土之民，莫不向义，劳也。"渊明诗曰："田家岂不苦，弗获辞此难。四体诚乃疲，而无异患干。"是勤可以远淫避②也。户枢不蠹，流水不腐，周公论三宗文王之寿，必归之《无逸》。吕成公释之曰："主静则悠远博厚，自强则坚实精明，操存则血气循轨而不乱，收敛则精神内守而不浮。"是勤可以致寿考也。……大凡贪淫之过，未有不生于奢侈者。俭则不贪不淫，是可以养德也。人之受用，自有剂量，省啬淡泊，有久长之理，是可以养寿也。醉酞饱鲜，昏人神志，若疏食菜羹，则肠胃清虚，无滓无秽，是可以养神也。奢则妄取苟求，志气卑辱，一从俭约，则于人无求，于己无愧，是可以养气也。故老氏以为一宝。

司马按：此条由二条拼合而成。从"自大舜称禹"至"可以致寿考也"一段抄自宋罗大经《鹤林玉露》卷一"勤有三益"条，后段抄自《鹤林玉露》卷十一"俭约"条。

2. 饮食男女，人之大欲存焉。制之若无，斯为圣人；节而不纵，可为贤人；纵而不节，是为下愚。盖杀生以资口腹，淫欲以丧天真。二者更相助发，因美饮食，则血气盛，血气盛则淫欲多，淫欲多则反损血气，血气损则又赖饮食以滋补，是二者更相造罪也。若欲省口腹，必先节淫欲。若能节淫欲，即

① "予"，《鹤林玉露》作"余"，后有"于乙编"三字。

② "避"，《鹤林玉露》作"辟"。

可省口腹。此乃安身延年之道，若能节而绝之，则粗粝亦有美处矣。若纵之，则人生受用之数有限，限尽即早终矣。

司马按：此条见清潘楫《医灯续焰》卷二十一所引明高鹤《见闻搜玉》。

3. 郭林宗，汉时有道君子也，尝论观人有九德：一曰容物之德。君子量如江河，无物不容，招来虚受，浩然不满。小人升合之量，岂能有容？二曰乐善之德。君子闻人之善，则翕然而喜慕；小人闻人之善，则妒忌而欲害之。三曰好施之德。君子不贪不吝，有财则施于人；小人贪鄙好利，而未尝施。四曰进人之德。君子先人而后己，能让人；小人不然，则进己而退人也。五曰保常之德。君子德性有常，慎终如始；小人喜怒不常，终始多变。六曰不妄之德。君子出言于己，未尝虚发；小人惟妄倾覆，未尝获信。七曰勤身之德。君子黾勉好善，能勤于身，不慢不怠；小人慢怠而不勤也。八曰爱物之德。君子视人犹己，所以养羸老而畜稚幼也；小人惟自私而已。九曰自谦之德。君子居下，自居人后；小人则好胜争先，岂能自慎？

司马按：此抄自《玉管照神局》卷中："郭林宗观人有九德，一曰容物之德。（原注：如江河在下，物无不容，招来虚受，浩然不满也。人则升合之量，岂能如此？）二曰乐善之德。（君子闻人之善，则乐善而喜慕之；小人闻人之善，则恶忌而欲害之也。）三曰好施之德。（原注：君子不贪不吝，有则与人；小人贪鄙好财，而未尝施于人。）四曰进人之德。（原注：君子先人而后己，小人先己而后人。）五曰保常之德。（原注：有常之德，慎终如始；小人喜怒不常，终始多变。）六曰不妄之德。（原注：言出诸己，未尝虚妄；小人未尝有信。）七曰勤身之德。（原注：勉勉好善，能勤于身，不慢不怠；小人慢怠而不勤也。）八曰爱物之德。（原注：君子视人犹己，所以养羸老而育幼稚也。）九曰自谦之德。（原注：君子谦不自居，小人则好胜争先，岂能不损？）"宋岳将《玉管照神局》的注文（即括号内文字）全部改为正文，又点窜若干文字。

4. 凡观人之术无他，但作事神气足者，不富贵即寿考。但人作十事，若一一中理，无可议者，已自难得，况终身作事中理邪？其次莫若观其所受，此最切要，升不受斗，不覆即毁，物理之不可移者。

司马按：此抄自宋张耒《续明道杂志》(四库本《说郛》卷四十三下)，又见宋林之奇《拙斋文集》卷二《记闻下》。

5. 人生至乐无如读书，至要无如教子。夫人生身列三才，至贵存焉。心涵万善，至富存焉。省事可以养心，寡言可以养气。

司马按：见家颐《教子语》。

6. 养子弟如养芝兰。既积学以培植之，又积善以滋润之。

司马按：见家颐《教子语》。

7. 子弟之贤不肖系诸人，而世人不以其不肖为可忧。子弟之贫富贵贱系诸天，而世人乃忧其贫且贱，而多为不义之事，以求富之贵之，得非倒见耶？

司马按：见家颐《教子语》。

8. 君子录人之长而忘其短，小人摭人之短而忘其长。

司马按：宋周必大《文忠集》卷二十一《谢举状启》：“推贤扬善，是乃本心。惟待士以恕，而取之至公，故录人之长而略其所短。”

9. 以岁之凶穰而荒其稼穑者，非良农也。以利之盈缩而弃其资货者，非良贾也。以行之有祸福而改其善道者，非良士也。

司马按：见汉徐干《中论》卷上《修本第三》。

10. 无与祸邻，祸乃不亲。

司马按：见《韩非子》卷一《初见秦第一》。

11. 情欲之路，嗜好之府也。目爱采色，命曰伐性之斤。耳乐淫声，命曰攻性之鼓。口贪滋味，命曰腐肠之药。鼻悦芳馨，命曰熏喉之烟。身安舆驷，命曰召蹶之机。此五者，所以养生，亦所以伤生。

司马按：北齐刘昼《刘子》卷一《防欲第二》。

12. 惟士之廉，犹女之洁。苟一毫之点污，为终身之玷缺。毋谓暗室，昭昭四知。汝不自爱，心之神明其可欺？黄金五六驼，胡椒八百斛，生不足以为荣，千载之后有余戮。彼美君子，一鹤一琴。望之凛然，清风古今。

司马按：见宋叶某《爱日斋丛抄》卷四。

13. 厚姻娅，近小人，尹氏所以不平于秉钧。开诚心，布公道，武侯所以独优于王佐。故曰：本心日月，利欲蚀之；大道康庄，偏见室之。听信偏，则枉直而惠奸。喜怒偏，则赏僭而刑滥。惟公生明，偏则生暗。

司马按：见宋叶某《爱日斋丛抄》卷四。

14. 古者于民饥溺，犹己饥溺。心诚求之，若保赤子。于戏！入室笑语，饮酞啗肥，出行鼓朴，曾痛痒之，不知人心不仁，一至于斯。淑问之泽，百世犹祀。酷吏之后，今其余几？谁甘小人，而不为君子？

司马按：见宋叶某《爱日斋丛抄》卷四。

15. 尔服之华，尔馔之丰，凡缕丝而颗粟，皆民力乎？尔供仕焉而旷厥官，食焉而怠其事，稍有人心，胡不自愧？昔者君子，靡素其飧，炎汗浃背，日不辞艰，警枕计功，夜不遑安。谁为我师，一范一韩。

司马按：见宋叶某《爱日斋丛抄》卷四。

16. 人有常言，为治之道，必先除弊，以悦民心，然后兴利以造民福。盖除弊如解悬，民心即喜。兴利便须用民财，劳民力，非得其心，则民将兴怨，故二者当有先后。至于二者之事，则又各有先后也。然非真知利弊之详的，则是非混淆。吾以为利而兴之，而不知其为害，以为害而除之，而不知其为利，或兴除之际未得其法，则弊随生而害又起，故又在于广询博访，取决贤智，不专一己之见，而求通舆论之公，如古人所谓合人情、宜土俗而不失先王之意，然后兴除各当，而德泽及于民矣。

司马按：此条见明张萱《西园闻见录》卷九十六所引何孟春之语。

17. 宋璟爱民恤物，朝野归美。时人咸谓璟为有脚阳春，言所至之处，如阳春煦物也。

司马按：见五代王仁裕《开元天宝遗事》卷四“有脚阳春”条。《白孔六帖》卷三、宋朱胜非《绀珠集》卷一、宋马永易《实宾录》卷七、《说郛》卷五十二等皆载之。

18. 苏黄门云：人生逐日，胸次须出一好议论。若饱食暖衣，惟利欲是念，何以自别于禽兽？余归蜀，当杜门著书，不令废日，只效温公《通鉴》样作议论，商略古人，岁久成书，自足垂世也。

司马按：见宋马廷鸾《碧梧玩芳集》卷十五。

19. 张饱帆于大江，骤骏马于平陆，天下之至快。反思则忧处不争之地，乘独后之马，人或我嗤，乐莫大焉。

司马按：此条出自宋李邦献《省心杂言》。

20. 用心专者，不闻雷霆之震惊，寒暑之切肌。为己重者，不知富贵可以杀身，功名可以致显祸。行通衢大道者，不迷心。至公无私者不惑。

司马按：此条出自宋李邦献《省心杂言》。

21. 饱肥甘，衣轻暖，不知节者损福。广积聚，骄富贵，不知止者杀身。饱藜苋者鄙膏粱，乐贫贱者薄富贵，安义命者轻死生，远是非者忘①臧否。

司马按：此条出自宋李邦献《省心杂言》。

22. 轩冕不足为吾高，而尘埃在我或有所不得避。昔人谓

---

① “忘”，《省心杂言》作“恶”。

居轩冕之中当有山林之气，然则处尘埃之内不可有市井之习。

司马按：此条出自明高濂《遵生八笺》卷二。

23. 未雨而雷，雨必不成。未行而言，行必不成。古人所以耻躬之不逮也。

司马按：此条出自宋吕乔年《丽泽论说集录》卷八："魏舒为司徒，以年老逊位就第，舒为事必先行而后言。逊位之际，无有知之者。卫瓘与舒书曰：'每与足下共论此事，日日未果，可谓瞻之在前，忽然在后矣'。谢显道解'古者言之不出，耻躬之不逮'极好。其言曰：'善言不发，必为善行。恶言不出，必为恶行。'蓄于内者既深，则发于外者不掩。且以怒言之，如怒一人，斥骂极口，此怒必消。若隐忍不发，一旦发之，则其怒不可遏。令①人为善，未做一分，先说一寸，未做得一寸，先说了一尺，毕竟做不成。尝见张子韶一日与众对坐，阴云四合，未雨间，忽闻数声雷，子韶云：'此雨必不成。'他人问如何，子韶遂引孔子说'古者言之不出，耻躬之不逮'为对。盖云起无数声雷则必雨，先鼓数声雷，发泄了，故无雨。作文亦然。今人学得数句言语，且留在胸中，涵养得熟，然后将出用，则若长江大河，源流不可遏，若方学得一二句，便把出说了，都不留在胸中，此必终不能作文。"

24. 人事尽而听天理，犹耕垦有常勤，丰歉所不可必也。不先尽人事者，是舍其田而弗芸也。不安于静听者，是揠苗而助之长也。孔子进以礼，退以义，非尽人事欤？得之不得曰有命，非听天理欤？

司马按：此条出自何垣《西畴老人常言》，详见元陶宗仪《说郛》卷八下。

---

① "令"，疑为"今"之误。

25. 山鸡自爱其毛，终日影水，目眩则溺。人亦有溺于自爱者。芙蓉山有异鸟，其名曰鹣，爱形顾影，不自藏，为罗者所得。士之罹于世网，皆由其不肯自藏故尔。夜蛾赴绕灯烛，驱去复来，弗至焦烂弗止。利禄声色之在人，往往甘其心而死之，何以异于是哉！

司马按：《博物志》卷四："山鸡有美毛，自爱其色，终日映水，目眩则溺死。"目眩，宋李昉等《太平御览》卷九百二十八作"自眩"。《太平御览》卷九百十八引《游名山记》曰："芙蓉山有异鸟，爱形顾影，不自藏，故为罗者所得，人谓鹬鹣。"

26. 荥阳吕公希哲，文靖公之孙，正献公之长子，更历中外，凡典五州，晚居宿州真扬间，十余年衣食不给，有至绝粮者数日者①。其在和州，尝作诗云："除却借书沽酒外，更无一事扰公私。"古人清白传家如此。

司马按：此条出自宋赵善璙《自警编》卷二。

27. 关中隐士骆耕道常言："修养之士当书《月令》，置坐左右，夏至宜节嗜欲，冬至宜禁嗜欲，盖一阳初生，其气微矣，如草木萌生，易于伤伐，故当禁之，不特节也。且嗜欲四时皆损人，但冬夏二至阴阳交争之时尤损人耳。"马永卿曰："不独《月令》如此。唐柳公年八十有强力，人问其术，对曰：'吾平生未尝以脾胃熟生物，暖冷物，以元气佐喜怒。'如②此亦可为座右铭也。"耕道曰："然。"

司马按：此条出自宋马永卿《懒真子》卷二。宋赵善璙《自

① "有至绝粮者数日者"，《自警编》作"至绝粮者数日"。
② "如"，《懒真子》无。

警编》卷二亦引之。

28. 陈瓘①有斗余酒量，每饮不过五爵，虽会亲戚，间有欢适，不过大白满引，恐以长饮废事。每日有定课，自鸡鸣而起，终日写阅，不离小斋，倦则就枕，既寤即兴，不肯偃仰枕上，每夜必置行灯于床侧，自提就案。人或问："公何不呼唤使者?"公曰："起止不常，若涉寒暑，则必动其念，此非可常之道，偶吾性安之，不欲劳人也。"

司马按：此条出自宋赵善璙《自警编》卷二。宋朱子《宋名臣言行录后集》卷十三、元张光祖《言行龟鉴》卷二皆引之。

29. 范忠宣公亲族间有子弟请教于公，公曰："唯俭可以助廉，唯恕可以成德。"其人书于坐隅，终身佩服。公平生自奉养，无重肉，不择滋味，麄粝。每退自公，易衣裋②褐，率以为常，自少至老，自小官至达官，始终如一。

司马按：此条出自宋赵善璙《自警编》卷二，又见于宋周煇《清波杂志》卷六。宋朱子《宋名臣言行录后集》卷十一、宋张镃《仕学规范》卷十、元张光祖《言行龟鉴》卷二、明刘宗周《人谱类记》卷下皆引之。

30. 韩魏公尤知命，每诫其子曰："穷达祸福，固有定分，枉道以求之，徒丧所守，慎勿为也！余以孤忠自信，未尝有夤缘凭借，而每遭人主为知己。今忝三公，所恃者，公道与神明而已矣，焉可诬哉?"其自守如此。

---

① "陈瓘"，《自警编》作"陈忠肃公"。

② "裋"，张光祖《言行龟鉴》卷二、刘宗周《人谱类记》卷下误作"短"。今按：裋褐，粗布衣服。《汉书·贡禹传》："［妻子］裋褐不完。"

司马按：此条出自宋赵善璙《自警编》卷五。又见于宋杜大珪《名臣碑传琬琰之集中》卷四十八、元胡炳文《纯正蒙求》卷中。

31. 元城先生云：安世寻常未尝服药，方迁谪时，年四十有七，先妣必欲与俱，百端恳罢，不许。安世念不幸使老亲入于炎瘴之地，已是不孝，若非义固，不敢为父母，惟其疾之忧，如何得无疾？只有绝欲一事，遂举意绝之。自是逮今，未尝有一日之疾，亦无宵寐之变。陈瓘①曰："公平生学术以诚入，无往而非诚。凡绝欲，是真绝欲，心不动。故公曰然。"公曰："安世自绝欲来，三十年气血意思只如当时，终日接士友剧谈，虽夜不寐，翌朝精神如故。平生坐必端己，未尝倾侧靠依。每日行千步，燕坐调息，复起观书，未尝昼寝，啜茶伴客，有至六七盌。终身未尝草书，岁时家庙祭飨，拜跪七十有二，未尝废阙。此祖先相传，安世终身由之，以励子孙，一皆本之以诚，故心尝前知，两月前自觉必有变异，果长子不禄，故至诚如神，圣人岂吾欺哉！"

司马按：此条出自宋赵善璙《自警编》卷二。

32. 近世有人，夙丧父母，及冠，唯叔父存焉。叔有七子，一日，叔谓侄："吾当与汝析籍。"侄曰："如何处其产业?"叔曰："分之为二。"侄曰："诚不忍诸兄弟共一分，可为八分。"叔固辞，侄曰不可，遂作八分分之。才十七岁，预荐入京，时同馆者二十余辈，有术士遍视之，曰："南宫高第，独此少年。"诸贡士咸斥术者曰："汝何缪耶！吾等皆大于笔，久历场屋，岂不如一乳臭儿?"术者曰："文章非我所知，但此少年满面阴德之气，必积善之所致。"及发榜，果独名，余皆下第。

① "陈瓘"，《自警编》作"陈忠肃公"。

司马按：待考。“大于笔”疑为“大手笔”之误。

33. 向敏中①除右仆射，麻下日，李昌武为翰林学士②，当对。真宗曰：“朕自即位以来，未尝除仆射。今日以命敏中，此殊命也。敏中应甚喜。”对曰：“臣不知。”上曰：“敏中今日门下贺客必多，卿往观之。”昌武往见，丞相方谢客，悄无一人。昌武与向亲，径入见之，徐贺曰：“今日开降麻，士大夫莫不欢慰，朝野相庆。”公但唯唯。又曰：“自上即位，未尝除端揆，此非常之命，自非勋德隆重，眷倚殊越，何以至此？”公复唯唯，终不测其意。又历陈前世为仆射勋劳德业之盛、礼命之重，公亦唯唯，卒无一言。既退，复使人至庖厨中，问今日有亲戚宾客饮宴者，亦寂无一人。明日对，上问昨日见敏中之意何如，乃具以所见对，上笑曰：“向敏中大耐官职。”张九成论曰：“仕宦至宰相，亦可谓极荣矣。文简处之，若不足以动其心，其所养为何如。后之学者，平时高谈阔论，目以为富贵莫能动，然有得一官而满者，有得一荐而满者，伤哉！”

司马按：此条宋赵善璙《自警编》卷一。《宋史》卷二百八十二亦载此事。宋黄震《黄氏日抄》卷五十“向文简敏中”条亦云：“吕蒙正罢相，上意其目穿望复位，刘昌言称无之。刘昌言罢，上意其涕泣，钱若水称无之。向敏中除仆射，上意其甚喜，又意其贺客必多，李昌武往视，皆无之。士大夫苟贱取轻人主既久，虽真宗不免于疑公清节重德，默动上心，大耐官职之褒，岂特公一身之荣一时之誉而已哉！”

34. 韩魏公帅定武时，夜作书，令一侍兵持烛于旁。侍兵

---

① “向敏中”，《自警编》作“向文简公”。

② “李昌武为翰林学士”，《自警编》作“翰学李昌武”。

他顾，烛燃公须，公遽以袖麾之，而作书如故。少顷，回视，则已易其人矣。公恐主吏鞭之，亟呼视之，曰："勿易，渠今已解持烛矣。"军中感服。

司马按：宋司马光《涑水记闻》第492条云："韩魏公帅定武时，夜作书，令一侍兵执烛于旁。侍兵他顾，烛然公须，遽以袖挥之，而作书如故。少顷，回视，已易其人。公恐主吏鞭之，亟呼曰：'勿易之，渠方解持烛矣。'军中感服。"（中华书局本第346页）宋祝穆《古今事文类聚别集》卷十六、宋潘自牧《记纂渊海》卷四十二、宋赵善璙《自警编》卷一、元陶宗仪《说郛》卷七十一、明何良俊《语林》卷十四均引之。

35. 曹州于令仪者，市井人也，长厚不忤物，晚年家颇丰富。一夕，盗入其家，诸子擒之，乃邻舍子也。令仪曰："尔素寡过，何苦而为盗耶?""迫于贫耳。"问其所欲，曰："得十千足以资衣食。"如其欲与之。既去，复呼之，盗大惧，语之曰："尔贫甚，负十千以归，恐为逻者所诘。"留之至明，使去。盗大感愧，卒为良民。

司马按：此条出自宋赵善璙《自警编》卷四。宋司马光《涑水家仪》、宋王辟之《渑水燕谈录》卷三、元陶宗仪《说郛》卷七十一均引之，明胡我琨《钱通》卷十四引自《灼艾集》。

36. 张知常在上庠日，家以金十两附致于公。同舍生因公之出，发箧而取之。学官集同舍检索，因得其金，公不认，曰："非吾金也。"同舍生至夜袖以还公。公知其贫，以半遗之。前辈谓公遗人以金，人所能也；仓卒得金不认，人所不能也。

司马按：此条出自宋赵善璙《自警编》卷四。宋吴曾《能改斋漫录》卷十二有"张知常不认同舍金"条，末云："此事缙绅类能言之，而汪彦章为公碑铭不载，何耶?”明刘宗周《人谱类记》卷下、清潘永因《宋稗类抄》卷九均引之。

37. 李文靖公素有长者誉。一世仆逋宅金数十千，忽一夕遁去，有女将十岁，美资格，自写一券，系于带，愿卖于宅，以偿焉。丞相大恻之。祝夫人曰：愿如己子育于室，训教妇德，俟成，求偶嫁之。止请夫人亲结缡以主婚，然而务在明洁。夫人如所诲，及笄，择一婿亦颇良，且奁币归之。女范果坚，白其二亲，后归京，闻之，感公沦刻心骨。丞相病，夫妇刲股为羹馈之，至薨，衰绖三年以报。

司马按：此条出自宋赵善璙《自警编》卷四，转引自宋释文莹《湘山野录》卷下。《湘山野录》一书成于熙宁中，多记北宋杂事。四库本《说郛》卷七十一引李元纲《厚德录》。《厚德录》四卷，宋李元纲撰。《言行龟鉴》提要：“宋赵善璙作《自警编》，录前辈嘉言善行以示矩矱。(元张）光祖欲为刊行，熊禾以善璙所编尚有未及删润者，光祖乃即善璙旧本，益以《典型录》、《厚德录》、《善善录》、《名臣言行录》，及博采名臣碑志之文，裒辑排比，以成是编。据原序称，分学问、德行、交际、家道、出处、政事、民政、兵政八门。黄虞稷《千顷堂书目》著录作八卷，盖一门为一卷也。”

38. 当官处事，务合人情。忠恕违道不远，未有舍此二字，而能有济者。前辈当官处事，常思有恩以及人，而以方便为上，如差科之行。既不能免，即就其间求所以便民省力者，不使搔扰重为民害，其益多矣。

司马按：此条出自宋吕本中《官箴》，宋刘清之《戒子通录》卷六、四库本《说郛》卷七十上均引之。宋张镃《仕学规范》卷二十七引之，注云：“已上出吕氏《童蒙训》。”宋赵善璙《自警编》卷七、元张光祖《言行龟鉴》卷七均引自《谷志古清修集》。

39. 张忠定公咏在成都府，尝夜梦谒紫府真君，接语未久，吏忽报请到西门黄兼济承事，兼济以幅巾道服而趋，真君降阶接之，礼颇隆尽，且揖张公坐承事之下，询顾详款，已有钦叹之意。公翊旦即遣典客诣西门，请黄承事者，戒令具常所衣服来，比至，果如梦中所见。公即以所梦告之，问平日有何阴德，蒙真君厚遇如此，且居某之上座耶？兼济云："无他长，惟每岁遇禾麦熟时，以钱三万缗收籴，至明年禾麦未熟，小民艰食之际，粜之价直不增，升斗亦无高下，在我者初无所损，而小民得济所急。"公曰："此承事所以坐某之上也。"令索公裳，二吏掖之，使端受四拜。黄公后裔繁衍至今，在仕路者比比青紫。

司马按：此条出自宋赵善璙《自警编》卷八。宋江少虞《事实类苑》卷四十六、宋祝穆《古今事文类聚》前集卷五、明胡我琨《钱通》卷十一、明彭大翼《山堂肆考》卷九十均载此事。

40. 沙门岛旧制有定额，过额则取一人投之海中。马默处厚知登州，建言朝廷既贷其生矣，即投诸海中，非朝廷之本意，今后溢额，乞选年深自至配所，不作过人移登州。神宗深然之，即诏可著为①定制。未几，马方坐堂上，忽昏困，如梦寐中，见一人乘空来，如世间所画符使也，左右挟一男一女，至马前，大呼曰："我自东岳来，圣帝有命，奉天符，马默本无嗣，以移沙门岛罪人事，上帝特命赐男女各一人。"遂置二童，乘黄云而去。马惊起，与左右卒隶见黄云东去，后生男女二人。马亲语余如此。

司马按：此条出自宋王巩《甲申杂记》。按：王巩字定国，莘县人，同平章事旦之孙、工部尚书素之子。《甲申杂记》凡四十二

① 为，《说郛》作"以为"。

条。甲甲者，徽宗崇宁三年也，故所记上起仁宗，下讫崇宁，随笔记载不以时代为先后。元陶宗仪《说郛》卷五十上引之。

41. 范文正公守邠州，暇日帅僚属登楼置酒，未举觞，见缞绖数人营理丧具者，公亟令询之，乃寄居士人卒于邠，将出殡近郊，赗敛棺椁皆所未具。公怃然，即彻宴席，厚赒给之，使毕其事。坐客感叹，有泣下者。

司马按：此条出处比较复杂，宋江少虞《事实类苑》卷九引自宋司马光《涑水记闻》，宋张镃《仕学规范》卷二十九引自宋魏泰《东轩笔录》①，元陶宗仪《说郛》卷四十一下、四库本《陕西通志》卷九十九引自宋王辟之《渑水燕谈录》②，宋赵善璙《自警编》卷四、元张光祖《言行龟鉴》卷二、明刘宗周《人谱类记》卷下均未注明出处。

42. 薛简肃公奎为蜀，以惠爱得民名。民有老妪告其子不孝者，子诉贫不能养。公取俸钱与之，曰："用此为生以养母。"子遂为慈孝。

司马按：此条出自欧阳修《文忠集》卷二十六《资政殿学士尚书户部侍郎简肃薛公墓志铭》，宋杜大珪《名臣碑传琬琰》之集中卷二十引之，明胡我琨《钱通》卷十四引自《灼艾集》③，宋赵善璙《自警编》卷四、张光祖《言行龟鉴》卷七均未注明出处。

---

① 晁公武《读书志》称其元祐中记少时所闻成此书，是非多不可信。《四库提要》称其书自报复恩怨以外所记杂事亦多可采，论古者颇借以为考据之资。

② 《书录解题》称其为治平四年进士。《读书志》称其从仕四方，与贤士大夫燕谈，有可取者辄记，久而得三百六十余事。《四库提要》称其书皆记绍圣以前杂事。

③ 明万表撰。表字民望，鄞县人。正德末武进士，累官都督同知，佥书南京中军都督府。

43. 谢逸记曾鲁公布衣游京师，舍于市侧，旁舍泣声甚悲诘，朝过而问之。旁舍生意惨怆，欲言而色愧。公曰："若第言之，或遇仁人，戚然动心，免若于难。不然，继以血，无益也。"旁舍生顾视左右，欷嘘久之，曰："仆顷官于某，以某事而用官钱若干，吏督之且急，视其家，无以偿之，乃谋于妻，以女鬻于商人，得钱四十万，行与父母诀，此所以泣之悲也。"公曰："商人转徙不常，且无义，爱离色衰，则弃于沟中瘠矣。吾士人也，孰若与我。"旁舍生跽曰："不意君之厚贶小人如此，且以女与君，不获一钱，犹愈于商人之数倍。然仆已书券，纳直不可追矣。"公曰："第偿其直，索其券，彼不可，则讼于官。"旁舍生然之。公即与四十万钱，约日后三日以其女来，吾且登舟矣。俟君于水门之外。旁舍生如公教，商人果不敢争，携女至，期以往，则公之舟无有也。询旁舟之人，则曰某舟去已三日矣。其女后嫁为士人妻。逸自言元祐八年至京师，得于邺郡黄正叔，以为公墓刻不载，故惜其不传，因书其大略云①。

司马按：宋吴曾《能改斋漫录》卷十二有"曾鲁公与旁舍生钱偿鬻女直"条。宋赵善璙《自警编》卷四亦载其事。按：吴曾字虎臣，崇仁人。秦桧当国时，曾上所业得官，绍兴癸酉自敕局改右承奉郎，主奉常簿，为玉牒检讨官，迁工部郎中，出知严州，致仕卒。赵善璙，太宗七世孙，家南海，端平中尝知江州。

44. 张无垢云：快意事孰不喜为？往往事过不能无悔者，于他人有甚不快存焉，岂得不动于心？君子所以隐忍详复，不敢轻易者，欲彼此两得也。

---

①"云"，《自警编》前有"以示人"，后有"江唐卿影响载王丞相曾事同"。

司马按：此条出自宋赵善璙《自警编》卷八。

45. 吕舍人本中云：忍之一事，众妙之门。当官处事，尤是先务。若能清勤之外，更行一忍，何事不办？《书》曰："必有忍，其乃有济。"此处事之本也。谚有之曰："忍事敌灾星。"少陵诗云："忍过事堪喜。"此皆切于事理，为世大法，非空言也。王沂公曾尝说："吃得三斗酽醋，方做得宰相。"盖言忍受得事也。

司马按：此条出自宋吕本中《官箴》。宋刘清之《戒子通录》卷六、宋张镃《仕学规范》卷二十七均引自吕本中《童蒙训》，宋赵善璙《自警编》卷八引自《辨志录》①。《尚书·君陈》："必有忍，其乃有济。有容，德乃大。"宋王应麟《困学纪闻》卷十八："忍过事堪喜，杜牧之遣兴诗也。吕居仁《官箴》引此误以为少陵。俗言'忍事敌灾星'，司空表圣诗也。"阎若璩按："《论衡》引成语曰：'力胜贫，慎胜祸。'亦表圣之意。"

46. 祭酒胡公俨初为桐城令，以爱民为主，凡可便民者，以身任之。民间积年逋负悉与奏免。邑中虎为害伤民物，乃斋沐，告于神，虎遂灭迹。表朱桐乡墓，俾民奉祀。尝督漕运，次三山，值大风雪，遇中流，有覆舟，命仆夫援之，活其被溺者三十余人。捕蝗途中，见饥饿病者，悉命里胥扶掖，就民舍，给以药食。是夜大风雨，得免暴露，存活数百十人。

司马按：见杨溥《太子宾客国子祭酒兼翰林侍讲致仕胡先生墓碑》(载明程敏政《明文衡》卷八十二，亦载明徐纮《明名臣琬琰录》卷二十四)。

---

① 《少仪外传》提要："宋吕祖谦撰。《永乐大典》别载《辨志录》二卷，亦题吕祖谦撰，其文全与此同，盖一书二名。"

47. 少保于肃敏公以兵部侍郎巡抚河南、山西等处十八年，始迁大理寺少卿。公巡抚时，或入京议事，独不持土物贿当道。其诗曰："手帕蘑菇与线香，本资民用反为殃。清风两袖朝天去，免得闾阎话短长。"汴人至今能诵之。

司马按：见明叶盛《水东日记》卷五。

48. 人之子孙，富贵贫贱，莫不各有一定之命。世之人不明诸此，往往于仕宦中昧冒礼法，取不义之财，欲为子孙计，殊不知子孙诚有富贵之命，今虽无立锥之地以遗之，他日之富贵将自至；使其无富贵之命，虽积金如山，亦将荡然不能保矣。况不义而入者，又有悖出之祸乎？如宋之吕蒙正、范文正公诸公，咸以寒微，致位将相，富贵两极，曷尝有赖于先世之遗财乎？然则取不义之财欲为子孙计者，惑之甚矣！

司马按：见明薛瑄《读书录》卷一。

49. 尝见人寻常事处置得宜者，数数为人言之，陋亦甚矣！古人功满天地，德冠人群，视之若无者，分定故也。

司马按：见明薛瑄《读书录》卷三。

50. 锦衣玉食，古人谓惟辟可以有此，以其功在天下而分所当然也。世有一介之士，得志一时，即侈用无节，甚至袒衣皆绫绮之类，宜其颠覆之无日。此余有目睹其事者，可为贪侈之戒。

司马按：见明薛瑄《读书录》卷七。

51. 世之廉者有三，有见理明而不妄取者，有尚名节而不苟取者，有畏法律保禄位而不敢取者。见理明而不妄取，无所为而然，上也。尚名节而不苟取，狷介之士，其次也。畏法律保禄位而不敢取，则勉强而然，斯又为次也。操得其要，则不待深惩重赏，而人自化于廉。孔子曰："苟子之不欲，虽赏之不窃。"

司马按：见明薛瑄《读书录》卷七。

52. "一命之士，苟存心于爱物，必有所济。"盖天下事莫非分所当为，凡事苟可用力者，无不尽心其间，则民之受惠者多矣。

司马按：见明薛瑄《读书录》卷七。

53. 予尝爱刘道原能自攻其过，云平生二十失：佻易卞急，遇事辄发；狷介刚直，忿不思难；泥古非今，不达时变；疑滞少断，劳而无功；高自标置，拟伦胜己；疾恶太甚，不恤怨怒；事上方简，御下苛察；直语自信，不远嫌疑；执守小节，坚确不移；求备于人，不恤咎怨；多言不中节，高谈无畔岸；臧否品藻，不掩人过；恶立事违众，好更革应事；不揣己度德，过望无纪；交浅而言深，戏谑不知止；任性不避祸，议论多讥刺；临事无机械，行己无规矩；人不忤己，而随众毁誉；事非祸患，而忧虞太过；以君子行义责望小人。此二十失者，予亦有之，每自警察而已。

司马按：明陆深《俨山外集》卷四《河汾燕闲录下》："刘恕字道原，温公门人，宋儒中有史学者。尝著自讼文，以为平生有二十失十八蔽。其悔过之勇，自知之明，实前贤之高尚。顾其所谓失与蔽者，予皆有焉，又若为予而发者，因录之以自警。'平生有二十失：佻易卞急，遇事辄发；狷介刚直，忿不思难；泥古非今，不达时变；疑滞少断，劳而无功；高自标置，拟伦胜己；疾恶太甚，不恤怨怒；事上方简，御下苛察；直语自信，不远嫌疑；执守小节，坚确不移；求备于人，不恤咎怨；多言不中节，高谈无畔岸；臧否品藻，不掩人过；恶立事违众，好更革应事；不揣己度德，过望无纪；交浅而言深，戏谑不知止；任性不避祸，议论多讥刺；临事无机械，行己无规矩；人不忤己，而随众毁誉；事非祸患，而忧虞太过；以君子行义责望小人。非惟二十失，又有十八蔽：言大而智小，好谋而阔论，剧谈而不辨，慎密而漏言，尚风义而龃龉，乐善而不能行，与人和而好异议，不畏强御而无勇，不贪权利而好躁，俭啬而徒费，欲速而迟钝，暗识而强料事，非法家而深刻，乐放纵而拘小礼，易乐而多忧，畏动而恶静，多思而处事乖忤，多疑而数为人所欺。事往未尝不悔，他日复然。自咎自笑，亦不自知其所以然也。’其中惟苛察深刻，予似可免。然赋性弛缓，而每欲示人以肺肝，亦不得不谓之失与蔽也。若夫事往未尝不悔，他日复然者，则又中予之沉痼，循省之，余辄复自笑。《诗》曰：‘我思古人，实获我心。’”

54. 予又尝爱宋吴处厚能论相，云相有三十六相，夫人尝言，意气求官，自须如此，一也；为事有刚有柔，二也；慕善近君子，三也；有美食常分惠人，四也；不近小人，五也；常行阴德，每事方便，六也；从小能治家，七也；不厌人乞觅，八也；利人克己，九也；不遂恶贪杀，十也；闻事不惊张，十一也；与人期不失信，十二也；不易行改操，十三也；夜卧不便睡着，十四也；马上不回头顾，十五也；夜不令人生憎怒，十六也；不文过饰非，十七也；为人作事周匝，十八也；得人恩力不忘，十九也；自小便有大量，二十也；不毁善害恶，二十一也；怜孤济寡急物，二十二也；不助强欺弱，二十三也；不忘故旧之分，二十四也；为事众人用之，二十五也；不多言妄语，二十六也；得人物每生惭愧，二十七也；声美音有序，二十八也；当人语次不先起，二十九也；常言人善事，三十也；不嫌恶衣恶食，三十一也；方圆曲直随时，三十二也；闻善行之不倦，三十三也；知人饥渴劳苦，常有以恤之，三十四也；不念旧恶，三十五也；故旧有难，竭力救之，三十六也。

已上三十六善皆全者，当位极人臣，寿考令终，或有不全，则祸福相折。盖有之固非外德，无之实为累德。

司马按：见宋吴处厚《青箱杂记》卷四。

55. 杜少陵诗云："莫笑田家老瓦盆，自从盛酒长儿孙。倾银注玉惊人眼，共醉终同卧竹根。"盖言以瓦盆盛酒，与倾银壶而注玉杯者同一醉也，尚何分别之有。由是推之，蹇驴布鞯，与金鞍骏马同一游也；松床筦席，与绣帷玉枕同一寝也。知此，则贫富贵贱可以一视矣。

司马按：宋罗大经《鹤林玉露》卷八"老瓦盆"条："杜少陵诗云：'莫笑田家老瓦盆，自从盛酒长儿孙。倾银注玉惊人眼，共醉终同卧竹根。'盖言以瓦盆盛酒，与倾银壶而注玉杯者同一醉也，尚何分别之有。由是推之，蹇驴布鞯与金鞍骏马同一游也；松床莞席与绣帷玉枕同一寝也。知此，则贫富贵贱可以一视矣。昔有仆嫌其妻之陋者，主翁闻之，召仆至。以银杯瓦碗各一，酌酒饮之。问曰：'酒佳乎？'对曰：'佳。''银杯者佳乎？瓦碗者佳乎？'对曰：'皆佳。'主翁曰：'杯有精粗，酒无分别，汝既知此，则无嫌于汝妻之陋矣！'仆悟，遂安其室。少陵诗意正如此。而一本乃以'玉'字作'瓦'字，失之矣。"

56. 有日者谒黄直卿，云善算星数，知人祸福。直卿曰："吾亦有个大算数。《书》曰：'惠迪吉，从逆凶。作善，降之百祥，作不善，降之百殃。'《大学》曰：'言悖而出者，亦悖而入；货悖而入者，亦悖而出。'此个数，亘古今不差，岂不优于子之算数乎？"

司马按：见宋罗大经《鹤林玉露》卷九"大算数"条。

57. 徐孝祥居吴江同里，虽茆屋数楹，而树石自然幽胜，有田数亩，足以供饘粥而已。隐居好学，不求仕进，尚文好客，客至必留饮，以故岁常釀酒数石，而自奉惟布衣草屦，泊如也。一日，后园徐步，见树根一穴，坍陷，谛视之，下有石甃，启之，皆白物也，乃亟掩之，一毫弗取，人无有知者。几三十年，值至治壬戌，岁大歉，民不聊生，孝祥曰："是物当出世耶?"乃启其穴，物皆如故。日取数锭，收籴以散贫人，所全活者不可胜计，物尽乃已。女将适人，惟荆布遣之，而于藏中之物，锱铢无犯。其子纯大以明经发解，官至翰林供奉枢密承旨。孝祥受封如其官，寿至九十七而卒。

司马按：见元高德基《平江记事》。

58. 戴君伯庸，倜傥士也，有大志，喜谈兵，言论风飞雷厉，听者忘倦。尝云："人生一饱之外，皆为长物。"至正末，居姑苏，贫甚，至于割荐而爨，鬻靽而食。参政董公抟霄，君故人也，时持节调福州兵道，由姑苏造君，袖白金一铤饷之，君受而不辞，遂得以给朝晡。友人有告急者，君持其半与之。其度量如此。

司马按：见明镏绩《霏雪录》卷上。

59. 范文正公在杭州，子弟以公有退志，乘间请治第洛阳，营园圃以为佚老之地。公曰：人苟有道义之乐，形骸可外，况居室哉！吾今年逾六十，生且无几，乃谋树第治圃，顾何待而居乎？吾之所患，在位高而艰退，不患退而无居也。且西都士大夫园林相望，为主人者莫得常游，而谁独障吾游者，岂必有诸己而后为乐耶？俸赐之余，宜以赒宗族。若曹遵吾言，毋以为虑。

司马按：宋赵善璙《自警编》卷三。宋祝穆《古今事文类聚续集》卷六"不肯治第"引自《遗事》。宋袁燮《絜斋集》卷十

《秀野园记》亦云："昔资政范公之镇杭也，子弟请治地洛阳，因辟圃为佚老之地。公曰：'人苟有道义之乐，形骸可外，况于居室！且西都名园相望，谁独障吾游者。禄赐之余，以赡宗族可也，奚以圃为！'"

60. 韩魏公在相府，时家有女乐二十余辈，及崔夫人亡，一日尽厚遣之。同列多劝且留以为暮年欢悦。公曰："所乐能几何？而常令人心劳，孰若吾简静之乐也。"识者以为过人远矣。

司马按：宋赵善璙《自警编》卷二、宋江少虞《事实类苑》卷八《名臣事迹》、宋祝穆《古今事文类聚后集》卷十六、元张光祖《言行龟鉴》卷二、明彭大翼《山堂肆考》卷九十九均载此事。

61. 李文靖公（丞相）沆颇通释典，尤厌荣利世务，罕以婴心。其自奉甚薄，所居陋巷，听事无重门，其逼下已甚，颓垣坏壁，沆不以屑虑。堂前花栏坏，妻戒守舍者勿令葺，以试沆。沆朝夕见之，经月终不言。妻以语沆，沆笑谓其弟维曰："岂可以此动吾一念哉？"家人劝治居第，未尝答。维因语次及之，沆曰："身食厚禄，时有横赐，计囊装亦可以治第。但念内典以此世界为缺陷，安得圆满如意？自求称足，今市新宅，须一年缮完。人生朝暮不可保，又岂能久居？巢林一枝，聊自足耳，安事丰屋哉！"

司马按：宋江少虞《事实类苑》卷八引自《杨文公谈苑》，宋朱子《宋名臣言行录前集》卷二亦引自《谈苑》。《宋史》卷二百八十二载："（李）沆性直谅，内行修谨，言无枝叶，识大体，居位慎密，不求声誉，动遵条制，人莫能干以私。至于垣颓壁损，不以屑虑。堂前药阑坏，妻戒守舍者勿葺，以试沆。沆朝夕见之，经月终不言，妻以语沆，沆曰：'岂可以此动吾一念哉！'家人劝治居第，未尝答，弟维因语次及之，沆曰：'身食厚禄，时有横赐，计囊装亦可以治第。但念内典以此世界为缺陷，安得圆满如意？自求称足，今市新宅，须一年缮完。人生朝暮不可保，又岂能久居？巢林一枝，聊自足耳，安事丰屋哉！’”宋赵善璙《自警编》卷三、元张光祖《言行龟鉴》卷四均载此事，但未注明出处。明嘉靖间张永明《张庄僖文集》卷五语录云：“昔文靖公李沆自奉甚薄，所居陋巷颓垣坏壁，不以为亵。家人劝治第宅，沆曰：内典以此世界为缺陷，安得圆满如意？自求称足，今若市新宅，须一年缮全，人生朝暮不可保，岂能必其久居？巢林一枝，聊自足耳，安事丰屋哉！李公可谓达识矣。”

62. 寇莱公初为枢密直学士，赏赐金帛甚厚。乳母泣曰：“太夫人不幸时，家贫，求一缣作衾襚，不可得，岂知今日富贵哉？”公闻之，恸哭，尽散金帛，终身不蓄财产。后虽出入将相，所得俸禄，惟务施与。公外奢内俭，无声色之娱，寝处一青帏二十余年，时时有破坏，益命补葺。或以公孙弘事靳之，笑答曰：“彼诈我诚，虽敝何忧？且不忍处之久而以敝复弃也。”靳者愧之。

司马按：宋赵善璙《自警编》卷二、宋朱子《宋名臣言行录前集》卷四、宋祝穆《古今事文类聚别集》卷十八、明彭大翼《山堂肆考》卷一百十六、明郑岳《山斋文集》卷十七均载此事。

63. 季元衡《俭说》云：“与其贪饕以招辱，不若俭而守廉；干请以犯义，不若俭而全节；侵牟以聚仇，不若俭而养福；放肆而逐欲，不若俭而安性。”

司马按：见宋赵善璙《自警编》卷二。明张永明《张庄僖文集》卷五《家训》“崇俭约”条云：“季元衡《俭说》云：与其贪饕以招辱，不若俭而守廉；与其干请以犯义，不若俭而全节；与其侵夺以聚雠，不若俭而养福；与其放肆而逐欲，不若俭而安性。”

64. 赵清献公（抃字阅道）宽厚长者，与物无忤，家于三衢，所居甚隘。弟侄有欲悦公意者，厚以直易邻翁之居，以广公第。公闻不乐，曰："吾与此翁三世为邻矣，忍弃之乎？"命急还翁居，而不追其直。

司马按：宋赵善璙《自警编》卷三、元胡炳文《纯正蒙求》卷下、元张光祖《言行龟鉴》卷二均载此事。

65. 杨玢尚书致仕归，长安旧居为邻里侵占，子弟欲诣府诉其事，以状白玢，玢批纸尾云："四邻侵我我从伊，必竟须思未有时。试上含光殿基望，秋风秋草正离离。"子弟不敢复言。

司马按：见宋赵善璙《自警编》卷三。

66. 天下贤愚，营营然若飞蛾之投夜烛，苍蝇之触晓窗，知往而不知返，知进而不知退，而但知避害而就利，不知聚利而就害。夫贤于人而不贤于身，何贤之谓也？博于物而不博于己，何博之谓也？是以大人利害俱忘，何往不臧？

司马按：见南唐谭峭《化书》卷三《德化·飞蛾》。

67. 奢者三岁之计，一岁之用；俭者一岁之计，三岁之用。至奢者犹不及，至俭者尚有余。奢者富不足，俭者贫有余。奢者心常贫，俭者心常富。奢者好亲人，所以多过，俭者能远人，所以寡祸。奢者事君必有所辱，俭者事君必保其禄。奢者多忧，俭者多福，能终其俭者，可以为天下之牧。

司马按：见南唐谭峭《化书》卷六《俭化·天牧》。

68. 刘留台自少极贫，专事趋谒，岁久，乡人厌之，不能自存。一日，与其子同往泉州谒亲表徐司户，到泉州，而司户得罪宪司，对移他郡，复徒步归，至漳泉市买浴，堂中拾金一袋，浴毕，托疾卧堂中，终夕不去。翌早有一人号泣而至，自言为商于外，八年不归，只收拾得金子八十五片，以一袋盛之，昨晚醉中与同行携到此浴，浴罢，乘月行三十里，始觉其金不见，公遂举以还之，彼以数片遗公，公一无所受。及还乡，人愈薄之，责以拾金不能营生，而复来相干，公答以平生赋分止合如此，若掩他人物以为己有，必有祸灾，身且不保，安用物为？彼人辛勤所积，一旦失去，或不得还乡，或死非其命，其害有不可胜言者，吾是以还之，惟安分以毕余生耳。未几，父子同膺乡荐，一举登第，官至西京留台。后五十年间，子孙趾美仕途者二十有三人。予乙卯秋还自滁阳，与其玄孙质夫县丞同舟入霅川，得闻其详。且言伯父侍郎尝录其事，镌之以戒子孙：当以高祖之心为心，在家者慈俭以安分，居官者廉勤以守节，凡物非己有者，不得妄有觊觎云。

司马按：宋赵善璙《自警编》卷四引江唐卿《影响录》。

69. 东坡记齐人刘庭式未第时，议娶其乡人之女，既约而未纳币也，庭式及第，其女以病，两目皆盲，女家躬耕，贫甚，不敢复言，或劝纳其幼女，庭式笑曰："吾已许之矣。虽盲，岂负吾初心哉？"卒娶盲女，与之偕老。予偶读《唐摭言》载："孙泰，山阳人，少师皇甫颖，守操颇有古贤之风。泰妻即姨女也。先是姨老以二女为托，曰：'其长幼损一目，汝可娶其女弟。'姨卒，泰娶其姊。或诘之，泰曰：'其人有废病，非泰何适？'皆服泰之义。"乃知古人已先刘庭式矣。陈无己《谈丛》亦云："华阴吕君举进士，聘里中女行，既中第，妇家言曰：'吾女故无疾，既聘而后盲，敢辞？'吕君曰：'既聘而后盲，君不为欺，又何辞？'遂娶之，生五男，皆中进士第，其一人丞相汲公是也。"①

司马按：见宋赵善璙《自警编》卷四。前半段原始出处为宋苏轼《东坡全集》卷九十三《书刘庭式事》，又见宋吴曾《能改斋漫录》卷十四"娶盲女"条。

70. 人有三百六十节，当天之数。形体有骨肉，如地之厚。有孔窍血脉，如川谷也。多食甘者，有益于肉，而骨不利。多食苦者，有益于骨，而筋不利。多食辛者，有益于筋，而气不利。

司马按：见唐马总《意林》卷二公孙尼子。《太平御览》卷三百六十引公孙尼子曰："人有三百六十节，当天之数。形体有骨肉，当地之厚也。有九窍脉理，当川谷也。血气者，风雨也。"

71. 《耄智余书》云："遣妄情如刀之伐树，非一斧可倒；求真理如食之克肠，非一口可饱。"修道积功，大率如此。

司马按：此条见宋周守中《养生类纂》卷一养生部所引《耄智余书》。《耄智余书》三卷，宋晁迥撰。晁迥善养生，兼通释老书。年至八十四，子孙多闻人。

72. 《本草衍义总叙》曰："夫未闻道者，放逸其心，逆于生乐，以精神狗智巧，以忧畏狗得失，以劳苦狗礼节，以身命狗财利。四狗不置，心为之病矣。极力劳形，躁暴气逆，当风纵酒，食嗜辛咸，肝为之病矣。饮食生冷，温凉失度，久坐久卧，大饱大饥，脾为之病矣。呼叫过常，辩争倍答，冒犯寒暄，恣食咸苦，肺为之病矣。久坐湿地，强力入水，纵欲劳形，三田漏溢，肾为之病矣。五病既作，故未老而羸，未羸而

① 陈师道：《后山谈丛》卷四。

病，病至则重，重则必毙。呜呼！是皆弗思而自取之也。”

司马按：见明高濂《遵生八笺》卷二。

73.《褚氏遗书》曰：养耳力者常饱，养目力者常瞑，养臂指者常屈伸，养股趾者常步履。

司马按：见齐褚澄《褚氏遗书·分体》。

74. 养生要诀曰：“‘一人之身，一国之象。胸臆之设，犹宫室也。支体之位，犹郊境也。骨节之分，犹百川也。腠理之间，犹四衢也。神犹君也，血犹臣也，气犹民也。’故至人能理其身，亦犹明君能治其国。夫爱其民，所以安其国。养其气，所以全其身。民弊即国亡，气衰即身谢。”又曰：“能摄生者，当先除六害，然后可以延驻。何名六害？一曰薄名[利]，二曰禁声色，三曰廉货财，四曰损滋味，五曰屏虚妄，六曰除嫉妒。六者若存，则养生之道徒设耳，盖未见其有益也。”

司马按：见《抱朴子·地真》。

75. 又曰：“多思则神散，多念则心劳，多笑则脏腑上翻，多言则气海虚脱，多喜则膀胱纳客风，多怒则腠理奔浮血，多乐则心神邪荡，多愁则头面焦枯，多好则气智溃溢，多恶则精爽奔腾，多事则筋脉干急，多机则智虑沉迷。兹乃伐人之生，甚于斤斧，蚀人之性，猛于豺狼。”

司马按：见宋李昉等《太平御览》卷七百二十方术部一养生。

76. 养生以不伤为本，此要言也。且才所不逮，而困思之，伤也；力所不胜，而强举之，伤也；悲哀憔悴，伤也；喜乐过差，伤也；汲汲所欲，伤也；戚戚所患，伤也。久谈言笑，伤也；寝息失时，伤也；挽弓引弩，伤也；沉醉呕吐，伤也；饱食即卧，伤也；跳走喘急，伤也；欢呼哭泣，伤也。积伤至尽则早亡，早亡非道也。是以养性之方，唾不及远，行不疾步，耳不极听，目不极视，坐不至久，卧不及疲，先寒而衣，先热而解，不欲极饥而食，食而不可过饱，不欲极渴而饮，饮不可过多。凡食多则结积聚，饮多则成痰癖也。不欲甚劳甚逸，不欲起晚，不欲汗流，不欲多睡，不欲奔走车马，不欲极目望远，不欲多啖生冷，不欲饮酒当风，不欲数数沐浴，不欲远愿广志，不欲规造异巧。冬不欲极温，夏不欲穷凉，露卧星下，不欲眠中见扇。大寒大热，大风大雾，皆不欲冒之。五味入口，不欲偏多，故酸多伤脾，苦多伤肺，辛多伤肝，咸多伤心，甘多伤肾，此五行自然之理也。凡言伤者，亦不便觉也，谓久则损寿耳。

司马按：见《抱朴子·极言》。

77.《（著）［养］生论》曰："［大凡养生，先调元气。］身有四气，人多不明。四气之中，各主生死。一曰乾元之气，化为精，精反为气。精者连于神，精益则神明，精固则神畅，神畅则生健。若精散则人疲，精竭则神去，神去则死。二曰坤元之气，化为血，血复为气。气血者通于内，血壮则体丰，血固则颜盛，颜盛则生（合）［全］。若血衰则发变，血败则（脑）［胸］空，（脑）［胸］空则死。三曰庶气，庶气者一元交气，气化为津，津复为气。气连于生，生托于气。阴阳动息，滋润形骸，气通则生，气乏则死。四曰众气，众气者，谷气也。谷济于生，终误于命。食谷气虽生，蕴谷气还死。精能附血，气能附生，当使循环，即身永固。乾元之阳，阳居阴位，脐下气海是也。坤元之阴，阴居阳位，（脑）［胸］中血海是也。生者属阳，阳贯五脏，喘息之气是也。死者属阴，阴纳五味，秽恶之气是也。气海之气，以壮精神，以填骨髓。血海之气，以补肌肤，以流血脉。喘息之气，以通六腑，以扶四肢。秽恶之气，以乱身神，以腐五脏。”

司马按：见明高濂《遵生八笺》卷二。

78. 长沙有朝士某者还乡，意气满盈，宾至，鼓吹喧阗，里中有执友谒之，朝士曰：“翁素好诵诗，近日诵得何诗？”执友曰：“诵得孙风洲赠欧阳圭斋一诗，甚有味。”乃朗然诵之曰：“圭斋还是旧圭斋，不带些儿官样回。若使他人居二品，门前箫鼓闹如雷。”朝士闻诗瞿然，明日宾至，门庭寂然。

司马按：清吴景旭《历代诗话》卷六十九引明敖英《东谷赘言》。敖英字子发，清江人，正德辛巳进士，官至河南右布政使。

79. 庐江有监司某者，谢事悬车，延方士炼丹，敬信之如钟吕复生。其夫人颇知书史，尝戏之曰：“丹成，何以谢方士？”监司曰：“渠自能点化，不图谢。”夫人曰：“渠既不图谢，何故以丹法传君？”监司曰：“渠谓我有仙风道骨，故传。”夫人笑曰：“君垂涎点化，志在贪财。妾未闻蓬莱三岛，乃有贪财神仙。”话间其婿来谒之，夫人曰：“金丹若成，当传之婿乎？”监司有难色。夫人曰：“君得金丹，不肯传婿，君非方士之婿，渠胡为独肯传耶？”监司终不悟。居无何，方士化为乌有先生，而丹罂从之。夫人又戏之曰：“夜来方士赴蟠桃之会，未知骑黄鹤去耶？骑赤鲤去耶？”监司默然，长吁而已。

司马按：此条见明蒋一葵《尧山堂外纪》卷九十四刘瑾条下小注及明李绍文《皇明世说新语》卷八。

80. 上元姚三老贳甲闾右，尝买别墅于劳劳亭之北，投书浦之南。其中有池有亭，有假山，皆太湖怪石，钩斗甃垛，奇崛玲珑。又有飞阁曲房，药栏花径，逶迤斗折，妆点如画。周遭又有老树寿藤，葱旧相纠，秀色映发，鱼鸟亲人，良惬赏心。一日，狂客王大痴来游焉，留酌池上，酒半酣，大痴曰："乐哉兹野，翁费直几何?"三老曰："费千金也。"大痴曰："二十年前，老夫曾觞咏于此者，告我费且万金，翁何得之易耶?"三老曰："我谋之久矣。其子孙无可奈何，只得贱售。"大痴曰："翁当效刻石平泉，垂戒子孙，异时无可奈何，不宜贱售。"三老闻其言，愀然不悦，既而跃然引觞浮白，谢之，且曰："大痴真达者之言哉！老悖空与子孙作马牛矣。"

司马按：清张贵胜《遣愁集》卷十一："上元人姚三老者，赀甲闾右，尝买别墅，其中有池有亭，假山皆太湖怪石，奇崛玲珑。又有飞阁曲房，药栏花径，逶迤周折，妆点如画。四围又有老树寿藤，葱旧相纠，秀色映发，鱼鸟亲人，良惬赏心。一日，有狂客王大痴者来游，姚留之，酌酒半酣，大痴曰：'乐哉兹墅，价值几何?'三老曰：'约千金。'大痴曰：'二十年前，老父曾觞咏于此，告我费且万金，翁何得之易耶?'三老曰：'我谋之已久。初时原索贵价，俟其子孙须用甚急，至无可奈何时，只得贱售。'大痴曰：'翁当效刻石平泉，垂戒子孙，后日无可奈何，不宜贱售。'三老始闻之勃然怒，少焉愀然不乐，既而踊跃而起，引觞浮白，谢之曰：'是真达者之言。老惫空为作牛马矣。'"明刘元卿《应谐录》载，上元姚三老赀甲闾右，尝买别墅，其中有池亭假山，皆太湖怪石。有狂客王大痴询知姚谋之久，其主以无可奈何而贱售，因讽以当效刻石平泉，垂戒子孙异时无可奈何，不宜贱售。其里贯与渊相同，未知即谓此园否？果即此园，则此集亦不足尚也。(《四库全书总目》卷一百九十二《市隐园诗文》提要）刘元卿字调父，安福人，隆庆庚午举人，万历中官至礼部主事，《明史·儒林传》附见邓元锡传中，著有《诸儒学案》。

81. 近时杨宗乔尹新乡，质任峭真①，与人议论，不能下气。监临者恶其不逊，同列又从而交构其间，势如骑虎，不可收拾。一日，桂古山过之，宗乔告以故。古山曰：“譬如对弈，且饶一着；譬如争路，且退一步，便无事矣。”宗乔惕然谢教，告改教职。

司马按：此条见明刘万春《守官漫录》卷一内编“忍克有济”第六条，又见明张萱《西园闻见录》卷十四。

82. 友人邝子元由翰林补外十余年矣，不得赐还，尝侘傺无聊，遂成心疾。每疾作，辄昏瞶如梦，或发谵语，有时不作，无异平时。或曰：“真空寺有老僧，不用符药，能治心疾。”子元往叩之。老僧曰：“相公贵恙起于烦恼，生于妄想。夫妄想之来，其几有三：或追忆数十年前荣辱恩雠，悲欢离合，及种种闲情，此是过去妄想也；或事到眼前，可以顺应，即乃畏首畏尾，三番四复，犹豫不决，此是见在妄想也；或期望日后富贵荣华，皆如所愿，或期功成名遂，告老归田，或期望子孙登庸，以继书香，与夫一切不可必成、不可必得之事，此是未来妄想也。三者妄想忽然而生，忽然而灭，禅家谓之幻心。能照见其妄，而斩断念头，禅家谓之觉心。故曰：‘不患念起，惟患觉迟。’此心若同太虚，烦恼何处安脚。”又曰：“相公贵恙亦原于水火不交，何以故？凡溺爱冶容而作色荒，禅家谓之外感之欲。夜深枕上思得冶容，或成宵寐之变，禅家谓之内生之欲。二者之欲，绸缪染著，皆消耗元精。若能离之，则肾水滋生，可以上交于心。至若思索文字，忘其寝食，禅家谓之理障。经纶职业，不告劬劳，禅家谓之事障。二者之障，虽非人欲，亦损性灵。若能遣之，则心火不致上炎，可以下交于肾。故曰：‘尘不相缘，根无所偶。返流全一，六欲不行。’又曰：‘苦海无边，回头是岸。’”子元如其言，乃独处

① 真，《守官漫录》、《西园闻见录》作“直”。

一室，扫空万缘，静坐月余，心疾如失。子在汴台，闻子元道其详，且曰禅说可治心疾，吾辈姑取节焉可也。

司马按：此条出自明江瓘《名医类案》卷八，文字稍有不同，前缀“友人”，后缀“子在汴台，闻子元道其详，且曰禅说可治心疾，吾辈姑取节焉可也”。《名医类案》书前有嘉靖己酉（1549年）序，后有万历辛卯（1591年）应宿跋。《名医类案》书成于《昼永编》之前，而传于《昼永编》之后。

83. 杨中丞继宗，风节林望，标表天下。方其为太守，考绩入京，张芳洲赠以文，谓公有今人所无者三，古人所少者二。刚直常持之以委易，廉明常持之以含容，勇敢常持之以宽静，而不速于成。今之为郡，而其所施有如其所存者乎？杨伯起以清白著闻，犹有可却之金。公治郡久，始终无一足敢暮夜及门者。苏子卿以死为事，史外犹有余书。公抵官以来，遽遣妻孥归养，萧然独处斋阁。此尤非夙昔之所多见也。非公不足以当之，褒不过溢矣。

司马按：张芳洲即明张宁。张宁《方洲集》卷十五《送杨太守序》云：“太守阳城杨公承芳治郡九载……独尝念其存心制事之间，有今人所无者三，古人所少者二，请为乡郡诵之。夫天下之刚直皆足以镇物，天下之廉明皆足以察物，天下之勇敢皆足以致物，斯三者，达古今之美节也，然其所至常不能无弊。承芳质美识高，外严中惠，刚直也，常持之以委易而不猛，廉明也，常持之以含容而不刻，勇敢也，常持之以宽静而不速于成。今之为郡，如其所施有如其所存者乎？汉杨伯起以清白著闻，犹有可却之金。承芳治郡久，举七邑之产，可以居奇货，未尝经意触目，始终无一足敢暮夜及门者，是其见信于人逾于伯起矣。苏子卿以死为事，史外犹有余书。承芳抵官以来，遽遣妻孥归养，萧然独处斋阁，无惘惘离索之态，此二者尤非夙昔之所多见也。是故动之即行，言之即从，守之即固，岩耸壁立，而人不畏其峻，鉴空衡平，而人不测其应，风飞电厉，而下不忧其震折，振撼击撞，临之以威，而不见其少抑。抟跃障挠，限之以防，而不见其自阻。日积月累，千变百挫，兀然如良金美玉，而不见其少渝，可谓伟人矣。朱子称王文忠公禀乎天者纯于阳德刚明之气，是以其心光明正大，疏畅洞达。公其近之。或谓公别白太明，节目太疏，言论太激，三者非自全之道，此盖其细者也。”

84. 鹖峰子曰：“全琮父柔使赍米数千斛到吴市易，琮皆散给士大夫，空船而还，白父曰：‘所利非急，而士大夫方有倒悬之急，故赈赡之。’柔乃奇之。此周急之仁出于子，而父不禁者也。范文正遣子尧夫至姑苏取麦五百斛，舟还，次丹阳，见石曼卿，云三丧欲葬，无可谋者，尧夫以麦舟与之。到家，文正曰：‘东吴见故旧乎?’白曼卿三丧未举，方滞丹阳。文正曰：‘何不以麦舟与之?’曰：‘已付之矣。’此周急之仁有于父而子能体者。今人之谓藏者于骨肉间，但知相勉以利，而不知相感以义。吾见亦多矣。闻斯人文风，宁不为之颡泚。”

司马按：元无名氏《氏族大全》卷六：“全琮字子璜，父使运米数千斛到吴市易，琮散用空船，还曰：‘所利非急，而士大夫方有倒悬之急，故振赡之。’”明唐桂芳《白云集》卷六《孝友堂记》：“朱寿昌葬宗族十数丧，石曼卿三丧未举，范尧夫以麦五百斛助之。古人之不可及者，德远其勖之哉。”

85. 陈瓒，字锡用，业通九经百家之说，自言得养生之术。年逾九十，耳目聪明，犹勤笔砚，著《经史系华》十卷。然其家贫，人忧其衣食不足，尝曰：“瓒贤能不及颜子，而寿禄过之，何患贫也！”时益重之。后官至秘书监，致仕，归剡。

司马按：明陈师《禅寄笔谈》卷八：“陈瓒秘书通九经百家

言，自言得养生之术。年逾九十，犹勤于笔研，著《经史系华》十卷。然家甚贫，人忧其衣食不足。答曰：‘瓒贤能不及颜子，而禄寿过之，何患贫也！’予尝览此，益加自勖。予之贫恐与秘书较甚，而终日不敢废笔研，诚恶夫饱食终日无所用心者，味此意况，深用起予，安知老之将至。”陈瓒，献县人，嘉靖丁未进士，官至南京吏部尚书。

86. 仆旧苦脏疾，偶遇人，语曰：“但不食豚足矣。”试之一岁，果尔。按《本草》云：其肉不可食，令人暴肥而召风，又耗心气。又文人尤所当戒。且食多忌吴茱萸、白花菜、荞麦，皆不可同食。由是久不食，而他病亦鲜，且觉气爽，而读书日益悟，始信不食豚之大功。

司马按：元陶宗仪《说郛》卷七十四上引宋林洪《山家清事》“食豚自戒”条。

87. 山深岚重，仙道未能，生姜岂容不种？每旦，带皮生姜细嚼，熟酒下之，或姜汤亦可矣。

司马按：元陶宗仪《说郛》卷七十四上引宋林洪《山家清事》“山备”条。

88. 赵康靖公厚德长者，口未尝言人短。与欧阳文忠公同知制诰，后亦同秉政。及文忠被谤，康靖密申辩理，至欲纳平生诰敕而保之，而文忠不知也。

司马按：宋叶梦得《避暑录话》卷上、宋张镃《仕学规范》卷十三、宋赵善璙《自警编》卷八、元张光祖《言行龟鉴》卷二均载此事。

89. 苏子瞻东坡先生自儋之归，卜居阳羡。阳羡士大夫犹畏而不敢与游，独士人邵民瞻从学于坡，坡公亦喜其人，时时相与杖策过长桥，访山水为乐。邵为坡买一宅，为缗五百，坡倾囊，仅能偿之。卜吉入居，既得日矣，夜与邵步月，偶至村落，闻妇人哭声极哀。坡徙倚听之，曰："异哉，何其悲也！岂有大难割之爱触于其心欤？吾将问之。"遂与邵推扉而入，则一老妪，见坡泣自若。坡公问妪何为哀伤至是。妪曰："吾有一居，相传百年保守不动，以至于此。吾子不肖，举以售人。吾今日迁徙，来岁百年旧居一旦诀别，此吾所以泣也。"坡亦为之怆然，问其故居所在，则坡以五百缗所得者也，因再三慰抚，谓曰："妪之故居，乃吾所售也，不必深悲，当以是居还妪。"即命取屋券，对妪焚之，呼其子，命翌日迎母还旧居，不索其直。坡自是遂还毗陵，不复买宅，借顾塘桥孙氏居暂住焉。

司马按：元陶宗仪《说郛》卷二十下引宋方岳《深雪偶谈》："建中靖国中，坡公自儋北归，卜居阳羡。阳羡士大夫犹畏而不敢与游，独士人邵民瞻从学于坡。坡公亦喜其人，时时相与杖策过长桥，访山水为乐。邵为坡买一宅，为缗五百，坡倾囊仅能偿之。卜吉入居，既得日矣。夜与邵步月，偶至村落，闻妇人哭声极哀。坡徙倚听之，曰：'异哉，何其悲也！岂有大难割之爱触于其心欤？吾将问之。'遂与邵推扉而入，则一老妪，见坡泣自若。坡公问妪何为哀伤至是。妪曰：'吾有一居，相传百年保守不动，以至于此。吾子不肖，举以售人。吾今日迁徙来此，百年旧居一旦诀别，此吾所以泣也。'坡亦为之怆然。问其故居所在，则坡以五百缗所得者也。因再三慰抚，谓曰：'妪之故居乃吾所售也，不必深悲，当以是居还妪。'即命取屋券，对妪焚之，呼其子，命翼日迎母还旧居，不索其直。坡自是遂还毗陵，不复买宅，借顾塘桥孙氏居暂住焉。是岁七月，坡竟殁于借居。余儿在当年方二九，强记知文，人谓吾家异时千里驹也，不幸为十四侄妇陈氏贪利余产，在儿血气未定，堕其危机，既而恚恨愧悔，辄轻其生，丙寅三月十三日也。余垂老失依，且思在儿姿貌气度，真有大难割之爱，哭泣送日，天为苦阴，而族里闻若不闻，未知炎凉休戚之时，人有一公论存欤否耶？孤猿忆子，抱树酸号，涂旅之人闻三声而下泪。余虽负谴神人，岂料其无告之至于斯欤？岂以为余为善哭，徒有类于唐衢者欤？感坡公事，重为之涕咽，因书以自责，且告世之仁人君子，共知前辈行事盖如此云。”明何良俊《语林》卷三、明彭大翼《山堂肆考》卷一百七十一“卜居阳羡”亦引之。按：《深雪偶谈》，宋方岳撰，岳字符善，宁海人。书中记淳祐初年事云：“缕指二十霜，余已就老。”又载丙寅三月丧子事。丙寅乃度宗咸淳二年，则岳至宋末尚在。宋费衮《梁溪漫志》卷四：“东坡卜居阳羡，建中靖国元年东坡自儋北归，卜居阳羡……是岁七月坡竟殁于借居。前辈所为类如此，而世多不知，独吾州传其事云。”按：《梁溪漫志》十卷，宋费衮撰。衮字补之，无锡人。卷端有开禧二年国史实录院牒称为国子免解费进士。《礼部韵略》条例中有开禧元年国子监发解进士费衮论韵略经弦二字札子一篇，经礼部看详，当即其人。其始末则不可详矣。

90. 司马温公，当世大儒，博学无所不通。虽已贵显，而刻苦记览，甚于韦布。尝为某言：“学者读书，少能自第一卷读至卷末，往往或从中，或从末，随意读起，又多不能终篇。光性最专，犹尝患如此。从来惟见何涉学士案上惟致一书，读之自首至尾，正错校字，以至读终。未终卷，誓不他读。此学者所难也。”

司马按：元陶宗仪《说郛》卷四十三下引宋张耒《明道杂志》。何涉，蜀人。韦布，韦带布衣。古指未仕者或平民的寒素服装。借指寒素之士，平民。宋叶某《爱日斋丛抄》卷二：“温公为张文潜言：‘学者读书，少能自第一卷读至卷末。往往或从中、或从末，随意读起，又多不能终篇。光性最专，犹常患如此。从来惟见何涉学士案上惟置一书，读之自有至尾，正错校字，以至读终。未终卷，誓不他读。此学者所难也。’”张昙叟《答孙子发书》论《资治通鉴》，其略云：“温公尝曰：‘吾作此书，惟王胜之曾阅之终篇，自余君子求乞欲观，读未终，已欠伸思睡矣。’温公所言，学者之通患，盍以何学士、王胜之之事为读书法?”

91. 肃宗为太子时，尝侍膳。尚食置熟俎，有羊臂臑，上顾使太子割。肃宗既割，余污漫在刃，以饼洁之。上熟视，不怿。肃宗徐举饼啖之，上甚悦，谓太子曰：“福当如是爱惜。”

司马按：见宋王谠《唐语林》卷一、元陶宗仪《说郛》卷四十八上。

92. 诗曰：“人伦何处定枯荣，先相心田后相形。心发善端诸福集，时藏毒害祸须生。”麻衣曰：“有心无相，相逐心生；有相无心，相随心灭。”斯言简，实相法之纲领，诚可忽诸?

司马按：《玉管照神局》卷中：“荀子曰：‘相形不若相心，论心不若论择术。’此劝人为善也。夫形者，人之材也。德犹器也。材既美矣，而表之以德，犹加之雕琢而成美器。遇拙匠而弃之，是为不材之器也。是知德在形先，形居德后也。诗曰：‘大德如沧海，宽和万物归。保常终不变，乐善日知机。岂肯为贪鄙，何曾说是非。粹然和美玉，日日发光辉。观子形虽贱，谁知德内充。天心终护善，衣食自丰隆。爱物功何博，勤身道有容。相形先相德，此理合神功。贵相堂堂神骨清，贫容穷貌体常轻。要知相物之元本，先相心田后相形。’许负先生云：‘有心无相，相逐心生。有相无心，相随心灭。’诚哉是言也。”按：麻衣似即许负先生。

93. 东坡论茶云：“除烦去腻，世固不可无茶，然暗中损人不少。昔人云：‘自茗饮盛后，人多患气，否则患黄。’虽损益相半，而消阳助阴，不偿损也。吾有一法，常自修之。每食已，辄以浓茶漱口，烦腻既去，而脾胃不知。凡肉之在齿间者，得茶漱浸，乃不觉脱去，不烦刺挑也，而齿性便苦，缘此渐坚密，蠹疾自已。然率用中下茶，其上者亦不常有，间数日一啜，亦不为害也。此大是有理，而人罕知者，故详述云。”

《大唐新语》曰：“右补阙毋景博学，有著述才，性不饮茶，著《茶饮》，序云：‘释滞消壅，一日之利暂佳；瘠气侵精，终身之累则大。获益则功归茶力，贻祸则不谓茶灾，岂非福近易知，祸远难见者乎？’”

司马按：前段见宋赵德麟《侯鲭录》卷四。元李冶《敬斋古今黈》卷八、明高濂《遵生八笺》卷十一、清陆廷灿《续茶经》卷下之二均引之。按苏轼《茶说》云：“除烦去腻，世固不可以无茶，然暗中损人殆为不少。昔人云：‘自茗饮盛后，人多患气，不复患黄。’虽损益相半，而消阳助阴，益不偿损也。吾有一法，常自珍之，每食已，辄以浓茶漱口，烦腻既去，而脾胃不知，凡肉之在齿间，得茶漱涤之，乃尽消缩，不觉脱去，不烦刺挑也，而齿性便苦，缘此渐坚密，蠹毒自已。然率用中下茶，其上茶自不常有，间数日一啜，亦不为害也。此大是有理，而人罕知是，故详述。子瞻记。”① 宋苏轼《仇池笔记》卷上《论茶》：“除烦去腻，不可缺茶，然暗中损人不少。吾有一法，每食毕，以浓茶漱口，烦腻既出，而脾胃不知。肉在齿间，消缩脱去，不烦挑刺，而齿性便苦，缘此坚密。率皆用中下茶，其上者亦不常有，数日一啜，不为害也。此大有理。”②《仇池笔记》向来有人怀疑非苏轼所撰，其实不然。

94. 闻君子议论如啜苦茗，森严之后，甘芳溢颊。闻小人谄笑如嚼糖冰，爽美之后，寒冱凝腹。

---

① 宋祝穆：《古今事文类聚续集》卷十二。

② 宋曾慥：《类说》卷九。按：《类说》提要称其书体例乃删削原文，而取其奇丽之语，各加标目于条首，至分部采撮，各以原书为次，不别加编类，又为陶宗仪《说郛》所自祖；然其时古籍尚多，慥又精于裁鉴，故所甄录大都遗文僻典，可以裨助多闻。

司马按：语见宋许棐《献丑集·樵谈》。

95. 庸匠误器，庸妇误衣，庸师误子弟。子弟可复胚乎？

司马按：此条据明焦竑《焦氏四书讲录》孟下卷十三“曰夫道若大路然一节”讲录而来，原文为：“庸工误器，器可以别置；庸妇误衣，衣可以别裁；庸师误子弟，子弟可以复胎乎？”

96. 君子对青天而惧，闻雷电而不惊；履平地而恐，涉风波而不疑。

司马按：明高濂《遵生八笺》卷一：“君子对青天而惧，闻雷霆而不惊；履平地而恐，涉风波而不惧。以责人之心责己，则寡过；以恕己之心恕人，则全交。”

97. 夫畏途者，十杀一人，则父子兄弟相戒也。必盛卒徒，而后出焉，不亦智乎！故人之所畏者，衽席之上，饮食之间。而不知戒者，过也。

司马按：《庄子·达生篇》：“仲尼曰：‘无入而藏，无出而阳，柴立其中央，三者若得，其名必极。夫畏途者，十杀一人，则父子兄弟相戒也。必盛卒徒，而后敢出焉，不亦知乎！人之所取畏者，衽席之上，饮食之间。而不知为之戒者，过也。’”

98. 深山穷谷之人多高年者，嗜欲少故也。

司马按：待考。

99. 高卧闲窗，绿阴清昼，天地何其阔远也。

司马按：见明吴与弼《康斋集》卷十一《日录》。

100. 寡言择交，可以无悔吝，可以（先）［免］忧辱。坐密室如通衢，驭寸心如六马，可以免过。

司马按：见宋李邦献《省心杂言》，宋张镃《仕学规范》卷十三引之。

101. 语人之短不曰直，济人之恶不曰义。

司马按：见宋李邦献《省心杂言》。

102. 声色者败德之具，思虑者戕生之本。

司马按：见宋李邦献《省心杂言》。

103. 以忠孝遗子孙者昌，以智术遗子孙者亡，以谦接物者强，以善自卫者良。

司马按：见宋李邦献《省心杂言》，宋张镃《仕学规范》卷十三、明高濂《遵生八笺》卷二均引之。

104. 日费千金，为一瞬之乐，孰若散而活冻饿者几千百人；处眇躯以广厦，何如庇寒士一席之地乎？

司马按：见宋李邦献《省心杂言》。

105. 夙兴夜寐，无非忠孝者，人不知，天必知之。饱食暖衣，恬然自卫者，身虽安，其如子孙何？

司马按：见宋李邦献《省心杂言》。

106. 保生者寡欲，保身者避名。无欲易，无名难。

司马按：见宋李邦献《省心杂言》。

107. 溺爱者受削①于妻子，患失者屈己于富贵。

司马按：见宋李邦献《省心杂言》，宋张镃《仕学规范》卷十三引之。

108. 康节云："或问希夷求持身之术，希夷曰：'得便宜事不可再作，得便宜处不可再去。'"

司马按：宋邵伯温《闻见录》卷七："康节先生尝诵希夷先生之语曰：'得便宜事不可再作，得便宜处不可再去。'又曰：'落便宜是得便宜。'故康节诗云：'珍重至人尝有语，落便宜是得便宜。'盖可终身行之也。"

109. 盛名必有重责，大巧必有奇穷。

司马按：《四库全书》本《明文海》卷一百六十八沈懋学《复王龙溪先生》："夫天道消息盈虚，循环倚伏，盛明必有大晦，异巧必有奇穷。今此学可谓极明，谈此学可谓极巧，而晦与穷似不能免。"

110. 张无尽见雪窦，教以惜福之说曰："事不可使尽，势不可倚尽，言不可道尽，福不可享尽。"

司马按：此条见明刘万春《守官漫录》卷二"事不可尽四条"之二；又元代《居家必用事类全集》癸集"省心杂言"条中即有

① 削，《省心杂言》、《仕学规范》均作"制"。

“势不可使尽，福不可享尽，事不可做尽，言不可道尽”之语。张无尽即宋代张商英。

111. 祸莫大于纵己之欲，恶莫大于言人之非。

司马按：明刘宗周《人谱类记》卷下引蔡虚斋曰：“祸莫大于纵己之欲，恶莫大于言人之非。”明高濂《遵生八笺》卷二：“祸莫大于纵己之欲，恶莫大于言人之非。人非贤莫交，物非义莫取，念非善莫行，事非善莫说。”蔡虚斋即宋代理学家蔡清，著有《虚斋集》。

112. 观朝夕起卧之早晏，可以卜人家之兴替。

司马按：宋吕乔年《丽泽论说集录》卷十：“观起之蚤晏，可以卜人家之兴替。”

113. 汉陈平尝言：“我多阴谋，道家之所禁。吾世即废，不能复起，以吾多阴祸也。”李广与望气王朔语曰：“吾为陇西守，羌尝反，吾诱降者八百余人诈而同日杀之，今恨独此尔。”朔曰：“祸莫大于杀已降，此乃将军之所以不得侯者也。”后汉虞诩临终谓其子恭曰：“吾所悔者，为朝歌长时杀贼数百人，其中何能不有冤者。自此二十余年，家门不增一口，期获罪于天也。”宋王彦超将致政每戒诸子曰：“吾累为统帅，杀人多矣，自死得免为幸，必无阴德以及后，汝为善事，以自庇。”及卒，子孙果无达者。史称彦超自悔多杀，垂戒后裔，近乎仁人之用心矣。若汉陈平辈之所言者，比之彦超，其用心得无亦有类焉者乎？而彦超同时若曹彬其人，乃真为仁人矣。为将亦在人自处何如尔。

司马按：此条见明郭良翰《问奇类林》卷二十五“报应”。明刘万春《守官漫录》卷二“外编言行之资”“好杀之戒”条内容为"汉陈平尝言"至"及卒，子孙果无达者"。《分门古今类事》卷二十"陈平阴谋"条云："荥阳之围，陈平为高祖画策曰：'彼项王骨鲠之臣，亚夫、钟离昧、龙且、周殷之属，不过数人，王能捐金万斤，间其君臣，必内相诛戮。汉因举兵攻之，破楚必矣。'汉王乃出黄金数万斤与平，平多以金纵反间于楚军，言诸将钟离昧等为项王将功多矣，然终不得列地而王，欲与汉为一，以灭项氏，分王其地，项王果疑之，使使至汉，汉为太牢之具进见，楚使阳惊曰：'以为亚夫使，乃项王使也。'复持以恶草具进，楚使归，具以报项王，果大疑亚夫，亚夫欲急击下荥阳，项王不信，亚夫大怒，乞骸骨，疽发背而死。平夜出女子二千人荥阳东门，使楚击之，平乃与汉王从西门出。又使高祖伪游云梦，缚韩信，从击臧荼、陈豨、黥布，凡六出奇计，世莫得闻。而平尝曰：'我多阴谋，道家所禁。吾世即废，亦已矣。不能复起，以吾多阴祸也。'其后至曾孙何坐略人妻，弃市。尝以卫氏亲戚贵愿得续封，然终不得也。""李广杀降"条云："汉李广从弟蔡代公孙弘为丞相。蔡为人名声出广下远甚，而广不得爵邑，官不过九卿。广之军吏士卒或取封侯者。广与望气王朔语曰：'自汉征匈奴，广未尝不在其中，而诸校尉才能不及中庸，以军功取封侯者数十人，广终无尺寸以取封邑，何也？岂吾相不当侯耶？'朔曰：'将军自念岂尝有恨者乎？'广曰：'吾为陇西守，羌尝反，吾诱降者八百余人诈而杀之，至今恨独此耳。'朔曰：'祸莫大于杀已降，此将军所以不得侯也。'后人尝为诗云：'有去钓鱼须作相，无来射虎不封侯。'最为名言，然不知谁之作也。"

114. 陶侃为荆州刺史，尝出游，见人持一把未熟稻，侃问用此何为。人云行道所见，聊取之耳。侃大怒曰："汝既不田，而戏贼人稻。"执而鞭之。张咏为崇阳令，尝坐城门下，见里人有负菜而归者，问何从得之，曰买之市，咏怒曰："汝居田里，不自种而食，何惰邪？"笞而遣之。此等小事，史何足书。然百姓因此知上人之教，勤于农殖，家给人足，二公之为惠则大矣。

司马按：《晋书》卷六十六："陶侃为荆州刺史，尝出游，见人持一把未熟稻，侃问用此何为，人云行道所见，聊取之耳。侃大怒曰：'汝既不佃，而戏贼人稻。'执而鞭之。"宋朱子《宋名臣言行录前集》卷三："张咏忠定公字复之，濮州人，中进士第，位至工部尚书。公为崇阳令，在崇阳，尝坐城门下，见里人有负菜而归者，问何从得之，曰买之市。公怒曰：'汝居田里，不自种而食，何惰耶？'笞而遣之。"宋陈师道《后山谈丛》卷四："乖崖为令，尝坐城门下，见里人有负菜而归者，问何从得之，曰买之市。公怒曰：'汝居田里，不自种而食，何惰邪？'笞而遣之。"

115. 今人饮馔，务尚丰腆，一筵之设，水陆毕具。宾客向口，盖无几，堆盘累碟，深杯大瓢，秖以厌饮，诸仆从耳，不知此何益也。宋司马温公言，其先公为群牧判官时，客至，未尝不置酒，或三行，或五行，不过七行，酒沽于市，果止梨栗枣柿，殽止脯醢菜羹，器用瓷漆，当时士大夫皆然，人不相非也。会数而礼勤，物薄而情厚。近日士大夫家，酒非内法，果非远方珍异，食非多品，器皿非满案，不敢作会。尝数日营聚，然后敢发书，苟或不然，人争非之，以为鄙吝，故不随俗奢靡者鲜矣。风俗颓弊如是，居位者忍助之乎？公之在洛也，文潞公、范忠宣公相约为真率会，脱粟一饭，酒数行，过从不间一日。潞公有诗云："啜菽尽甘颜子陋，食鲜不愧范郎贫。"范和之云："盍簪既屡宜从简，为具虽疏不愧贫。"公和之云："随家所有自可乐，为具更微谁笑贫。"诸公极救弊兴俭之见，今人盍少思乎？此事惜福养财，日用不细，吾故备录之，以贻诸同志者。

司马按：宋赵善璙《自警编》卷二："温公曰：先公为郡牧判官，客至，未尝不置酒，或三行，或五行，不过七行，酒沽于市，果止梨栗枣柿，肴止于脯醢菜羹，器用瓷漆，当时士大夫皆然，人不相非也。会数而礼勤，物薄而情厚。近日士大夫家，酒非内法，果非远方珍异，食非多品，器皿非满案，不敢会宾友。尝数日营聚，然后敢发书。苟或不然，人争非之，以为鄙吝。故不随俗奢靡者鲜矣。嗟乎！风俗颓弊如是，居位者虽不能禁，忍助之乎？”明彭大翼《山堂肆考》卷一百九十二：“宋范宣公纯仁判留台，一时耆旧多在洛，公与司马公皆好客，而家贫，相约为真率会，脱粟一饭，酒数行，过从不闲一日，洛中夸为盛事。司马公《真率会诗》：‘随家所有自可乐，为具更微谁笑贫。不待珍馐方下箸，每逢佳景便娱宾。’”

116. 贺若弼父敦为宇文护所忌，临刑谓弼曰：“吾以舌死，汝不可不思。”因引锥刺弼舌，血出，诫其慎口。其后弼事隋，不免以舌死。然贺若弼之刺舌，不及磨兜坚之缄口，戒之哉！

司马按：宋朱翌《猗觉寮杂记》卷上：“坡云：‘刺舌君今宜自戒，灸眉我亦更何辞。’灸眉见《晋［书］·郭舒传》：王澄以舒为狂，使人掐鼻灸眉头。刺舌见《隋［书］·贺若弼传》：父敦临刑，呼弼曰：‘吾以舌死，汝不可不思。’引锥刺弼舌出血，戒以口过。坡平生以语言得祸，故畏之如此。”

117. 狄仁杰为并州法曹时，同僚郑崇质当使绝域，崇质母老且病，仁杰曰：“彼母如此，岂可使之有万里之忧。”诣长史蔺仁基，请代之行。仁基素与司马李孝廉不叶，因相谓曰：“吾辈岂可不自愧乎？”遂相与辑睦。夫善之感人有如此者。柳宗元初迁柳州刺史，其友刘禹锡得播州。宗元曰：“播非人所居，而梦得亲在堂，万无母子俱往理。”欲请于朝，愿以柳易播。会裴度亦为禹锡言，得改连州。韩退之作子厚墓志，实载其事，以为世劝。夫即一善而称之，宗元亦可追踪于仁杰矣。

司马按：《资治通鉴》卷二百二：“仁杰为并州法曹，同僚郑崇质当使绝域，崇质母老且病，仁杰曰：‘彼母如此，岂可使之有万里之忧。’诣长史蔺仁基，请代之行。仁基素与司马李孝廉不叶，因相谓曰：‘吾辈岂可不自愧乎？’遂相与辑睦。”《资治通鉴》卷二百三十九：“柳宗元为柳州刺史，朗州司马刘禹锡为播州刺史。宗元曰：‘播非人所居，而梦得亲在堂，万无母子俱往理。’欲请于朝，愿以柳易播。会中丞裴度亦为禹锡言曰：‘禹锡诚有罪，然母老，与其子为死别，良可伤。’上曰：‘为人子尤当自谨，勿贻亲忧。此则禹锡重可责也。’度曰：‘陛下方侍太后，恐禹锡在所宜矜。’上良久乃曰：‘朕所言以责为人子者耳。然不欲伤其亲心。’退谓左右曰：‘裴度爱我终切。’明日禹锡改连州。”

118. 韩魏公中进士第二人，监左藏库。时方贵高科，多径去为显秩，公独滞于管库，众以为非宜，公处之自若，于职事未尝苟足。及为开封推官，理事不倦，暑月汗流浃背，府尹王博文大重之，曰：“此人要路在前，而治民如此，真宰相器也。”后竟位宰相。

司马按：宋朱子《宋名臣言行录后集》卷一引《家传》：“韩琦魏国忠献王，字稚圭，相州人。中进士第二人，事仁宗、英宗、神宗，官至丞相，配享英宗庙庭。天圣五年，仁宗初临轩试进士，公年二十，名在第二。时唱名第一甲方终，太史奏日下五色云见，左右从官皆贺于殿上。监左藏库时，方贵高科，多径去为显职，公独滞于管库，众以为非宜，公处之自若，不以为卑冗，职事亦未尝苟且。”又引《胡氏传家录》：“徙开封府推官，理事不倦，暑月汗流浃背，府尹王博文大器重之，曰：‘此人要路在前，而治民如此，真宰相器也。’”宋张镃《仕学规范》卷二十二、宋赵善璙《自警编》卷八、宋王柏《鲁斋集》卷四、元张光祖《言行龟鉴》卷六皆引之。

119. 钱明逸在禁林，不满意，出于秦州，居常怏怏，不事事。公闻之，语人曰：“己虽不足，独不思所部十万生灵邪?”噫！公之所存，自其监库时已有以异于钱明逸辈之存心者矣。

司马按：见宋赵善璙《自警编》卷八。

120. 胜国许衡少时尝暑中过河阳，渴甚。道有梨，众争取啖之，衡独危坐树下自若。或问之，曰：“非所有而取之，不可也。”人谓世乱，此无主。衡曰：“梨无主，吾心独无主乎?”

司马按：明冯从吾《元儒考略》卷一：“许衡尝暑中过河阳，渴甚。道旁有梨，众争取啖，衡独危坐树下自若。或问之，曰：‘非其有而取之，非义也。’人曰：‘世乱，此无主。’曰：‘梨无主，吾心独无主乎?’”

121. 宋魏掞之与人交，嘉其善而救其失。后进以礼来者，苟有寸长，必汲汲推挽成就之。或訾其好名，则蹙然曰：“使夫人而避此嫌，为善之路绝矣。”元程思谦与人交，有终始。或有疾病死丧，问遗赒恤，往返数百里，不惮劳，仍为之经纪家事，抚视其子孙，其家族尤尽恩意，好荐达人物。或者以为好名。思谦曰：“若避好名之讥，人不复敢为善矣。”

司马按：《宋史》卷四百五十九：“自掞之始与人交，嘉其善而捄其失。后进以礼来者，荀有寸长，必汲汲推挽成就之至。或訾其近名，则蹙然曰：‘使夫人而避此嫌，为善之路绝矣。’”《元史》卷一百六十三：“程思廉与人交有终始，或有疾病死丧，问遗赒恤，往返数百里，不惮劳，仍为之经纪家事，抚视其子孙，其于家族尤尽恩意。好荐达人物，或者以为好名，思廉曰：‘若避好名之讥，人不复敢为善矣。’”

122. 丈夫处世行己，不可不宏，常令我容人，勿令人容我；宁令人负我，勿令我负人。曹操有宁负人之言，此奸贼之所以逭诛也。陈述古有当容人之言，此先正之所以立训也。

司马按：明吕柟《泾野子内篇》卷十六："有一生见先生，问：'遇事多不能忍，如何？'先生曰：《书》不云：'必有忍其乃有济，有容德乃大。'故君子宁使我容人，毋宁使人容我。生感之，曰：'非是至亲如父母，便无有肯把这话与我说的。'遂归，以是记之于壁以自警。"明温纯《温恭毅集》卷三十："上焉者化人，其次容人，不能容人，而见容于人，下矣。宁我容人，毋人容我；宁人负我，毋我负人。此犹有以君子自处，而置人于不足责意，是豪杰事，非圣人事。圣人如之何？曰至诚以感动之，委曲以开悟之，不至于并立并达不已。"

123. 宋大观中，有葛繁者常为镇江守，有士人问其所行。繁曰："予始者日行一利人事，嗣后或二，或三，或数四，或十，今四十余年，未尝少废。"又问何以为利人事。繁指座间踏子曰："此物置之不正则蹙人足，予为正之；若人渴，予与杯水，皆利人之事也。但随其事而利之，上自卿相，下至乞丐，皆可以行，唯在乎常久而已。"

司马按：见宋张镃《仕学规范》卷三十。

124. 阳明先生《答徐成之书》云：承以朱陆同异见询，此正吾侪今日之所宜明辨者。细观来教，则舆庵之主象山既失，而吾兄之主晦庵亦未为得也。是朱非陆，天下之论定久矣，久则难变也。虽微吾兄之争，舆庵亦岂能遽行其说乎？凡论古人得失，决不可以意度而悬断之。今舆庵之论象山曰：'虽其专以尊德性为主，未免堕于禅学之虚空，而其持守端实，终不失为圣人之徒。若晦庵之一于道问学，则支离决裂，非复圣门诚意正心之学矣。'吾兄之论晦庵曰：'虽其专以道问学为主，未免失于俗学之支离，而其循序渐进终不背于

《大学》之训。若象山之一于尊德性，则虚无寂灭，非复《大学》格物致知之学矣。’夫既曰尊德性，则不可谓堕于禅学之虚空，堕于禅学之虚空，则不可谓之尊德性矣。既曰道问学，则不可谓失于俗学之支离，失于俗学之支离，则不可谓道问学矣。二者之辨，间不容发。然则二兄之论皆未免于意度也。昔者子思之论学，盖不下千百言，而括之以尊德性而道问学之一语。即如二兄之辨，一以尊性为主，一以道问学为事，则是二者固皆未免于一偏，而是非之论尚未有所定也。乌得各持一是而遽以相非为乎？请举二兄之所是者以求正。舆庵是象山，而谓其专以尊德性为主。今观象山文集所载，未尝不教其徒读书穷理，而自谓理会文字颇与人异者，则其意实欲体之于身，其极所称述以诲人者，曰居处恭，执事敬，与人忠，曰克己复礼，曰万物皆备于我，反身而诚，乐莫大焉，曰学问之道无他，求其放心而已，曰先立乎其大者，而小者不能夺。是数言者，孔子、孟轲之言也，乌在其为空虚者乎？独其易简、觉悟之说，颇为当时所疑，然易简之说出于《系辞》，觉悟之说虽有同于释氏之说，然释氏之说亦自有同于吾儒，而不害其为异者，惟在于几微毫忽之间而已，亦何必讳于其同而遂不敢以言，狃于其异而遂不以察之乎？是舆庵之是象山固犹未尽其所以是也。吾兄是晦庵，而谓其专以道问学为事，然晦庵之言曰居敬穷理，曰非存心无以致知，曰君子之心常存敬畏，虽不见闻亦不敢忽，所以存天理之本，然而不使离于须臾之顷也。是其为言虽未尽莹，亦何尝不以尊德性为事，而又乌在其为支离者乎？独其平日汲汲于训解，虽韩文、《楚辞》、《阴符》、《参同》之属，亦必与之注释考辨，而论者遂疑其玩物，又其心虑恐学者之躐等，而或失之于妄作，使必先之以格致，而无不明，然后有以实之于诚正，而无所谬。世之学者，求之愈繁，而失之愈远，至有弊力终身苦其难而卒无所入，而遂议其支离，不知此乃后世学者之弊，而当时晦庵之自为则亦岂至是乎？是吾兄之是晦庵固犹未尽其所以是也。仆尝以为晦庵之与象山，虽其学若有不同，而要皆不失为圣人之徒。今晦庵之学，天下之人，童而习之，既已入人之深，有不容于论辨者，而独惟象山之学，则以其尝与晦庵之有言而遂藩篱之，使若由赐之殊科焉则可矣，而遂摈放废斥，若碔砆之与美玉，则岂不过甚矣乎？夫晦庵折衷群儒之说，以发明六经、《语》、《孟》之旨，其嘉惠后学之心，真有不可得而议者，而象山辨义利之分，立大本，求放心，以示后学笃实为己之道，其功亦安可尽诬，而世之儒者附和雷同，不究其实，而概目之以禅学，则诚可冤也已。故仆尝欲冒天下之讥，以为象山一暴其说，虽以此得罪无恨，仆于晦庵亦有罔极之恩，岂欲操戈而入室者。顾晦庵之学既已若日星之章明于天下，而象山独蒙无实之诬，于今且四百年，莫有为之洗者。使晦庵有知，亦岂能一日而安于庙庑之间哉？愚谓是书如善听者能悉两造之情，善媒者能通两家之好，足破千古之疑，而慰二公之心矣。录之以扶世教，以开来学，岂曰小补之哉！

司马按：明王守仁《王文成全书》卷二十一《答徐成之》曰："承以朱陆同异见询，学术不明于世久矣，此正吾侪今日之所宜明辨者。细观来教，则舆庵之主象山既失，而吾兄之主晦庵亦未为得也。是朱非陆，天下之论定久矣，久则难变也。虽微吾兄之争，舆庵亦岂能遽行其说乎？故仆以为二兄今日之论正不必求胜，务求象山之所以非，晦庵之所以是，穷本极源，真有以见其几微得失于毫忽之间，若明者之听讼其事之曲者，既有以辨其情之不得已而辞之直者，复有以察其处之或未当，使受罪者得以伸其情，而获伸者亦有所不得辞其责，则有以尽夫事理之公，即夫人心之安而可以俟圣人于百世矣。今二兄之论，乃若出于求胜者。求胜则是动于气也，动于气，则于义理之正何啻千里，而又何是非之论乎？凡论古人得失，决不可以意度而悬断之。今舆庵之论象山曰：'虽其专以尊德性为主，未免堕于禅学之虚空，而其持守端实，终不失为圣人之徒。若晦庵之一于道问学，则支离决裂，非复圣门诚意正心之学矣。'吾兄之论晦庵曰：'虽其专以道问学为主，未免失于俗学之支离，而其循序渐进，终不背于《大学》之训。若象山之一于尊德性，则虚无寂灭，非复《大学》格物致知之学矣。’夫既曰尊德性，则不可谓堕于禅学之虚空，堕于禅学之虚空，则不可谓之尊德性矣。既曰道问学，则不可谓失于俗学之支离，失于俗学之支离，则不可谓道问学矣。二者之辨，间不容发。然则二兄之论，皆未免于意度也。昔者子思之论学，盖不下千百言，而括之以尊德性而道问学之一语。即如二兄之辨，一以尊德性为主，一以道问学为事，则是二者固皆未免于一偏，而是非之论尚未有所定也，乌得各持一是而遽以相非为乎？故仆愿二兄置心于公平正大之地，无务求胜。夫论学而务以求胜，岂所谓尊德性乎？岂所谓道问学乎？以某所见，非独吾兄之非象山、舆庵之非晦庵皆失之非，而吾兄之是晦庵、舆庵之是象山亦皆未得其所以是也。”

又曰：“昨所奉答，适有远客，酬对纷纭，不暇细论，姑愿二兄息未定之争，各反究其所是者，必己所是，已无丝发之憾，而后可以及人之非。早来承教，乃谓仆漫为含糊两解之说，而细绎辞旨，若有以阴助舆庵而为之地者，读之不觉失笑。曾谓吾兄而亦有是言耶？仆尝以为，君子论事当先去其有我之私，一动于有我，则此心已陷于邪僻，虽所论尽合于理，既已亡其本矣。尝以是言于朋友之间，今吾兄乃云尔，敢不自反其殆陷于邪僻而弗觉也。求之反复，而昨者所论实未尝有是，则斯言也无乃吾兄之过欤？虽然无是心，而言之未尽，于理未得为无过也。仆敢自谓其言之已尽于理乎？请举二兄之所是者以求正。舆庵是象山而谓其专以尊德性为主，今观象山文集所载，未尝不教其徒读书穷理，而自谓理会文字颇与人异者，则其意实欲体之于身，其亟所称述以诲人者，曰居处恭，执事敬，与人忠，曰克己复礼，曰万物皆备于我，反身而诚乐莫大焉，曰学问之道无他，求其放心而已，曰先立乎其大者，而小者不能夺。是数言者，孔子、孟轲之言也，乌在其为空虚者乎？独其易简觉悟之说颇为当时所疑，然易简之说出于《系辞》，觉悟之说虽有同于释氏，然释氏之说亦自有同于吾儒，而不害其为异者，惟在于几微毫忽之间而已，亦何必讳于其同，而遂不敢以言，狃于其异，而遂不以察之乎？是舆庵之是象山固犹未尽其所以是也。吾兄是晦庵而谓其专以道问学为事，然晦庵之言曰居敬穷理，曰非存心无以致知，曰君子之心常存敬畏，虽不见闻，亦不敢忽所以存天理之本，然而不使离于须臾之顷也。是其为言，虽未尽莹，亦何尝不以尊德性为事，而又乌在其为支离者乎？独其平日汲汲于训解，虽韩文、《楚辞》、《阴符》、《参同》之属，亦必与之注释考辨，而论者遂疑其玩物，又其心虑恐学者之躐等，而或失之于妄作，使必先之以格致而无不明，然后有以实之于诚正而无所谬。世之学者，挂一漏万，求之愈繁，而失之愈远，至有敝力终身苦其难而卒无所入，而遂议其支离，不知此乃后世学者之弊，而当时晦庵之自为则亦岂至是乎？是吾兄之是晦庵固犹未尽其所以是也。夫二兄之所信而是者，既未尽其所以是，则其所疑而非者，亦岂必尽其所以非乎？然而二兄往复之辩不能一反焉，此仆之所以疑其或出于求胜也，一有求胜之心，则已亡其学问之本，而又何以论学为哉？此仆之所以惟愿二兄之自反也，安有所谓含糊两解而阴为舆庵之地者哉？夫君子之论学，要在得之于心。众皆以为是，苟求之心而未会焉，未敢以为是也；众皆以为非，苟求之心而有契焉，未敢以为非也。心也者，吾所得于天之理也，无间于天人，无分于古今，苟尽吾心以求焉，则不中不远矣。学也者，求以尽吾心也。是故尊德性而道问学，尊者，尊此者也，道者，道此者也，不得于心而惟外信于人以为学，乌在其为学也已。仆尝以为晦庵之与象山，虽其所为学者若有不同，而要皆不失为圣人之徒。今晦庵之学，天下之人，童而习之，既已入人之深，有不容于论辩者，而独惟象山之学，则以其尝与晦庵之有言而遂藩篱之，使若由赐之殊科焉则可矣，而遂摈放废斥，若碔砆之与美玉，则岂不过甚矣乎？夫晦庵折衷群儒之说，以发明六经、《语》、《孟》之旨于天下，其嘉惠后学之心真有不可得而议者。而象山辨义利之分，立大本，求放心，以示后学笃实为己之道，其功亦宁得而尽诬之？而世之儒者，附和雷同，不究其实，而概目之以禅学，则诚可冤也已。故仆尝欲冒天下之讥，以为象山一暴其说，虽以此得罪无恨。仆于晦庵亦有罔极之恩，岂欲操戈而入室者？顾晦庵之学既已若日星之章明于天下，而象山独蒙无实之诬，于今且四百年，莫有为之一洗者，使晦庵有知，将亦不能一日而安享于庙庑之间矣。此仆之至情，终亦必为吾兄一吐者，亦何肯漫为两解之说以阴助于舆庵。舆庵之说，仆犹恨其有未尽也。夫学术者，今古圣贤之学术，天下之所公共，非吾三人者所私有也。天下之学术，当为天下公言之，而岂独为舆庵地哉？兄又举太极之辨，以为象山于文义且有所未能通晓，而其强辨自信，曾何有于所养？夫谓其文义之有未详，不害其为有未详也，谓其所养之未至不害，其为未至也，学未至于圣人，宁免太过不及之差乎？而论者遂欲以是而盖之，则吾恐晦庵禅学之讥，亦未免有激于不平也。夫一则不审于文义，一则有激于不平，是皆所养之未至。昔孔子大圣也，而犹曰'假我数年以学《易》，可以无大过'，仲虺之赞成汤，亦惟曰改过不吝而已，所养之未至，亦何伤于二先生之为贤乎？此正晦庵、象山之气象所以未及于颜子、明道者在此，吾侪正当仰其所以不可及，而默识其所未至者，以为涵养规切之方，不当置偏私于其间，而有所附会增损之也。夫君子之过也，如日月之食，人皆见之，更也，人皆仰之，而小人之过也必文。世之学者以晦庵大儒，不宜复有所谓过者，而必曲为隐饰增加，务诋象山于禅学，以求伸其说，且自以为有助于晦庵，而更相倡引，谓之扶持正论，不知晦庵乃君子之过，而吾反以小人之见而文之。晦庵有闻过则喜之美，而吾乃非徒顺之，又从而为之辞也。晦庵之心，以圣贤君子之学期后代，而世之儒者事之以事小人之礼，是何诬象山之厚而待晦庵之薄邪？仆今者之论，非独为象山惜，实为晦庵惜也。兄视仆平日于晦庵何如哉，而乃有是论，是亦可以谅其为心矣。惟吾兄去世俗之见，宏虚受之诚，勿求其必同，而察其所以异，勿以无过为圣贤之高，而以改过为圣贤之学，勿以其有所未至者为圣贤之讳，而以其常怀不满者为圣贤之心，则兄与舆庵之论将有不待辩说而释然以自解者。"

125. 先生序《文章轨范》，其略曰："夫自百家之言兴，而后有六经；自举业之习起，而后有所谓古文。古文之去六经远矣，由古文而举业又加远焉。士君子有志圣贤之学，而专求之于举业，何啻千里。然中世以是取士，士虽有圣贤之学，尧舜其君之志，不以是进，终不大行于天下。盖士之始相见也，必以贽。故举业者，士君子求见于君之羔雉耳。羔雉之弗饰，是谓无礼，无所庸于交际矣。故夫求工于举业，而不事于古作弗可工也；弗工于举业，而求于幸进，是伪饰羔雉以罔其君也。虽然，羔雉饰矣，而无恭敬之实焉，其如羔雉何哉？是故饰羔雉者，非以求媚于主，致吾诚焉耳。工举业者，非以要利于君，致吾诚焉耳。世徒见夫由科第而进者，类多徇私谋利，无事君之实，而遂归咎于举业，不知方其业举之时，惟欲钓声利、弋身家之腴，以苟一旦之得，而初未尝有其诚也。孟子曰：'恭敬者，币之未将者也。'伊川曰：'自洒扫应对可以至圣人。'夫知恭敬之实在于饰羔雉之前，则知尧舜其君之心不在于习举业之后矣。知洒扫应对之可以进于圣人，则知举业之可以达于伊、傅、周、召矣。"愚谓是篇挽藻绘之习，而进之以圣贤之心，下学而上达，智者得无跃然而悟哉！

司马按：王守仁《文章轨范序》："宋谢枋得氏取古文之有资于场屋者，自汉迄宋，凡六十有九篇，标揭其篇章句字之法，名之曰《文章轨范》，盖古文之奥不止于是，是独为举业者设耳。夫自百家之言兴，而后有六经；自举业之习起，而后有所谓古文。古文之去六经远矣，由古文而举业又加远焉。士君子有志圣贤之学，而专求之于举业，何啻千里。然中世以是取士，士虽有圣贤之学，尧舜其君之志，不以是进，终不大行于天下。盖士之始相见也，必以贽。故举业者，士君子求见于君之羔雉耳。羔雉之弗饰，是谓无礼，无礼无所庸于交际矣。故夫求工于举业而不事于古作，弗可工也。弗工于举业，而求于幸进，是伪饰羔雉以罔其君也。虽然，羔雉饰矣，而无恭敬之实焉，其如羔雉何哉。是故饰羔雉者，非以求媚于主，致吾诚焉耳。工举业者，非以要利于君，致吾诚焉耳。世徒见夫由科第而进者，类多徇私媒利，无事君之实，而遂归咎于举业，不知方其业举之时，惟欲钓声利、弋身家之腴，以苟一旦之得，而初未尝有其诚也。邹孟氏曰：'恭敬者，币之未将者也。'伊川曰：'自洒扫应对可以至圣人。'夫知恭敬之实在于饰羔雉之前，则知尧舜其君之心不在于习举业之后矣。知洒扫应对之可以进于圣人，则知举业之可以达于伊、傅、周、召矣。正德丙寅仲秋既望，余姚王守仁序。”

126. 先生为董萝石《从吾道人记》，其略曰：“世之人从其名之好也，而竞以相高；从其利之好也，而贪以相取；从其心意耳目之好也，而诈以相欺。亦皆自以为从吾所好矣，而岂知吾之所谓真吾者乎？夫吾之所谓真吾者，良知之谓也。父而慈焉，子而孝焉，吾良知所好也。不慈不孝焉，斯恶之矣。言而忠信焉，行而笃敬焉，吾良知之好也。不忠信焉，不笃敬焉，斯恶之矣。故夫名利物欲之好，私吾之好也，天下之所恶也。良知之好，真吾之好也，天下之所同好也。是故从私吾之好，则天下之人皆恶之矣。将心劳日拙，而忧苦终，身是之谓物之役。从真吾之好，则天下之人皆好之矣。将国、家、天下，无所处而不当；富贵、贫贱、患难、夷狄，无入而不自得，斯之谓能从吾之所好也矣。夫子尝曰：‘吾十有五而志于学。’是从吾之始也。‘七十而从心所欲，不逾矩。’则从吾而化矣。萝石逾耳顺，而始知从吾之学，毋自以为既晚也。充萝石之勇，其进于化矣，何有哉！”愚谓先生以良知二字指点末学之迷，又因从吾道人而发为真吾之说，有良知者，宁不为之一省。

司马按：明王守仁《王文成全书》卷七《从吾道人记》：“海宁董萝石者，年六十有八矣，以能诗闻江湖间。与其乡之业诗者十数辈为诗社，旦夕操纸吟鸣，相与求句字之工，至废寝食，遗生业。时俗共非笑之，不顾，以为是天下之至乐矣。嘉靖甲申春，萝石来游会稽，闻阳明子方与其徒讲学山中，以杖肩其瓢笠诗卷来访。入门，长揖上坐。阳明子异其气貌，且年老矣，礼敬之。又询知其为董萝石也，与之语连日夜。萝石辞弥谦，礼弥下，不觉其席之弥侧也。退，谓阳明子之徒何生秦曰：‘吾见世之儒者，支离琐屑，修饰边幅，为偶人之状；其下者，贪饕争夺于富贵利欲之场，而尝不屑其所为，以为世岂真有所谓圣贤之学乎，直假道于是以求济其私耳！故遂笃志于诗，而放浪于山水。今吾闻夫子良知之说，而忽若大寐之得醒，然后知吾向之所为，日夜弊精劳力者，其与世之营营利禄之徒，特清浊之分，而其间不能以寸也。幸哉！吾非至于夫子之门，则几于虚此生矣。吾将北面夫子而终身焉，得无既老而有所不可乎？’秦起拜贺曰：‘先生之年则老矣，先生之志何壮哉！’入以请于阳明子。阳明子喟然叹曰：‘有是哉？吾未或见此翁也！虽然，齿长于我矣。师友一也，苟吾言之见信，奚必北面而后为礼乎？’萝石闻之，曰：‘夫子殆以予诚之未积欤？’辞归两月，弃其瓢笠，持一缣而来。谓秦曰：‘此吾老妻之所织也。吾之诚积，若此缕矣。夫子其许我乎？’秦入以请。阳明子曰：‘有是哉？吾未或见此翁也！今之后生晚进，苟知执笔为文辞，稍记习训诂，则已侈然自大，不复知有纵师学问之事。见有或纵师问学者，则哄然共非笑，指斥若怪物。翁以能诗训后进，从之游者遍于江湖，盖居然先辈矣。一旦闻予言，而弃去其数十年之成业如敝屣，遂求北面而屈礼焉，岂独今之时而未见若人，将古之记传所载，亦未多数也。夫君子之学，求以变化其气质焉尔。气质之难变者，以客气之为患，而不能以屈下于人，遂至自是自欺，饰非长敖，卒归于凶顽鄙倍。故凡世之为子而不能孝，为弟而不能敬，为臣而不能忠者，其始皆起于不能屈下，而客气之为患耳。敬惟理是从，而不难于屈下，则客气消而天理行。非天下之大勇，不足以与于此！则如萝石，固吾之师也，而吾岂足以师萝石乎？’萝石曰：‘甚哉！夫子之拒我也。吾不能以俟请矣。’入而强纳拜焉。阳明子固辞不获，则许之以师友之间。与之探禹穴，登炉峰，陟秦望，寻兰亭之遗迹，倘徉于云门、若耶、鉴湖、剡曲。萝石日有所闻，益充然有得，欣然乐而忘归也。其乡党之子弟亲友与其平日之为社者，或笑而非，或为诗而招之返，且曰：‘翁老矣，何乃自苦若是耶？’萝石笑曰：‘吾方幸逃于苦海，方知悯若之自苦也，顾以吾为苦耶？吾方扬鬐于渤澥，而振羽于云霄之上，安能复投网罟而入樊笼乎？去矣，吾将从吾之所好！’遂自号曰‘从吾道人’。阳明子闻之，叹曰：‘卓哉萝石！血气既衰，戒之在得矣，孰能挺特奋发，而复若少年英锐者之为乎？真可谓之能从吾所好矣。世之人从其名之好也，而竞以相高；从其利之好也，而贪以相取；从其心意耳目之好也，而诈以相欺；亦皆自以为从吾所好矣。而岂知吾之所谓真吾者乎！夫吾之所谓真吾者，良知之谓也。父而慈焉，子而孝焉，吾良知所好也；不慈不孝焉，斯恶之矣。言而忠信焉，行而笃敬焉，吾良知所好也；不忠信焉，不笃敬焉，斯恶之矣。故夫名利物欲之好，私吾之好也，天下之所恶也；良知之好，真吾之好也，天下之所同好也。是故从私吾之好，则天下之人皆恶之矣，将心劳日拙，而忧苦终身，是之谓物之役。从真吾之好，则天下之人皆好之矣，将家、国、天下，无所处而不当；富贵、贫贱、患难、夷狄，无入而不自得；斯之谓能从吾之所好也矣。夫子尝曰“吾十有五而志于学”，是从吾之始也。‘七十而从心所欲，不逾矩’，则从吾而化矣。萝石逾耳顺而始知从吾之学，毋自以为既晚也。充萝石之勇，其进于化也何有哉？呜呼！世之营营于物欲者，闻萝石之风，亦可以知所适从也乎！’”

127. 先生为《应天府重修儒学记》，其略曰：“夫立之师儒，区其斋庙，昭其仪物，具其廪庖，是有国者之立学也，而非士之立学也，缉其崩坏，新其圬墁，给其匮乏，警其怠弛，是有司者之修学也，而非士之修学也。士之学也，以学为圣贤。圣贤之学，心学也：道德以为之地，忠信以为之基，仁以为宅，义以为路，礼以为门，廉耻以为墙垣，六经以为户牖，四子以为阶梯。求之于心而无假于雕饰也，其功不亦简乎！措之于行而无所不该也，其用不亦大乎！三代之学皆此矣，我国家虽以科目取士，而立学之意亦岂能与三代异？学之弗立，有国者之缺也。弗修焉，有司之责也。立矣，修矣，而居其地者弗立、弗修，是师之咎，士之耻也。无亦扩乃地，厚乃基，安乃宅，辟乃门户，固乃垣墙，学成而用。大之则以庇天下，次之则以庇一省一郡；小之则以庇其乡闾家族，庶亦无负于国家立学之意，有司修学之心哉！若乃旷安宅，舍正路，圮基坏垣，倚圣贤之门户以为奸，是学校之为萃渊薮也，则是朝廷立之，而为士者倾之，有司修之，而为士者毁之，亦独何心哉？”愚谓是篇发明立学本意，亦明且尽矣。吾侪读此，可无惕然知所戒勉乎？

司马按：此条所引为王阳明《王文成公全书》卷二十三外集五《应天府重修儒学记》之节选。

128. 黄山谷与洪龟父书云：“略说人之常病有十种：喜论人之过，不自讼其过，嫉人之贤己，见贤不思齐，有过不改而必文，称事而增语，与人计较曲直，喜窥人之私乐，与不肖者游，好友其所教。试反己而思之，若一日去其一，则十日亦尽去矣。”此言可深味。

司马按：宋黄庭坚《山谷别集》卷十七：“得来书，知侍奉万福，进学不倦为慰。老舅霜露衰摧，比经祥练，追慕无冀，痛深屠割，奈何奈何！方此荼毒，百骸殄瘁，又闻给事叔父之讣，一恸欲绝，奈何奈何！鸿父在太学，时得安问否？得刘教授书推与二生文艺，颇慰悬情。通知古今，在勤读书；文章弘丽，在笔墨追古。至于夜行之行，不见之美，极须留意。略说人之常病有十种：喜论人之过，不自讼其过，嫉人之贤己，见贤不思齐，有过不改而必文，称事而增语，与人计较曲直，喜窥人之私乐，与不肖者游，好友其所教。试反己而思之，若一日去其一，则十日亦尽去矣。”

129. 人贫则怨人，富则骄人。怨人者，苦人之不禄施于己也，起于情所难安而不能安，犹可恕也。骄人者无苦，而无故骄人，此情所易制而弗能制，弗可恕矣。

司马按：见《尹文子·大道下》。

130. 富者观其所与，足以见仁；观其所举，足以见忠。

司马按：见《鹖冠子》卷上《道端第六》。

131. 古人目短于自见，故以镜观形。心短于自治，故以礼自防。

司马按：见唐马总《意林》卷五。

132. 物有效，吾所用而不能无弊者。病齿之人服苦参，齿愈矣，而腰重不举。世有不类是者邪？蓝蛇有毒，尾却解毒。当归生血，须却破血。麻黄发汗，根节复止汗。酸枣醒睡，仁复令人贪睡。蝼蛄腰以前治大小便之过滑者，腰以后治闭结者。一物也，为用不同如此。又盐以浸鱼肉，刖能经不败，以沽布帛则易朽烂。二物也，所施处各有所宜，惟酒亦然。阿魏性极臭，用以入食饵，乃能去臭。葫气何荤，然置臭肉中，能掩臭气。荤臭非所当疑也。君子医国，有兴废除害之责，人才系其用舍，可不审其所处者哉！

司马按：明郭良翰《问奇类林》卷二十八博物下："《极涂录》病齿之人服苦参，齿愈矣，而腰重不举。世不有类是者耶？蓝蛇有毒，尾却解毒。当归生血，须却破血。麻黄发汗，根节复止汗。酸枣醒睡，仁复令人贪睡。蝼蛄腰以前治大小便之过滑者，腰以后治闭结者。一物也，为用不同如此。"宋唐慎微《证类本草》："西方北方人食不耐咸，而多寿少病，好颜色。东方南方人食绝欲咸，而少寿多病，便是损人，则伤肺之效矣。然以浸鱼肉，则能经久不败，以沾布帛，则易致朽烂，所施处各有所宜也。"《梦溪笔谈补》卷下："蓝蛇之首能杀人，蓝蛇之尾能解药。"

133. 君子爱日以学，及时而成。难者不避，易者不忽，旦就业，夕自省，可谓守业。年三十、四十，无艺矣，年五十，不以善闻，则无闻矣。鄙夫鄙妇相会于墙之阴，可谓密矣，明日或有知之者。故云执仁与义，莫不闻也。蓬生麻中，不扶自直。白沙在涅，与之俱黑。君子之游苾乎，如入兰芷之室，久而不闻，则与之化矣。小人之游戏乎，如入鲍鱼之室，久亦不闻，而亦化矣。故君子慎其去就也。

司马按：唐马总《意林》卷一："《曾子》二卷。君子爱日以学，及时而成。难者不避，易者不从，旦就业，夕自省，可谓守业。年三十、四十，无艺则无艺矣。至五十，不以善闻，则无闻矣。鄙夫鄙妇相会于墙之阴，可谓密矣，明日或有知之。故云执仁与义，莫不闻也。蓬生麻中，不扶自直。白沙在涅，与之皆黑。君子之游苾乎，如入兰芷之室，久而不闻，则与之化矣。小人之游戏乎，如入鲍鱼之室，久亦不闻，而亦化矣。故君子慎其去就也。"

134. 目见百步之外，而不能见其（背）[眦]，而心能自知自克也。西门豹之性急，故佩韦以自缓。董安于之心缓，故佩弦以自急。盖识此矣。

司马按：《文子》卷上《上德》："目见百步之外，而不能见其眦。"《韩子·观行》："西门豹之性急，故佩韦以自缓。董安于之心缓，故佩弦以自急。"

135. 刘忠宣公平生不以势位自居。自藩臬至中丞日，遇事有当行未尝先泄，事有疑难心未明者，不以公文显行。虽于属官，亦具手简，直述其事，纸末必书名，以此士大夫于公所委，事无大小，无不尽心竭力，图有成绩，期不相负。人有言及势要贪婪，军民有不得其所者，公必蹙额不乐，于公所得为者，一一思以济之。吴廷举尝谓："古人有言曰：'忧民如有病，见客似无官。'公足以当之。"

司马按：此条内容见明雷礼《皇明大政纪》卷十九、《国朝列卿记》卷四十八，又见明李默《孤树裒谈》卷九。

136. 一年之计，莫若树谷；十年之计，莫若树木；终身之计，莫若树人。

司马按：《管子·权修》："一年之计，莫如树谷；十年之计，莫如树木；终身之计，莫如树人。"

137. 虑不先定，不可以应卒。兵不预整，不可以当敌。庙算千里，帷幄之奇。百战百胜，黄帝之师。

司马按：语出《邓析子》，唐马总《意林》卷一引之。

138. 曹穆公在边蕃，部有过恶者，皆平定之。每以饯，将官为名；出郊，而兵马次序以食品为节。若曰："下某食。"即某队发，比至，未饭，则捷报至矣。大帅料敌当如此。其知镇戎军日，尝出战小捷，虏兵引去。公值虏兵去已远，乃驱所掠牛羊辎重，缓驱而还，颇失部伍。其下忧之，言于公曰："牛羊无用，徒縻军，不若弃之，整众而归。"公不答，使人候虏兵去数十里，闻公利牛羊而师不整，遽还袭之，公愈缓行，得地利处乃止，以待之。虏军将至，近使人请之曰："蕃军远来，必甚疲，我不欲乘人处怠，请休憩士马，少选决战。"虏方苦疲甚，皆欣然严军。歇良久，公又使人谕之歇定，可相驰矣。于是各鼓军而进，一战大破虏师，弃牛羊而还。徐谓其下曰："吾知虏已疲，故为贪利以诱之，比其复来，几行百里矣，若乘锐便战，犹有胜负，远行之人若小憩，则足痹不能立，人气亦阑，吾以此取之。"

司马按：见宋范镇《东斋记事补遗》。宋赵善璙《自警编》卷八引："曹玮在边蕃，部有过恶者，皆平定之。每以饯，将官为名；出郊，而兵马次序以食品为节。若曰：'下某食。'即某队发，比至，未饭，则捷报至矣。大帅料敌当如此。"宋沈括《梦溪笔谈》卷十三："曹南院知镇戎军日，尝出战小捷，敌兵引去，玮值敌兵去已远，乃驱所掠牛羊辎重，缓驱而还，颇失部伍，其下忧之，言于玮言：‘牛羊无用，徒縻军，不若弃之，整众而归。’玮不答，使人候敌兵去数十里，闻玮利牛羊而师不整，遽袭之。玮愈缓行，得地利处乃止，以待之。敌军将至，迎使人谓之曰：‘蕃军远来，必甚疲，我不欲乘人之怠，请休憩士马，少选决战。’敌方苦疲甚，皆忻然严军，歇良久，玮又使人谕之歇定，可相驰矣。于是各鼓军而进，一战大破敌师，遂弃牛羊而还。徐谓其下曰：‘吾知敌已疲，故为贪利以诱之，比其复来，几行百里矣，若乘锐便战，犹有胜负，远行之人若小憩，则足痹不能立，人气亦阑，吾以此取之。’”

139. 善游者必溺，善骑者必坠，伤于所恃故也。

司马按：《文子》卷上：“善游者溺，善骑者堕。各以所好，反自为祸。得在时，不在争。治在道，不在圣。土凝下，不争高，故安而不危。水流下，不争疾，故去而不迟。是以圣人无执，故无失；无为，故无败。”

140. 豫章旅邸有题十二字云：“愿天常生善人，愿人常行善事。”邹景孟表而出之，以为奇语。吾乡前辈彭执中云：“住世一日，则做一日好人；居官一日，则行一日好事。”亦名言也。

司马按：见宋罗大经《鹤林玉露》卷十二“好人好事”条。

141. 竹谷老人，早登庆元诸老之门，晚年以其所自得者，著《畏说》一篇。其词曰：“大凡人心不可不知所畏，畏心之存亡，善恶之所由判也。是以古之君子，内则畏父母，畏尊长。《诗》曰：‘岂敢爱之，畏我父母。’又曰：‘岂敢爱之，畏我诸兄。’是也。外则畏师友。古语曰：‘凛乎若严师之在侧。’逸诗曰：‘岂不欲往，畏我朋友。’是也。仰则畏天，俯则畏人。《诗》曰：‘胡不相畏，不畏于天。’又曰：‘岂敢爱之，畏人之多言。’是也。夫惟心有所畏，是故非礼不敢为，非义不敢动。一念有愧，则心为之震掉。一事有差，则颜为之忸怩。战兢自持，日寡其过，而不自知其入于君子之域矣。苟惟内不畏父母尊长之严，外不畏侪朋师友之议，仰不畏天，俯不畏人，猖狂妄行，恣其所欲，吾惧其不日而为小人之归也。由是而之，习以成性，居官则不畏三尺，任职则不畏简书，攫金则不畏市人。呜呼！士而至此，不可以为士矣。仲尼所谓小人之无忌惮者矣。夫人之所以必畏乎彼者，非为彼计也，盖将以防吾心之纵而自律乎吾身也。是故以天子之尊，且有所畏。《诗》曰：‘我其夙夜，畏天之威。’《书》曰：‘成王畏相。’孰谓士大夫而可不知所畏乎？圣贤之聪明且有所畏。《鲁论》曰：‘君子有三畏：畏天命，畏大人，畏圣人之言。’孰谓学者而可不知所畏乎？然则畏之时义大矣哉！”余每以此自警，且以效，切磋于朋友云。

司马按：见宋罗大经《鹤林玉露》卷十三“畏说”条。

142. 王梅溪守泉，会邑宰，勉以诗云：“九重天子爱民深，令尹宜怀恻隐心。今日黄堂一杯酒，使君端为庶民斟。”邑宰皆感动。真西山帅长沙，宴十二邑宰于湘江亭，作诗曰：“从来官吏与斯民，本是同胞一体亲。既以脂膏供尔禄，须知痛痒切吾身。此邦素号唐朝古，我辈当如汉吏循。今日湘亭一杯酒，便烦散作十分春。”盖祖述梅溪而敷衍之。

司马按：见宋罗大经《鹤林玉露》卷十三“诗勉邑宰”条。

143. 杨诚斋自秘书监将漕江东，年未七十，退休南溪之上。老屋一区，仅庇风雨。长须赤脚，才三四人。徐灵晖赠公诗云：“清得门如水，贫唯带有金。”盖纪实也。聪明强健，享清闲之福十有六年。宁皇初元，与朱文公同召。文公出，公独不出。文公与公书云：“更能不以乐天知命之乐，而忘与人同忧之忧，毋过于优游，毋决于遁思，则区区者，犹有望于斯世也。”然公高蹈之志，已不可回矣。尝自赞云：“江风索我吟，山月唤我饮，醉倒落花前，天地为衾枕。”又云：“青白不形眼底，雌黄不出口中。只有一罪不赦，唐突明月清风。”

司马按：见宋罗大经《鹤林玉露》卷十四“诚斋退休”条。

144. 士卒畏将者胜，畏敌者败；爱将者胜，爱身者败。畏将则不畏敌，畏敌则不畏将。爱将则不爱身，爱身则不爱将。畏将在将之威，爱将在将之恩。有李光弼斩张用济之威，则三军股栗矣，何患其不畏将？有吴起吮士疽之恩，则赴死如归矣，何患其不爱将？虽然，戮一不用命，诛一不循律，则威振矣，不必数数然也。至若抚循之恩，则终始有所不可废。东山之诗，昵昵儿女语，此周之所以长。潼关之败，唐几亡矣，而仆射如父兄，识者以是占中兴焉。谋帅择将者，则何以哉？

司马按：见宋罗大经《鹤林玉露》卷十五“士卒畏爱”条。

145. 项襄毅公忠按部齐州，谍报贼携男妇数百流劫村落，部将请发兵。公曰：“流贼无携家理，慎无妄杀。”及讯其俘，果皆良家被掠者，尽释之。

司马按：明项笃寿《今献备遗》卷二十九：“项忠字荩臣，浙江嘉兴人也。正统壬戌进士，授刑部云南司主事，迁陕西司员外郎。己巳扈从北征，羁留边外，饲马久之，挟二良马南驰，马疲，遂弃马步走间道，凡七昼夜，达宣府，视其足，陷蒺藜刺者百数，还，升山东司郎中。景泰二年升广东按察副使。按部高州，谍报贼携男妇数百流劫村落，部将请发兵。公曰：‘贼无携家理，慎无妄杀。’及讯其俘，果皆良家被掠者，尽释之。”

146. 方伯夏公寅尝语客曰：“君子有三惜。”客曰：“何也?”曰:“此生不学,一可惜;此日闲过,二可惜;此身一失,三可惜也。”

司马按:明项笃寿《今献备遗》卷三十五:“夏寅字正夫,直隶华亭人。正统戊辰进士,除南京吏部主事,进稽勋郎中,拜江西按察副使。尝语客曰:‘君子有三惜:此生不学,一可惜也;此日闲过,二可惜也;此身一败,三可惜也。’客以为名言。”

147. 或问:“古云:‘有志者事竟成。’”韩魏公曰:“成大事在胆。”“然则胆与志奚异?”愚曰:“志者,心之所之。以平日存主言,胆者遇事变能果敢为之。以临时仓卒言,如赵子龙忽遇勍敌,能偃旗息鼓而却之,此是胆气胜也,而志不与焉。故昭烈曰:‘子龙一身都是胆。’杨大年平日自负八角磨盘,其志似不可夺者,及临事变,仓皇失措,便溺俱下,此是胆气不胜也,而志不与焉。然孙思邈曰:‘胆欲大而心欲小。’是故胆气一也。有魏公之心,则能成大事;无魏公之心,不免为强梁。故公平生未尝以胆许人,往往自许。”

司马按:宋朱子《宋名臣言行录后集》卷一:“公平日谓成大事在胆,未尝以胆许人,往往自许也。潞公在西府,人有以公进退讽潞公者,潞公曰:‘彦博岂敢望韩公。韩公地位别,彦博则有些麄材,蒙朝廷擢备两府耳。’人颇与潞公自知之明。”

148. 陈仲举不扫一室。或问之,对曰:“大丈夫当扫除天下,安事一室乎?”夫言大而夸,此乃仲举疏漏处。昔卫武公九十之年,犹以洒扫庭内自警,盖克勤小物,则远大可期。矧东京之季,宦官执政,浊乱海内,其深根固蒂,可易扫乎?夫鸷鸟将击,必匿其形,愿出臣章,宣示宦者,此何说也。仲举疏漏如此,宜其有侯览曹节之及也。

司马按:待考。

149. 宋高宗在潜邸，遇道人徐神翁，甚礼敬之。神翁临别，献诗曰："牡蛎滩头一艇横，夕阳西去待潮生。与君不负登临约，同上金鳌背上行。"当时不知诗意谓何。后高宗避金狄之难，将逊于海，一日次章安镇，阁舟滩上，以迟晚潮。问舟人曰："此何滩？"曰牡蛎滩。遥见云水中有阁岿然，问居人曰："此何阁？"曰金鳌阁。高宗乃登焉。见神翁大书往年所献诗在壁间，墨痕如新。即此而观，人生一行一止，与夫祸福得失，自有定数，决非偶然者。惟有道者独能前知，而众人昧焉，乃役役经营，心劳日拙，不知冥冥之中造物笑人。

司马按：宋徐梦莘《三朝北盟会编》卷一百三十六："上在章安镇，半月余，常一日登金鳌峰，见壁间诗，一绝句曰：'牡砺滩头一艇横，夕阳高处待潮生。与君不负登临约，同向金鳌背上行。'上问谁题此诗，僧对曰：'过往攫客。'上恶之，方啜茶，以其余泼于诗上。"元陶宗仪《辍耕录》："章安张善初云：初，宋高宗在潜邸日，泰州徐神翁能知前来事。群阉言于徽宗，召至，以宾礼接之。一日献诗云云。及两宫北狩，匹马南渡，建炎庚戌正月三日，帝航海次临海县之章安镇，滩浅阁舟，落帆于镇之福济寺前，以候潮，顾问左右曰：'此何山？'曰金鳌山。又问：'此何所？'曰牡蛎滩。因默思神翁之诗，乃徒步登岸，见此诗在寺壁间，题墨若新，方信其为异人也。"清潘永因《宋稗类抄》卷二十八："高宗在潜邸，遇道人徐神翁，甚敬礼之。神翁临别，献诗曰：'牡蛎滩头一艇横，夕阳西去待潮生。与君不负登临约，同上金鳌背上行。'当时不知诗意谓何。后两宫北狩，高宗匹马南渡即位。至建炎庚戌正月三日，帝避兵航海，次章安镇，滩浅阁舟，落帆于镇之福济寺前以候晚潮。顾舟人曰：'此何滩？'曰牡蛎滩。遥见山上有阁岿然，问居人曰：'此何山？'曰金鳌山。高宗乃登焉。入阁，见神翁大书往年所献诗在壁间，墨痕如新。方信神翁能前知，为神仙中人也。"

150. 杨大年弱冠与周翰、朱昂同在禁掖。时二公皤然老矣，大年每论事则侮之曰："二老翁以为何如?"翰不能堪，正色谓之曰："君莫欺侮我老，老亦终留与君。"昂曰："莫留与他，省得后人又欺侮他。"厥后大年不及五旬而终，求为老翁，亦不可得。此事可以为少年英俊侮老慢贤之戒。

司马按：此条中杨与二公对话见明查应光《靳史》卷十六，引自《谈资》，不知何书。此对话又见明冯梦龙辑《古今谭概》矜嫚部卷十二"侮老"条，明郭良翰辑《问奇类林》卷十二材品下，明何三畏撰《云间志略》卷十二，明李贽辑《山中一夕话》卷十一"杨大年狎老"条等。

151. 或问："《书》云：'有容，德乃大。'言有量也。曾子曰：'自反而缩，虽千万人吾往矣。'言有勇也。然则量之与勇将奚从乎?"愚曰："凡横逆之来秖逮我躬者，固当弘量以容之，如蔺相如谨避廉颇之辱己，李沆不校狂生之讪，吕蒙正不问朝士之名可也。若事干天常人纪之大，当裁之以义，岂容姑息?如舜之诛四凶，周公之诛管蔡，孔子之诛少正卯，汉高祖之斩丁公，是皆发于义理之勇也，谓之无量，可乎?苟徒以姑息为事，不知以义裁之，小如胡广、冯道之顽钝无耻，大如鲁庄公、宋高宗含垢包羞，忘父兄不共戴天之仇，是皆见义不为，无勇也，谓之有量，可乎?《易》曰：'包荒，用冯河。'包荒，量也。冯河，勇也。知《易》之道，其知勇与量之用乎?"

司马按：此条见明张萱《西园闻见录》卷十四。

152. 或问："娄师德唾面自干之量何如?"愚曰："于此当论曲直。苟曲在我，负荆谢罪可也。直在我，当薄言往愬可也。孟子曰：'人能克无受汝尔之实，则义不可胜用矣。'夫汝尔且不可受，况面可唾乎?不然，则是冥顽不灵，而无羞恶之心者矣。”又问：“张公艺百忍之量何如?”愚曰：“一家之内，恩意礼节之不均，与夫璅璅口语之过，忍之可也。若乃妻妾之乘夫，卑幼之犯上，与夫殆有甚焉者，而概忍之，则是圮族，丽辟之人亦可群居而食矣，而可乎？故夫二子之量，吾不敢取之也。”古人殷润家国，惟贵务农，故周人以稼穑艰难为王业根本，秦人以力田受爵赏，汉人以力田应辟举。观古人制字，富从田，言富自田起也。田从一口，言有田之入，又贵食之者寡也。

司马按：自“或问”至“吾不敢取之也”，见明张萱《西园闻见录》卷十四。自“古人殷润家国”至“又贵食之者寡也”，见清周亮工《字触》卷六“富自田起”条，注言引自敖英《绿雪亭杂言》。敖英，字子发，清江（今属江西）人，明代正德十六年进士，授南京工部主事，官至江西右部正使，著有《心远堂稿》、《慎言集训》、《绿雪亭杂言》、《东谷赘言》等。

153. 或问：“浦江《郑氏家范》如何?”愚曰：“卓哉雍睦之义，岿然薄俗之灵光也，胡可及哉?”或曰：“斯义也，古有之乎?”愚曰：“周时一夫受田百亩，仰事父母，俯育妻子，不过数口而已，未闻合族而食也。诸侯大夫之家，立宗子以统族人，使之联属昭穆，不至涣散而已，亦未闻合族而食也。”或曰：“先王胡为不以此义训天下。”愚曰：“先王盖虑其势或有难行也，情或有不顺也，是故以势言之，世远则祖宗祧庙，情乖则兄弟阋墙。夫妻且有脱辐之隙，妇姑不免反唇之讥，矧族之人亲尽服尽而情尽犹途人也，苟欲之聚于一门之内而饔飧之，能保无矛盾冰炭者乎？将一绳之以家训，则法非官府人有悖心。以情言之，夫既合族而食矣，则凡饮食诸需悉制于长族者。孝子之养亲也，欲每食必有酒肉，将彻必请所与，可专遂乎？慈母之爱孩提也，欲以梨栗而止啼，可专遂乎？卑幼之厚亲友也，欲以杯酒而合欢，可专遂乎？将人人各遂其愿，则政差池，莫之统纪。夫势有难行，情有不顺，是以先王不敢强之也。即有能然者，则褒嘉之，宠锡之，表厥宅里，以树风声，夫岂鄙夷其义而莫之训。”或曰：“然则古礼者合族以食之，礼如何?”愚曰：“非此之谓也。古者世禄之家，合族而食者，以服世降一等，齐衰一年四会食，大功一年三会食，小功一年再会食，缌麻一年一会，服尽则不及焉，非概族而会食也。”

司马按：此条见明何良俊《四友斋丛说》卷三十一引《绿雪亭杂言》。

154. 浦江义门郑氏厅事中，先世尝列十木柜，五柜贮经史，训族子，五柜贮兵器，备不虞。中榜孝友堂，乃建文君笔也。永乐初，诬建文君匿其家，遣使廉之。使者未至三日前，堂榜因索朽坠地，撤之。使者至，莫可踪迹。及发柜，惟见经史，遂不尽发，事闻，乃斩诬者。噫，使当时堂榜不坠不撤，七柜尽发，而兵器见焉，则郑之祸叵测矣。于以见孝友之家，鬼神实阴骘①之也。

司马按：此条见明屠叔方《建文朝野汇编》卷十九，引自《出归正集》。《经义考》卷一百八十六引《金华府志》：“浦江义门郑氏，起宋建炎，迄明正统，历三百余年，五十四世，合居聚食，自绮始也。”

155. 昔人有言：“莫使满帆风，须留转身地。”观曹操空国而伐吴，符坚空国而伐晋，此是使尽满帆风，故一败郎当，税驾无所。

司马按：待考。明杨寅秋《临皋文集》卷三《与子嘉祚》：“汝母奄忽，上天降罚，一切当恐惧修省，勿讨便宜，勿使满帆

---

① 骘，《建文朝野汇编》作“佑”。

风，勿知有己不知有人，宁模糊，勿太聪察，宁退一步让路别人，勿沽名钓誉。沽名誉之心即是讨便宜之心，岂必贪利禄乃为便宜耶？宁澹泊，勿求丰腴。待下宁情恕，勿求备过苛，其报德宜厚，而怀怨宜轻。傥徼祖宗之灵，不即隳落幸甚。万一缘浅福薄，我不能与时命争，亦付之奈何而已。”明邹元标《愿学集》卷二《上朱鉴翁师》：“师与冯老先生昕夕聚首，亦一时间气，愿师彻明心体，无泥经书，无参意见，此处得有转身地，便是了心时，愿师无二心可也。”明张居正《张太岳先生文集》卷十八：“张益州云：‘事方到手，便当思其出脱。’此处事之要法。古语云：‘莫使满帆风，常留转身地。’此处世之一法。”

156. 予在湖南，一日山行，午饭农家，见壁上四绝句，意甚警策，第不知作者为谁，或曰晦翁诗。其一云：“鹊噪未为吉，鸦鸣岂是凶。人间凶与吉，不在鸟声中。”其二云：“耕牛无宿草，仓鼠有余粮。万事分已定，浮生空自忙。”其三云：“翠死因毛贵，龟亡为壳灵。不如无用物，安乐过平生。”其四云：“雀啄复四顾，燕寝无二心。量大福亦大，机深祸亦深。”

司马按：清郑方坤《全闽诗话》卷四引《坚瓠集》：“敖东谷英一日山行，午饭农家，见壁上四绝句，意甚警策，或曰晦翁诗也。一云：‘鹊噪未为吉，鸦鸣岂是凶。人间凶与吉，不在鸟声中。’二云：‘耕牛无宿草，仓鼠有余粮。万事分已定，浮生空自忙。’三云：‘翠死因毛贵，龟亡为壳灵。不如无用物，安乐过平生。’四云：‘雀啄复四顾，燕寝无二心。量大福亦大，机深祸亦深。’”

157. 曹彬为侍中武宁军节度使知徐州，彬仁爱多恕，有吏罪犯既具案，逾年然后杖之。人问其故，彬曰：“吾闻此人新娶妇，若杖之，彼其舅姑必以妇为不利而恶之，朝夕笞骂，使不能自存，吾故缓其事，而法亦不赦也。”其用志如此。

司马按：宋司马光《涑水记闻》卷二引张锡云："曹侍中彬为人仁爱多恕，平数国未尝妄斩人。尝知徐州，有吏犯罪既立案，逾年然后杖之，人皆不晓其意。彬曰：'吾闻此人新娶妇，若杖之，彼其舅姑必以妇为不利而恶之，朝夕笞骂，使不能自存，吾故缓其事，而法亦不赦也。'其用意如此。"宋赵善璙《自警编》卷四、宋江少虞《事实类苑》卷十三、宋朱子《宋名臣言行录前集》卷一皆引之，元陶宗仪《说郛》卷七十一引宋李元纲《厚德录》，元杨瑀《山居新话》卷三不注出处。

158. 傅尧俞字钦之，郓州人。知徐州，前守侵用公使军钱，尧俞代偿之，未足，罢去，后守顾移文迫偿，尧俞剧力偿之，久之钩考得实，尧俞竟亦不辨。司马光尝谓河南郡雍曰："清直勇之德，人所难兼。吾于钦之见焉。"雍曰："钦之清而不耀，直而不激，勇而能温，是为难尔。"

司马按：宋吴曾《能改斋漫录》卷十二："傅尧俞字钦之，素善安石。时方变新法，公以母服除。至京师，安石谓公曰：'朝议纷纷，今幸公来，议以待制谏院奉还矣。'公谢曰：'恩甚厚，但恐与公新法相妨耳。'且为言新法之不善。安石怒，乃以为权同判内铨。温公尝叹曰：'清直勇，吾于钦之畏焉。'洛之君子邵雍曰：'钦之至清而不耀，至直而不激，至勇而能温，此为难耳。'人以雍言为然。"《宋史》卷三百四十一："其子尧俞厚重言寡，遇人不设城府，人自不忍欺。论事君前，略无回隐，退与人言，不复有矜异色。初自谏官补郡，众疑法令有未安者，必有所不从，尧俞一切遵之，曰：'君子素其位而行，谏官有言责也，郡知守法而已。'徐前守侵用公钱，尧俞至为偿之，未足而去，后守移文尧俞使偿之，考实非尧俞所用，卒不辩。司马光尝谓河南邵雍曰：'清直勇之德，人所难兼，吾于钦之见焉。'雍曰：'钦之清而不耀，直而不激，勇而能温，是为难尔。'"

159. 萧嵩为相，与韩休不协，因乞骸骨。玄宗曰：“朕未厌卿，卿何庸去?”嵩俯伏曰：“臣爵位已极，幸陛下未厌臣，得以乞身。如陛下厌臣，臣首领不保，又安得自遂乎?”《退斋笔录》：“元丰中，王荆公乞罢机政，神宗未许其去。公唤老僧化成为作一课，更欲看命，化成曰：‘三十年前与公看命，今仕至宰相，复何间?’公曰：‘但力求去，上未许，只看旦夕便去得否?’化成曰：‘相公得意浓时正好休，要去在相公，不在上。不疑何卜?’公怅然叹服，去意遂决。大臣去位，如萧嵩之见，僧化成之所为告者，可以免后时之殆矣。

司马按：《说郛》卷三十六上引李德裕《次柳氏旧闻》：“萧嵩为相，引韩休为同列。及在位，稍与嵩不协，嵩因乞骸骨，上慰嵩曰：‘朕未厌卿，卿何庸去?’嵩俯伏曰：‘臣待罪相府，爵位已极，幸陛下未厌臣，得以乞身。如陛下厌臣，臣首领之不保，又安得自遂?’因陨涕。上为之改容，曰：‘卿言切矣，朕思之未决。卿第归，至夕当有使。如无使，旦日宜如常朝谒也。’及日暮，命力士诏嵩曰：‘朕惜卿，欲固留，而君臣始终，贵全大义，亦国家美事也。今除卿右丞相。’是日，荆州始进柑子，上以素罗包其二以赐之。”《说郛》卷三十七又引侯延庆《退斋笔录》：“元丰中，王荆公乞罢机政，寓于刘沆相宅几两月，神宗未许其去。沆之子管尝谒公，坐间闻公云化成住处在近，可令呼来。化成者，工课命老僧也。少顷，化成至。公作一课，更为看命。化成曰：‘三十年前与相公看命，今仕至宰相，更复何问?’公微作色，曰：‘安石问命。又不待做官，但力乞去。上未许，只看易便去得否?’化成曰：‘相公得意浓时正好休，要去在相公，不在上。不疑何卜?’公怅然叹服，去意遂决。”今按：此处将二条合而为一，又缀以议论：“大臣去位，如萧嵩之见，僧化成之所为告者，可以免后时之殆矣。”

160. 宪宗赐裴晋公玉带，公临终封进表曰：“内府之珍，先朝所赐。既不敢将归地下，又不合留在人间。”识者赏其明而简。王文正公疾革，上临视，赐白金五十两，召杨文公于床前，作让表，公览，乃自书四句曰："已惧多藏，况无用处。见谋散施，以息灾殃。"是冬，公薨。文公叹曰："精爽不乱如此。前代之风，后世之法也。"

司马按：《因话录》卷三商部下："裴晋公平淮西后，宪宗赐玉带一条。公临薨，却进，使门人作表，皆不如意。公令子弟执笔，口占状曰：'内府之珍，先朝所赐。既不敢将归地下，又不合留向人间，谨却封进。'闻者叹其简切而不乱。"宋江少虞《事实类苑》卷十二引《东斋记事》："王文正公旦相真宗，仅二十年，时值四夷纳款，海内无事，天书荐降，祥瑞沓臻，而大驾封岱祠汾，皆为仪卫使扈跸。处士魏野献诗曰：'太平宰相年年出，君在中书十四秋。西祀东封俱已毕，可能来伴赤松游。'世传王公尝记前世为僧，与唐房太尉事颇相类。及将捐馆，遗命剃发，以僧服敛。家人不欲止以缁衣一袭纳诸棺，然公风骨峭峻，项微结喉，有僧人相，皆谓其寒薄，独一善相者曰：'公名位俱极，但禄气不丰耳。'故旦虽位极一品，而饮啖全少，家亦不蓄声伎，晚年移疾在告，真宗尝密赉白金五千两，旦谢表曰：'已恨多藏，况无用处。'竟不之受，其清苦如此。"

161. 唐王起扬历省寺，三任节镇，而昧于理家，俸入，尽为仆妾所有。耄年寒馁，至与伶人分月俸以自给。议者曰："禄仕之不能撙节，稍丰则饫，及狗彘似歉，则困彼妻孥，晚节苟得，尽弃其平生者多矣。以王相国德望名品，而有此累，人可不思俭以足用乎?"

司马按：唐孙光宪《北梦琐言》卷二"文宗重王起"："王文懿公起三任节镇，扬历省寺，赠守太尉，文宗颇重之，曾为诗写于太子之笏以扬之，又画仪形于便殿，师友目之曰当代仲尼。虽历外镇，家无余财，知其甚贫，诏以仙韶院乐官逐月俸钱五百贯给之。起昧于理家，俸入其家，尽为仆妾所有。耄年寒馁，故加给焉。于时识者以起不能陈逊，而与伶人分俸，利其苟得，此为短也。葆光子曰：‘士人之家，唯耻货殖，至于荷畚、执耒、灌园、鬻蔬，未有禄代耕，岂空器而为养，安可忘甘苦，不追晨昏。今之世禄器薄，不能撙节，稍丰则饫，其狗彘少歉，则困彼妻孥，而云安贫，吾无所取，唯衣与食，所谓切身，傥德望名品未若王相国者，得不思俭而足用乎？’”

162. 巩丰世以为高尚道人，王子常侍郎尝问以修行之术，巩云：“非道亦非律，又非虚空禅。独守一亩宅，惟耕己心田。”又云：“以手扪胸，欲心清净。以手上下，欲气升降。”又云：“常人以嗜欲杀身，以货财杀子孙，以政事杀民，以学术杀天下后世。吾无是四者，岂不快焉！”靖康之变，不知所终。此巩之所谓高尚道人者也。夫以嗜欲杀身，货财杀子孙，举世之通患。以政事杀民，虽能官有不自觉者。以学术杀天下后世，当时其有感于王安石之事乎？

司马按：宋赵与时《宾退录》卷一：“刘卞功，字子民，滨州安定人，弱不好弄，六岁误触瓮碎，家人更谯之，神色自若。曰：‘俟钉校者来，当全之。’复谯其妄，曰：‘人破尚可修，矧瓮耶？’语未绝，钉校者至，相与料理，顷之如新。自是筑环堵于家之后圃，不语不出者三十余年，或食或不食。徽宗闻其名，数敕郡县津致间驰近特名之，对曰：‘吾有严愿，不出此门。’上知不可夺，赐号高尚先生。王子常侍郎，其外兄也，尝问以修行之术，书云：‘非道亦非律，又非虚空禅。独守一亩宅，惟耕己心田。’又云：‘以手扪胸，欲心清净；以手上下，欲气升降。’又云：‘常人以嗜欲杀身，以货财杀子孙，以政事杀民，以学术杀天下后世。吾无是四者，岂不快哉！’靖康之变，不知所终。”

163. 子路勇于义，其言曰：“人不能甘勤苦，不能恬贫穷，不能轻死，勒而曰：我行义。吾不信也。”观其为亲负米百里之外，非其能甘勤苦乎？衣敝缊袍，与衣狐貉者立而不耻，非其能恬贫穷乎？仕卫，赴孔悝之难，结缨而死，非其能轻死亡乎？呜呼，此所以为仲由也。

司马按：见明陈师《禅寄笔谈》卷二。汉刘向《说苑》卷三："子路曰：'负重道远者，不择地而休；家贫亲老者，不择禄而仕。'昔者由事二亲之时，常食藜藿之实，而为亲负米百里之外，亲没之后，南游于楚，从车百乘，积粟万钟，累茵而坐，列鼎而食，愿食藜藿负米之时，不可复得也；枯鱼衔索，几何不蠹，二亲之寿，忽如过隙，草木欲长，霜露不使，贤者欲养，二亲不待，故曰：'家贫亲老不择禄而仕也。'"

164. 张永德寓睢阳时，有书生邻居卧疾，永德疗之，获愈。生一日就永德求汞五两，既得，即置鼎中，煮之成中金。自是日与永德游。一日，告适淮上，永德送行数舍，求药法，生曰："君当大贵，吾不吝此，虑损君禄。"及后，永德为将，屯下蔡，自出骑射，淮民环观，有一僧睥睨，永德召之，乃睢阳书生也。夜宿帐中，复求前术。僧曰："始语君贵，今不谬矣。终能谨节，当保五十年富贵，安用此为？"范文正在南京朱家时，学于府庠，同舍有病者，文正为疗之，病亟，嘱文正曰："吾无以报子，平生有一术，游远方未尝穷乏，术之力也。今以遗子。"因授药以囊，方书一小册，文正不得已，留之，未尝取视。后二十年，得其子，还之，封识宛然。此事当时记者非一。文正之贤，固非永德之所能及也。

司马按：《山西通志》卷二百三十："张永德寓睢阳，有书生邻居卧疾，永德疗之，获愈。生一日就永德求汞五两，既得，即置鼎中，煮之成中金。自是日与永德游。一日，告适淮水，语永德曰：'后当相遇于彼。'永德曰：'吴境不通，子何可去？'生曰：'吾自有术。'永德送行数舍，恳求药法。生曰：君当大贵，吾不吝此，虑损君福。言讫而去。及永德屯下蔡，牙帐前后队部曲八百人，皆金银刀槊绣旗帜。永德善骑射，左右分挂十的，握十矢，疾驰互发，发必中。淮民环观，有一僧睥睨，永德遽召之，乃睢阳书生也。夜宿帐中，复求汞法。僧曰：‘始语君贵，今不谬矣。终能谨节，当保五十年富贵，安用此为？然能降志礼贤，当别有授公药法者。’永德由此益罄家资，延致方士，故太祖以方外待之。初，睢阳书生尝言及太祖，以故永德潜意拱向，太祖将聘孝明后，永德出缗钱金帛数千以助之，故尽太祖朝而恩渥不替。”宋龚明之《中吴纪闻》卷四“范文正不取烧炼方”条云：“范文正少养于朱氏。朱，南京人。文正幼年肄业京学，同舍有病者，亲为调药，以病亟，属文正曰：‘吾无以报子，平生有一术，游远方未尝穷乏者，用此术也，今以遗子。’因授药一囊、方书一小册。文正不得已，留之，未尝取视。后二十余年，得其子，还之，封记如故。”宋刘延世《孙公谈圃》卷中亦云：“范文正少养于外氏朱家，朱，南京人，今留府后朱少卿宅是也。文正学于府庠，同舍有病者，文正亲调药以疗，病极，嘱文正曰：‘吾无以报子，平生有一术，游远方未尝穷乏者，术之力也。今以遗子。’因授药一囊，方书一小册，文正不得已而留之，未尝取视。后二十年，得其子，还之，封识宛然。”

165. 李德裕《平泉山居戒子孙》云：“吾百年之后为权势所夺，则以先人所命泣而告之，此吾志也。”后经世变，余胤意不能守，花卉芜绝，怪石名品，俱为洛城有力取去。记所云者，只足贻达人讥耳。昔晋桓玄欲以谢安宅为营，其孙谢琨曰：‘召伯之仁，犹惠及树棠。文靖之德，更不保五亩宅邪？’玄惭而止。唐嗣曹王皋将市取张东之襄阳园圃，马彝谏曰：‘汉阳有中兴功，今遗业当百世共保，奈何使其子孙鬻乎？’皋之彼石家金谷园，其身不能守，马家玉杯地不复留身后。今日诸如此者又何道焉。魏征第太宗用殿材成其正寝，其后嗣不能守。白居易以为言朝廷，赎而赐之。宋邵康节天津之居本官地，熙宁初法当斥卖，榜三月，人不忍买，司马温公诸人为集钱买之。然则身苟富德，不必润屋，为子孙计也。

司马按：李德裕《平泉山居戒子孙记》："经始平泉，追先志也。吾随侍先太师忠公在外十四年，上会稽，探禹穴，历楚泽，祭巫山，游沅湘，望衡峤，忠公每维舟清眺，意有所感，必凄然遐想，属在伊川，常赋诗曰：'龙门南岳尽伊原，草树人烟目所存。正是北州梨枣熟，梦魂秋日到郊园。'吾心感是诗，有退居伊洛之志。前守金陵于龙门，得乔居士故居，天宝末避地远游，为荒榛，首阳微岑，尚有薇蕨，山阳旧径，唯余竹木，吾乃废荆棘，驱狐狸，如立班生之宅，渐成应叟之地。又得江南珍木奇石，列于庭际，平生素怀，于此足矣。吾常以为，出处者，贵得其道；进退者，贵不失时。古来贤达多有遗恨，至于玄祖潜身于柱史，柳惠养德于士师，汉代邴曼容官不过六百石，终无辱，殆不可及矣。越蠡激文牛以肥遁，留侯托黄老以思世，亦其次焉。范睢感蔡泽一言，超然高谢，邓禹见功臣多败，委远名势，又其次也。矧如吾者，于葵无卫足之智，处雁有不鸣之患，虽有泉石，杳无归期，留此林居，贻厥后代。鬻平泉者，非吾子孙也。以平泉一树一石与人者，非佳子弟也。吾百年之后，为权势所夺，则以先人所命泣而告之，此吾志也。《诗》曰：'维桑与梓，必恭敬止。'言其父所植也。昔周公之思召伯，爱其所憩之树。近代薛令君于禁省中见先祖所据之石，必泫然流涕。汝曹可不慕之！唯岸为谷，谷为陵，然后已焉可也。"

166. 江东有太守某者，文雅风流，颇有时名。在郡二年，遣吏携数百金入京赂刘瑾，求速迁。苞苴既入矣，越数日，刘瑾事败，伏诛，太守亦以钻刺落职。初，太守遣赂入京也，寻虑事不谐，悔之，乃祷紫姑仙，以决疑，仙姑降笔曰："几树甘棠种未成，使君何事苦经营。雷霆怒击冰山碎，只恐钱神也不灵。"噫！人之作伪行险，而鬼神之不可欺也如此哉！

司马按：明胡我琨《钱通》卷二："正德年江东有太守某者，祷紫姑仙以决疑，仙姑降笔曰：'几树甘棠种未成，使君何事苦经营。雷霆怒击冰山碎，只恐钱神也不灵。'"

167. 新昌有士人某者，少年负气，藐然皎厉，筮仕得岩邑，濒行，谒梁石门请教。石门曰："清、慎、勤，乃居官三字符也。子力行之，夫复何言？"士人曰："虽然，天德王道之要，独不可闻乎？"石门微笑而答之曰："言忠信，行笃敬，天德也。不伤财，不害民，王道也。"士人退而语人曰："石门议论平平耳。"越三年，士人以不检罢官归里中，语人曰："吾不敢再见石门先生。"

司马按：清沈佳《明儒言行录》卷一引明邓元锡《理学传》："新昌有人士，负气自豪，筮仕得岩邑，比行，谒公请教。公曰：'清、慎、勤，乃居官三字符也。子力行之，复何言？'其人曰：'请天德王道之要。'微笑，徐答曰：'言忠信，行笃敬，天德也。不伤财，不害民，王道也。'其人退，语人曰：'孟敬议论平平耳。'越三年，其人以不检，罢官归，语人曰：'吾不敢复见石门先生。'"宋吕本中《官箴》："当官之法，唯有三事，曰清，曰慎，曰勤。知此三者，可以保禄位，可以远耻辱，可以得上之知，可以得下之援。"

168. 昔有仁和尹，居官颇不职，时猎者获一虎土林中，阿谀者从而贺之诗，以为治效。有士人俞珩者，作口号嘲之曰："虎告相公听我歌，相公比我食人多。相公若肯行仁政，我自双双比渡河。"至今举为口实。

司马按：明田汝成《西湖游览志余》卷二十三："俞珩鸣玉者，弘治初以军余为浙江镇守内官张庆掾史。珩略知吟咏。时金陵陈荣知仁和县，适有虎灾，命猎人捕得之，缙绅多为诗歌以颂陈。珩赋一诗云：'虎告相公听我歌，相公比我食人多。相公若肯行仁政，我自双双去渡河。'庆兄弟三人皆为宦寺亲幸，用事势张甚，珩为庆所亲任，假其威，故敢为此言。及庆死，外台治珩罪，谪岭南。"

169. 某令含山时，连值旱涝，兴筑陂塘，课民种大麦，官贷其种，三升一亩，收麦石余，乃倍所贷，收贮社仓，复贷之，食每石舂米柴斗，且大麦贮之年远，作饭愈香美，比他谷麦不蛀，甚虽利人。今官仓收小麦者，若易以大麦，不惟久藏不耗实，使兵民两利，盖在民易得，而输在兵则月舂多米，又比芒种，免为鸟兽食毁，收时不虑浥伤，诚嘉种也。

司马按：待考。

170. 韩魏公镇相州，因祀宣尼，省宿，有偷儿入室，挺刃曰："不能自活，求济于公。"公曰："几上器具可直百千，尽以与汝。"偷儿曰："愿得公首，以献西人。"公即引颈，偷儿稽颡曰："以公德量过人，故来相试。几上之物已荷公赐，愿无泄也。"公曰："诺。"终不以告人。其后为盗者以他事坐罪当死，于市中备言其事，曰："虑吾死后，惜公之遗德不传也。"

司马按：明胡直《衡庐精舍藏稿》卷十六"韩魏公琦"条云："公守相台日，方祀宣尼，斋宿省中，夜半有偷儿入室，挺刃求济。公曰：'几上器可直千百金，以与汝。'偷儿曰：'愿得公首。'公即引颈，偷儿稽颡曰：'以公德量，故来相试。几上之物已荷公赐，愿勿泄也。'公终不以语人。后偷儿以他事坐法当死，备言其事曰：'虑吾死后，使韩公盛德不传也。'赞曰：死生大矣，自古记之。恢恢魏国，视死如嬉。既尝刺客，复试偷儿。彼偷者子，知公弥稔。属公不言，公竟为隐。公而隐之，岂曰予讱。如巨海沤，靡有端倪。如太虚云，靡踪可期。吾侪浅夫，语公汗颐。"

171. 傅献简公言：李公沆秉钧日，有狂生叩道献书，历诋其短。李逊谢曰："俟归家，当得详览。"狂生遂发讪怒，随公马后，肆言曰："居大位不能康济天下，又不能引退，久妨贤路，不宁愧于心乎？”公但于马上踧踖再三，曰：“屡求退，以主上未赐允。”终无忤也。

司马按：元陶宗仪《说郛》卷七十一引宋李元纲《厚德录》，宋赵善璙《自警编》卷一、明彭大翼《山堂肆考》卷一百十五、明何良俊《语林》卷十四、明刘宗周《人谱类记》卷上均载其事。

172. 横渠先生言：“尝有欲为范文正公买绿野堂者，公不肯，曰：‘在唐如晋公者，是可尊也，一旦取其物而有之，如何得安？宁使弊坏及他人有之，己则不可取也。’”

司马按：见宋赵善璙《自警编》卷三。明刘宗周《人谱类记》卷上亦载其事，以警田宅方圆。按《张子全书》卷十四载：“昔年有人欲为范希文买绿野堂，希文不肯，识道理自不然，在唐如晋公者，是可尊也，一旦取其物而有之，如何得安。在他人犹可，如王维庄之类，独有晋公则不可，宁使耕坏及他有力者致之，己则不可取。”宋俞文豹《吹剑录外集》亦云：“有欲为欧公买绿野堂，公曰：‘如晋公诚可尊敬，一旦取其物而有之，如何得安？宁使耕坏为他人有，己则不可取。”欧公似指欧阳修，又别为一人。

173. 胡文恭公宿知湖州，前守滕公大兴学校，费钱数万未讫，滕公罢去，群小斐然，谤议以为滕公用钱有不明者，自通判以下不肯书其簿。公于坐折之曰：“君佐侯几时矣，假滕侯之谋有不臧，奚不早告？阴拱以观，［俟］其去，乃非之，岂古人分谤之意？”一坐大惭，为公书。

司马按：见宋赵善璙《自警编》卷四。元张光祖《言行龟鉴》卷六亦载此事。

174. 狄青平岭寇，贼师侬智高兵败奔邕州，其下皆欲穷其窟穴。青不从，以为趋利乘势，入不测之城，非大将军事。

智高因而获免。天下皆罪青不入邕州，脱智高于垂死。然青之用兵，主胜而已。不求奇功，故未尝大败。计功最多，卒为名将。譬如弈棋，已胜敌可止矣，然犹攻击不已，往往大败。此青之所戒也，临利而能戒，乃青之过人处也。

司马按：《梦溪笔谈》卷十三："狄青戍泾原日，尝与虏战，大胜，追奔数里。虏忽壅遏山踊，知其前必遇险。士卒皆欲奋击……青独曰：'不然。奔亡之虏，忽止而拒我，安知非谋？军已大胜，残寇不足利，得之无的加重；万一落其术中，存亡不可知。宁悔不击，不可悔不止。'青后平岭寇，贼帅侬智高兵败奔邕州，其下皆欲穷其窟穴。青亦不从，以谓趋利乘势，入不测之城，非大将军事。智高因而获免。天下皆罪青不入邕州，脱智高于垂死。然青之用兵，主胜而已。不求奇功，故未尝大败。计功最多，卒为名将。譬如弈棋，已胜敌可止矣，然犹攻击不已，往往大败。此青之所戒也。临利而能戒，乃青之过人处也。"

175. 范公景仁既退，居有园第，在京师，专以读书赋诗自娱。客至，无贵贱皆野服见之，不复报谢，故人或为其召，虽权贵不拒也，不召，则不往见之。尝乘蓝舆归蜀，与亲旧乐饮，赈施其贫者，周览江山，穷极胜赏，期年然后返。年益老，而视听聪明，支体尤坚强。呜呼！向使景仁枉道希世，以得富贵，蒙屈辱，任忧患，岂有今日乐邪？景仁所得殊多矣。元祐初，首以诏起，公曰："西伯善养，三老来归。汉室卑词，四臣入侍。为我强起，无为惮勤。"天下望公与温公同升矣。公辞曰："六十三而求去，以引年七十九而复来，岂云中礼？"卒不起。

司马按：宋邵伯温《闻见录》卷十二、宋赵善璙《自警编》卷五皆载此事。宋朱弁《曲洧旧闻》卷三亦云："范忠文公与司马文正公，平生智识、谈论趣向，除议乐一事不同外，其余靡所不同。元祐初，温公起为相，忠文独高卧，许下凡累诏，皆力辞不已。其最后表云：‘六十三而求去，盖不待年七十五而复来，谁云中理？’朝廷从之。当是时，中外士大夫莫不高公此举，而人至今以为美谈也。”

176. 崔公孺，谏议大夫立之子，韩魏公夫人之弟也。性亮直，善面折人。魏公执政，用监司有非其人者，公孺曰：“公居陶镕之地，宜法造化为心。造化以蛇虎者害人之物，故置蛇于薮泽，置虎于山林。今公乃置于通衢，使为民害，可乎？”魏公甚严惮之。

司马按：宋司马光《涑水记闻》卷十、宋赵善璙《自警编》卷七皆载此事。

177. 韩魏公言：“杜祁公公正，而乐与人善。既知其人，无复毫发疑间。始琦为枢密副使，论难一二事，祁公不乐，久而相信。每事问曰：‘谏议看来未？谏议曾看，便将来押字。’琦益为之尽心，不敢忽。以此见祁公存心至公，不必以出于己为是，贤于人远矣。”

司马按：宋赵善璙《自警编》卷六、宋张镃《仕学规范》卷二十一皆载此事。宋罗从彦《豫章文集》卷七云：“韩琦尝语人曰：杜祁公存心至公，而乐与人为善。既知其人，无复有毫发疑间者。始某为枢密副使，而杜公为太尉。某辄论难一二事，杜公不乐。人或讽解之，则曰：‘某长渠三十岁耳，尚有误耶？’久之，既相亮。即每事问曰：‘谏议看来未？但曾经谏议看，便将来押字。’某益为之尽心，不敢忽也。以此见杜公存心至公，不以必出于已为胜，贤于人远矣。臣从彦释曰：世俗之人，莫不喜人同乎己，而恶人异于己也。同于己而欲之，异于己而不欲者，以出乎众为心也。以出乎众为心，则以其不大故也。唯大为能有容。善者共说之，不善者共改之，宜无彼己之异。故舜曰大舜，禹曰大禹者，明乎此而已矣。若衍存心至公，而乐与人为善，不以必出于己为胜，其舜禹之徒与？《诗》云：‘唯其有之，是以似之。’此之谓也。”

178. 杜正献公衍尝曰：“今之在上者多摘发下位小节，是诚不恕也。衍知兖州时，州县官有累重而素贫者，以公租所得均给，公租不足，即继以公帑，量其小大，咸使自足，尚有复侵扰者，真贪吏也，于义可责。”又曰：“衍历知州提转安抚，未尝害一个官员。其间不职者即委以事，使之不暇惰，不谨者谕以祸福，俾之自新，从而迁善者甚众，不必绳以法也。”

司马按：宋朱子《宋名臣言行录前集》卷七、宋赵善璙《自警编》卷四、宋张镃《仕学规范》卷二十一、元张光祖《言行龟鉴》卷三皆载此事。

179. 庞庄敏公自郓徙并，过京师谒上。是时，上新用文、富为相，自以为得人，谓公曰：“朕新用二相何如？”公曰：“二臣皆朝廷高选，陛下拔而用之，甚副天下之望。”上曰：“诚如卿言，文彦博犹多私。至于富弼，万口同词，皆云贤相也。”公曰：“文彦博臣顷与之同在中书，详知其所为，实无所私，但恶之者毁之耳。况前日被谤而出，今当愈畏慎矣。富弼顷为枢密副使，未执大政，朝士大夫未有与之为怨者，故交口誉之，冀其进用而已，有所利焉。是后若富弼以陛下之爵禄树私恩则非忠臣，何足贤也？若一以公议概之，则向之誉者将转而为谤矣。此陛下所宜深察也。且陛下既知二臣之贤而用之，则当信之坚，任之久，然后可以责成功。若以一人之言进之，未几又以一人之言疑之，臣恐太平之功未易可致也。”上曰：“卿言是也。”

司马按：宋赵善璙《自警编》卷七、宋江少虞《事实类苑》卷十五、宋朱子《宋名臣言行录前集》卷七、元张光祖《言行龟鉴》卷六皆载此事。

180. 刘忠肃公挚与同列奏事，因论人才大概。公奏曰：“人才难得。臣尝历观士大夫间，能否不一：性忠实，而有才识，上也；才虽不高，而忠实有守，次也；有才而难保，可借以集事，又其次也；怀邪观望，随势改变，此小人，终不可用。”二圣谕曰：“此言极是，卿等常能如此，太皇官家何所忧也。”

司马按：宋王称《东都事略》卷八十九、宋赵善璙《自警编》卷七、宋朱子《宋名臣言行录后集》卷十二、宋杜大珪《名臣碑传琬琰之集》下卷十三、宋章定《名贤氏族言行类稿》卷三十、元张光祖《言行龟鉴》卷六、明杨士奇等《历代名臣奏议》卷一百三十八皆载此事。二圣，《历代名臣奏议》指宋哲宗及宣仁后，而《自警编》作“三圣”，非是。

181. 黄雀之为物也，日游于庭，日亲于人，而常畏人，而人常挠之。玄鸟之为物也，时游于户，时亲于人，而不畏人，而人不挠之。彼行促促，此行佯佯；彼鸣啾啾，此鸣锵锵；彼视瞿瞿，此视汪汪；彼心戚戚，此心堂堂。是故疑人者为人所疑，防人者为人所防。君子之道，仁兴义、中兴正尔，何忧何害！

司马按：见《化书》卷三《德化·黄雀》。

182. 真西山帅长沙，郡人为立生祠。一夕，有大书一诗于壁间者，其辞云：“举世知公不爱名，湘人苦欲置丹青。西天又出一活佛，南极添成两寿星。几百年方钟间气，八千春愿祝修龄。不须更作生祠记，四海苍生口是铭。”

司马按：见宋罗大经《鹤林玉露》卷十“西山生祠”条。

183. 吕正献公既荐常秩，后差改节，尝对伯淳有悔荐之意。伯淳曰："愿侍郎宁可受人欺，不可使好贤之心少替。"公敬纳焉。

司马按：宋吕本中《童蒙训》卷上、宋朱子编《二程外书》卷十二、宋赵善璙《自警编》卷七、宋吴曾《能改斋漫录》卷十二、宋祝穆《古今事文类聚前集》卷三十、宋阳枋《字溪集》卷九、清潘永因《宋稗类抄》卷九皆载此事。

184. 明道先生摄邑，盛夏塘堤大决，法当言之府，府禀于漕，然后计工调役，非月余不能兴作。先生曰："如是苗槁矣，民将何食？救民获罪，所不辞也。"遂发民塞之，岁则大熟。

司马按：《二程文集》卷十二、宋朱子《伊洛渊源录》卷二、宋李幼武《宋名臣言行录外集》卷二、宋周应合《景定建康志》卷四十七、宋祝穆《古今事文类聚前集》卷十八、宋赵善璙《自警编》卷七、元张铉《至大金陵新志》卷十三皆载此事。

185. 胡公安国仕止久速，由道据义，行心之所安也。其欲出也，非由劝勉；其欲去也，不可挽留。朱震被召，问出处之宜。公曰："子发学《易》二十年，至有成说，则此事当素定矣。"某谓世间惟讲学论政，则当切切询究。若夫去就，语默之几，如人饮食，其饥饱寒温，必自斟酌，不可决诸人，亦非人所能决也。

司马按：原始出处为宋胡寅《斐然集》卷二十五《先公行状》。宋李心传《建炎以来系年要录》卷一百十八、《宋史全文》卷二十中、《伊洛渊源录》卷十三、宋李幼武《宋名臣言行录外集》卷十、宋真德秀《西山读书记》卷三十一、宋赵善璙《自警编》卷五皆载此事。

186. 张绎曰："邹浩以极谏得罪，世疑其卖直也。"伊川先生曰："君子之于人也，当于有过中求无过。"

司马按：《二程遗书》卷二十一上、宋赵善璙《自警编》卷六皆载此事。

187. 元城先生与马永卿论《礼记·内则》：鸡鸣而起，适父母之所，仆曰："不亦太早乎！"先生正色曰："不然。礼事父与君一等一体，父召无诺，君命召无诺，父前子名，君前臣名。今朝谒者必以鸡鸣而起，适君之所，而人不以为劳，盖以刑驱其后也。世俗薄恶，故事父母之礼得已而已尔。若士人畏义如刑，则今人可为古人矣。"

司马按：见宋马永卿《懒真子》卷四。

188. 记礼者云："猩猩能言，不离禽兽。"《淮南子》云："猩猩知往而不知来。"西国胡人取其血染毳罽，色鲜不黯。或曰："若刺其血问之，尔与我几许？"猩猩曰："二升。"果足其数。若加之鞭捶而问之，则随所加而得焉。阮汧云："曾使封溪见邑人，说猩猩在山谷，数百为群，里人设酒路侧，又织草为屦，更相连结，人伏伺其旁，猩猩见酒及屦，则知为饵已，又知设者祖先姓字，遂斥骂其人，且相戒曰：'毋堕奴辈计中。'舍尔而去，复相谓曰：'试共尝之。'既而染指知味，则冥然忘夙戒，相与沾濡，不觉逮醉，因取屦著之，颠连顿仆，乃为人所擒。予谓猩猩兽也，曾何足道。人为万物之灵，乃有黩货好色贪爵恋禄，迷而不知止者，不亦猩猩之类也乎？

司马按：《唐文粹》卷七十八裴炎《猩猩铭并序》："《淮南子》曰：'猩猩知往而不知来。'谓知人家往事及祖父名位。阮汧云：‘曾使封溪见邑人，云猩猩在山谷，行常有数百为群，里人以酒并糟设于路侧。又爱著屐，里人织草为屐，更相连结。猩猩见酒及屐，知里人设张，则知张者祖先姓字，及呼名骂云：奴欲张我。舍尔而去，复自再三，相谓曰：试共尝酒。及饮其味，逮乎醉，因取屐而著之，乃为人之所擒，皆获，辄无遗者，遂置槛中，随其所欲而饮之，将烹，里人索其肥者，乃自推托，泣而遣之。’左太冲《吴都赋》曰：‘猩猩啼而就烹。’里人以饷封溪令，曰：‘何物？’曰：‘猩猩。惟与酒，兼之以屐，可以就擒尔。’西国胡人取其血染毳罽，色鲜不黯，或曰：‘若刺其血问之，尔与我几许？猩猩曰：二升。果足其数。若加之鞭捶而问之，则随所加而得，至于一斗，弗如此，未肯顿输。’”

189. 士岂能长守山林，长亲蓑笠，但居市朝轩冕时，要使山林蓑笠之念不忘，乃为胜耳。陶渊明赴镇军参军诗曰：“望云惭高鸟，临水愧游鱼，真想初在襟，谁谓形迹拘。”似此胸襟，岂为外荣所点染哉！荆公拜相之日，题诗壁间曰：“霜松雪竹钟山寺，投老归欤寄此生。”只为他见趣高，故合则留，不合则拂袖便去，更无拘绊。山谷云：“佩玉而心若槁木，立朝而意在东山。”亦此意也。

司马按：见宋罗大经《鹤林玉露》卷五“不忘山林”条。

190. 鹖峰子曰：昔者白龟能见梦于宋元君，而不能避余且之网，知能七十二钻，而不能避刳肠之患。乌贼每遇渔舟，即吐墨，染水令黑，以混其身，渔人见黑，即知网之大获。余于是知夫小智不足以保身，而深谋适足以召祸。有为白龟乌贼之所为，而卒不蹈白龟乌贼之所蹈者，几希。

司马按：《庄子·外物》：“宋元君夜半而梦人被发窥阿门，曰：‘予自宰路之渊，予为清江使河伯之所，渔者余且得予。’元君觉，使人占之，曰：‘此神龟也。’君曰：‘渔者有余且乎？’左右曰：'有。'君曰：'令余且会朝。'明日，余且朝。君曰：'渔何得？'对曰：'且之网，得白龟焉，其圆五尺。'君曰：'献若之龟。'龟至，君再欲杀之，再欲活之，心疑，卜之，曰：'杀龟以卜，吉。'乃刳龟，七十二钻而无遗策。仲尼曰：'神龟能见梦于宋元君，而不能避余且之网；知能七十二钻而无遗策，不能避刳肠之患，如是，则知有所困，神有所不及也。虽有至知，万人谋之。鱼不畏网而畏鹈鹕。去小知而大知明，去善而自善矣。'"

191. 王公旦与杨文公亿为空门友。杨公调汝州，公适当轴，每音问，不及他事，唯谈论真谛而已。余尝见杨公亲笔与公云："山栗一秤，聊表村信。"盖汝唯产栗，而亿与王公忘形，以一秤栗遗之，斯亦昔人鸡黍缟纻之意也。

司马按：出自宋吴处厚《青箱杂记》卷一，宋江少虞《事实类苑》卷四十四、元陶宗仪《说郛》卷二十一上皆引之。

192. 冯瀛王道诗虽浅近而多谙理，若"但知行好事，莫要问前程"，"须知海岳归明主，未省乾坤陷吉人"之类，世虽盛传，而罕见其全篇，今并录之。诗曰："穷达皆由命，何劳发叹声？但知行好事，莫要问前程。冬去冰须泮，春来草自生。请君观此理，天道甚分明。"又《偶作》云："莫为危时便怆神，前程往往有期因。须知海岳归明主，未省乾坤陷吉人。道德几时曾去世，舟车何处不通津？但教方寸无诸恶，狼虎丛中也立身。

司马按：见宋吴处厚《青箱杂记》卷二。宋曾慥《类说》卷四、宋江少虞《事实类苑》卷三十六、清郑方坤《五代诗话》卷二皆引之。宋释普济《五灯会元》卷十九亦云："圆通今日路见不平，为古人出气，以手拍禅床云：'须知海岳归明主，未信乾坤陷吉人。'"

193. 东阳陈同父资高学奇，跌宕不羁。常与客言：“昔有一士，邻于富家，贫而屡空，每羡其邻之乐。旦日，衣冠谒而请焉。富翁告之曰：‘致富不易也。子归斋三日，而后予告子以其故。’如言复谒，乃命待于屏间，设高几，纳师资之贽，揖而进之，曰：‘大凡致富之道，当先去其五贼。五贼不除，富不可致。’请问其目，曰：‘即世之所谓仁、义、礼、智、信是也。’士卢胡而退。”同父每言及此，辄掀髯曰：“吾儒不为五贼所制，当成何等人耶！”

司马按：见宋岳珂《桯史》卷二“富翁五贼”条。

194. 张贤良君悦，咸家蜀绵竹，世以积德闻。绍圣初，再试制科，宰相章惇览其策，以所对不以元祐为非，大怒，虽得签书剑西判官以去，而科目自是废矣。仕既不甚达，益笃意植美贻庆，以遗后人。尝一日昼寝，梦神人自天降，告之曰：“天命尔子名德作宰相。”惊而寤，未几而魏公生。时魏公之兄已名滉，君悦不欲更所从，乃字魏公曰德远。出入将相，垂四十年，忠义勋名，为中兴第一，天固有以启之者欤！

司马按：见宋岳珂《桯史》卷十二“张贤良梦”条。

195. 支公好鹤，住剡东印山。有人遗其双鹤，少时翅长欲飞，支意惜之，乃铩其翮，鹤轩翥不复能飞，乃反顾翅，垂头视之，如有懊丧意。支曰：“既有凌霄之姿，何肯为人作耳目之玩。”养令翮成，置使飞去。

司马按：出自宋刘义庆《世说新语·德行》，唐欧阳询《艺文类聚》卷九十引之。

196. 开元中，颁赐边军纩衣，制于宫中。有兵士于短袍中得诗曰：“沙场征戍客，寒苦若为眠。战袍经手作，知落阿谁边？畜意多添线，含情更著绵。今生已过也，重结后身缘。”兵士以诗白于帅，帅进之。玄宗命以诗遍示六宫曰：“有作者勿隐，吾不罪汝。”有一宫人自言万死。玄宗深悯之，遂以嫁得诗人，仍谓之曰：“我与汝结今身缘。”边人皆感泣。

司马按：见宋计敏夫《唐诗纪事》卷七十八引《本事诗·情感》。

197. 光禄卿王守和未尝与人有争，尝于案几间大书忍字，至于帏幌之属，以绣画为之。明皇知其姓字，非时引对，问曰：“卿名守和，已知不争，好书忍字，尤见用心。”奏曰：“臣闻坚而必断，刚则必折。万事之中，忍字为上。”帝曰：“善。”赐帛以旌之。

司马按：见蜀王仁裕《开元天宝遗事》卷四“忍字”条。四库本《说郛》卷五十二上引之。

198. 子孟阳初为户部侍郎，夫人忧惕，谓曰：“以尔人材，而在丞郎之位，吾惧祸之必至也。”户部解喻再三，乃曰：“不然。试会尔同列，吾观之。”因遍招深熟者，客至，夫人垂帘视之，既罢会，喜曰：“皆尔之俦也，不足忧矣。末座黪绿少年何人也？”答曰：“补阙杜黄裳。”夫人曰：“此人全别，必是有名卿相。”

司马按：见唐张固《幽闲鼓吹》。四库本《说郛》卷五十二下引之。

199. 钱穆内相本以文翰风流著称，而尹京为近时第一。余尝见其剖决甚闲暇，杂以谈笑诨语，而胥吏每一顾问，皆股栗不能对。一日因决一大滞狱，内外称之。会朝处苏长公誉之曰：“所谓霹雳手也。”钱曰：“安能霹雳手，仅免葫芦蹄也。”

司马按：见宋张耒《明道杂志》。四库本《说郛》卷四十三下引之。

200. 狄仁杰之为相也，有卢氏堂姨居子午桥南别墅。姨止有一子，而未尝来都城亲戚家。梁公每遇伏腊晦朔，修理甚谨。尝经甚雪，多休暇，因候卢姨安否，适见表弟挟弓矢，携雉兔，来归膳味进于北堂。顾揖，梁公意甚轻简，公因启姨曰："某今为相，表弟有何乐从，愿悉力以从其旨。"姨曰："相自贵尔。有一子，不欲令其事女主。"公大惭而退。

司马按：见唐李濬《松窗杂录》。四库本《说郛》卷五十二下引之。

201. 魏知古起诸吏，为姚崇引用，及同升也，崇颇轻之。无何，请知古摄吏部尚书，知东都选士事，以吏部尚书宋璟门下过官。知古心衔之，思有以中之者。时崇二子并分曹洛邑，会知古至，恃其家君，或招顾请托。知古归，悉以上闻。他日，主召崇，从容谓曰："卿子才乎？皆何官也？又安在？"崇揣知上意，因奏云："臣有三子，两人皆分司东都矣。其为人，欲而寡慎，是必以事干知古。然臣未及问之耳。"上始以丞相子重言之，欲微动崇，而意崇私其子，或为之隐。及闻崇所奏，大喜，且曰："卿安从知之？"崇曰："知古微时，是臣之所慰荐，以至荣达。臣之子愚，谓知古见德，必容其非，故必干之。"上于是明崇不私其子之过，而薄知古之负崇也。上欲斥之，崇为之请曰："臣有子无状，挠陛下法，陛下特原之，臣为幸大矣。而犹为臣逐知古，海内臣庶必以陛下为私臣矣，非所以俾元化也。"上久乃许之。翌日，以知古为工部尚书，罢知政事。

司马按：见唐李德裕《次柳氏旧闻》。四库本《说郛》卷五十二上引之。

202. 太宗谓尉迟公曰:“朕将嫁女与卿,称意否?”敬德谢曰:“臣妇虽鄙陋,亦不失为夫妇情。臣每闻古人话:‘富不易妻,仁也。’臣窃慕之,愿停圣恩。”叩头固让,帝嘉之而止。

司马按:本条原出《隋唐嘉话》卷中,又见于宋王谠《唐语林》卷五。

203. 将军王果尝经峡口,见一棺于崖侧,将坠,使人迁之平处,得铭云:“更后三百年,水漂我,临长江,欲堕不堕逢王果。”

司马按:刘悚《隋唐嘉话》卷下。宋邵博《河南邵氏闻见后录》三十引作《隋唐嘉话》。事见《广记》卷三九一“王果”条,无出处,文字不同。李瀚《蒙求》注中、《御览》卷五五九引作《神鬼志》,亦异。

204. 《箜篌引》,朝鲜津卒霍里子高妻丽玉所作也。子高晨起,刺舡而棹,有一白首狂夫,被发提壶,乱流而渡,其妻随呼止之不及,遂堕河水死,于是拔箜篌而鼓之,作《公无渡河》之歌,声甚凄怆,曲终自投河而死。霍里子高还,以其声语妻丽玉,玉伤之,乃引箜篌而写其声。闻者莫不堕泪饮泣焉。丽玉以其声传,邻女丽容名曰《箜篌引》焉。

司马按:见唐苏鹗《苏氏演义》卷上。四库本《说郛》卷十二上引马缟《中华古今注》卷上。

205. 《陌上桑》出秦氏女子。秦氏,邯郸人,有女名罗敷,为邑人千乘王仁妻。王仁后为越王。家令罗敷出采桑于陌上。赵王登台，见而悦之，因饮酒，欲夺焉。罗敷乃弹筝，作《陌上歌》以自明焉。

司马按：见《古今注》卷中。

206. 梅屋许先生曰："耕尧田者有水虑，耕汤田者有旱忧，耕心田者无虑无忧，日日丰年。"

司马按：明叶子奇《草木子》卷四："吾栝林君度家藏《樵堂集》，不知何许人也。其语有曰：'耕尧田者有九年之水，耕汤田者有七年之旱，耕心田者日日丰登。'又曰：'东家富财，车马接踵。西家富德，风雪满门。'又曰：'画工数笔，术者片言，僧家一经一咒，动博千金。文士刳精呕血，不博人一笑。吁，士贱何独在秦哉！'"

207. 楚师伐宋师，人多寒，楚子拊而勉之，三军之士皆如挟纩，楚子不能使人皆挟纩，而三军为之暖，暖其言也。楚人有馈箪醪者，楚庄王投之于河，令将士迎流而饮之，三军皆醉，楚庄王不能使河为醪，而三军为之醉，醉其赐也。然则虚言诡赐，亦足以感士也。士非虚诡所能感也。楚子兴心于此，盖有不费而惠者矣。宋谢晦为荆州都督，甚以年少自矜，或问其年，答曰三十五。或笑曰："昔荀中郎年二十七为北府，都督乡比之，已为老矣。"晦有惭色。晦之惭生于自矜，年少何足矜，正如人言亦何足惭。士夫得位，顾功德何如，少老非所计，必以年少官尊为胜，只生其躁进之心，有所谓"为尔寂寂，邓禹笑人"者，将无所不至矣。始晦为宋台右卫，还都迎家，宾客辐辏。兄瞻惊骇，谓晦曰："吾家素以静退为业，汝势倾朝野，岂门户福邪？"乃离隔户庭曰："吾不忍见此。"又言于高祖曰："臣本素士，祖父位不过二千石，弟年三十，志用凡近，荣冠台府，位任显密，福过灾生，其应涎远，特乞降黜，以保衰门。"高祖不听，晦遂建佐命功，寄任益重，瞻忧惧成疾，不治而卒。晦不警于其兄之言，而惭于他人之问，持此心志，驯至诛灭，不亦宜乎！

司马按：见清张贵胜《遣愁集》卷二。明徐榜《宦游日记》："宋师人多寒，楚子拊而勉之，三军之士皆如挟纩，楚子不能使人皆挟纩，而三军之暖，暖其言也。楚人有馈箪醪者，楚庄王投之于河，令军士迎流饮之，三军皆醉，楚庄王不能使河为醪，三军之醉，醉其赐也。"明叶山《叶八白易传》卷十一："唐虞之法可效也，其谕人心不可及也，其是之谓乎？虽然，楚师伐宋师，人多寒，王循三军，抚而勉之，三军之士皆如挟纩。楚人有馈箪醪者，庄王投之于河，令将士迎流而饮之，三军皆醉。夫楚子不能使皆挟纩，而三军为之暖，暖其言也。庄王不能使河为醪，而三军为之醉，醉其赐也。不劳之以虚辞诡说，而与之以心，则有不贵而惠者矣。嗟乎！后世如此，而况唐虞三代者乎？不然，停税之诏，是谓惠民以耳也，民将塞其耳。罢役之议，是谓惠民以目也，民将闭其目。夫何相惠之有？《易》曰：'有孚，惠心，勿问，元吉。有孚，惠我德。'"《南史》卷十九谢晦传："晦时为宋台右卫，权遇已重，于彭城还都迎家，宾客辐凑。时瞻在家，惊骇谓晦曰：'吾家以素退为业，汝遂势倾朝野，此岂门户福邪？'乃篱隔门庭曰：'吾不忍见此。'……瞻敛容曰：'若处贵而能遗权，斯则是非不得而生，倾危无因而至。君子以明哲保身，其在此乎！'常以裁止晦如此。及还彭城，言于武帝曰：'臣本素士，父祖位不过二千石。弟年始三十，志用凡近，位任显密，福过灾生，特乞降黜，以保衰门。'前后屡陈。帝欲以瞻为吴兴郡。又自陈请，乃为豫章太守。晦或以朝廷密事语瞻，瞻辄向亲旧说以为戏笑，以绝其言。晦遂建佐命功，瞻愈忧惧。"

208.《诗》曰："他山之石，可以攻玉。"孔子曰："三人同行，必有我师。"又曰："明镜所以见形，往古所以知今。"贾谊曰："不习为吏，视已成事，今已事可知也。前车覆，后车诫。今辙迹可见而不避，是后车又将覆也。"京房曰："后世之视今，犹今之视古也。”杜牧之曰：“人不暇自哀，而后人哀之。后人哀之而不鉴之，是使后人而复哀后人也。”呜呼，戒之哉！

司马按：明刘基《诚意伯文集》卷八《尚友斋记》：“《诗》曰：‘他山之石，可以攻玉。’孔子曰：‘三人行，必有我师焉。’勖哉以时，无徒嘐嘐然。曰：古之人，古之人也。”《孔子家语》曰：“明镜所以察形，往古所以知今。”唐欧阳询《艺文类聚》卷二十三：“夫明镜所以照形也，往古所以知今也。鄙语曰：‘不知为吏，视已成事。前车覆，后车诫。’”

209. 鲁男子不纳邻妇，谓柳下惠妪不逮门之女则可，在吾则不可，吾将以吾之不可学惠之可，而孔子称其为善学惠者，善其能自审也。朱晦庵尝诲门人言：“今学者之病，如学孔子，便学‘微服过宋，’‘君命召，不俟驾，’‘见南子’与‘佛肸召欲往’之类，有多少处不学，若只学此，此是其不知鲁男子之不可矣。”

司马按：宋周必大《文忠集》卷五十二：“昔鲁男子夜闭户，拒邻妇，妇曰：‘子何不若柳下惠？’男子曰：‘子与吾皆幼，柳下惠固可，吾固不可。吾将以吾不可学柳下惠之可。’孔子称其善。”后段见《朱子语类》卷一百二十一，原文为：“大抵今之学者多此病，如学夫子，便学他‘微服过宋’，‘君命召，不俟驾’，‘见南子’与‘佛肸召’之类，有多少处不学，只学他这个。”

210. 胡宿少与一僧善。僧有秘术，能化瓦石为黄金，且死，将以授宿，使葬之。宿曰：“后事当进力，他非所冀。”僧叹曰：“子之志未可量也。”杨楷为汉州军事判官，道遇术士，曰：“君知有化瓦石为黄金者乎？”就楷试之。既验，欲授以方。楷曰：“吾从吏禄，安事化金哉？”术士曰：“子志若此，非吾所及也。”窦舜卿监平乡县酒税，有僧欲授以化汞为白金术，谢曰："吾禄足养亲，不愿学也。"是三人者，皆能不为此也。

司马按：见明张萱《西园闻见录》卷一〇六。

211. 李西涯、程篁墩少小时俱以神童获荐，英庙亲试之，对句曰："螃蟹一身鳞甲。"程即应声曰："凤凰遍体文章。"上加称赏。时李尚伏地，徐对曰："蜘蛛满腹经纶。"上遂大异之，曰："是儿他日作宰相耶？"俱赐宝镪而出。后李出入馆阁四十年，卒如圣语。

司马按：清姚之骃《元明事类抄》卷三十九："靳史李西涯、程篁墩同以神童朝见，适直隶贡蟹，至英庙即试以对句曰：'螃蟹浑身甲胄。'程应声曰：'凤凰遍体文章。'李伏地，徐对曰：'蜘蛛满腹丝纶。'俱赐宝镪而出。后李出入馆阁四十年，而程终于学士，竟如其对云。"其史料来源应早于《昼永编》。

212. 钱与谦修撰初会试京师，谒西涯学士。时有以司马温公像求涯翁赞者，翁遂命与谦代作。其中有"拔茅连茹，公之在朝。青苗变法，公之在野。公之再起，是为元祐。公之云亡，是为靖康"等语，翁大加称赏，以为数语该括宋家治乱殆尽，为之延誉于谢方石诸公，谓有伦魁之才，已而礼闱迎对，果占首选。太祖初有天下，一夕微行，至神乐观，见一道士于灯下结网巾，问曰：'此何物耶？"对曰："此网巾也。用以里之头上，万发皆齐矣。"明日召为道官，且命取为定制。

司马按：前半句见明焦竑辑《国朝献征录》卷二十一翰林院二《钱鹤滩先生遗事》，录自明许浩《两湖麈谈录》。后半句见明吕毖《明朝小史》卷二"网巾"条。考《明史》卷六十六："皇帝常服。洪武三年定，乌纱折角向上巾，盘领窄袖袍，束带间用金、琥珀、透犀。永乐三年更定，冠以乌纱冒之，折角向上，其后名翼善冠。袍黄，盘领，窄袖，前后及两肩各织金盘龙一。带用玉，鞾以皮为之。先是，洪武二十四年，帝微行至神乐观，见有结网巾者。翼日，命取网巾，颁示十三布政使司，人无贵贱，皆裹网巾，于是天子亦常服网巾。又《会典》载皇太孙冠礼有云：'掌冠跪加网巾。'而皇帝、皇太子冠服，俱阙而不载。"

213. 明天渊髯长数尺，仕元为学士，元亡削发为僧，改名来复见心，而其髯如故。太祖既有天下，召至，怪而问之曰："汝不欲仕我，而出家为僧，吾亦任汝。然留髯亦有说乎？"对曰："削发除烦恼，留须表丈夫。"上笑而遣之。

司马按：此条见明蒋一葵《尧山堂外纪》卷七十七、明李默《孤树裒谈》卷二。《渊鉴类函》卷三百十七引《明泳化类编》曰："来复字见心，豫章人，以人才仕元，至学士，因乱削发为僧。初髯甚长，后为僧而髯如故，所与游皆名士，胸次清洒，溢为诗章。时僧宗泐著称，复与之齐名。太祖尝诵其所为诗文，嗟赏久之。因蜀王与复善讲论著作，以故得达。太祖一日召问，曰：'汝不欲仕我，而去出家为僧，吾亦听汝。然留须亦有说乎？'对曰：'削发除烦恼，留须表丈夫。'太祖笑而遣之。"清姚之骃《元明事类抄》卷二十八亦引《泳化编》，然语焉不详。

214. 南京历代帝皇庙每年一祀，帝皇之前皆一爵，惟献汉高祖以三爵，盖因庙初成时，太祖临祭，礼毕，复至高祖神位前，笑谓曰："刘君，今日庙中诸君当时皆有所凭藉，以得天下，惟朕与汝不阶尺土，手提三尺，致位天子，比诸君尤为难事，可共多饮二爵。"至今遂为定制。太祖有天下，建庙以祀历代之帝王，自伏羲以下像皆易成，至元世祖，其面乃屡为泪痕所污，塑工频加修饰，然越宿如故，太祖闻之，幸庙，谓曰："痴达子，汝以胡人入主中国，传祚几至百年，可谓幸矣，今我以天命人归，奄有天下，然于汝之子孙亦不加戮，但驱还漠北而已，则我之待胜国亦可谓恩有礼矣，汝复何恨耶？

宜自宽释，毋再啼哭为也。”于是塑工明日遂奏世祖面上无泪矣。

司马按：此条见明李默《孤树裒谈》卷二。

215. 国初时，京都中有沈万三甚富，今会同馆是其故宅，后湖中地是其花园，京城自洪武门至水西门是其所筑也。

司马按：此条见明李默《孤树裒谈》卷二。清吴景旭《历代诗话》卷七十五引《传信录》亦云：“万三甚富，今会同馆是其故宅，后湖中地是其花园，京城自洪武门至水西门是其所筑也。”

216. 南京国学之址，旧为积尸之所，谓之万人坑。每天阴雨湿，行人多为鬼眩，有至死者，因建鸡鸣寺，设醮以度，而鬼又夜飞砖击瓦，僧人怖恐。

司马按：此条见明李默《孤树裒谈》卷二。

217. 洪武初制①，天下官员三年一朝觐，而凡州县之老人亦与焉。某年朝觐，太祖问一老人曰：“朕将命工部筑室于后湖之中，以为藏天下黄册之所，然当作何向宜乎?”一老人对曰：“此堂当东西相向，庶朝夕皆为日色所晒，而黄册无浥烂之虞也。”太祖既喜此老人之对，又见其貌颇类猫。既明日，遂召至，谓之曰：“汝为朕定册室之向，甚喜，朕今复将托汝为守此册，无俾为鼠耗。”遂命一内侍引至后湖埋之。自是后湖虽有鼠，而黄册无恙。弘治某年，户部郎中东莞邓深尝管册后湖，一日独坐于厅事中，见一老人入揖而言曰：“吾为朝廷守此黄册，今将百四十年，一册不为群鼠所啮，然未尝或蒙管册诸公支鸡斗酒之赐，恐此非所以待有功者。”言讫，忽不

① 《孤树裒谈》无“制”字。

见。邓明日即具牲醪祀之。至嗣管册者岁必祀之以为常。或曰："老人，广之新会人也。"

司马按：此条见明李默《孤树裒谈》卷二。此五条顺序与《孤树裒谈》同，均引自《传信录》。《明史·宦官传》亦云："后湖者，洪武时置黄册库其中，令主事、给事中各一人守之，百司不得至。岁久湖塞，锦、向于湖滩稍种蔬伐苇，给公用，故为祖生所奏。事下南京法司。适郭镛奉使两广，道南京，往观焉。御史纮等因劾镛擅游禁地。镛怒，归醖于帝，言府尹杨守随勘锦、向失出，御史不劾奏，独绳内臣。帝乃遣太监何穆、大理寺少卿杨谧再勘后湖田，并覆绾、琮讦奏事。"

218. 方孝孺先生未生时，其父将葬其祖，已预择某日矣，忽夜梦一朱衣人前跪曰："闻执事明日要作尊翁先生大人之藏于某山之原，然吾九族居此已数百年，子孙繁衍不知其数，望执事再缓三日，吾当徙而避之，愿以仁恕为心，俯从所请。"言讫辞去。明日起土，即得一穴，阔六丈许，中有赤蛇千余尾，共一穴，其一长数丈，盖所梦之赤衣也。先生之父素不信鬼神事，见蛇不顾，亦不忆梦中之言，积薪纵火焚之。有烟一道直指先生之家，是时母方妊，后数日，先生生焉，厥状甚异，舌能餂入鼻中，幼颖悟甚。长师宋景濂，为文议论滂沛，类苏东坡。官至学士，尽忠于建文君，遭赤九族，盖蛇之报云。

司马按：此条见明李默《孤树裒谈》卷三，其文引自《传信录》。四库本《浙江通志》卷二百八十亦引自《传信录》。

219. 太祖开宴赏月，而月为浓云所掩，因命解学士缙赋诗，解作《风落梅》一阕，其辞曰："嫦娥面，今夜圆。下云帘，不着臣见。拚今宵倚阑不去眠，看谁过广寒殿。"上览之，欢甚，留缙饮至东方白。

司马按：此条见明李默《孤树裒谈》卷三。明郎瑛《七修类稿》亦载："永乐中中秋，开宴不见月，上心不怿。公口占《风落梅》一阕云：'姮娥面，今夜圆。下云帘，不着群臣见。拚今宵倚阑不去眠，看谁过广寒宫殿。'上览之，欢甚，为停杯以待。夜午，月复明，上笑曰：'解学士真才子夺天手也。'命宫人满酌宣劝，尽欢而罢。"此事家乘向未及载，后附录于明解缙《文毅集》卷四。《御选历代诗余》卷一百二十"解缙落梅风"条引《解缙集》云："成祖于中秋夜，开宴赏月，月为云掩，命解缙赋诗。缙遂口占《落梅风》一词云：'嫦娥面，今夜圆。下云帘，不着群仙见。弃今宵倚阑不去眠，看谁过广寒宫殿。'成祖览之，欢甚。又赋长歌，成祖益喜，同缙饮至夜半，月复明，浮云尽散。成祖笑曰：'卿真夺天手段也。'"今按：《落梅风》即《寿阳曲》，双调四十六字，与《风落梅》不同。《御选历代诗余》疑误。

220. 张士诚据吴中，东南名士多往依之，不可致者惟杨廉夫一人。士诚无以为计。一日闻其来吴，使人要于路，廉夫不得已，乃一至宾贤馆中。时元主方以龙衣御酒赐士诚，士诚闻廉夫至，甚喜，即命饮以御酒，酒未半，廉夫作诗云："江南岁岁烽烟起，海上年年御酒来。如此烽烟如此酒，老夫怀抱几时开。"士诚得诗，知廉夫不可屈，不强留也。

司马按：见明何良俊《语林》卷十三。明都穆《南濠诗话》亦载此事，清吴景旭《历代诗话》卷七十引之。

221. 朱陈村在徐州丰县东南一百里深山中，民俗淳质，一村惟朱、陈二姓，世为婚姻。白乐天有《朱陈村诗三十四韵》，其略云："县远官事少，土深民俗淳。有财不行商，有丁不入军。家家守村业，头白不出门。生为陈村人，死为陈村尘。田中老与幼，相见何欣欣。一村惟两姓，世世为婚姻。亲属居有族，少长游有群。黄鸡与白酒，欢会不隔旬。生者不远别，嫁娶先近邻。死者不远葬，坟墓多绕村。既安生与死，不苦形与神。所以多寿考，往往见玄孙。”予每诵之，则尘襟为之一洒，恨不生长其地。后读坡翁《朱陈村嫁娶图诗》云：“我是朱家旧使君，劝农曾入杏花村。而今风雨那堪画，县吏催钱夜打门。”则宋之朱陈已非唐时之旧，若以今视之，又不知其何如也。

司马按：见明黄学海《筠斋漫录》卷十。明都穆《南濠诗话》亦载其事。唐白居易《白氏长庆集》卷十《朱陈村》：“徐州古丰县，有村曰朱陈。去县百余里，桑麻青氛氲。机梭声札札，牛驴走纭纭。女汲涧中水，男采山上薪。县远官事少，山深人俗淳。有财不行商，有丁不入军。家家守村业，头白不出门。生为陈村民，死为陈村尘。田中老与幼，相见何欣欣。一村唯两姓，世世为婚姻。亲疏居有族，少长游有群。黄鸡与白酒，欢会不隔旬。生者不远别，嫁娶先近邻。死者不远葬，坟墓多绕村。既安生与死，不苦形与神。所以多寿考，往往见玄孙。我生礼义乡，少小孤且贫。徒学辨是非，只自取辛勤。世法贵名教，士人重冠婚。以此自桎梏，信为大谬人。十岁解读书，十五能属文。二十举秀才，三十为谏臣。下有妻子累，上有君亲恩。承家与事国，望此不肖身。忆昨旅游初，迨今十五春。孤舟三适楚，羸马四经秦。昼行有饥色，夜寝无安魂。东西不暂住，来往若浮云。离乱失故乡，骨肉多散分。江南与江北，各有平生亲。平生终日别，近者来年闻。朝忧卧至暮，夕哭坐达晨。悲苦烧心曲，愁霜侵鬓根。一生苦如此，长羡陈村民。”宋苏轼《陈季常所畜朱陈村嫁娶图》：“何年顾陆丹青手，画作朱陈嫁娶图。闻道一村惟两姓，不将门户买崔卢。我是朱陈旧使君，劝耕曾入杏花村。而今风物那堪画，县吏催钱夜打门。”（王十朋编《东坡诗集注》卷二十七）

222. 正统间，宫殿当彩绘，计用牛胶万余觔，遣官赍敕属巡抚南直隶尚书周公忱如数办供。时公以议事赴京，遇诸途，敕使请公还治。公曰：“第行，自有处置。”至京，言京库所贮皮张岁久朽腐，请出煎胶应用，回治即拨余米，买皮照数输纳，以新易旧，两得便利。太监王振欣然从之，益加敬重。

司马按：明项笃寿《今献备遗》卷十七周忱传："正统初，有诏彩绘官殿，计用牛胶万余斤，遣官赍敕督办。时忱方赴京，遇诸涂，敕使请还治。忱言第行，自有处。至京，言京库所贮皮张岁久朽腐，请出煎胶应用，归即拨余米，买皮上供，以新易旧，诚两便从之。"周忱，字恂如，吉水人，永乐二年进士。事迹具《明史》本传。

223. 正统中，都御史陈智性刚而躁，尝坐堂，偶有蝇拂其面，即怒叱从者拿，从者纷然东奔西突，为逐捕之状。少顷，俟其怒解，禀问拿何人，乃叱之曰是蝇。有相知者以宽缓为劝，即置一水简，书"戒暴怒"三字于上，置诸左右以自警。及至有触忤者，辄举水简挞之。一日，与掌顺天府事工部侍郎李庸在朝议事不合，相忿诟，朝廷遂两罢之。

司马按：明李贤《古穰集》卷二十八："都御史陈智性褊急躁暴，挞左右之人无虚日，洗面时用七人，二人揽衣，二人揭衣领，一人捧盘，一人捧漱水碗，一人执牙梳，稍不如意，便打一掌，至洗毕，必有三四人被其掌者。一日堂上静坐，因岸帽取钻剔指甲，失坠于地，怒其钻不得，已而启座自拾钻，触地砖数次，若惩其钻者。方静坐，若左右行过履有声者，即挞之。或谏以暴怒为戒，曰诺，乃作木方，刻'戒暴怒'三字，挂之目前以示警。已而怒其人，欲挞之，辄忘其戒，取木方以击之，怒性既消，观其所戒，悔之弗及也。"

224. 解学士缙《应制题虎顾众彪图》曰："虎为百兽尊，谁敢触其怒。惟有父子情，一步一回顾。"文皇素不喜仁宗，感此诗甚思。时仁宗留守南京，颇怀忧虞，因命所亲信者莫如夏原吉，即日往迎之，可谓得讽体矣。

司马按：见明郭子章《豫章诗话》卷六，其引自《传信录》。《元明事类抄》卷三十八引《玉堂丛话》：“解缙《应制题虎顾众彪图》曰：‘虎为百兽尊，谁敢撄其怒。惟有父子情，一步一回顾。’文皇素不喜仁宗，感此诗，甚思之。时方留守南京，即日往迎焉。”《凤池吟稿》附录《辨疑》云：“《吟稿》中有《题虎绝句》曰：‘虎为百兽尊，罔敢触其怒。惟有父子情，一步一回顾。’尝阅《殿阁名臣记》及《灼艾集》，皆以为解大绅学士之作，且云成祖素不喜仁宗，学士盖借虎为喻，卒之前，星克耀，此诗之力也。其言似若有据。然余考之学士集中，绝无此作，别有《题虎》七言一首曰：‘老大玄文压旧斑，萧萧藜藿满空山。明朝再入麒麟队，坐与君王镇九关。’《使前诗》亦出解手，刻中当并载之，何独遗也。今按学士之诗亦自有讽意，岂当时所指者即此作，而误书汪诗耶？抑学士当时曾并举汪诗以为讽，而后人遂误传为学士诗耶？不然，则洪武三年汪公已进封忠勤伯，而集亦刻于是年，至二十一年，学士始成进士，相去不啻数十年矣，安得预有此诗，而汪公掠其美耶？观《吟稿》序文出自濂溪宋公之手，彼时同居馆阁，闻见必真，岂亦未之察耶？即如国朝馆课刻有《汪公白雁诗》一首，而集中实无此作，先君子尝手自校订，而《白雁诗》不收入，《咏虎诗》不删去，故集中无见，独恨趋庭时未及面证耳。《吟稿》久无善本，更欲付之梨枣，恐耳食者不察，将令汪公之疑不白于天下后世矣，因辨之如此。后学王百顺谨识。”

225. 杨文定公溥执政时，其子自乡来，云道出江陵，独不为县令所礼，乃天台范公理也。文定深重之，即擢为德安知府，再擢贵州左布政使。或劝当致书。范公曰：“宰相为朝廷用人，非私于理也。”闻文定卒，乃祭而哭之，以谢知己。

司马按：见明耿定向《先进遗风》卷上。

226. 于肃愍公谦为兵部尚书，当己巳之变，议者请烧通州仓以绝虏望。公曰："国之命脉，民之膏脂，顾不惜邪？"传示城中有力者恣取之，数日粟尽入城矣。

司马按：见明陈沂《畜德录》。《四库全书总目》卷六十一《畜德录》提要："此书皆纪宣德、正统间名臣言行，人各一二条。末有嘉靖壬辰自跋，称以所闻于外祖金静虚、太常夏崇文及吴文定、李文正者著之于篇，虽有不伦，而取善之意，不以人废云云。考所载如于谦、魏骥、徐晞、王翱、姚夔、岳正、韩雍、周忱、刘大夏、屠墉、章懋、储巏、何瑭、朱希周等，皆一时名人，他如蹇义、解缙、夏元吉、杨荣、金幼孜，身事两朝，已为其次。至王越以权术用事，益为物论所不满。"陈沂（1469—1538），字宗鲁，后改字鲁南，号石亭，金陵人。正德十二年进士。由庶吉士历编修、侍讲，忤张孚敬，出为江西参议、山东参政，改山西行太仆寺卿致仕。传见《明史·文苑传》。

227. 王文端公直在吏部时，其子为南京国学博士，考绩在部，文选郎中，欲留侍公，改北学，公不可，曰："是乱法自我始矣。"

司马按：见明陈沂《畜德录》。《明史》卷一百六十九亦云："（王）直为人方面修髯，仪观甚伟。性严重，不苟言笑。及与人交，恂恂如也，在翰林二十余年，稽古代言编纂纪注之事，多出其手。与金溪王英齐名，人称二王，以居地目直曰东王，英曰西王。直以次当入阁，杨士奇不欲也。及长吏部，益廉慎。时初罢廷臣荐举方面大吏，专属吏部。直委任曹郎，严抑奔竞。凡御史巡方归者，必令具所属贤否以备选擢，称得人。其子稹为南国子博士，考绩至部，文选郎，欲留侍直，直不可，曰：'是乱法自我始也。'朝廷以直老，命何文渊为尚书佐之。文渊去，又命王翱，部遂有二尚书。直为尚书十四年，年益高，名德日益重。帝优礼之，免其常朝。"

228. 都御史韩公雍征大藤峡，出兵，令五鼓战。将领者闻贼已觉，恐迟失事，二更即发，大破之。公赏其功，而问以违令之罪。以军法当斩，乃具闻请释，曰："万一不用命而败，奈何?"人谓公得将将之体。

司马按：见明陈沂《畜德录》，清汪森《粤西丛载》卷八亦引之。

229. 公与夏公埙饮，各出酒令，公欲一字内有大人小人，复以谚语二句证之曰："伞字有五人，下列众小人，上侍一大人，所谓'有福之人人服事，无福之人服事人'。"夏云："爽字有五人，旁列众小人，中藏一大人，所谓'人前莫说人长短，始信人中更有人'。"

司马按：见明陈沂《畜德录》。

230. 章公懋为南京国子祭酒，有监生请假，托说一力采薪不至，将往求之。公闻之愕然，曰："薪水之资托有失，奈何忧动颜色?"使亟求，且冀得之，当复我。此生甚悔，曰："公待我以诚，奈何绐之?"明日返命，具实谢罪。

司马按：见明陈沂《畜德录》，《明儒言行录》卷五亦引之。

231. 世传吕洞宾，唐进士也。诣京师应举，遇钟离公于岳阳，授以仙诀，遂不复之京师。今岳阳飞吟亭，是其处也。近时有题绝句于亭上云："觅官千里赴神京，钟老相传盖便倾。未必无心唐事业，金丹一粒误先生。"余酷爱其旨趣，盖夫子告沮溺之意也。

司马按：见宋罗大经《鹤林玉露》卷一"飞吟亭诗"条。

232. 淳熙中，王季海为相，奏起汪玉山为大宗伯知贡举，且以书速其来。玉山将就道，有一布衣之友，平生极相得，屡黜于礼部，心甚念之。乃以书约其胥会于富阳一萧寺。与之对榻，夜分密语之曰："某此行，或者典贡举，当特相牢笼。省试程文易义冒子中，可用三古字，以此为验。"其人感喜。玉山既知举，搜易卷中，果有冒子内用三古字者，遂竟批上，置之前列。及拆号，乃非其友人也，私窃怪之。数日，友人来见，玉山怒责之曰："此必足下轻名重利，售之他人，何相负乃如此！"友人指天誓日曰："某以暴疾几死，不能就试，何敢漏泄于他人？"玉山终不释然。未几，以古字得者来谒，玉山因问之曰："老兄头场冒子中用三古字，何也？"其人泯默久之，对曰："兹事甚怪，先生既问，不敢不以实对。某之来就试也，假宿于富阳某寺中，与寺僧闲步庑下，见室中一棺，尘埃漫漶，僧曰：'此一官员女也，殡于此十年矣，杳无骨肉来问，又不敢自葬之。'因相与默然。是夕，梦一女子行庑下。谓某曰：'官人赴省试，妾有一语相告，此去头场冒子中可用三古字，必登高科，但幸勿相忘，使妾朽骨，早得入土。'既觉，甚怪之。遂用其言，果叨前列，近已往寺中葬其女矣。"玉山惊叹。此事冯此山可久为余言，虽近于语怪，然亦不可不传，足以祛人二蔽：一则功名富贵，信有定分。有则鬼神相之，无则虽典贡举者欲相牢笼，至于场屋亦不能入，此岂人之智巧所能为乎？一则人发一念，出一言，虽昏夜暗室，人所不知，而鬼神已知之矣。彼欲自欺于冥冥之中，而曰莫予云觏者，又惑之甚者也。

司马按：见宋罗大经《鹤林玉露》卷二"玉山知举"。

233. 姚镛为吉州判官，以平寇论功，不数年擢守章贡。为人豪隽，喜作诗，自号雪蓬。尝令画工肖其像：骑牛于涧谷之间。索郡人赵东野题诗，东野题云："骑牛无笠又无蓑，断陇横冈到处过。暖日暄风不常有，前村雨暗却如何？”盖规切之也。居无何，忤帅臣，以贪劾之。时端平更化之初，特重施行，贬衡阳，人皆服东野之先见。

司马按：见宋罗大经《鹤林玉露》卷六“骑牛诗”条。

234. 汉翟公为廷尉，既罢，门可设雀罗。乃书门曰：“一贵一贱，交情乃见。”唐李适之罢相，作诗曰：“避贤初罢相，乐圣且衔杯。为问门前客，今朝几个来？”盖炎而附，寒而弃，从古然矣。灌夫不负窦婴于摈弃之时，任安不负卫青于衰落之日，徐晦越乡而别临贺，后山出境而见东坡，宜其足以响千载之齿颊也。

司马按：见宋罗大经《鹤林玉露》卷六“交情世态”条。

235. 宋绍兴中，刘光世在淮西，军无纪律。张魏公为都督，奏罢之，命参谋吕祉往庐州节制光世，颇得军心。祉，儒者，不知变，绳束顿严，诸君忿怨。统制郦琼率众缚祉，渡淮归刘豫。魏公方宴僚佐，报忽至，满座失色。公色不变，徐曰：“此有说，第恐虏觉耳。”因乐饮至夜分，乃为蜡书，遣死士持遗琼，言事可成，成之；不可，速全军以归。虏得书，疑琼分隶其众，困苦之边赖以安。南轩言：“符离之役，诸军皆溃，唯存帐下千人。某终夕彷徨，而先公方熟寝，鼻息如雷。”

司马按：见宋罗大经《鹤林玉露》卷六“庐州之变”条。

236. 张无垢在越上作幕官，不请供给钱；在馆中进书，不肯转官，人皆以为好名之过。无垢曰：“既请月俸，又受供给，偶然进书，又便受赏，于我心实有不安，此亦本分事，何名之好！贪者往往不曾寻思，此心病也。心有病，人安得知？

我知之，当自医。人既不自知病，反恶人医病，犹妇人妒者，非特妒其夫，又且妒人之夫，其惑甚矣。”无垢此喻甚切。世降俗薄，贪浊成风，反相与嗤笑廉者。谀佞成风，反相与嗤笑直者。软熟成风，反相与嗤笑刚者。竞进成风，反相与嗤笑恬退者。侈靡成风，反相与嗤笑俭约者。傲诞成风，反相与嗤笑谦默者。贾子云：“莫邪为钝兮，铅刀为铦。”东坡云：“变丹青于玉莹兮，乃反谓子为非智。”风俗至于如此，岂不可哀！

司马按：见宋罗大经《鹤林玉露》卷七“妒妇喻”条。

237. 李强父为昭文相，尝出六和塔，题诗云：“往来塔下几经秋，每恨无从到上头。今日登临方觉险，不如归去卧林丘。”强父为相清正，谨守规矩，自奉如寒士，书卷不释手，薨于位，谥文清。

司马按：见宋罗大经《鹤林玉露》卷七“六和塔诗”条。元刘一清《钱塘遗事》卷一“六和塔诗”条引之。

238. 颍滨释《庄子》曰：“鱼不畏网罟，而畏鹈鹕，畏其天也。”物之畏其天，诚有可怪者。余里中一村童，尝见大蛙十数，聚于污池丛棘之下。欲前捕之，熟视，乃一巨蛇蟠棘下，以恣啖群蛙，群蛙凝立待啖，不敢动。又村叟见蜈蚣逐一蛇，行甚急，蜈蚣渐近，蛇不复动，张口以待，蜈蚣竟入其腹。逾时而出，蛇已毙矣。村叟弃蛇于深山中，逾旬往视之，小蜈蚣无数食其腐肉。盖蜈蚣产卵于蛇腹中也。余又尝见一蜘蛛，逐蜈蚣甚急，蜈蚣逃入篱抢竹中。蜘蛛不复入，但以足跨竹上，摇腹数四而去。伺蜈蚣久不出，剖竹视之，蜈蚣已节节烂断如萤酱矣。盖蜘蛛摇腹之时，乃洒溺以杀之也。物之畏其天有如此者。夫蛇之恣啖群蛙，自以为莫己敌矣，而不知蜈蚣之能涉其腹也。蜈蚣之毙蛇育子，自以为莫吾御矣，而不知蜘蛛之能醢其躯也。世之人昂昂然以凶毒自多者，可以观矣。且蛙之不能敌蛇，固也。蜈蚣小于蛇矣，而能制蛇。蜘蛛小于蜈蚣矣，而能制蜈蚣。物岂专以小大为强弱哉！

司马按：见宋罗大经《鹤林玉露》卷八“物畏其天”条。

239. 庄子谓：“至人入水不濡，入火不热。”如周公遭变，而赤舄几几；孔子厄陈，而弦歌自如；皆至人也。不濡不热，其言心耳，非言其血肉之身也。

司马按：见宋罗大经《鹤林玉露》卷九“至人”。

240. 秦襄毅公纮巡抚陕西时，秦府旗校肆横，民苦之，公悉擒治不少贷，秦王不能堪，奏公欺灭，宪皇怒，逮公下锦衣狱，命内臣尚亨籍其家，止得黄绢一疋、故衣数事，亨回奏公贫状，上亲阅其赀，嘉叹良久，诏释公系，且赐钞万贯，以旌其廉，调抚河南。既抵任，巨珰汪直亦以事至。汪时窃弄威福，声势烜赫，他巡抚官率屈礼以见，公独与抗礼，略不为屈，汪亦知重公，不为较。公乃密疏汪多带旗校，骚扰地方。汪回京，上问各省抚臣贤否，汪独称公廉能。上以公疏示汪，汪叩头伏罪，称公贤，不置，上释之。

司马按：见明项笃寿《今献备遗》卷二十四。明耿定向《先进遗风》卷上亦云：“少保秦襄毅公纮初为南京御史，有风裁，以劾中官，降北黄驿丞，嗣因荐升知雄县，又以禁中官捕猎被诬构，祸几不测，民数千走击登闻鼓，讼冤得宥。成化初，为巩昌知府，清廉自守，禁官府和市，吏民畏爱。十三年升陕西参政，十八年升佥都御史巡抚宣府，破敌柴沟堡，寻巡抚陕西，时以约戢秦府旗校肆横为秦王讦奏被逮下诏狱，上命内臣尚亨籍其家，止得黄绢一疋、故衣数事，亨还言公贫状，上亲阅其赀，嘉叹，立释公，且赐钞万贯，旌其廉，调巡抚河南，会汪直至，他巡抚率屈礼，公独与抗，密疏直多带旗校扰地方。直还，上问各省抚臣贤否，直独称公廉能，上出公疏示直，直顿首伏罪，益称公贤。"

241. 张庄简公悦，奉职守法，以不欺为本。在刑部时，朝士有嘱其所亲者，曰："不敢挠公法，但乞假一词，使知某尝有言耳。"讫事而闻之，曰："其人无大罪，既据法施之，无敢伪言以市恩。"闻者叹服。在浙江，始以糊名校士，寻去之，曰："我且自疑，人谁信我。"请托觊觎，屹不为动，而士皆帖服，无敢干以私者。公平居谨畏小心，无疾言厉色。至临事，卓有定见，未尝以恩怨利害动其心。尝谓人曰："古之圣贤，其过人远甚，凡所猷为，皆公无私，故其事业光明俊伟。今之人去古圣贤亦远矣，每事竭其公忠尤恐不及，况复济之以私乎?"或言有善读书不善作官者，公叹曰："此正不善读书耳。世岂有遵书本行而误者?"冢宰去位，众望咸属公，或言内未有为之地者，公直视不答，其人惧而退，公性素清约，自小官至重任，始终一节，归处杜门，在外公私事一无所预，时见风俗奢靡日甚，益崇节俭以率子孙，尝书揭屏间曰："客至留馔，俭约适情，殽随有而设，酒随量而倾。虽新亲不抬饭，虽大宾不宰牲，匪直戒奢侈而可久，亦免烦劳以安生。"

司马按：此条见明徐咸《皇明名臣言行录》后集卷五，又见明顾清撰《（正德）松江府志》卷二十九。《御定渊鉴类函》卷八十设官部二十兵部尚书二亦引《献征录》曰："张悦，字定庵，改南兵部尚书，参赞机务，恩威并行，将帅悦从。尝谓人曰：'古之圣贤，凡所欲为，至公无私，故其事业光明俊伟。今之人去古远矣。竭其公忠，犹恐不至，况复济以私乎?'或有言善读书不善作官者，公笑曰：'此正不善读书耳。'"

242. 腊月剖修竹，相接各钉以竹丁，引泉之甘者贮之以缸。杜甫所谓"剖竹走泉源"者，此也。又须爱护用之。谚云："近水惜水。"此实修福之事云。

司马按:《说郛》卷七十四上林洪《山家清事》“泉源”。

243. 谚曰:“慈不掌兵,义不主财。”君子曰:“惟慈掌兵,惟义主财。”《论语》曰:“仁者必有勇。”非慈何以掌兵?《易》曰:“理财正辞,禁民为非曰义。”非义何以主财?不慈掌兵,贼也;不义主财,盗也。

司马按:见明杨慎《丹铅总录》卷九、《丹铅余录》卷五。

244. 子奇年十六,齐君使治阿,既而君悔之,遣使追,追者反国,曰:“子奇必能治阿,共载皆白首也。”子奇至阿,铸库兵以作耕器。魏曰:“闻童子治邑,库无兵,仓无粟。”乃起兵击之,阿人父率子,兄率弟,以私丘战,遂败魏师。昔管仲束缚,自鲁之齐,路饥而泣,过绮邑,乞食,封人跪飧之,因窃谓仲曰:“若用齐,将何报我?”仲曰:“如子之言,我且贤之用,能之使,劳之论,我何以报子?”封人怨之。韩信始为布衣,从人寄食饮,人多厌之者。尝钓于城下,诸母漂,有一母见信饥,饭信竟漂数十日,信喜谓漂母曰:“吾必有以重报母。”母怒曰:“大丈夫不能自食,吾哀王孙而进食,岂望报乎?”信后为楚王,召所从食漂母,赐千金。夫施人者不求报,当如漂母,不当如封人。受人施者不忘报,当如韩信,不当如管仲。仲父之言正矣,我何以报子心,无乃失之忍乎?淮阴之言陋矣,吾必有以重报母情,固有所不容已也。

司马按:管仲、韩信事见明陈全之《蓬窗日录》卷五及明张萱撰《西园闻见录》卷十六“报德”条。《意林》卷三引《说苑》:“以老者智,少者决,必能治阿。子奇年十六,齐君使治阿,既而君悔之,遣使追。追者反,曰:‘子奇必能治阿,共载皆白首也。’子奇至阿,铸库兵以作耕器,魏闻童子治邑,库无兵,仓无粟,乃起兵击之,阿人父率子,兄率弟,以私兵战,遂败魏师。”

245. 天之将明，必倏暗而后明。火之将灭，必霎明而始灭。花果木将死，先一年必繁华而盛实，其气始脱。惟人事亦有之。倏暗者非所忧，霎明者不足喜。盛之极者，衰之兆也。

司马按：此条见明郭良翰《问奇类林》卷十三“恬退”类，又见明张萱《西园闻见录》卷二十一引何孟春语。

246. 古诗云：“一日看除目，三年损道心。”予谓人患道心不存耳，道心果存，岂看除目所得损哉？彼慕膻鱻饵之念，洗涤未净，往往身寄山林，而心存朝市，迹履泉石，而意系轩冕，视山林泉石，反若笼槛桎梏，宜其看除目而心为之损也。特所损者，人心耳，岂道心哉！伊川曰：“百官万务，金革百万之众，曲肱饮水，乐在其中矣。万变皆在人，其实无一事。”朱文公云：“艮其背，是止于止；行其庭，是止于动；不获其身，是无与于己；不见其人，是亦不见人。无人无己，但见是此道理，各止其所也，止而至于如此，其谁能动之！”昔有僧居深山中，山鬼百计害之，或诱以淫声美色，或眩以珍羞玩好，或惧以奇形异物，或胁以刀锯炮烙，僧皆不为之动，久之乃寂然无有。或问其故，僧曰：“山鬼之伎俩有尽，老僧之不闻不见无尽。”此即所谓“不获其身，不见其人”者也。心安如是，又岂除目所能损哉！

司马按：见宋罗大经《鹤林玉露》卷六“除目损道心”条。

247. 真西山论菜云：“百姓不可一日有此色，士大夫不可一日不知此味。”予谓百姓之有此色，正缘士大夫不知此味。若自一命以上至于公卿，皆是咬得菜根之人，则当必知其职分之所在矣，百姓何愁无饭吃。

司马按：见宋罗大经《鹤林玉露》卷九“论菜”条。

248. 苗刘之乱，张魏公在秀州，议举勤王之师。一夕独坐，从者皆寝，忽一人持刃立烛后。公知为刺客，徐问曰："岂非苗傅、刘正彦遣汝来杀我乎?"曰："然。"公曰："若是，则取吾首以去可也。"曰："我亦知书，宁肯为贼用? 况公忠义如此，岂忍［加］害！［恐］公防闲不严，有继至者，故来相告尔。"公问："欲金帛乎?"笑曰："杀公何患无财!""然则留事我乎?"曰："我有老母在河北，未可留也。"问其姓名，俛而不答，摄衣跃而登屋，屋瓦无声。时方月明，去如飞。明日，公命取死囚斩之，曰："夜来获奸细。"公后尝于河北物色之，不可得。此又贤于钽麑矣。孰谓世间无奇男子乎? 殆是唐剑客之流也。

司马按：见宋罗大经《鹤林玉露》卷十三"秀州刺客"。

249. 庆历中，劫盗张海过高邮，知军晁仲约令百姓敛金帛牛酒劳之。海悦，径去，不为暴。事闻，富郑公欲诛仲约，范文正不可。富公愠曰："方今患法不举，而多方沮之，何以整众?"范公曰："祖宗以来，未尝轻杀臣下，此盛德事，奈何欲轻坏之? 他日主上手滑，吾辈亦未敢自保也。"富公不以为然。其后自河北还朝，不许入国门，未测朝廷意，终夜彷徨，不能寐，思范公语，绕床叹曰："范六丈，圣人也。"

司马按：见宋罗大经《鹤林玉露》卷十五"杜悰范文正"条。

250. 严尊字君平，西汉时人。卜筮于城都市，日阅数人，每依卦词，教人以忠孝，日得百钱，足以自养，则闭肆下帘，而读《老子》。蜀人罗冲具车马衣粮，劝之仕。君平曰："我有余，君不足，奈何以不足奉有余。"冲曰："吾家万金，子无担石之储，何谓有余?"曰："吾尝宿子家，见子昼夜汲汲，无有足时，我卖卜不下床，而钱数百尘埃厚寸，无所用之，岂非我有余乎?”

司马按:《氏族大全》① 卷十二:“严遵字君平,西汉时人,卜筮于成都市,日阅数人,每依卦辞教人以忠孝,日得百钱,足以自养,则闭肆下帘,而读《老子》。扬雄少从之学,曰:‘其风声足以激贪励俗,亦近古之逸民也。’蜀人罗冲为具车马衣粮,劝之仕。君平曰:‘我有余,君不足,奈何以不足奉有余?’冲曰:‘吾家万金,子无儋石之储,何谓有余?’曰:‘吾尝宿子家,见子昼夜汲汲,未尝有足。今我卖卜不下床,而钱至尚余数百,尘埃厚寸,不知所用,明我有余而子不足也。’”

251. 李俉明道中知绛州,还朝,阁门祇侯李康伯谒之,因谓曰:“舜工文学议论,称于天下,诸公欲用为知制诰,但宰相以舜工未曾相识,盍一往见之。”俉曰:“我若昔谒丁崖州,则乾兴初已为翰林学士矣。今已老大,焉能随群逐队,趋炎附热,看人眉睫以冀推挽乎?道之不行,命也。”

司马按:宋王称《东都事略》卷六十、元脱脱等《宋史》卷二百九十九、明彭大翼《山堂肆考》卷一百四皆记此事。

252. [范] 文正公镇越,有户曹孙君中卒,子幼家贫,公助之以俸钱百缗,治巨舟,差老衙校送,归作诗一绝,戒其吏曰:“过关津但以吾诗示之:‘十口相携泛巨川,来时暖热去凄然。关津若要知名姓,便是孤儿寡妇船。’”

司马按:见宋祝穆《古今事文类聚后集》卷十五“寡妇扶丧”条。《说郛》卷八十一引刘斧《青琐诗话》。

---

① 不著撰人名氏,书中所引事迹迄于南宋末年,《四库提要》推断为元人所编次。

253. 颜鲁公为临川内史。邑有杨志坚者，嗜学而贫，妻厌之，一日告离。志坚以诗送之曰："平生志学在琴诗，头上而今有二丝。渔父尚知溪谷暗，山妻不信出身迟。荆钗任意撩新鬓，明镜从他别画眉。今日便同行路客，相逢即是下山时。"妻持诗诣州，请公牒求别醮。颜公案其妻曰："王欢之廪既虚，岂尊黄卷。朱叟之妻必去，宁见锦衣。污辱乡闾，败伤风俗，若无褒贬，侥幸者多。"遂棰之，后无弃其夫者。

司马按：见唐范摅《云溪友议》卷上"鲁公明"条。宋阮阅《诗话总龟》卷四十一引之。

254. 近时江南有寡妇，弃其孤儿，再嫁富室，又生一子。及其死也，前夫之争（子）争葬之，质之县尹，县尹判其词曰："生前再醮，已无恋子之心。死后归坟，难见前夫之面。"断令后夫之子葬之。

司马按：此条见明郭良翰《续问奇类林》卷十六。

255. 杨虎得罪于卫，北见赵简子曰："自今以后，不复树人矣。堂下之人，臣所树者过半，今反危臣矣。"简子曰："树桃李者，夏得休息。树蒺藜者，秋得其刺。今子所树，蒺藜也。自今以后，择人而树之。"

司马按：《说苑》卷六《复恩》云："阳虎得罪于卫，北见简子曰：'自今以来，不复树人矣。'简子曰：'何哉?'阳虎对曰：'夫堂上之人，臣所树者过半；朝廷之吏，臣所立者亦过半矣；边境之士，臣所立者亦过半矣。今夫堂上之人，亲却臣于君；朝廷之吏，亲危臣于众；边境之士，亲劫臣于兵。'简子曰：'唯贤者为能报恩，不肖者不能。夫树桃李者，夏得休息，秋得食焉。树蒺藜者，夏不得休息，秋得其刺焉。今子之所树者，蒺藜也，非桃李也。自今以来，择人而树，毋已树而择之。'"

256. 王沂公与一朝士有旧，欲得齐州。沂公曰："齐州已差人。"乃与庐州。不就，曰："齐州地望毕于庐州，但于私便耳。相公不使一物失所，改易前命，当亦不难。"公正色曰："不使一物失所，则彼一物必失所。"其人惭而退。

司马按：见宋沈括《补笔谈》卷下，宋赵善璙《自警编》卷六、元张光祖《言行龟鉴》卷三亦载之。《言行龟鉴》将"王沂公"改为"司马温公"，未审其故。

257. 伊川先生在经筵，每当进讲，必宿斋豫戒，潜思存诚，冀以感动上意，而其为说，常于文义之外反复推明，归之人主。一日当讲颜子不改其乐章，门人或疑此章非有人君事也，将何以为说。及讲，既毕文义，乃复言曰："陋巷之士，仁义在躬，忘其贫贱，人主崇高，奉养备极，苟不知学，安能不为富贵所移。且颜子，王佐之才也，而箪食瓢饮。季氏，鲁国之蠹也，而富于周公。鲁君用于如此，非后世之监乎？"闻者叹服。

司马按：宋朱子《晦庵集》卷九十八、《伊洛渊源录》卷四、宋李幼武《宋名臣言行录外集》卷三、宋赵善璙《自警编》卷六皆载此事。

258. 章惇、蔡卞用事，所以欲杀刘元城者至矣。故方窜广东，则移广西。既抵广西，复徙广东。凡甲令所载，称远恶州军，无所不至，虽盛夏，令所在州军监督，日行一舍，或泛海往来贬所，人谓公必死，然七年之间未尝一日病，年几八十，坚悍不衰，此非人力所及，殆天相之。或问何以至此，曰诚而已。公贬梅州，忽有所厚士类数辈至，殷勤之余，辄相向垂涕。公曰："岂非安世有后命乎？"客曰："属闻朝廷遣使入郡，将不利于公，愿公自裁无辱。"公告之曰：安世罪大责轻，若朝廷不贷，甘心东市之诛。使国家明正兴刑，诛一戒百，亦助时政之万一，何至效匹夫匹妇自经于沟渎？或不为动。使者入海岛杖死元祐内臣。陈衍盖累罂相授，不杀近臣。惇、卞屡造此祸而不克，故因令使者迂往诣启，以虚声逼诸流人，使其自尽也。”自是广人寖知惇、卞意。时公贬所有土豪缘进纳以入仕者，因持厚资入京师以求见惇，犀珠磊落，赌及仆隶，久之不得见，其人直以能杀公意达之，惇乃见之。不数日，荐上殿，自选入，改秩除本路转运判官，其人飞驭径驱，至公贬所，郡将遣其客来，劝公治后事，涕泣以言。公色不动，留客饮酒，谈笑自若，对客取笔书数纸，徐呼其仆曰：“闻朝廷赐我死即死，依此行之。”谓客曰：“死不难矣。”客从其仆取纸阅之，则皆经纪其家与同贬当死者之家事甚悉，客惊叹以为不可及也。俄报运使距郡城三十余里而止，翌日当至，家人闻之，益号泣不食，亦不能寐，且治公身后事，而公起居饮食如平常，曾无少异，至夜半，伺公则酣寝，鼻息如雷，忽闻钟动，上下惊曰：“钟声何太早也？”黎明，问之，鸣钟者乃运判公，一夕呕血而毙矣。明日，有客唁者曰：“若人不死，则公未可知矣。”然公亦无喜色。于是见公处死不乱如此。

司马按：见宋赵善璙《自警编》卷五。

259. 庆历三年春，范文正公巡边，至为环庆经略使，知环州。以属羌多怀二心，密与元昊通，以种世衡素得属羌心，而青涧城已完，乃奏徙世衡知环州，以镇抚之。有牛奴讹素屈强，未尝出见州官，闻世衡至，乃来郊迎。世衡与约明日当至其帐，慰劳部落。是夕，雪深三尺左右，曰：“奴讹凶诈难信，且道险不可行。”世衡曰：“吾方以信结诸胡，可失期邪？”遂冒雪而往。既至，奴讹尚寝，世衡蹴起之，奴讹大惊曰：“吾世居此山，汉官无敢至者。公了不疑我邪？”帅部落罗拜，皆感激心服。又传云，世衡佯醉卧其帐中，奴讹与其妻环侍，不敢离左右，既醒而谓曰："我醉此，尔何不杀我？"奴讹泣曰："是何言耶？惟有一死可报吾父尔。"自是属羌，无不悦服。

司马按：宋司马光《涑水记闻》卷九据范仲淹墓志记其事。宋赵善璙《自警编》卷八、宋江少虞《事实类苑》卷五十八、宋陈均《九朝编年备要》卷十二亦载其事。

260. 范文正公微时，尝诣灵祠，求祷曰："他时得相位乎？"不许。复祷之曰："不然，愿为良医。"亦不许。既而叹曰："夫不能利泽生民，非大丈夫平昔之志也。"他日有人谓公曰："丈夫之志于相理则当，然医之伎君何愿焉，乃无失于卑耶？"公曰："嗟乎，岂为是哉！古人有云：'常善救人，故无弃人。常善救物，故无弃物。'且丈夫之于学也，固欲遇神圣之君，得行其道，思天下匹夫匹妇有不被其泽者，若己推而内之沟中，能及小大生民者，固惟相为然。既不可得矣，夫能行救人利物之心者，莫如良医。果能为良医也，上以疗君亲之疾，下以救贫民之厄，中以保身苌生，在下而能及小大生民者，舍夫良医则未之有也。"

司马按：见宋吴曾《能改斋漫录》卷十三"文正公愿为良医"条。宋赵善璙《自警编》卷八亦载其事。

261. 苏文忠公轼《与朱鄂州书》云："昨王殿直天麟见过言：'岳、鄂间田野小人例只养二男一女，过此辄杀之，尤讳养女。初生，辄以冷水浸杀。其父母亦不忍，率常闭目背面，以手按之水盆中，咿嘤良久乃死。天麒每闻其侧近有此，辄驰救之，量与衣服饮食，全活者非一。鄂人有秦光亨者，今已及第，为安州司法。方其在母也，其舅陈遵梦一小儿援其衣，若存所诉，比两夕辄见之，其状甚急，遵独念其姊有娠将产，而意不乐多子，岂其应是乎？驰往省之，则已在水盆中矣，救之得免。'准律，故杀子孙徒二年。此长吏所得按举，愿公明以告诸邑令佐使，召诸保正，告以法律，论以祸福，约以必行，且立赏召人告官赏钱，以犯人及邻保家财充若依律行，遣数人，此风便革。但得初生数日不杀后，虽劝之使杀，亦不肯矣。自今以往，缘公而得活者岂可胜计哉！"

司马按：见宋苏轼《东坡全集》卷七十四。宋赵善璙《自警编》卷八亦载其事。

262. 司马温公自以遭遇圣明，言听计从，欲以身徇天下，躬亲庶务，不舍昼夜。或以诸葛孔明事多食少之语戒之。公曰："死生，命也。"为之益力。病革，谆谆不复自觉，如梦中语，然皆朝廷大事也。既没，其家得遗一表，八纸上之，皆手札，论当世要务。

司马按：宋赵善璙《自警编》卷七、宋张镃《仕学规范》卷八、元张光祖《言行龟鉴》卷六皆载之。《宋史》卷三百三十六司马光传："自见，言行计从，欲以身徇社稷，躬亲庶务，不舍昼夜。宾客见其体羸，举诸葛亮食少事烦以为戒。光曰：'死生，命也。'为之益力。病革，不复自觉，谆谆如梦中语，然皆朝廷天下事也。是年九月薨，年六十八。太皇太后闻之恸，与帝即临其丧。"

263. 尚书李公择风度凝远，与人有恩意，而遇事强毅，不为苟合。初善王荆公，荆公当国，冀其为助，而抵之乃力于他人。荆公尝遣雱谕意曰："所争者国事，盍少存朋友之义。"公曰："大义灭亲，况朋友乎！"自守益确。士论以此归之。

司马按：见宋赵善璙《自警编》卷三、宋杜大珪《名臣碑传琬琰之集》中卷五十三。

264. 仁宗朝李都尉喜延士大夫，尽声色之乐，一时馆阁清流无不往者。韩魏公于其间最年少，独未尝造焉。李数召而公数以事辞，人有强之者，公曰："固欲往，但未有名耳。"公处之不失和，李莫能怨，同时诸公亦不以为介也。

司马按：宋赵善璙《自警编》卷七、宋刘清之《戒子通录》卷七、宋吕祖谦《少仪外传》卷上、宋江少虞《事实类苑》卷十四、宋祝穆《古今事文类聚续集》卷十四、元胡炳文《纯正蒙求》卷下、明彭大翼《山堂肆考》卷一百九十二均载其事。

265. 梅尚书和胜执礼尝序送吴仲仪提点江西路刑狱云："刘夔侍郎自负有道术功行，一旦上章解组，径入武夷山，楼居遐想，日俟仙去，俄有神降之，言罪莫大于杀人。夔抱大罪，奈何兴妄念于帝所。夔叩头，自列生平修谨，虽物无敢杀，而况于人？神曰：'昔提点某路刑狱时，某县入某死罪，州如之，夔弗察也，其罪实等。'夔于是怅然悔咎不可及。又闻陈睦尝提点两浙路刑狱会，杭民有妾夏沉香者，澣衣井旁，其嫡子堕井，妻讼于州，必以谓沉香者挤之堕井也，三易狱不合睦，怒劾掾，别委官摄治之。许狱具，以才荐，遂逐三掾，而杀沉香。东坡诗所谓'杀人无验，终身不快'，此恨终身恐难了，盖有激云。他日睦还京师，久之无所授，闻庙师邢颇从仙人游，乃密叩以未来事，邢终拒弗之答。寻语所亲曰：'如沉香何？'睦为之震汗，废食者累日。"

司马按：见宋吴曾《能改斋漫录》卷十八"官吏无辜与杀人同"条。又见宋赵善璙《自警编》卷七。

266. 孙莘老觉知福州，时民有欠市易钱者，系狱甚众。适有富人出钱五百万，葺佛殿请于莘老，徐曰："汝辈所以施钱，何也？"众曰："愿得福耳。"莘老曰："佛殿未甚坏，又无露坐者，孰若与其钱为狱囚偿官，遂使数百人释枷锁之苦，其得富岂不多乎？”富人不得已，诺之。即日输官，图圄遂空。

司马按：出宋刘延世《孙公谈圃》卷上。《孙公谈圃》三卷，宋刘延世记录所闻于孙升之语。孙升字君孚，高邮人，元祐中官中书舍人，绍圣初谪汀州。延世父时知长汀，得从孙升游，故录为此书。孙升尝入元祐党籍，多述时事。宋赵善璙《自警编》卷七、宋张镃《仕学规范》卷二十四、元张光祖《言行龟鉴》卷七均载之，元陶宗仪《说郛》卷七十一、明胡我琨《钱通》卷十三均引自宋李元纲《厚德录》。

267. 太宗在藩，王显与周莹为给事，赤脚道者相显曰：“此儿须为将相，但无阴德耳。”及长，太宗爱之曰：“尔非儒家，奈寡学问？他日富贵，不免面墙。”取《军诫》三篇，令诵之。咸平三年，以使相出帅定州，便宜从事。忽一日一道士通刺为谒，破冠敝褐，自称酆都观主，笑则口角至耳乱鬓若刚鬣，谓显曰：“昨日上帝牒蕃魂二万至本观，未敢收于冥籍，死于公之手者。公果杀之，则功冠于世。然减公算十年。二端请裁之。”显谓风狂叱起。后日契丹引数万骑猎于威虏军境，即梁门也，会积雨，虏弓皆皮弦，缓弱不可用。显引兵径袭，大破之，枭名将王贵十五辈，获伪羽林印二纽，斩二万级，筑京观于境上，露布至阙，朝廷以枢相诏归，赴道数程而卒。

司马按：见宋赵善璙《自警编》卷八，又见于宋曾慥《类说》卷五十五、宋江少虞《事实类苑》卷五十六、宋释文莹《玉壶野史》卷五。

268. 陈公洎初为开封府功曹参军，时程琳尹开封。章献太后临朝，族人贵骄，自杖老卒死，人莫敢言，公当验尸，即造府白琳。琳望见公来，迎谓曰：“验尸事毕乎？”公曰：“未也。”琳遽起，隐屏间，曰：“不得相见。”公唯而出。适尸所，太后已遣中人至，曰："速视毕奏来。"公起再拜曰："领圣旨。"未毕，使者十辈督之，吏等皆惧，谓公应以病死闻，公怒曰："何不以实。"吏等骇曰："公固不自爱，某曹不敢。"公复怒曰："此卒冤死，待我而伸，尔曹依违惧祸，法不尔赦。"即自实其状诣琳，琳又迎问曰："如何？"公曰："杖死。"琳大喜，抚其背曰："如此，阴德官人必享前程。"遽索马入奏，已而太后族人有特旨，原公亦不及罪，公自此名显历官台省，终三司副使。人以谓积善之报未艾云。

司马按：见宋晁补之《鸡肋集》卷三十三"书陈洎事后"条。宋赵善璙《自警编》卷八、元张光祖《言行龟鉴》卷六均载之。

269. 赵韩王为相，置二大瓮于坐屏后。凡有人投利害文字，皆置其中，满即焚之于通衢。李文靖公曰："沆居重位，实无补万分，唯中外所陈利害，一切报罢之，惟此少以报国尔。朝廷防制，纤悉备具，或徇所陈请，施行一事，即所伤多矣。"陆象山云："往时充员敕局，浮食是惭。惟是四方奏请，廷臣面对，有所建置更革，多下看详。其或书生贵游，不谙民事，轻于献计，不知一旦施行，片纸之出，兆姓蒙害。每与同官悉意论驳，朝廷清明，常得寝罢。编摩之事，稽考之勤，顾何足以当大官之膳，或庶几者，仅此可以偿万一耳。"凡此皆至论。夫子曰："仍旧贯，何必改作？"古人曰："利不什，不变法。"甚言更革建置之不可轻也。或曰："若是，则将坐视天下之弊，而不之救欤？"余曰："不然，革弊以存法，可也；因弊而变法，不可也。不守法则弊生，非法之足以生弊也。若韩、范之建明于庆历者，革弊以存法也；荆公之施行于熙宁者，因弊而变法也。一得一失，盖可睹矣。"或曰："荆公有志于二帝三王之法度，岂可厚诽乎？"余曰："有志于二帝三王，当自格君心始，不当自变法度始。有尧舜之君，则有尧舜之治，有禹汤之君，则有禹汤之治，法度云乎哉！"

司马按：见宋罗大经《鹤林玉露》卷十一“戒更革”条。宋俞德邻《佩韦斋辑闻》卷三、《佩韦斋集》卷十九亦记此事。

270. 近时有以张巡传糊窗者。有一士人见之，而题四句于其右云：“坐守睢阳当豹关，江淮赖此得全安。至今青史虽零落，犹障窗风一面寒。”

司马按：元尹廷高《玉井樵唱》卷上《见一人家以书叶糊窗读之乃张巡传因戏题》：“坐守睢阳当豹关，江淮赖此得全安。至今青史虽零落，犹障窗风一面寒。”明叶子奇《草木子》卷四：“近时有以张巡传糊窗者。有一士人见之，而题四句于其右云：‘坐守睢阳当豹关，江淮赖此得全安。至今青史虽零落，犹障窗风一面寒。’宋末，宫中好养鸽。太学诸生题之曰：‘万鸽盘旋绕帝都，暮收朝放费工夫。何如养取南来雁，沙漠能传二圣书。’”明陈全之《蓬窗日录》卷七、清褚人获《坚瓠集》三集卷三亦载其事。

271. 蚺蛇长十丈，常吞鹿，肉消尽，乃绕树出骨，养创时，肪腴甚美。或以妇人衣投之，则蟠而不起。其胆上旬近头，中旬在心，终旬近尾。

司马按：见唐段成式《酉阳杂俎》卷十七。

272. 蛇以桑柴烧之，则见足出。蟹腹下有毛者杀人。

司马按：见唐段成式《酉阳杂俎》卷十一。

273. 鳖目白，腹下“五”（一曰“丹”）字、“卜”（一曰“十”）字者，不可食。

司马按：见唐段成式《酉阳杂俎》卷十一。

274. 凡飞鸟投人家，口中必有物，当拔而放之。

司马按：见唐段成式《酉阳杂俎》卷十一。

275. 圣人不贵其独治，贵能与众共治。工垂不贵其独巧，贵能与众共巧。

司马按：《尹文子·大道上》："所贵圣人之治，不贵其独治，贵其能与众共治。贵工倕之巧，不贵其独巧，贵其能与众共巧也。"

276. 凡人富则不羡爵禄，贫则不畏刑法。不羡爵禄者，自足于己；而不畏刑法者，不赖其身也。二者为国之所甚蠹，而不知防之。故令不行，禁不止。由爵禄而后富，则争尽力于其君矣；由刑罚而后贫，则人咸畏罪而从善矣。

司马按：见《尹文子·大道下》。

277. 两智不能相使，两贵不能相临，两辩不能相屈，力均势敌也。《慎子》云："两贱不能相事，两贵不能相使。"

司马按：唐马总《意林》卷二引《尹文子》："两智不能相使，两贵不能相临，两辩不能相屈，力均势敌故也。"《慎子》："两贵不相事，两贱不相使。"

278. 贤者不用其所短，而用愚人之所长；不用其所拙，而用愚人之所工。困天下之智者，不在智而在愚；穷天下之辩者，不在辩而在讷。

司马按：《鬼谷子·权篇第九》："智者不用其所短，而用愚人之所长；智者不用其所拙，而用愚人之所工。”《关尹子·九药篇》：“困天下之智者，不在智而在愚；穷天下之辩者，不在辩而在讷；伏天下之勇者，不在勇而在怯。”

279. 天不能春菊冬莲，是以圣人不违时；地不能洛橘汝貉，是以圣人不违俗；人不能手步足握，是以圣人不违我所长；圣人不能使鱼驰兽飞，是以圣人不违物所长。

司马按：见《关尹子·九药篇》。

280. 邯郸有吹者，托李奇，人争学之。后知其非，皆弃之，由未始知音也。人有然狙召邻者，邻者以为狗美之，后闻其狙也，据地吐之，由未始知味也。

司马按：见《淮南子·修务》。

281. 待騕袅、飞兔而驾，则世莫有乘车者；待西施、毛嫱而妃之，则终身不家矣；待古之英俊而用之，则国无人矣。

司马按：见《淮南子·齐俗》。

282. 食谷而鄙田夫，衣帛而笑蚕妇，岂不惑哉！

司马按：《太平御览》卷八百三十七引《陈子要言》曰：“食谷而鄙田，衣帛而笑蚕，是惑也。”又见宋潘自牧《记纂渊海》卷七十二、明徐元太《喻林》卷五十一。

283. 食水者善游而耐寒（鱼），食土者无心而惠（蚓），食虫者多力而思（麋），食桑者有丝而蛾（蚕），食肉者勇敢而悍（虎），食气者神明而寿（仙），食谷者慧智而夭（人）。

司马按：《大戴礼记·易本命》："是故食水者善游能寒，鱼鳖之属；食土者无心而不息，蚯蚓之属，不气息也，若鱼无耳而听，蟋蟀无口而鸣，皆自然之性也；食木者多力而拂，熊罴之属，拂戾也；食草者善走而愚，麋鹿之属；食桑者有丝而蛾；食肉者勇敢而悍，虎狼鹰鹘之属；食谷者智惠而巧；食气者神明而寿，王乔、赤松之类也，西极亦有食气之民也；不食者不死，而神仲于道者，则神而常存也。"《孔子家语》卷六："食水者善游而耐寒，食土者无心而不息，食草者善走而愚，食桑者有绪而蛾，食肉者勇毅而捍，食气者神明而寿，食谷者智惠而巧，不食者不死而神。"

284. 虎豹之躯未成文，而有食牛之气；鸿鹄之彀羽翼未洽，而有四海之心。

司马按：《尸子》曰："虎豹之驹未成文，而有食牛之气；鸿鹄之彀羽翼未全，而有四海之心。贤者之生亦然。"《意林》、《艺文类聚》卷九十引之。

285. 得十良马，不如得一伯乐；得十良剑，不如得一欧冶；得地千里，不如得一贤人。

司马按：见《吕氏春秋·赞能》。

286. 夏不衣裘，非不爱裘也，暖有余也。冬不用翣，非不爱翣也，清有余也。

司马按：见《吕氏春秋·有度》。

287. 言不相闻，故命之金鼓；视不相见，故命之旌旗。金鼓、旌旗者，所以一人之耳目。

司马按：见《孙子·军争》。

288、善用兵者，譬如率然。率然者，常山之蛇也。击其首，则尾至；击其尾，则首至；击其中，则首尾俱至。

司马按：见《孙子·九地》。

289. 孔子读《诗》及小雅，喟然而叹曰：“吾于《周南》见周道之所以盛也，于《柏舟》见匹妇执志之不可易也，于《淇澳》见学之可以为君子也，于《考槃》见遁世之士而所以无闷也，于《木瓜》见包且之礼所以行也，于《缁衣》见好贤之心至也，于《鸡鸣》见古之君子不忘其敬也，于《伐檀》见贤者之先事后食也，于《蟋蟀》见陶唐俭德之大也，于《下泉》见乱世之怀明君也，于《七月》见豳公之所造周也，于《东山》见周公之先公而后私也，于《狼跋》见周公之远志所以为圣也，于《鹿鸣》见君臣之有礼也，于《彤弓》见有功之必报也，于《羔羊》见善政之有应也，于《节南山》见忠臣之忧世也，于《蓼莪》见孝子之思养也，于《四月》见孝子之思祭也，于《裳裳者华》见古之贤者世保其禄也，于《采菽》见古之明王所以敬诸侯也。”

司马按：见《孔丛子》卷上。

290. 听黄钟之声，然后知击缶之细；观衮龙之文，然后知被褐之陋。倚立而思远，不如速行之必至也。孤居而愿知，不如务学之必达也。志者，学之师也；才者，学之徒也。学者不患才之不赡，而患志之不立。是以为之者亿兆，而成之者无几，君子必立其志。

司马按：汉徐干《中论》卷上《治学第一》：“夫听黄钟之声，然后知击缶之细；视衮龙之文，然后知被褐之陋；涉庠序之教，然后知不学之困。故学者，如登山焉，动而益高；如寤寐焉，久而愈足。顾所由来，则杳然其远，以其难而懈之，误且非矣。《诗》云：‘高山仰止，景行行止。’好学之谓也。倚立而思远，不如速行之必至也；矫首而徇飞，不如修翼之必获也；孤居而愿智，不如务学之必达也。故君子心不苟愿，必以求学；身不苟动，必以从师；言不苟出，必以博闻。是以情性合人，而德音相继也。孔子曰：‘弗学何以行？弗思何以得？小子勉之，斯可谓师人矣。’马虽有逸足，而不闲舆，则不为良骏；人虽有美质，而不习道，则不为君子。故学者，求习道也，若有似乎画采，玄黄之色既著，而纯皓之体斯亡，敝而不渝，孰知其素欤？子夏曰：‘日习则学不忘，自勉则身不堕，亟闻天下之大言，则志益广。’故君子之于学也，其不懈，犹上天之动，犹日月之行，终身亹亹，没而后已。故虽有其才，而无其志，亦不能兴其功也。志者，学之师也；才者，学之徒也。学者不患才之不赡，而患志之不立。是以为之者亿兆，而成之者无几，故君子必立其志。《易》曰：‘君子以自强不息。’大乐之成，非取乎一音；嘉膳之和，非取乎一味；圣人之德，非取乎一道。故曰：‘学者所以总群道也。’群道统乎已心，群言一乎已口，唯所用之。故出则元亨，处则利贞，默则立象，语则成文。述千载之上，若共一时；论殊俗之类，若与同室。度幽明之故，若见其情；原治乱之渐，若指已效。故《诗》曰：‘学有缉熙于光明。’其此之谓也。”

291. 君子无尺寸之封，而民尊之；无刑罚之威，而民畏之；无羽籥之乐，而民乐之；无爵禄之赏，而民怀之。其所以致之者，一也。

司马按：见徐干《法象论》，元郝经《续后汉书》卷六十九引之。又见宋真德秀《文章正宗》卷十二。

292. 昔仓梧丙娶妻美，而以与其兄，欲以为让也，则不如无让焉；尾生与妇人期于水边，暴水至而不去，欲以为信也，则不如无信焉；叶公之党，其父攘羊而子证之，欲以为直也，则不如无直焉；陈仲子不食母之粟，出居于陵，欲以为廉也，则不如无廉焉；宗鲁受齐豹之谋，死孟縶之难，欲以为义也，则不如无义焉。

司马按：见汉徐干《中论》卷上《贵言》。

293. 周之人有爱其裘、好其珍者，欲为千金之裘，而与狐谋其皮；欲具少牢之珍，而与羊谋其羞。言未卒，狐相呼逃于重丘之下，羊相呼藏于深林之中。

司马按：《太平御览》卷二百八："丘明曰：周人有爱裘而好珍羞，欲为千金之裘，而与狐谋其皮；欲具少牢之珍，而与羊谋其羞。言未卒，狐相率逃于重丘之下，羊相呼藏于深林之中。"

294. 兵之不可废，譬火焉。善用之则为福，不善用之则为祸。

司马按：旧本题庚桑楚《亢仓子·兵道篇》："夫兵之不可废，譬水火焉。善用之则为福，不善用之则为祸。"

295. 作法贵于易避而难犯，救弊贵于省事而一令。草郁则为腐，树郁则为蠹，人郁则为病，国郁则百慝并起。所谓国郁者，主德不下宣，人欲不上达也。

司马按：旧本题庚桑楚《亢仓子·政道篇》："夫作法贵于易避而难犯，救弊贵于省事而一令。除去豪横，则官人安。刑禁必行，则官人不敢务私利，而百姓富。"《亢仓子·君道篇》："始生之者，天也；养成之者，人也。能养天之所生而勿撄之，谓之天子。天子之动也，以全天为，故此官之所以自立也，立官者以全生也。今世之惑主多官，而反以害生，则失所以为立官之本矣。草郁则为腐，树郁则为蠹，人郁则为病，国郁则百慝并起，危乱不禁。

所谓国郁者，主德不下宣，人欲不上达也。是故圣王贵忠臣正士，为其敢直言而决郁塞也。”

296. 儿童之所喜者，耆耋之所非。耳目之所娱者，乃心虑之所疾。

司马按：旧本题庚桑楚《亢仓子·训道篇》：“儿童之所简者，乃耆耋之所非。耳目之所娱者，乃心虑之所疾。”

297. 大明光于天下，灯烛何施？时雨霈于地中，涓滴何润？

司马按：《太平御览》卷八百七十引《孙子》曰：“火光明天者，灯烛何施焉。”

298. 昼生者类父，夜生者类母，阴阳之气也。

司马按：《大戴礼记·易本命》：“昼生者类父，夜生者类母。”亦见《孔子家语·执辔》。

299. 立大厦者，先择匠而后栋材；治国者，先择位而后定民。贵有常名，而贱不得冒；尊有常位，而卑不得逾。县千金于市，市人不敢争，分定也；委一金于路，儿童争之者，分不定也。

司马按：唐马总《意林》卷五引杨泉《物理论》：“人之性如水焉，置之圆则圆，置之方则方，澄之则渟而清，动之则流而浊。先王知中流之易扰乱，故随而教之，谓其偏好者，故立一定之法。龙舟整檝，王良不能执也；骥騄齐行，越人不敢御也：各有所能。构大厦者，先择匠而后栋材；治国家者，先择佐而后定民。”明徐元太《喻林》卷六十八引杨泉《物理论》：“龙舟整檝，王良不能执也；骥騄齐行，越人不敢御也：各有所能。构大厦者，先择匠而后栋材。治国家者，先择佐而后定民。”

300. 伊尹耕于有莘，孰知非夏之时人。吕望钓于渭滨，孰知非殷之渔者。遇汤武文王，然后能知其材也。

司马按：唐马总《意林》卷五引杨泉《物理论》：“伊尹耕于有莘，孰知非夏之野人。吕尚钓于渭滨，孰知非殷之渔者。遇汤武文王，然后知其非也。”

301. 愚者之养鱼鸟也，见天之寒，则内鱼于温汤之中，而栖鸟于火林之上。水木者，所以养鱼鸟也。养之失理，必至焦烂。

司马按：见《刘子·防欲》。

302. 学士宋公濂尝侍上饮，公素不胜杯勺，举觞，即辞，上强之，至三觞，面如赭，行不成步。上欢笑，亲御翰墨，赋《楚辞》一章以赐，仍命侍臣咸赋《醉学士歌》，且曰：“俾后世知朕君臣同乐若此也。”

司马按：明徐纮《明名臣琬琰录》卷八郑楷《学士承旨潜溪宋公行状》：“上尝与先生饮，先生素不胜杯勺，举觞即辞，上强之，至三觞，面如赭，行不成步。上欢笑，亲御翰墨赋《楚辞》一章以赐，仍命侍臣咸赋《醉学士歌》，且曰：‘俾后世知朕君臣同乐若此也。’”

303. 尚书魏公骥为松江教官，汲汲成就人才。诸生在学居者，候一更尽，必携茶往视之。见书声者，供茶一瓯。至三更，乃携粥以随，尚有诵者，供粥一碗，如此者亦不频数。间一行之士子感激笃尚斯文，性好吟味，臞然若不胜衣，中官王振亦礼重之，呼为先生，贽见惟帕一方，振亦不较。在南都法司，因旱恤刑，有王刚恶逆诉冤，或以其年少，欲缓之，公曰："此妇人之仁，天道不时，止此谓也。"狱遂决。翌日而雨，又戍卒四人牧马，三人互殴，一人死，所司拷讯，一人当之。公曰："罪一人，情可矜。罪三人，律不合。"上请，卒得旨，三人各杖一百，改戍边。

司马按：自首句至"振亦不较"，见明李贤《古穰集》卷二十九，后段见明叶盛《吏部尚书文靖魏公墓志铭》。

304. 尚书轩公輗，天性廉介。初为进士，往淮上催粮，冬寒，舟行，忽落水，救出，衣尽湿，得一绵被裹之。有司急为制衣一袭，却之不用，徐待旧衣之干。为御史，独振冰蘗之声。为浙江按察使，俸给之外，一毫不取。四时着一青布袍，蔬食不厌，与同僚约，三日以米易肉二斤，多不能堪。故旧经过者，留供一饭，至厚者杀一鸡，僚属见之惊异，此举不易得也。忽闻亲丧，次日遂行，僚属尚有未及知者。升副都御史，总理南京粮储，廉操愈坚。张都宪素侈纵，设席会诸僚，公独不赴，既而以卓食馈之，亦不纳。

司马按：见明李贤《古穰集》卷二十九。

305. 都督山公云："镇广西时，有一老隶郑牢者，性鲠直敢言，公进之曰：'世谓为将者不记贪，矧广西素尚货利，我亦可贪否？'牢曰：'公初到如一新洁白袍，有一沾污，如白袍点墨，终不可湔也。'公又曰：'土夷馈送，苟不纳之，彼必疑且忿，奈何？'牢曰：'居宫黩货，则朝廷有重法，乃不畏朝廷，反畏蛮子耶？'公笑纳之。在镇逾十年，廉操始终不渝，固不由牢，而牢亦可尚云。

司马按：明项笃寿《今献备遗》卷十："山云字（翙），徐州人也。姿貌魁梧，工骑射，深沉有将略。正统三年卒于镇，赠怀远伯，谥襄毅。云有廉操。帅府有郑牢者，老隶也，性鲠直敢言。云进之曰：'世言将不忌贪，矧广西素尚货利，我亦可贪否？'牢曰：'公初到，如一新洁白袍，稍沾污，如白袍点墨，终不可湔也。'云又曰：'人云土夷馈送不纳，彼必疑忿，奈何？'牢曰：'居官黩货，朝廷有重法，不畏朝廷，乃畏蛮子邪？'云笑纳之。其驭土官，一以威严，凡有征调，符下立至，无敢后期。有惊怖成疾者，至死不敢归。与士卒同甘苦，故人乐出死力。广西人立祠祀之。论曰：'余闻永宣中都督韩观、山云出镇岭西，猺獞皆望风窜匿，不敢出。论考其行事，信然。世患无山韩耳，何用黩兵为哉！'"

306. 神不歆非类，民不祀非族。古人继嗣，大宗无子，则以族人之子续之，取其一气脉相为感通，可以嗣续无间，此亦至正大公之举，而圣人所不讳也。后世理义不明，人家以无嗣为讳，不肯显立同宗之子，多是潜养异姓之儿，阳若有继，而阴已绝矣。盖自春秋鄫子取莒公子为后，故圣人书曰"莒人灭鄫"，非莒人灭之，以异姓主祭祀灭亡之道也。秦以吕政绝，晋以牛叡绝，亦皆一类。仲舒《繁露》载："汉一事有人家祭用祝降神，祭毕，语人曰：'适所见甚怪，有一官员盛服欲进，而踌躇不敢进。一鬼蓬头衩袒，手提屠尸，勇而前歆其祭，是何神也？'主人不晓其由，有长者说其旧日无嗣，乃取异姓屠家之子为嗣，即今主祭者，所以只感召得他屠家父祖而来，其继立本家之祖先，非其气类，自无交接感通之理。"然在今世论之，立同宗又不可泛。盖姓出于上世，圣人所造，正所以别生分类。自从有赐姓匿姓者，故立宗者又不可恃同姓为凭，须审择近亲有来历分明者立之，则一气所感，父母不至失祀。今世多有取他子之子为后，以姓虽异，而有气类相近，似胜于姓同而属疏者。然晋贾充以外孙韩谧为后，当时太常博士秦秀已议其昏乱纪度。是则气类虽近，而姓氏实异，此说亦断不可行。天子祭天地，诸侯祭社稷及其境内之名山大川，大夫祭五祀，士祭其先，古人祀典品节一定，不容紊乱。在诸侯不敢僭天子而祭天地，在大夫亦不敢僭诸侯而祭社稷山川。如季氏旅泰山便不是礼。《曲礼》谓："非所当祭而祭之，名曰淫祀。淫祀无福。"淫祀者，不必皆是不正之鬼。假如正当鬼神，自家不应祀而祀他，便是淫祀。如诸侯祭天地，大夫祭社稷，李氏旅泰山，便是淫祀了。

司马按：见宋陈淳《北溪字义》卷下。

307. 宋高宗问岳飞曰："卿得良马否?"对曰："臣为有二马，日啖刍豆数斗，饮泉一斛，然非精洁，即不受。介而驰，初不甚疾，比行百里，始奋迅，自午至酉，犹可二百里，褫鞍甲而不息不汗，若无事。然此其受大而不苟取，力裕而不求逞，致远之材也，不幸相继以死。今所乘者，日不过数升，而秣不择粟，饮不择泉，揽辔未安，踊跃疾驱，甫百里，力竭汗喘，殆欲毙然。此其寡取易盈，好逞易穷，驽钝之材也。"高宗称善。

司马按：见《宋史》卷三百六十五岳飞传。元陈桱《通鉴续编》卷十五亦载其事。

308. 晏子使楚，楚王令左右缚一人作盗，过，王问："何处人也?"对曰："齐人也。"王视晏子："齐国善盗乎?"晏子曰："橘生江南，江北则作枳，地土使然也。今民生长于齐不盗，入楚则盗，臣不知也。"楚王自取弊耳。

司马按：见《晏子春秋》卷六。

309. 晏子使楚，楚王以晏子短，作小门于大门之侧。晏子曰："往诣狗国，从狗门入。今来使入楚，不可从狗门入也。"遂大门入。

司马按：见《晏子春秋》卷六。

310. 兔丝无根而生，蛇无足而行，鱼无耳而听，蝉无口而鸣。鹤千岁亦极其乐，朝生暮死亦尽其乐。

司马按：见《淮南子·说林》。

311. 百星之明，不如一月之光；十牖之开，不如一户之明。

司马按：见《淮南子·说林》。

312. 屈轶生于庭，见佞人则指。必若如此，舜何用令皋陶陈知人之术。

司马按：见《论衡·是应篇》。

313. 圣人前知千岁，后知万世。孔子将死，遗书曰："有一男子，自云秦王，上我之床，颠倒我衣裳，至沙丘而亡。"后秦王果至沙丘而亡。孔子又云："董仲舒，乱我书。"后仲舒论春秋著传记。又云："亡秦者胡。"后胡亥果亡秦。此信孔子前知千岁也。

司马按：见汉王充《论衡·实知篇》。

314. 草之精秀者英，兽之（将）［特］群者雄。张良是英，韩信是雄。

司马按：见魏刘邵《人物志·英雄》，《意林》卷五引之。

315. 汉末有管秋阳者，与弟及伴一人避乱俱行，天雨雪，粮绝，谓其弟曰："今不食伴，则三人俱死。"乃与弟共杀之，得粮，达舍，后遇赦无罪，此人可谓善士乎？孔文举曰："管秋阳受先人遗体，食伴无嫌也。"荀侍中难曰："秋阳贪生杀生，岂不罪邪？"文举曰："此伴非会友也。若管仲啖鲍叔，贡禹食王阳，此则不可。向所杀者犹鸟兽而能言耳。今有犬啮一狸，狸啮一鹦鹉，何足怪也？昔重耳恋齐女，而欲食狐偃；叔敖怒楚师，而欲食五参。贤哲之忿，犹欲啖人，而况遭穷者乎？"

司马按：《意林》卷五引杨泉《物理论》。

316. 郭林宗葬母，徐孺子往吊之，置生刍一束于墓前，众不知其故，林宗曰："此必南州高士徐孺子也。"《诗》不云乎："生刍一束，其人如玉。"吾无德以堪之。愚按："今人用束刍故实，多以为美死者。观无德以堪之言，又似美生者，盖古礼知生者吊，知死者伤，孺子之来吊也，非伤也。夫吊之为言，唁慰之意也，而美德焉，意不左耶？且吊人母死而美子德，于吊意无涉，林宗之解，无乃郢书燕说类耶？惜乎当日会葬诸贤无有亲问之者。"

司马按：《后汉书》卷八十三："及林宗有母忧，稺往吊之，置生刍一束于庐前而去。众怪，不知其故。林宗曰：'此必南州高士徐孺子也。《诗》不云乎：'生刍一束，其人如玉。'吾无德以堪之。'"

317. 陈后山扈从南郊，不肯服赵挺之衣，因冻而死。阳节潘氏以为却衣冻死，寔陈三之细事，愚窃有说焉。身者，亲之遗也，子全而归之，孝之终也，故曰死生亦大矣，孰谓冻死而为事之细耶？夫挺之人品固可鄙，而其衣固可却矣，然当时班行故旧中独无一绨袍可假之以御寒耶？《易》曰："苦节，贞凶。"后山之谓也。

司马按：清厉鹗《宋诗纪事》卷三十三“陈师道”条：“师道字无己，一字履常，彭城人，号后山居士。元祐中，以苏轼、傅尧俞、孙觉荐，授徐州教授。绍圣初，历秘书省正字，扈从南郊，不屑服赵挺之衣，以寒疾卒。有集。”

318. 陆象山曰：“天下本无事，庸人自扰之。”愚谓庸人岂能扰天下也哉！扰天下者，惟好作聪明，暨大奸大恶则然。观商鞅、李斯之扰秦，桑弘羊、孔瑾之扰汉，李林甫之扰唐，王介甫之扰宋，谓之庸人，可乎？自夫斯言之出也，世之庸人于凡天下之事有必至之忧，不测之祸，往往以此借口，谁则肯屋杞人忧天之念哉？

司马按：此条见清梁显祖《大呼集》卷八所引敖子发语。此条自首句至“可乎”又见明叶廷秀《诗谭》卷八“诗讥安石”条。“陆象山”当为“陆象先”。宋司马光《资治通鉴》卷二百十二：“蒲州刺史陆象先尝谓人曰：‘天下本无事，但庸人扰之耳。’苟清其源，何忧不治？”宋魏天应《论学绳尺》卷二：“世之说者有曰：天下本无事，庸人扰之耳。夫庸人何足以扰天下之事？而扰天下之事者，皆智者也。是故处天下之事，与其过于智，宁过于庸。过于庸者，虽不足以成其事，亦不至于败事。过于智者，一不成而万有余败矣。”

319. 秦始皇坑儒，说者谓设为陷阱而杀之，愚以为，坑者只是掩其不知而加害也，非真掘土而为坑也。今民间讼牒亦有坑陷之词，即是此意。此坑字当作虚活字看。如古云声色溺人，非真溺于水也；旦昼之梏，非牿以刑也。不然，白起坑降卒四十万于长平，项羽坑降卒二十万于新安，设使掘土为坑，若是其广大，彼降卒宁不知之，又宁肯帖然束手而就死乎？

司马按：此条见清史梦兰《止园笔谈》卷六。宋宋敏求《长安志》卷十五："坑儒谷在县西南五里，秦始皇坑儒于骊山下，故名坑儒乡。《汉书》注师古曰：'今新丰县温汤之处，号愍儒乡温汤。西南三里，有马谷，谷之西岸有坑，古老相传以为秦坑儒处也。'"

320. 庄定山《赋曾节妇诗》曰："二十夫君弃妾身，诸郎痴小舅姑贫。自伤薄命同衰叶，不扫蛾眉嫁别人。化石未成犹有泪，舞鸾虽在不惊尘。锁窗独对东风树，岁岁花开他自春。"罗一峰谓此诗苦心苦语，可泣鬼神。

司马按：见明陈全之《蓬窗日录》卷七、明邓球《闲适剧谈》卷一、明黄瑜《双槐岁抄》卷九、明李春熙《道听录》卷一。明王世贞《弇州四部稿》卷一百四十九《艺苑卮言六》云："讲学者动以词藻为雕搜之技，工文者则举拙语为谈笑之资，若枘凿不相入，无论也。七言最不易工，吾姑举诸公数联，如'翼轸众星朝北极，岷嶓诸岭导南条'，'天连巫峡常多雨，江过浔阳始上潮'，此薛文清句也；'溪声梦醒偏随枕，山色楼高不碍墙'，'狂搔短发孤鸿外，病卧高楼细雨中'，'千家小聚村村暝，万里河流处处同'，'残书汉楚灯前垒，小阁江山雾里诗'，'化石未成犹有泪，舞鸾虽在不惊尘'，此庄孔旸句也。"《弇州四部稿》卷一百四十八《艺苑卮言五》又云："七言结句，如'沅湘一带皆秋草，欲采芙蓉奈晚何'，'见说兰亭依旧在，只今王谢少风流'，'天边杨柳虽无数，短叶长条非故园'，'赵家姊妹多相忌，莫向昭阳殿里飞'，'前朝冠盖皆黄土，翁仲凄凉石马嘶'，'知尔西行定回首，如今江左是长安'，'近来闻说有奇事，买药修琴曾到城'，'祭罢鳄鱼归去晚，刺桐花外月如钩'，'琐窗独对东风树，岁岁花开他自春'，俱有意味。"庄昶字孔旸，江浦人，成化丙戌进士，官至南京礼部郎中，事迹具《明史》本传。

321. 或问："朱买臣养去妇于官舍，陆放翁会出妻于沈园，而皆及其后夫焉，于义礼何居?"愚曰："买臣之妻，自厌糟糠而去。放翁之妻，得罪姑氏而离，与庙绝矣。况二妇无良，再醮稿砧，揆之义礼，二子养之、会之，不亦过乎！夫养之、会之，旦不可，而又及其后夫焉。男女之防，不亦渎乎！”或曰：“放翁不能忘其结发之情，四十年间而会于沈园者三焉。其视买臣忿妻厌贫求去而骄之以富贵、养之以终身者不有间乎？”愚曰：“不然。妻之出也，母之憾也。忘母之憾，而溺妻之爱，可乎？彼既别有所天，此犹不能割爱，不已惑乎？律二子之失，犹鲁卫之政也，皆不可以为训。”

司马按：待考。

322. 胡东洲为督学时，有士子某者不帅教，惩以夏楚。明年，其人状元及第，官翰苑。东洲以述职至京师，其人设席款之，以新得古哥窑盘盏行酒，且曰：“此器世所宝也，但俗眼不识之。”且其意盖讥东洲往时不知已也。东洲曰：“以老夫观之，此器脆薄，容易破绽，终不若良金美玉之器为可宝也。”其人深悔失言。

司马按：此条见明查应光《靳史》卷三十，采自《录雪亭杂言》，原文：“胡东洲提学两浙时，有士子某者不帅教，惩以夏楚。明年，其人状元及第，官翰苑。东洲以述职，至京师，其人设席款之，以新得古哥窑盘盏行酒，且曰：‘此器世所宝也，但俗眼不识之耳。’其意盖讥东洲往时不知已也。东洲曰：‘以老夫观之，此器脆薄，容易破绽，终不若良金美玉之器为可宝也。’”明章懋《枫山语录》：“胡东洲提学好贤乐善，能受人言，处人不可及。”

323. 朱文公有足疾，尝有道人为施针熨之术，旋觉轻安。公太喜，厚谢之，且赠以诗云：“几载相扶藉瘦筇，一针远觉有奇功。出门放杖儿童笑，不是从前勃窣翁。”道人得诗径去。未数日，足疾大作，甚于未针时，亟令人寻逐道人，已莫知其所往矣。公叹息曰：“某非欲罪之，但欲追索其诗，恐其持此误他人耳。”

司马按：见宋罗大经《鹤林玉露》卷十一“针熨道人”条，宋吴泳《鹤林集》卷三十九、《宋稗类抄》卷三十亦记其事。

324. 绿雪亭中有二石缸，日久水浊。或曰：“放田螺数升，食其淤泥，可也。”或曰：“以黑铅一片置水中，水即清澈。缸中养鲤鱼数十头，每阴雾雷雨，即跳跃出外。”或曰：“以龟鳖一二枚守之，即不跳跃。”予试之，皆验。

司马按：待考。

325. 苏东坡频年谪居，尝作诗曰：“人家养子爱聪明，我为聪明惧一生。但愿生儿愚且蠢，无灾无害到公卿。”近时杨宗伯月湖反其意，作诗曰：“东坡但愿生儿蠢，只为聪明自占多。愧我平生愚且蠢，生儿何怕过东坡。”愚按：二诗词指虽若不同，其由激而不由衷，将无同乎？孟子曰：“其子之贤不肖，皆天也。”杜子美曰：“有子贤与愚，何必挂怀抱？”观孟子与少陵之言，其于天命委蜕消息盈亏之理，可谓达哉！

司马按：此条见明陈师《禅寄笔谈》卷八。《施注苏诗》卷四十《洗儿》原文为：“人皆养子望聪明，我被聪明误一生。惟愿生儿愚且鲁，无灾无难至公卿。”

326. 南宋王懿与兄睿同起义兵，与慕容垂战败，懿被重创走，与家属相失。路径大泽，不能前，困惫卧于林中。忽有一小儿青衣，年可七八岁，骑牛行，见懿，惊问曰：“汉已食未？”懿言饥，小儿去，须臾复来，得饭，与之懿，食毕欲行，会暴，两江溢，莫知津径，遇有一白狼至，前仰天而号，号讫，衔懿衣，因渡水，懿随之得济，与兄睿相及后宋武帝受命，以懿为徐州刺史，懿于彭城立佛寺，作白狼童子像于塔中，以存河北所遇也。

司马按：唐李延寿《南史》卷二十五："王懿字仲德，太原祁人，自言汉司徒允弟幽州刺史懋七世孙也。祖宏仕石季龙，父苗仕苻坚，皆至二千石。仲德少沉审有意略，事母甚谨，学通阴阳，精解声律。苻氏之败，仲德年十七。及兄睿同起义兵，与慕容垂战败，仲德被重创走，与家属相失。路经大泽，困未能去，卧林中。有一小儿青衣，年可七八岁，骑牛行，见仲德惊曰：'汉已食未？'仲德言饥，小儿去，须臾复来，得饭与之。食毕欲行，而暴雨莫知津径，有一白狼至前，仰天而号，号讫，衔仲德衣，因度水，仲德随后得济，与睿相及。度河至滑台，复为翟辽所留，使为将帅。积年仲德欲南归，乃弃辽奔泰山。辽追骑急，夜行忽见前有猛炬导之，乘火行百许里以免。晋太元末，徙居彭城。兄弟名犯晋宣、元二帝讳，故皆以字行。睿字元德。北土重同姓，并谓之骨肉，有远来相投者，莫不竭力营赡。若有一人不至者，以为不义，不为乡邑所容。仲德闻王愉在江南贵盛，是太原人，乃远来归愉。愉接遇甚薄，因至姑孰投桓玄。值玄篡，见辅国将军张畅，言及世事。仲德曰：'自古革命诚非一族，然今之起者恐不足以济大事。'元德果劲有计略，宋武帝甚知之，告以义举，使于都下袭玄。仲德闻其谋，谓元德曰：'天下事不可不密，且兵亦不贵迟巧。玄情无远虑，好冒夜出入，今取之正须一夫力耳。'事泄，元德为玄诛，仲德窜走。会义军克建邺，仲德抱元德子方回出候武帝，帝于马上抱方回，与仲德相对号恸。追赠元德给事中，封安复县侯，以仲德为镇军中兵参军。"宋郑樵《通志》卷一百三十三亦载其事。

327. 元末时，萧县一男子，樵于白茅山，时林木荟蔚，寂无人行，独一犬随之，樵者为虎所获，将噬之，犬鸣阍不已，力竭而死，虎亦遁去，樵者遂免害。父老相传，以为义犬。噫！世之忘义者有愧于此犬多矣。录之，岂独为一犬哉？

司马按：此条见清刘庠《（同治）徐州府志》卷二十四所引

《旧志》。

328. 日本国　即古之倭奴。其地周回数千里。西北至海，东北限以大山。国王以王为姓，历代不易。文武皆世官。有王圻七道，附庸国凡百余。其俗黥面文身，披发跣足，妇女不淫不妒。饮食用笾豆，初丧却酒肉肉。计其道里，在会稽之正东。洪武四年朝贡，至今不绝。

司马按：明莫旦《大明一统赋》卷上："日本国，即古之倭奴。其地周回数千里。西北至海，东北限以大山。国王以王为姓，历世不易。文武皆世官。有王畿七道，附庸国凡百余。其俗黥面文身，被发跣足，妇不妒。饮食用俎豆，初丧却酒肉。计其道里，在会稽之正东。洪武四年，朝贡至今不绝。"

329. 琉球国　有大琉球、小琉球。在泉州之东，大海中。主姓欢斯，所居多聚髑髅，殿宇皆刻禽兽。其人去髭黥手，羽冠毛衣，无礼节。父子同床而寝。妇人产子，必食子衣。好剽掠，杀人祭鬼，不知节候。西有彭湖岛，海水渐低，谓之落傺，舟行误入者，百无一回。洪武四年朝贡。其国王嗣立皆受本朝册封。国有寿安镇国山，永乐初御制碑文赐之。

司马按：明莫旦《大明一统赋》卷上："琉球国，有大琉球、小琉球。在泉州之东，大海中。王姓欢斯，所居多聚髑髅，殿宇皆刻禽兽。其人去髭黥手，羽冠毛衣，无礼节。父子同床而寝。妇人产子，必食子衣。好剽掠，杀人祭鬼，不知节候。国西有彭湖岛，海水渐低，谓之落漈，舟行误入者，百无一回。洪武四年朝贡。其国王嗣立皆受本朝册封。国有寿安镇国山。永乐初制碑文赐之。"《宋史》卷四百九十一："流求国在泉州之东，有海岛曰彭湖，烟火相望。其国堑栅三重，环以流水，植棘为藩，以刀稍弓矢剑铍为兵器，视月盈亏以纪时。无他奇货，商贾不通，厥土沃壤，无赋敛，有事则均税。旁有毗舍邪国，语言不通，袒裸盱睢，殆非人类。淳熙间，国之酋豪尝率数百辈猝至泉之水澳、围头等村，肆行杀掠，喜铁器及匙箸，人闭户则免，但刓其门圈而去。掷以匙筋则俯拾之，见铁骑则争刓其甲，骈首就戮而不知悔。临敌用标枪，系绳十余丈为操纵，盖惜其铁不忍弃也。不驾舟楫，惟缚竹为筏，急则群舁之，泅水而遁。”明彭大翼《山堂肆考》卷二百二十九“落漈”条：“琉球国有彭湖岛，在国西，水行五日，地近福州、泉州、兴化、漳州四郡界。天气晴明，望之隐然，若烟雾中。水至彭湖渐低，近琉球谓之落漈。漈者，水趋下不回也。凡两岸渔舟至彭湖，遇飓风作漂流落漈，回者百无一二。”明李贤等撰《明一统志》卷八十九外夷琉球国：“其地在福建泉州东海岛中，其朝贡由福建以达于京师。沿革：古未详何国。汉魏以来，不通中华。隋大业中，令羽骑尉朱宽访求异俗，始至其国。语言不通，掠一人以返。后遣武贲良将陈棱率兵至其都，虏男女五千人还。唐、宋时未尝朝贡。元遣使招谕之，竟不从本朝。洪武中其国分为三，曰中山王，曰山南王，曰山北王，皆遣使朝贡。永乐初，其国王嗣立皆受朝廷册封，自后惟中山来朝，至今不绝。其山南、山北二王盖为所并云。风俗：去髭黥手，羽冠毛衣。无礼节，好剽掠（同上无君臣上下之节、拜伏之礼。父子同床而寝。妇人产乳，必食子衣。食用手，得异味，先进尊者。死者浴其尸，以布帛缠之，裹以苇草，衬土而殡，上不起坟。无他奇货，尤好剽掠，故商贾不通。人喜铁器及匙箸，不驾舟楫，惟缚竹为筏，急则群舁之，泅水而遁。）杀人祭神，聚髅为佳。无赋敛，不知节朔。”

330. 朝鲜国　箕子所封之国。东西滨海，北邻女直，西北至鸭绿江，广二千里，袤四千里，在山东之东北。俗无淫盗。读书喜文字，饮食用俎豆，官吏间威仪，柔仁恶杀，崇释信鬼。男女群戏，相悦为婚。死经三年而葬。洪武二年，其国王颛表贺即位，赐金印诰命，封高丽国王。其后侍郎李成桂代位，请改国号，诏仍朝鲜，至今朝贡。

司马按：见明莫旦《大明一统赋》卷上。

331. 占城国　即古越裳氏。其地东西七百余里，南北三千余里。东北至广东舟行可半月。国有县镇，护以砖城。王出入乘象，头戴金帽，身被璎珞，每坐朝，有美女三十人侍从，官属谒见皆膜拜。其人好洁，日三五浴，以脑麝涂体，以诸香薰衣，性凶悍，果于战斗。商舶至，即差官监盘，十取其二，外听交易。产大珠如水晶，大于鸡卵。前代屡服屡叛。洪武初遣使朝贡，诏封为王。每国王嗣位，必请命遣使册，封以为常。

司马按：见明莫旦《大明一统赋》卷上。

332. 真腊国　即占城之南，自泉州海行月余日，可到其地，约七千余里。王视朝，坐五香七宝床，上施宝帐，头带金宝花冠，被珍珠璎珞，耳悬金铛。国城周七十余里，殿宇三十余所，颇壮丽。以象牙为壁，文水为竿，跨以金桥，长三十余丈，有铜台，上列铜象二十四只，各重四千斤。战象几二十万，马多而小。奉佛谨严。日用舞女三十人，舞献佛饭。民间亦尚华侈，以锦围身。谚云“富贵真腊”是也。洪武初表献方物，至今不绝。

司马按：明李贤等撰《明一统志》卷九十外夷真腊国：“东际海，西接蒲甘，南连加啰希，北抵占城国。沿革：本扶南属国，亦名占腊。其王姓刹利，名质多斯那者，始并扶南而有之。隋大业中，始通中国。唐自武德至圣历，凡四来朝。神龙以后，国分为二。其南近海多陂泽，为水真腊。其北多山阜，为陆真腊。后复合为一。宋政和中遣使来贡，宣和初封为真腊国王，与占城等。庆元中，国人大举伐占城，破之而立真腊，人为占城王。故当时占城亦为属国。本朝洪武初，国王忽儿那遣其臣奈亦吉郎等表献方物，自是朝贡不绝。风俗：东向为上，右手为洁。王三日一视朝，臣阶下三稽首。”《文献通考》：“其王三日一视朝，坐五香七宝床，上施宝帐，着朝霞吉贝瞒络腰腹下垂至胫，头带金宝花冠，被珍珠缨络，足履革屣，耳悬金珰。尝服白氎。其臣朝于王者，辄于阶下三稽首，王呼上阶，则跪以两手抱膊，绕王环坐，议政事讫，跪伏而去。俗尚华侈。《岛夷志》：国有城周七十余里，殿宇三十余所，颇为壮丽。其王及贵人所御之物多饰以金璧。俗尚华侈，田产富饶。男女椎发，女满十岁即嫁，以锦围身，眉额施朱。谚云'富贵真腊'者此也。"明姚虞《岭海舆图》："真腊国，本扶南属国，东际海，西接蒲甘，南连加罗希，北抵占城。唐武德、宋政和中尝遣使来贡。国朝洪武六年，其国王忽儿那遣其臣柰亦古郎等来贡。其物有象、象牙、苏木、胡椒、黄蜡、犀角、乌木、黄花木、土降香、宝石、孔雀翎。使回，令于广东布政司管待。"

333. 于阗国　在亦力把力国东南，至京师一万余里。其王锦帽金冠，不令人见发。见发即岁俭。地方千里，山多美玉。有好马驼骡。寺塔僧尼甚众。每设斋日，王必亲自洒扫馈食。俗无礼义，多淫盗，喜歌舞，上纺织。初无蚕，求婚于邻国女，怀蚕以归，关守不敢验，女刻石，戒勿杀蚕，蛾出尽，始治茧。宋开宝中，献美玉一块，重二百三十七斤。又产独峰驼、狮子、名马。有昆仑山，黄河之源出于此。永乐六年始通朝贡。

司马按：见明莫旦《大明一统赋》卷上。

334. 撒骂儿罕国　疑即古之罽宾国。东西三千余里，东至京师一万五千余里。有大头痛、小头痛之山，赤土身熱之阪，骑步相持，绳索相引，危险特甚。其王戴牛头冠，坐金马座，葱岭有淫祠，以金为屋，以银为地。祠前有一鱼脊骨，其孔中通，马骑出入。人多任务巧，善治宫室。器用金银，以手取食。有铁门关，产宝物千种，琉璃光莹胜玉。唐开元中遣使贡秘文奇药。本朝洪武二十年来朝，至今不绝。

司马按：见明莫旦《大明一统赋》卷上。

335. 交趾　古南交之地。至京师一万二千余里。洪武初，其主陈日煃率先归附，赐安南国王印，传至日焜，其臣黎季犛篡立，永乐四年讨平之。求立陈氏后，无所得，因郡县其地，立三司以镇之。洪熙元年，寇黎利复反，又讨之，始奉表乞立陈暠为王，诏封暠为王。后利篡暠而自立，朝臣复请加兵，会利遣使谢罪请命，因而与之。天顺初，国王黎浚被黎淙所弑，其陪臣黎识等表请于朝，遣翰林钱学士溥特节封黎灏为王。其地夷獠杂居，不知礼义，椎髻剪发，跣足文身，好浴善水，席地盘足。人有头能飞者，以两耳为翼，夜则飞去海边食鱼虾，晓复归身，然不常有也。土产猩猩，人面猿身，能言嗜酒。有波罗大如冬瓜，甘香可啖。人有阮翁仲者，身长三尺，始皇使将兵威震匈奴，及卒，遂铸其像，立司马门，今人坟墓间有石人曰翁仲者，此也。

司马按：见明莫旦《大明一统赋》卷上。

336. 大秦国　一名犁靬。在西海之西。地有弱水流沙，几于日入之处。地方数千里，有四百余城，小国役使者数十，约至京师四万余里。其王以织金缠头。屋宇以水晶为柱，琉璃为瓦。其人长大美哲，有官曹簿领，皆秃头而衣文绣。王小出，惟诵经礼物，出则乘马。马皆饰以金玉珠宝。或灾异及风雨不时，辄废，而更立贤者，废者无怨。有幻人峭鼻，拳鬓长四尺余，能额上为炎烬，手中作江湖，举足而珠玉，自堕开口，则幡旄乱出。海中有鬼市，王客和同我往，彼去彼来，我归以直，置诸物旁，待领直然后收物。有珊瑚洲，土人以铁网取之。

司马按：见明莫旦《大明一统赋》卷上。我国古代称东罗马帝国为拂菻。

337. 大食国　本波斯之别种，任夏州之西北，地方千里，胜兵四十万，民俗侈丽，天寒多雪。其王头缠织金番布，朔望则戴纯金宝冠，所居以玛瑙为柱，以绿甘为壁，以水晶为瓦，帷幕皆百花锦，台榻饰以金玉，阶砌包以纯金玉。每视朝，坐珍珠帘内。有丞相披金甲，戴兜鍪，拥卫左右。余官各领兵马，马高七尺，士卒骁勇，武艺绝伦。街阔六七丈，铺以石板，极精致。民居与中国同，但瓦则以薄石为之。市肆喧哗，百货萃聚。有骏马云与龙交，所产者日行千里。有驼鸟胜得人骑。瓜大者数人食一枚。其王常令人入海经涉，入年未极西岸，于海中石上见大树，皆生小儿，见人笑而不语。连枝摘取，即干黑。其国在唐、宋时皆通朝贡。

司马按：见明莫旦《大明一统赋》卷上。

338. 西洋古里国　其国乃西洋诸番之会。海滨为市，行者让路，道不拾遗，俗稍近古。产骏马。永乐以来，朝贡不绝。

司马按：见明莫旦《大明一统赋》卷上。

339. 一弗敌国　在吐谷浑北，有屈海，周回千余里。众有万户，不食五谷，唯食鱼及苏子。顽弱不知斗战，忽见异人，举国便走。性如野兽，体轻工走，逐不可及。是夷蛮戎狄之中丑类也。

司马按：见明莫旦《大明一统赋》卷上。一作“乙弗勿敌国”，《北史》卷九十六：“吐谷浑北有乙弗勿敌国，国有屈海，海周回千余里。众有万落，风俗与吐谷浑同。然不识五谷，唯食鱼及苏子。苏子状若中国枸杞子，或赤或黑。有契翰一部，风俗亦同，特多狼。白兰山西北，又有可兰国，风俗亦同。目不识五色，耳不闻五声，是夷蛮戎狄之中丑类也。土无所出，直大养群畜，而户落亦可万余人。顽弱不知斗战，忽见异人，举国便走。性如野兽，体轻工走，逐不可得。白兰西南二千五百里，隔大岭，又度四十里海，有女王国。人庶万余落，风俗土著，宜桑麻，熟五谷，以女为王，故因号焉。译使不至，其传云然。”明莫旦《大明一统赋》：“自粤门以南，胡门以北，东尽东海，西逾西域，则有天方、日本、琉球、朝鲜、占城、真腊、亦力、于阗、渤泥撒马、交趾、细兰、大秦、大食。西洋西天，一弗敌兮勿斯里，三佛齐兮苏吉丹，更有沙华国兮古麻剌，弼琶啰兮忽鲁谟，榜葛剌兮兀良哈，吉慈尼兮默德那，木兰皮兮满剌伽，默加腊兮茶弼沙，琐里碟里蓝无里，新罗暹罗弼斯罗，苏禄苏门兮哈烈哈密，勿拔层拔兮爪哇阿哇，麻逸麻嘉兮打网打板，三苗三屿兮百薁百花，獯鬻猃狁，突厥乌桓，匈奴鲜卑，契丹先零，肃慎火筛，回纥吐蕃，限以三卫，控以九边，畏威怀德，强殒弱降，梯航重译，玉帛来王，此天下一统之外夷也。”按：此段赋文如今日艺人表演“报地名”之相声。

340. 勿斯里国　有一十六州，周回六千余里。有三百六十村，每村供国用一日，可足一年之食。其王白皙，缠头，着番衫，出入乘马。前有看马三百匹，皆金鞍宝辔。有虎十头，縻以铁索。伏虎者百人，弄铁索者五十人，持擂棒者一百人，臂鹰者三十人。又千骑围护，有亲奴三百，各带甲持剑，鸣鼓者百人，仪从甚都。有大塔高一百丈，他国或兵侵，则举国据塔以拒敌。上下可容二万人，内居守而外出战。

司马按：见明莫旦《大明一统赋》卷上。

341. 三佛齐国　本南蛮别种，与占城为邻，在泉州之正南。管十五州。国人多姓蒲。王出入乘船，身缠花布，卫以金镖。民居盖以椰叶。习水陆战。男女椎髻好洁，天气多热少寒。俗称其王为龙精，不火食，食则大荒。不水浴，浴则大潦。惟食沙糊、浴蔷薇露而已。有百宝冠甚重，每大朝会，惟王能戴之。传禅则集诸子，能胜之者嗣位。自洪武以来，朝贡不绝。

司马按：见明莫旦《大明一统赋》卷上。三佛齐，即苏门答腊（Sriwidjaja）。

342. 沙华公国　在大海中。其人肆行劫掠。商舶或漂至其国，则擒人烧食之。又有一种曰毗舍耶者，与泉州之晋江县相近。其人语言不通，袒裸盱睢，殆畜类也。或时至晋江劫掠，其来不测，多罹生畜噉之。意喜铁器及匙筯，人闭户则免，但刓其门圈而去。掷以匙饬，俟俯拾，可缓数步。又东南有女人国，水常东流，莲肉长尺余，桃核长二尺。其国无男子，其女感风即生女。女贵，多有侍男。又东南有女人国，水常东流。男子不得有侍女。生女从母姓。

司马按：见明莫旦《大明一统赋》卷上。

343. 兀良哈国　即古之山戎。无屋宇。行则车马为室，止则毡为庐。自君长以下皆食畜肉，衣毛皮。贵壮贱老。怒则杀父。凡娶，先掠女，歌舞。送葬，无礼顽嚣，夷中最甚。洪武二十二年，命其酋长为指挥使，各领所部朝贡，至今不绝。

司马按：见明莫旦《大明一统赋》卷上。

344. 默德那国　即回回祖国。有城池宫室。民物繁庶，非自杀者不食。忌豕肉，斋戒拜天。制造雕镂，尤极工巧。宣德中来朝，贡方物。

司马按：见明莫旦《大明一统赋》卷上。

345. 木兰皮国　在西海之中，自大食发舟，正西海一百余日方至其国。一舟可容万人。舟中有贸食肆机杼之属。言舟之大者，莫如此国所产极异。麦粒长三寸，瓜围六尺，榴重五斤，桃重二斤，香橼重二十余斤，胡羊高数尺，尾大如扇，春剖腹取脂数十斤，缝合仍活，不取胀死。日晷长三时，秋风忽起，人兽速就水饮，稍迟则渴死。

司马按：见明莫旦《大明一统赋》卷上。

346. 茶弼沙国　城方一千余里，王著战衫、金带、金冠。妇女著真珠衫。土产金宝极多。民居七层，每一层为一家。其国光明，乃太阳没入之地。至晚，日入，其声如雷。每于城上用千人鸣金吹角，以混日声，不然，则孕妇及小儿闻日声皆惊死。斯言恐未足信。

司马按：见明莫旦《大明一统赋》卷上。

347. 勿拔国　边海有陆道，可到大食。王人露顶，跣足，缠布帷。宰相及王之左右乃着衫，缠头。王居用砖，民居盖以茅。人多妖术，能变身作禽兽水族形，善咒诅。人死将葬，则亲戚皆舞剑而入，问以死故，若人杀死我等，当为报仇。丧主答以非人所杀，自系天命，乃投剑而哭。有大鱼长十余丈，筋骨可架屋，骨节可舂米，有山围四千余里，大中无人烟，出血竭、玳瑁、龙涎等物。

司马按：见明莫旦《大明一统赋》卷上。

348. 三苗国　在荆（阳）［扬］之间。唐虞时恃险为乱，今岳州是也。昔高辛时，有犬名盘瓠。人有父为贼所杀者，誓于众曰："能为我复仇者，以女妻之。"盘瓠闻之，掉尾而去，遂衔贼首而还，因妻以女。入山三年，生六子。六子既长，问于母曰："吾父是谁？"母指犬曰："此是父也。"六子耻之，遂杀盘瓠。今贵州夷人，父老则卖之，名卖爷苗。又有东苗、西苗、紫姜苗、红犵狫、花犵狫。又五溪之蛮，曰猫，曰猺，曰獠，曰獞，曰犵狫，字皆从犬，皆盘瓠种也。

司马按：见明莫旦《大明一统赋》卷上。

349. 三屿国　散居南海中。每一聚落约一千余家。地多崇冈迭嶂，凭高依险，编茅为屋。其人形短而小，眼圆而黄，虬发露齿，巢于木颠。或三五为群，跧伏草莽，以暗箭射人。授以瓷碗，则俯拾跳呼而去。

司马按：见明莫旦《大明一统赋》卷上。

350. 百夷国　在云南之西南，即麓川平缅，种类不一。自汉以来，叛服不常。各有土酋为主。洪武中，犹负固不服命，黔宁王讨平之。不加约束，听其自为声教，上下僭奢，虽微名薄职，皆系金银宝带，官民皆以笋壳为帽饰，以金玉珍宝为高顶，如宝塔状，遍插翠花羽毛，后垂红缨，以坐象为贵，其相见则合掌拜跪，而无端肃拱揖之礼。长于己者则跪之，见头目则膝行以前，三步一拜。地无城池，因高山为砦。军民无定籍，聚则为军，散则为民。师行无纪律，倚象为声势，每战则自缚于象上，悍而无谋。房屋猥陋，覆以草，或为竹楼，如儿戏状。不重处女，未笄，听与弱冠男子通，而相得者为夫妇。凡子弟有职名，则父兄拜跪之，坐受自若。父母死，则多聚年少歌舞饮酒，谓之娱尸。不知节序，惟望月之出没，以测时候。正统初，麓川又反，命靖远伯王公骥征之，始平。

司马按：此条见明莫旦《大明一统赋》卷上。

351. 元城先生在宋，杜门屏迹，不妄交游，人罕见其面。然田父野老市井细民以谓："若过南京，不见刘侍制，如过泗州不见大圣。”及没，耆老士庶妇人女子持熏剂诵经而哭，父老日数千人，至填拥不得其门而入，家人因设数大炉于厅下，争以香炷之，香价踊贵。后二年，虏人驱坟户发棺，见公颜貌如生，咸惊曰：必异人也。问谁坟户，对以某官，一无所动，盖棺而去。

司马按：见宋赵善璙《自警编》卷六。

352. 宁王常猎于鄠县界，搜林，忽见草中一柜，扃锁甚固。王命发视之，乃一少女也。问其所自，女言："姓莫氏，叔伯庄居。昨夜遇光火贼，贼中二人是僧，因劫某至此。"动婉含颦，冶态横生。王惊悦之，乃载以后乘。时荦者方生获一熊，置柜中，如旧锁之。时上方求极色，王以莫氏衣冠子女，即日表上之，具其所由。上令充才人。经三日，京兆奏鄠县食店有僧二人，以钱一万，独赁店一日一夜，言作法事，唯舁一柜入店中。夜久，腷膊有声。店户人怪日出不启门，撤户视之，有熊冲人走出，二僧已死，骸骨悉露。上知之，大笑，书报宁王："宁奇大能处置此僧也。"莫才人能为秦声，当时号"莫才人啭"焉。

司马按：见唐段成式《酉阳杂俎》卷十二。

353. 徐敬业年十余岁，好弹射。英公每曰："此儿相不善，将赤吾族。"射必溢镝，走马若灭，老骑不能及。英公常猎，命敬业入林趁兽，因乘风纵火，意欲杀之。敬业知无所避，遂屠马腹，伏其中。火过，浴血而立，英公大奇之。

司马按：见唐段成式《酉阳杂俎》卷十二。

354. 大定初，有士人随新罗使，风吹至一处，人皆长须，语与唐言通，号长须国。人物茂盛，栋宇衣冠，稍异中国，地曰扶桑洲。其署官品，有正长、戢波、目役、岛逻等号。士人历谒数处，其国皆敬之。忽一日，有车马数十，言大王召客。行两日方至三大城，甲士守门焉。使者导士人入伏谒，殿宇高敞，仪卫如王者。见士人拜伏，小起，乃拜士人为司风长，兼驸马。其主甚美，有须数十根。士人威势烜赫，富有珠玉，然每归见其妻则不悦。其王多月满夜则大会，后遇会，士人见姬嫔悉有须，因赋诗曰："花无蕊不妍，女无须亦丑。丈人试遣总无，未必不如总有。"王大笑曰："驸马竟未能忘情于小女颐颔间乎?"经十余年，士人有一儿二女。忽一日，其君臣忧感，士人怪问之，王泣曰："吾国有难，祸在旦夕，非驸马不能救。"士人惊曰："苟难可弭，性命不敢辞也。"王乃令具舟，命两使随士人，谓曰："烦驸马一谒海龙王，但言东海第三汊第七岛长须国有难求救。我国绝微，须再三言之。"因涕泣执手而别。士人登舟，瞬息至岸。岸沙悉七宝，人皆衣冠长大。士人乃前，求谒龙王。龙宫状如佛寺所图天宫，光明迭激，目不能视。龙王降阶迎士人，齐级升殿。访其来意，士人具说，龙王即令速勘。良久，一人自外白曰："境内并无此国。"其人复哀祈，言长须国在东海第三汊第七岛。龙王复叱使者："细寻勘速报。"经食顷，使者返，曰："此岛虾合供大王此月食料，前日已追到。"龙王笑曰："客固为虾所魅耳。吾虽为王，所食皆禀天符，不得妄食。今为客减食。"乃令引客视之，见铁锅数十如屋，满中是虾。有五六头色赤，大如臂，见客跳跃，似求救状。引者曰："此虾王也。"士人不觉悲泣，龙王命放虾王一锅，令二使送客归中国。一夕，至登州。回顾二使，乃巨龙也。

司马按：见唐段成式《酉阳杂俎》卷十四。

355. 郭代公尝山居，中夜有人面如盘，瞚目出于灯下。公了无惧色，徐染翰题其颊曰："久戍人偏老，长征马不肥。"公之警句也。题毕吟之，其物遂灭。数日，公随樵闲步，见巨木上有白耳，大如数斗，所题句在焉。

司马按：见唐段成式《酉阳杂俎》卷十四。

356. 有史秀才者，元和曾与道流游华山。时暑，环憩一小溪。忽有一叶，大如掌，红润可爱，随流而下。人独接得，置怀中。坐食顷，觉怀中渐重。潜起观之，叶上鳞起，栗栗而动，史惊惧，弃林中，遽白众曰："此必龙也，可速去矣。"须臾，林中白烟生，弥于一谷。下山未半，风雷大至。

司马按：见唐段成式《酉阳杂俎》卷十五。

357. 昔有僧人入房将睡，暗中误踏破一生茄，心疑为蟾蜍之属，卧中甚悔其枉害物命，到中宵，忽有扣门觅命者，僧约明日为荐拔，及天明见之，乃茄也，此只是自家心疑，便感召得游魂滞魄附会而来。又如遗书载，一官员于金山寺荐拔亡妻之溺水者，忽婢妾作亡魂扶语，言死之甚冤。数日后，有渔者救得妻，送还之。此类甚多，皆是妖由人兴，人无衅焉，妖不自作。

司马按：见宋陈淳《北溪字义》卷下。

358. 昔武三思置一妾，绝色，士大夫皆访观，狄梁公亦往焉。妾遁不见，武三思搜之，在壁隙中，语曰："我花木之妖，天遣我奉君笑谈。梁公时之正人，不可以见。"盖端人正士有精爽清明，鬼神魑魅自不敢近，所谓德重鬼神钦。鬼神之所以能近人者，皆由人之精神自不足故耳。

司马按：见宋陈淳《北溪字义》卷下。

359. 唐杨收少年庐山修业时遇一道者，谓曰："子若学道，即有仙分。若必仕宦，位至公相，然终焉有祸，能从我学道乎?”收心在进取，谢绝之。及登廊庙，竟罹南荒之殛。宋夏竦父为侍禁时，竦尚幼，有道士爱之，乞为养子，父止竦一子，弗许。道士曰：“是儿有仙骨，不尔位极人臣，但可惜堕落了。”后竦为通判，又见昔道士，曰：“尚可作地仙。”在城都，复见道士跨驴于市，摇手曰：“无及矣。”遂不复见。考竦行事堕落，固所不免，然则杨与夏虽有异人之遇，亦何救其平生哉?

司马按：唐孙光宪《北梦琐言》卷十二“杨收不学仙”条：“唐相国杨收，江州人，祖为本州都押衙，父直为兰溪县主簿，生四子发、嘏、收、严，皆登进士第。收即大拜，发以下皆至丞郎。发以春为义，其房子以柷以乘为名。嘏以夏为义，其房子以瞍为名。收以秋为义，其房子以钜、镲、镳、鉴为名。严以冬为义，其房子以注、涉、洞为名。尽有文学，登高第，号曰修竹杨家，与静恭诸杨比于华盛。收相少年于庐山修业，一日，寻幽至深隐之地，遇一道者谓曰：‘子若学道，即有仙分。必若作官，位至三公，终焉有祸，能从我学道乎?’收持疑，坚进取之心，忽道人之语。他日虽登廊庙，竟离南荒之殛，悲夫！薛泽补阙乃杨氏之女孙婿，尝语之。”宋刘延世《孙公谈圃》卷上：“夏文庄父为侍禁时，文庄尚幼，有道士爱之，乞为养子，父止文庄一子，弗许。道士曰：‘是儿有仙骨，不尔位极人臣，但可惜堕落了。’后文庄为通判，又见昔日道士，曰：‘尚可作地仙。’在成都，复见道士跨驴于市，摇手曰：‘无及矣。’遂不复见。”

360. 愚读刘晨、阮肇天台遇仙女之事，心窃疑焉。夫二女既仙，必能离欲，岂昔不有其躬而与尘寰采药之夫自为伉俪哉?或者山精狐魅幻化以迷之耳。其曰刘阮还家，子孙无有存者，此乃述齐谐之业者附会之过也，何足信哉！近年有朝士奉使关西，过临潼，浴骊山温泉，想象玉环，不觉心动。浴罢，还行台露，坐追凉，忽见绛纱灯荧荧，导一女官持节而来，告之曰："贵妃且至。"俄顷，霓旌宫扇，拥贵妃至中庭，凤冠翟袆，环佩珊瑚，雪肤花貌，姿媚流丽，与朝士交礼毕，款语移时，遂携手入室，荐枕席之欢。五鼓既作，女官又领仙仗迎之而去。自是随其所止，源源而来，朝士以为奇遇。骊山父老闻之，曰："是此山老狐精也。其女官辈小狐精也。"即此观之，刘、阮之所遇，非此类也乎？

司马按：宋高似孙《剡录》卷三"仙道"："刘晨、阮肇，剡县人。汉明帝永平十五年，采药于天台山，望山头有一桃树，取食之。又流水中有胡麻饭屑，二人相谓曰：'去人不远。'因过水，深四尺许，行一里，又度一山，出大溪，见二女，容颜绝妙，便唤刘、阮姓名，问：'郎何来晚也。'馆服精华，东西帷幔，宝络左右，尽青衣，进胡麻饭、山羊脯，设甘酒，歌调作乐，日暮，止宿。住半年，天气和适，常如二三月。鸟鸣悲惨，求归甚切。女唤诸仙女歌吹送还乡，乡中怪异，验得七代，子孙传闻，祖翁入山，不知何在，太康八年，失二公所在。"

三、结 论

综上所考，大致可以得出以下几条结论：

第一，剿袭成书。全书凡360条，其中有353条伪迹昭彰，占98.1%，其作伪之法大致可以归结为：（一）全抄一书。（二）合二为一。另外，有7条阙疑待考，仅占1.9%。

第二，序跋失信。是书前有嘉靖甲子吕时中序，称"其书虽宏肆散见，旨趣不一，要多归之切身"。书后有嘉靖甲子阎承光跋，称翁之学术正大光明，宜其发于事业，章章赫奕，足以为人师表云云。其实，吕序阎跋亦未究其实，绝不可信。吕序又称"无一条不概于胸中，无一句不敛为己有"，似乎又隐藏微词。书前又有嘉靖壬戌宋岳自序，称有以省躬则录之，有以保生则录之，有关世教则录之，有裨见闻则录之，以效先儒随笔之义云尔。自序自欺欺人，掩耳盗铃，所谓先儒随笔之义岂能作为抄袭之遁词乎？

第三，《续修》失考。此书实为一拙劣之伪书，不慎混入《续修四库全书》之中，未免鱼目混珠。今本实事求是之心，广搜证据，将其彻底证伪，望学人勿为所欺耳。当然，此伪书并非毫无价值，若作为杂抄、杂纂之类看待，也可以吸取其中的养分。

2010年3月草稿、2011年2月定稿

（作者单位：武汉大学中国传统文化研究中心、国学院）

古典新义

学鉴

中国传统文化中的生态智慧

◎杨 华

一、导 言

一般认为，环境保护的理论和制度，是上世纪70年代之后由西方人首先提出来的，它是对高速工业化的负面作用的一种纠正。人们最初觉得环境问题是一个技术问题，期望通过技术的改进来消除环境污染。后来发现它是一个经济问题，期望通过经济政策和经济结构的调整来消除环境污染，但作用仍不显著，于是上升到政治问题，期望通过政治手段来协调各族群、各国家、各民族之间利益冲突所造成的环境污染。然而，最近几十年的事实表明，技术手段的改进、经济结构的调整、政治手段的协调，都没有从根本上遏制全球环境恶化的趋势。现在，越来越多的人认识到，环境保护实际上是一个文化问题，有人直接说它是一个道德伦理问题。①

也就是说，不同的文化形态对于生态环境有着不同的认识，如

① 美国前副总统阿尔·戈尔（Al Gore）在获得诺贝尔和平奖时说："环境不是政治问题，而是一个道德问题。"相关问题的讨论，可参考潘岳：《中华文明与生态文明》，《光明日报》2009年1月14日"理论综合版"。

果将全球各民族文化中有利于生态环境保护的文化资源（包括与之相关的思想理念、伦理道德、制度设计等）加以整合，形成一种共同的环保伦理，那将极大地推进全球的环保事业。这项工作要求我们，首先挖掘、整理本民族文化中关于环境保护的思想智慧，然后将其转化为有利于当今环保事业的方法考量和制度设计。作为从事中国传统文化研究的学者，这也是我们义不容辞的责任。

二、敬畏自然："人定胜天"并非中国文化的主流

中国古代有"自然"一词，最早见于《老子》一书。但是这个词最初都被用作与"泰然""漠然"近义的一个副词来使用，指万物、百姓存在的一种方式，即不借助任何外力，自己原来是什么样就是什么样地存在着，并自在自为地运行、发展着，这与有实在意义的、作为名词的 Nature 意思完全不同。① 例如《老子》第二十五章：

> 道大，天大，地大，王亦大。国中有四大，而王居一焉。人法地，地法天，天法道，道法自然。

在这段著名的话中，"自然"不是指自然界，而是"自己如此"的意思。"道"本身无所作为，只是顺应万物之自然，即万物本来的样子。②

既然如此，我们讨论中国古人的自然观时，便不能从"自然"这个词入手，而应当另择他径。有一个比较可行的视角，就是"天"和"天道"。虽然中国古代思想史上的"天"有多重含义，后人对其理解也不一致，但自然界和自然规律总是其中的一个重要

① ［日］池田知久：《中国思想史中"自然"的诞生》，载［日］沟口雄三、小岛毅主编《中国的思维世界》，南京：江苏人民出版社 2006 年版，第 10～45 页。

② 参见卢育三：《老子释义》，天津：天津古籍出版社 1987 年版。

或主要内涵，所以由之可以考察古代中国人的自然观念。

“天”是一个象形字，《说文》：“天，颠也。至高无上，从一、大。”甲骨写作，金文写作，其字形表明，它是用“人”字头上顶着一个极限的图像，来表示最高之处。开始可能是指单个的人的天灵盖顶，后来转而引申为天上的苍穹。① 这说明，上古时期中国人创造文字时，并没有超越上天的概念，人身体头上之颠尚且无法超载，何以超载天？在古文字中，“天”字与表示人体正面的“大”字往往写法相同，古文献中，二字也常互训，“天道”就是“大道”，“天子”有时即写作“大子”。②

中国古代人把自然规律和社会规律，都总称为“天道”。他们对天道的认识如何呢？在天与人的关系方面，中国历史上存在着天人相关（天人相与）、天人相离（天人相分）这两种根本不同的观点。儒、法、道、墨诸家，对此各有主张。

在孔子那里，对天道似乎讲得不太明确。当子贡劝师傅多说些道理时，孔子说：“天何言哉？四时行焉，百物生焉，天何言哉？”③ 意思是说，上天从不曾多言自话，但万物生长、四季运行却从不受影响。所以子贡感叹：“夫子之文章可得而闻也，夫子之言性与天道不可得而闻也。”④

孟子也讲“天人相通”。例如，《孟子·万章上》篇载：“昔者尧荐舜于天而天受之，暴之于民而民受之。故曰：天不言，以行与事示之而已矣。”当弟子问道，怎么知道天受理了帝尧推荐帝舜的意思时，孟子说：“使之主祭，而百神享之，是天受之；使之主事而事治，百姓安之，是民受之也。”意思是说，上神之享受帝舜的主祭，就是接受了这个人。他还引用《尚书》中“天视自我民视，天听自我民听”的句子，讲天人相通。当然，孟子讲这些恐怕重

① 于省吾主编：《甲骨文字诂林》第一册，北京：中华书局1996年版，第210～214页。

② 《尚书大传·无逸》“登之天子”，郑玄注：“天子当为大子。”见吴其昌《殷墟书契解诂》，第55～58页，转引自上引《甲骨文字诂林》，第210～214页。

③ 《论语·阳货》。

④ 《论语·公冶长》。

点还是强调人事，为他的民本思想张本。

有“汉代孔子”之称的董仲舒把天人相通的关系推到高峰。提出了“天人相类”、“天副人数”、“天人感应”、“以类合之，天人一也”的观点，他认为人的生理结构、人间的社会秩序，都与天地自然规律一一对应。当人间社会的运行，不符合天意时，天便会逞威发怒，以自然灾害来警告，这就是“天谴”，风雨不时、水旱灾害、地震滑坡等，都是“天谴”的一种：

灾者，天之谴也；异者，天之威也。谴之而不知，乃畏之以威。……凡灾异之本，尽生于国家之失，国家之失乃始萌芽，而天出灾害以谴告之，谴告之而不知变，乃为怪异以惊骇之，惊骇之尚不知畏恐，其殃咎乃至。以此见天意之仁而不欲害人也。①

当然，董仲舒的“天谴”论最后还是落脚到国家政策的是否“有道”上面，他在回答汉武帝的贤良对策中说：

国家将有失道之败，而天乃先出灾害以谴告之，不知自省，又出怪异以警惧之，尚不知变，而伤败乃至。②

在董仲舒等人的努力下，儒学成为官方意识，从此，“天人感应”、“天人合一”也成为中国古代的思想主流。例如，在理学家那里，人道更是附属于天道。张载讲“天人合一”、“民胞物与”等；二程也讲天人合一，但以强调“天人本一”、“万物一体”为主。三者都肯定天与人有统一的关系。天是广大的自然，人是人类。人是天所生成的，是天的一部分。人与天不是敌对的关系，而是共存的关系。③ 如果以今天的语汇来理解，“天人合一”意思就

① 《春秋繁露·必仁且智》。

② 《汉书》卷56《董仲舒传》。

③ 张岱年：《天人合一评议》，《社会科学战线》1998年第3期。

是“自然与人类合一”。其思想前提是，它承认人类社会是自然这个大的生态系统中的一个子系统，这与西方将人类与自然对立的“天人二分法”思维方式，截然不同。①

儒家之外的其他哲学思想，也主张“天人相与”而不是“天人相分”。道家讲“道法自然”，庄子主张“天地与我并生，而万物与我为一”，主张将个人生命与天地融合为一，更是尊重自然的。相关讨论很多，兹不赘述。

墨子讲“天志”，“天为贵，天为智”、“天之贵且智于天子”，所以有人认为墨家是主张天人相分的。但在《天志》篇中他又讲道：

> 天之爱民之厚者有矣。曰：历为日月星辰，以昭道之；制为四时春秋冬夏，以纪纲之；霣降雪霜雨露，以长遂五谷麻丝，使民得而财利之；列为山川溪谷，播赋百事；为王公侯伯，以临司民之善否，使之赏贤而罚暴；赋金木鸟兽，从事乎五谷麻丝，以为民衣食之财。自古及今，未尝不有此也。②

他也把天地的意志与人间社会的秩序相联系。所以说，墨子理解的天与人的关系，也同样要尊重和崇拜天。早就有学者指出，董仲舒的“天人合一”之说，其实与墨子的“天志”观念有直接渊源关系。③

当然，中国思想史上也存在过天人相分的思想。荀子指出：“天行有常，不为尧存，不为桀亡。”意思是天道有常，人道无常，

---

① 胡伟希：《儒家生态学基本观念的现代阐释：从“人与自然”的关系看》，《孔子研究》2000年第1期。

② 《墨子·天志中》。

③ 章太炎：《儒术真论》，载汤志钧主编《章太炎政论选集》上册，北京：中华书局1977年版。周辅成：《论董仲舒思想》，上海：上海人民出版社1961年版。［日］福永光司：《道教思想史研究》，日本岩波书店1987年版。转引自［日］池田知久：《中国古代的天人相关论》，载［日］沟口雄三、小岛毅主编《中国的思维世界》，南京：江苏人民出版社2006年版，第46～97页。

天、人各行其道，人间善恶、奢俭、吉凶，都不受天意的影响，也不会影响天的意志，他甚至将“明于天人之分”视为“至人”的一大标志。进而发展到“人能胜天”的思想：“从天而颂之，孰与制天命而用之。”①

值得注意的是，“人定胜天”的思想在中国向来没有占据主流。虽然荀子、王夫之曾经主张以人胜天或天人交胜观，但是，中国人并没有像西方那样建立起系统的天人二元对立的进化论。中国历史上，不乏精卫填海、愚公移山的神话，也不乏改造自然、征服自然的壮举，例如大运河、都江堰、圩湖造田、捍海堤塘等水利工程至今仍发挥着重要作用，但是，总体来说，“敬天”、“畏天”仍然是中国古代天人关系的思想主流。“人定胜天”这一命题，只在荀子那里得到发挥，毛泽东曾经特别赞赏。可能正是由于它在中国几千年的文明中不占主流，所以才在现代唯物论潮流下受到特别的关注。另外还应看到，即使主张“制天命而用之”的荀子，也主张“应天命”，即不违天命：“天行有常，不为尧存，不为桀亡。应之以治则吉，应之以乱则凶。”②

翻开中国几千年的思想史，其主流无不是讲“敬天”、“畏天”的。在儒家文献中，经常可以见到“天常”的说法，他们认为君子“奉天常”“祀天常”，而小人“逆天常”“乱天常”。③ 黄老学派谓之“循天常”。④ 这里的“天常”当然主要指君臣父子的人伦秩序，但也部分地包括了上天所赋予的自然规律。

“敬天”思想可以追溯至上古时期。周人讲“敬天保民”，后代讲“敬天顺时”。《尚书·洛诰》有“敬天之休”。《诗经·何人

---

① 《荀子·天论》。

② 《荀子·天论》。

③ 如《左传·文公十八年》：“傲很明德，以乱天常。”郭店楚简《成之闻之》谓：“天降大常，以理人伦。制为君臣之义，著为父子之亲，分为夫妇之辨。是故小人乱天常以逆大道，君子治人伦以顺天德。”又谓：“君子慎六位，以祀天常。”郭店楚简《忠信之道》谓：“效天诸常。”

④ 魏启鹏：《马王堆汉墓帛书〈黄帝书〉笺证》，北京：中华书局2004年版，第80页。

斯》：“不愧于人？不畏于天？”《诗经·大雅·板》：“敬天之怒，无敢戏豫。敬天之渝，无敢驰驱。”

“畏天”也是中国古代思想的主要思维模式。《尚书·酒诰》有“畏天”，《无逸》有“恭畏天命”。《诗经·雨无止》谓：“胡不相畏，不畏于天？”《周颂·我将》：“我其夙夜，畏天之威，于时保之。”

孔子曾说，君子有“三畏”：“畏天命，畏大人，畏圣人之言。”① 荀子说：“君子大心则敬天而道，小心则畏义而节。”② 墨子更是敬天明鬼。《吕氏春秋》记载了上古葛天氏部族提着牛尾踏足而跳的八首歌舞名称：“一曰载民，二曰玄鸟，三曰遂草木，四曰奋五谷，五曰敬天常，六曰达帝功，七曰依地德，八曰总万物之极。”③ 从中可以看出，敬畏天、地是古代中国人的基本自然观。

古人对“天”的认识比较模糊，不仅仅指今天理解的天上、天空，其“天道”指自然界万物运行的法则、人类一切社会活动的规律，顺之则昌、逆之则亡。在农业社会中，农业生产和日常生活都与天象气候的变化密切相关，存在着很多人为力量之外的因素，容易产生敬畏天地的思想，有利于“天人合一”观念的发展，但这不能完全视为“迷信”。其积极意义是，它“以天地万物为一体”，把整个自然界看作是一个统一的生命系统，主张尊重自然界一切生命的价值，爱惜一切动物、植物和自然产物。④ 简而言之，主张人与自然的和谐相处，即“爱物”。当然，这个命题也强调人与人的和谐，即“仁民”。但“仁民”与“爱物”一体双翼，并不矛盾。这些思想可以直接转化为现代社会中生态保护的有利资源，不少环保人士由之引申出当今社会的环境伦理或生态伦理，即人与自然友好的伦理。

---

① 《论语·季氏》。

② 《荀子·不苟》。

③ 《吕氏春秋·古乐》。

④ 田广清：《和谐论——儒家文明与当代社会》，北京：中国华侨出版社1998年版，第104页。

儒家追求至善至美的“王道”，这个王道理想不仅关乎人间社会，也关乎自然世界。在董仲舒与汉武帝的第一次策问对答中，有一段著名的话：

> 故为人君者，正心以正朝廷，正朝廷以正百官，正百官以正万民，正万民以正四方。四方正，远近莫敢不壹于正，而亡有邪气奸其间者。是以阴阳调而风雨时，群生和而万民殖，五谷熟而草木茂，天地之间被润泽而大丰美，四海之内闻盛德而皆徕臣，诸福之物，可致其祥，莫不毕至，而王道终矣。①

显然，这是一个社会大和谐的理想境界，更是一个自然大和谐的理想境界。儒家认为，要实现这种大和谐，必须要调正人君和百官的人伦正气，使人间社会杜绝奸邪之气，才能感动上天，使之降福人间。现在看来，将自然的和谐寄希望于上天的降福，固然不免迷信，但是要实现生态和谐，保护环境，难道不应当从我们人间正气着手吗？一个人心淆乱、私利充盈、管理混乱的社会，怎么可能保护好生态环境？

不可否认的是，“天人合一”思想也存在负面作用。

其一，所谓“天人合一”，是人合于天，而不是让天来合于人。它主张人必须顺应自然，忽视人们对自然奥秘的探索，低估和限制了人类改造自然的能动性，这对古代自然科学的发展极为不利。② 这是大家都认识到了的。

其二，古人所谓“天人合一”的“天”，有很多内容是人格神，并非完全理解为自然界或自然规律。所以，有学者怀疑“天人合一”是否包含或者包含多少“人与自然和谐”的内容。我们认为，应当像任继愈先生所主张的那样，将“天人合一”理念进

① 《汉书》卷56《董仲舒传》。

② 吴宁：《论“天人合一”的生态伦理意蕴及其得失》，《自然辩证法研究》1999年第12期。

行当代转化或当代诠释，以解决现实的环境问题。①

钱穆先生晚年指出，“天人合一”是了解中国文化的根本特点，以之为特质的中国传统文化将对于“世界人类未来求生存”作出重大贡献。② 张岱年、任继愈等先生都认为，中国古代“天人合一”的思想，在解决生态危机方面大有作为。张岱年先生认为，《易传》所提出的“裁成天地之道，辅相天地之宜”原则，实际上就是保持生态平衡。③

总体而言，中国古代社会几千年间，由于人口的压力不大，生产方式对自然界的破坏程度也有限，并没有形成严重的生态危机。关于生态问题的相关理论（即生态伦理），在儒释道等中国思想传统中，并不是一个核心问题。但是，“天人合一”的思想已经触及生态伦理的根本实质，而且对于深处生态危机的现代社会，仍有十分重要的现实意义，是对人类文明一大贡献。

20世纪，中国人对现代化的迫切追求和摆脱“一穷二白”面貌的爱国热情，与对祖国“地大物博”的盲目认识纠结在一起，确实做了很多违背自然规律、破坏生态的蠢事，“人有多大胆，地有多大产”、“开荒开到山顶上，插秧插到湖中央”、“消灭四害（蚊、蝇、鼠、雀）”等口号声犹在耳，而掠夺性开发野生动植物和矿产资源，大规模砍伐森林、破坏草场、围湖造田等活动的恶果已历历在目。“天人合一”的思想传统，对于我们今天克服“人类中心主义”的误识，纠正“征服自然”观念，承认其他生物的存在价值，重新确立“敬畏自然”、“尊重自然”和“适应自然”的科学发展观，具有巨大的现实意义。

三、应顺天时：古人尊崇天人合一的生活节律

中国古代关于“天人合一”的观念，要求以人合天，而不是

---

① 任继愈：《试论天人合一》，《传统文化与现代化》1996年第1期。

② 钱穆：《中国文化对人类未来可有的贡献》，《中国文化》1991年第4期。

③ 张岱年：《中国哲学中关于“人”与“自然”的学说》，载北京大学哲学系编《人与自然》，北京：北京大学出版社1989年版。

相反。自然界在时间上有其永恒不变的运行规律，人类不能违反，这就是中国古代“顺应天时”的理念。

中国位于北温带，四季变化分明，古代中华文明的核心地区黄河流域尤其如此。以一年为一个时间单位，天气寒热、水分燥湿、昼夜长短、作物生长快慢、日月星辰位移，都非常有规律，古人把它叫作“天时”——“天道有序而时”。人们根据“天时”来安排农业生产、生活节律、社会事务，这叫作“奉天时”，《易传·乾卦·文言》：“先天而天弗违，后天而奉天时。”

中国古代专门有记载这种天时规律的文献，叫作“月令”，这是世界上独一无二的时宪。先举《礼记·月令》篇为例：

> 孟春之月，日在营室，昏参中，旦尾中。其日甲乙。其帝大昊，其神句芒。其虫鳞。其音角，律中太簇，其数八。其味酸，其臭膻，其祀户，祭先脾。
>
> 东风解冻，蛰虫始振，鱼上冰，獭祭鱼，鸿雁来。
>
> 天子居青阳左个。乘鸾路，驾苍龙，载青旂，衣青衣，服仓玉；食麦与羊，其器疏以达。
>
> 是月也，以立春。先立春三日，大史谒之天子曰：“某日立春，盛德在木。”天子乃齐（斋）。立春之日，天子亲帅三公、九卿、诸侯、大夫以迎春于东郊。还反，赏公卿大夫于朝。命相布德和令，行庆施惠，下及兆民。庆赐遂行，毋有不当。
>
> 乃命太史守典奉法，司天日月星辰之行，宿离不贷，毋失经纪，以初为常。
>
> 是月也，天子乃以元日祈谷于上帝。乃择元辰，天子亲载耒耜，措之于参保介之御间，帅三公、九卿、诸侯、大夫，躬耕帝藉。天子三推，三公五推，卿诸侯九推。反，执爵于大寝，三公、九卿、诸侯、大夫皆御，命曰“劳酒”。
>
> 是月也，命乐正入学习舞。乃修祭典。命祀山林川泽，牺牲毋用牝。禁止伐木。毋覆巢，毋杀孩虫、胎、夭、飞鸟，毋麛、毋卵。毋聚大众，毋置城郭。掩骼埋胔。

是月也，不可以称兵，称兵必天殃。兵戎不起，不可从我始。毋变天之道，毋绝地之理，毋乱人之纪。

孟春行夏令，则雨水不时，草木蚤落，国时有恐。行秋令则其民大疫，飙风暴雨总至，藜莠蓬蒿并兴。行冬令则水潦为败，雪霜大挚，首种不入。

这里选取的是《月令》文献的第一部分，它描述十二月中的首月（即正月）的相关日月星辰变化、动植物物候特征，由之引申出人间社会在这个月适宜做什么事、禁忌做什么事，如果违反这个时令宜忌会导致何种灾难，等等。在今天看来，其中不乏迷信的内容，例如该月祭祀何种神祇、崇拜何种数字、采用何种音律、穿着何种服饰、采用何种器具，等等，显然不太有根据。但是，其合理的成分也极其明显，例如，正月的日月星辰之位，虫鱼獭雁的生活习性，古今皆同。而为了不影响动植物的繁殖，春天禁止猎杀幼小动物、雌性动物，禁止采伐林木，禁止大兴土木，要掩埋露野的腐尸以防瘟疫传染，等等，这些在今天看来仍然极具合理性和必要性。而最后一段强调，春天绝不能按照春令以外的夏令、秋令、冬令来安排个人起居、社会生活，否则会遭到自然界的惩罚（“天殃”），这对于今天的人们，尤其具有实实在在的借鉴意义。

月令类文献和月令文化，在中国古代从未中断。如东汉崔寔的《四民月令》，南朝梁代宗懔的《荆楚岁时记》，隋朝杜台卿的《玉烛宝典》，唐朝韩鄂的《四时纂要》，宋代周密的《乾淳岁时记》、陈元靓的《岁时广记》，元代吴澄的《月令七十二候集解》，明代李一楫的《月令采奇》，清代秦嘉谟的《月令萃编》，等等，此类文献十分丰富。这些文献记录一年四季的月名、节气名称，记录了不同时期有什么时候鸟飞来、有什么花草发芽、种植什么农作物、祭什么鬼神，甚至什么时候制作什么酱菜，等等，都十分细致，极为精确。可以说，古代中国人确实按照一年四季的天时变化，安排日常生活的生活节奏，是真正的“天人合一”。

古代中国为什么会对于时令变化如此重视呢？儒家把月令制度视为一种严格的礼制，在历代正史的《艺文志》（也就是历代的图书总目）中，月令类文献都放在礼类之中，称为“明堂月令”。所谓明堂，是天子祭祀祖先的建筑，也是统治者商议军政、发布政令的朝堂所在。儒家认为，天子在每年的年末（季冬之月）将来年的历日布告天下诸侯，谓之“颁朔”，诸侯就拿回去藏之祖庙。诸侯第二年每月初一至祖庙，杀牲致祭，然后回朝听政。这个每月祭祖、处理该月政务的礼制，谓之“告朔”、“视朔”、“听朔”，又谓之“朝庙”、“朝享”、“朝正”等。然后诸侯再向其封地内的大夫、士层层颁布下去，各地士民便按照历日来安排生产生活。① 他们层层颁布的这个历日，就是我们今天看到的月令。

由此可见，月令不仅仅是一种简单的日常生活节律，它更是一种政治活动。发布和掌握时令，就意味着对政治权力的控制。所以，历代统治者者十分重视月令的颁布。20 世纪 90 年代初，考古工作者在甘肃敦煌悬泉置遗址发掘出土了墨书在泥墙上的《使者和中所督察诏书四时月令五十条》(简称《四时月令诏条》)。这是西汉平帝元始五年（5 年）的政令，其时正值王莽揽权秉政，史书记载，王莽专政时与刘歆、陈崇等人一起“治明堂，宣教化”，将西海郡（今敦煌等地）纳入治下之后，“增法五十条”，现在发掘出土的五十诏令正与之相合。这些诏条，与上引《礼记·月令》基本相合，正是在《月令》的一些时令条文之下，分别增益了更加详细的规定，例如关于孟春之月的十一条月令规定：

禁止伐木。谓大小之木皆不得伐也，尽八月。草木零落，乃得伐其当伐者。

毋擿剿（巢）。谓剿（巢）空实皆不得擿也。空剿尽夏，实者四时常禁。

毋杀□虫。谓幼少之虫、不为人害者也，尽九［月］。

毋杀骀（胎）。谓禽兽、六畜怀任（妊）有骀（胎）者也，尽十二月常禁。

---

① 《周礼·春官·大史》：“颁告朔于邦国。”郑玄注：“天子颁朔于诸侯，诸侯藏之祖庙。”

毋夭蜚鸟。谓夭蜚鸟不得使长大也，尽十二月常禁。

毋麑。谓四足……及畜幼少未安者也，尽九月。

毋卵。谓蜚鸟及鸡□卵之属也，尽九月。

毋聚大众。谓取民缮治也，尤争事若（?）追索□捕盗贼之属也，□下……追捕盗贼，尽夏。其城郭宫室坏败尤甚者，得缮补□。

毋筑城郭。谓毋筑起城郭也……三月得筑，从四月尽七月不得筑城郭。

瘗骼貍（埋）骴。骼谓鸟兽之□也，其有骨者为骴，尽夏。①

从这十一条规定看来，它们整体上比《礼记·月令》更严格。很多原来只是春季的禁忌，现在成为其他季节乃至全年都必须禁止的法令规定，如春季毋杀胎幼动物细化为“尽十二月常禁”。这可能跟西北地区严峻的自然环境有关，也可能跟王莽时期对月令的理解有关。

总而言之，月令不只是一种生活习俗，它更是一种实现政治权力的文化手段，是通过国家权力将天人合一的生活节律贯彻到社会生活中去的。文献记载，唐太宗贞观十四年（640年）正月，就诏令百官升殿听读春令，这在唐朝形成制度，玄宗、肃宗都曾命百官集体听读月令，唐玄宗还命太常卿韦绍每月进献当月的《月令》。②玄宗时将《礼记·月令》改为《时令》，亲自删定《月令》文字，名之为《御刊定礼记月令》，令李林甫等为之做注，加以颁行。③唐人所刻《五经》中，《礼记》把《月令》篇升为首篇。可见后代统治者对月令的重视。

最近几十年间出土的其他几种简帛材料，也证明了上古时期中

---

① 中国文物研究所、甘肃省文物考古研究所：《敦煌悬泉月令诏条》，北京：中华书局2001年版。

② 《旧唐书》卷24《礼仪制四》。

③ 李林甫：《唐月令注》，扬州：江苏广陵古籍刻印社1991年版，“十种古逸书”第一册。

国人对于时令的重视。张家山247号西汉墓出土的法律简牍《二年律令·田律》谓：

> 恒以秋七月除千（阡）百（陌）之大草；九月大除道□阪险；十月为桥，修波（陂）隄，利津梁。虽非除道之时而有陷败不可行，辄为之。……禁诸民吏徒隶，春夏毋敢伐材木山林，及进〈壅〉隄水泉，燔草为灰，取产麛（麑）卵鷇（鷇）；毋杀其绳（孕）重者，毋毒鱼……诸马牛到所，皆毋敢穿穽及［置它机］，穿穽及置它机害人、马牛者，虽未有杀伤也，耐为隶臣妾。杀伤马牛，与盗同法（简247～251）。①

张家山汉墓的年代是西汉初年吕后二年（公元前186年），它反映出汉初对于按照季节来保护动植物的法律规定，与《礼记·月令》的规定可以互相对证，比上揭王莽时期的规定早了约191年。

汉承秦制，类似的法律条文在秦代的法律文书中也可找到线索。1975年发掘的云梦睡虎地秦简，其中有《秦律十八种·田律》：

> 春二月，毋敢伐材木山林及雍（壅）隄（堤）水。不夏月，毋敢夜草为灰，取生荔麛卵鷇，毋□□□□□□□毒鱼鳖，置穽罔（网），到七月而纵之。唯不幸死而伐绾（棺）享（椁）者，是不用时。（简4—6）②

有学者已经指出，睡虎地秦简中的“荔”字为衍文，通过与《逸周书·大聚》的相关内容对照，还可认定睡虎地秦简《田律》中的“春二月”是“春三月”之误，“不夏月”应是“泉，夏三月”

---

① 彭浩、陈伟、工藤元男：《二年律令与奏谳书——张家山二四七号汉墓出土法律文献释读》，上海：上海古籍出版社2007年版，第189～192页。

② 睡虎地秦墓竹简整理小组：《睡虎地秦墓竹简》，北京：文物出版社2001年版，第20页。

（即“不”字与“泉”字形近而讹，应属上读；夏后脱“三”字）。① 可见，将《秦律十八种·田律》与汉代《二年律令·田律》相对照，二者内容基本相同。

1979—1980年，在四川青川出土了秦朝《田律》的另外一个版本。其中也有关于时令禁忌的规定：

> 秋八月，修封埒，正疆畔，及癹阡陌之大草。九月，大除道及阪险。十月，为桥，修陂堤，利津梁，鲜草离。非除道之时而陷败不可行，辄为之。②

青川木牍的首句是：“二年十一月己酉朔朔日，王命丞相戊（茂）、内史匽、民臂更修为《田律》。”据此可知，秦朝此次颁布《田律》的时间是秦始皇二年（公元前245年），这比王莽时期的《四时月令诏条》早了250年。将这些法律条文进行对比，可以看出时令规定的继承性和细节演变。

以上出土材料证明，月令制度并非儒家的发明，它是上古时期各地都曾实行的、实用性很强的文化制度。在传世文献方面，《逸周书》的《文传》和《时训》及《大聚》篇、《管子》的《四时》《度地》篇、《大戴礼记》的《夏小正》篇、《吕氏春秋》的十二纪、《淮南子》的《时则训》篇、《易纬》的《通卦验》篇，等等，这些文献中都有关于《月令》的记载。根据这些文献，完全可以将月令制度的出现追溯到儒家出现之前，而《月令》中记载的神灵崇拜、具体礼仪、思想观念，更是夏商时代的文化孑遗。

众所周知，儒家强调“使民以时”，即不因征发民力而耽误农时，影响耕作。例如，《论语·学而》：“敬事而信，节用而爱人，使民以时。”《左传·成公十六年》：“时用民，欲无犯时。”《孟子·梁惠王》：“不违农时，谷不可胜食也。数罟不入洿池，鱼鳖

---

① 李学勤：《秦律与〈周礼〉》，氏著《简帛佚籍与学术史》，南昌：江西教育出版社2001年版，第110～118页。

② 李学勤：《秦律与〈周礼〉》。

不可胜食也。斧斤以时入山林，材木不可胜用也。谷与鱼鳖不可胜食，材木不可胜用，是使民养生丧死无憾也。”这些观念都成为历代统治者治理国家、怀柔万民的基本信条。

其实在儒家之外，古代的文化巨人、思想家都强调顺应天时。《汉书·艺文志》评论墨家“顺四时而行”，阴阳家“顺时而发”。① 法家之重视时令，已见于上引秦汉法律简牍条文。另《管子·小匡》载：“无夺民时，则百姓富。”同书《臣乘马》也有“王者不夺民时，故五谷兴丰”的记载。在最新公布的岳麓书院所藏秦简《官箴》篇中，有“精正守事，劝毋失时”之句，② 云梦睡虎地秦简《为吏之道》中也把“兴事不时”作为为官之忌，③ 可见法家思想与法律条文的表里互动。

道家“有法无法，因时为业”，④ 老子强调“动善时”，⑤ 庄子强调“上法圆天以顺三光，下法方地以顺四时”，⑥ 道家无疑是重视时令的。“顺时”理念，在黄老学说中也十分普遍。马王堆帛书《经法》是黄老之学的典型文献，其中不乏与“顺时”相关的内容，例如：

> [毋]苛事，节赋敛，毋夺民时，治之安。(《君正》)
>
> 动静不时谓之逆，生杀不当谓之暴。……日月星辰之期，四时之度，[动静]之位，外内之处，天之稽也。(《四度》)
>
> 不顺[四时之度]而民疾……顺四[时之度]□□□而民不□疾。(《论》)
>
> 夏起大土功，命曰绝理。犯禁绝理，天诛必至(《亡论》)
>
> 四时有度，天地之李（理）也。日月星晨（辰）有数，天地之纪也。三时成功，一时刑杀，天地之道也。四时时而

---

① 《汉书》卷30《艺文志》。

② 陈松长：《岳麓书院所藏秦简概述》，《文物》2009年第3期。

③ 《云梦睡虎地秦墓竹简》，第170页。

④ 《史记》卷130《太史公自序》。

⑤ 《老子》第八章。

⑥ 《庄子·说剑》。

定，不爽不代（忒），常有法式，□□□□，一立一废，一生一杀，四时代正，冬（终）而复始。……顺则生，理则成，逆则死，死□□名。伓（倍）天之道，国乃无主。（《论约》）①

总体而言，中国古代的思想家、政治家都十分重视时令变化，并将根据时令变化而形成的生产生活节律，纳入其统治方略之中，作为经济可持续发展、国运长久的重要条件。古代的经济发展理论，见于历代正史的《货殖列传》《食货志》之中，《汉书·货殖列传》谓：

辩其土地川泽丘陵衍沃原隰之宜，教民种树畜养；五谷六畜及至鱼鳖鸟兽雚蒲材干器械之资，所以养生送终之具靡不皆育。育之以时，而用之有节。草木未落，斧斤不入于山林；豺獭未祭，罝网不布于野泽；鹰隼未击，矰弋不施于徯隧。既顺时而取物，然犹山不槎蘖，泽不伐夭，蝝鱼麛卵，咸有常禁。蓄足功用，如此之备也。

为什么“草木未落，斧斤不入于山林”？因为《月令》规定：“季秋之月，草木黄落，乃伐薪为炭。”为什么“豺獭未祭，罝网不布于野泽”？因为孟春之月是“獭祭鱼”的时节，《礼记·王制》云：“獭祭鱼，然后虞人入泽梁；豺祭兽，然后田猎。”《月令》规定：“季秋之月，豺乃祭兽戮禽。”为什么“鹰隼未击，矰弋不施于徯隧”？因为《月令》规定：“孟秋之月，鹰乃祭鸟，用始行戮。”总之，要“顺时而取物”，要按照四季的循环规律和动植物的生长规律来加以采获，正如《礼记·王制》所云：“五谷不时，果实未熟，不鬻于市；木不中伐，不鬻于市；禽兽鱼鳖不中杀，不鬻于市。”时令规定中，包含着非常实用的生态智慧，与现代社会可持

① 魏启鹏：《马王堆汉墓帛书〈黄帝书〉笺证》，北京：中华书局2004年版，第27、42、49、55、70、78页。

续发展观完全契合。

中华民族以农业立国，农耕文明特别依赖自然环境，不断将其归纳为经验理性，所以，中国古人特别重视天象、物候的时令变化，并将这些“天时”上升到理论高度。它要求国家政令、婚冠丧祭、百姓事功等，必须与自然界的日月运行、四时物候相一致，否则必遭“天殃”。此种时令制度，是上古时期中国人对于自然现象精密观察的结果，不仅当时确有验效，在其后的中国历史上也曾屡试不爽。当今人类的一些自然灾害，正是藐视自然界的时序变化，“取之无时”的恶果。

敬守天时、慎爱万物，才能实现天尽其时、地尽其利、人尽其才，① 达至和谐的人间社会，《逸周书·文传》中对这一“和德”的人间社会做了详细描绘：

> 山林非时不升斤斧，以成草木之长；川泽非时不入网罟，以成鱼鳖之长；不麛不卵，以成鸟兽之长；畋渔以时，童不夭胎，马不驰骛，土不失宜。
>
> 土可犯，材可蓄。润湿不谷，树之竹、苇、莞、蒲；砾石不可谷，树之葛木，以为絺绤，以为材用。故凡土地之间者，圣人裁之，并为民利。是鱼鳖归其泉，鸟归其林。孤寡辛苦，咸赖其生。山以遂其材，工匠以为其器，百物以平其利，商贾以通其货。工不失其务，农不失其时，是谓和德。

四、中国传统宗教对生态保护起到正面作用

中国传统文化的基本框架是儒释道三教，儒家是否宗教目前还存在争议，它对生态保护的正面作用已见上文，这里再谈释道二教对于生态保护的正面作用。

---

① 中国古代关于天时、地利、人和的相关论述极为丰富，参《吕思勉读史札记》，上海：上海古籍出版社 1982 年版，第 435～437 页。

世界上所有的宗教，大都崇尚俭朴的生活方式，尊重自然并努力亲近自然，以便从自然中获到神秘的力量，这种理念与绿色环保思想是基本一致的。以下从几个具体的方面来谈。

1. 善待生命

儒家本来有“仁民爱物”的思想，《周易·坤卦·彖辞》：“至哉坤元。万物资生，乃顺承天，坤厚载物，德合无疆。”是说大地承载和滋养了万物，大地之德会与万物生命一样永无休止。所以后来理学家将天地视为自己的父母，将万物视为自己的同类，主张无条件地加以爱护。张载《西铭》谓：

> 乾称父，坤称母；予兹藐焉，乃混然中处。故天地之塞，吾其体；天地之帅，吾其性。民吾同胞，物吾与也。

《史记》记载，商汤出行，见到有人张四面之网捕鸟，商汤担心这样会捕尽天下之鸟，于是他“去其三面”。天下之人认为“汤德至矣，及于禽兽”，纷纷归附。这个“网开三面”的故事，当然是对儒家的仁德政治的渲染，但在一定程度上反映了儒家对于动物的生命关怀。①

墨子的“兼爱”，主张爱无差等，其范围不仅限于人间社会，而且泽及自然万物。道家更是主张爱护自然，《庄子·外篇·在宥》认为，“乱天之经，逆物之情，玄天弗成；解兽之群，而鸟皆夜鸣；灾及草木，祸及止虫”。这些都是“治人之过也”，人类治理天下的要点是“顺物性而不治”，对禽兽、草木、鱼虫等天下万物都不要加以人为的治理，任其自由生长。

这些内容，与佛教众生平等的思想存在共同之处。释迦虽然曾对迦叶菩萨说过，“草木之属皆有寿命”是堕入“无知执”的邪见魔说。② 但是，在中国化的佛教中，山川草木，皆有佛性，“一切

---

① 《史记》卷3《殷本纪》。

② 《大般涅槃经》卷7，《楞严经》卷10。

众生皆有佛性”,①《坛经》记载了六祖慧能的著名辩论：“人即有南北，佛性即无南北；獦獠身与和尚不同，佛性有何差别!”很多著名的和尚都说过关于众生具有佛性的话：如鸟雀、柏树皆有佛性,②“山河大地是佛，草木丛林是佛”。③ 在此种观念之下，尊重自然，爱护山川草木和一切生灵，便成为佛教的基本信条。《西游记》中有句著名的话“走路恐伤蝼蚁命，爱惜飞蛾纱罩灯”，正体现了佛家的这种生命关怀。弘一大师的弟子丰子恺回忆说，他看到弘一法师坐藤椅时，每次总是轻轻摇动，然后慢慢地坐下去。法师的理由是：“这椅子里头，两根藤之间，也许有小虫子伏着。突然坐下去，要把它们压死，所以先摇动一下，慢慢坐下去，好让它们走避。”④

道教也有着相同的生命关怀。道教认为天地万物都是道之真气所生，真道随附在万物身上，“六畜禽兽皆怀之以为性，草木得之然后生长”,⑤ 所以应当对草木万物、六畜禽兽也加以关爱，《太上感应篇》有“昆虫草木，犹不可伤”之语。

东晋的孙绰在其著名的佛教论文《喻道论》中指出，佛教之“去杀”（不杀生），与儒家周孔之“仁爱”是同一回事：

> 故刑依秋冬，所以顺时杀；春搜夏苗，所以简胎乳。三驱之礼，禽来则韬弓。闻声睹生，肉至不食。钓而不网，弋不射宿。其于昆虫每加隐恻，至于议狱缓死，眚灾肆赦。刑疑从轻，宁失有罪。流涕授钺，哀矜勿喜。生育之恩笃矣，仁爱之道尽矣。⑥

---

① 释僧祐：《弘明集》卷 8，《答道士假称张融三破论》。

② 释静、释筠：《祖堂集》卷 9、15、18。

③ 赜藏：《古尊宿语录》卷 20。

④ 徐怀谦：《恻隐与暴戾》，《今晚报》2008 年 11 月 14 日。

⑤ 《妒道不传处士助化诀》，王明编：《太平经合校》卷 97，北京：中华书局 1960 年版，第 430 页。

⑥ 释僧祐：《弘明集》卷 3。

现代科技证明，植物也有神经。儒、释、道都主张的众生平等、万物有情观念，以及戒杀放生行为，正确地理解了人类与其他生命和非生命的关系，与现代绿色和平的理念完全一致。

2. 崇尚素食

中国人自古就是肉食的民族，平时并不避荤腥（荤指葱姜蒜等辛辣之物，腥指杀而未熟的牲肉）。在中国人最重视的各类祭祀中，动物历来作为祭品加以贡献，希冀祖先或其他神灵前来歆享。在《仪礼》等上古礼书中，关于动物的解剖极为细致准确，其呈贡之法也极为讲究。根据《周礼·内饔》、《周礼·膳夫》等文献记载，天子平时每天吃饭都要杀牲，谓之“举”食，“王日一举，鼎十有二”，肉食搭配达十多种。但是，“大丧则不举，大荒则不举，大札则不举，天地有灾则不举，邦有大故则不举”，国家遇有大丧、大灾难、大瘟疫、敌国入侵之类，便戒断肉食。一般的贵族士人，平时也饮酒食肉，但是遇到丧葬、祭祀等大事，则实行斋戒，即散斋七日（可以外出，但不御不乐）、致斋三日（日夜居于室中，蔽志修心），斋戒的目的是“防其邪物，讫其嗜欲”。① 可见，上古时期中国人把戒除荤腥作为断除嗜欲、自洁其身的手段，认为这是沟通神灵的必要准备。

道家主张清静无为的生活，认为酒肉锦衣、名位金玉会败坏性情，不利于养生。《老子》认为“五味令人口爽”，主张“见素抱朴，少私寡欲”。《庄子》认为：“达生之情者，不务生之所无。”《列子·杨朱》认为：“处以柔毛绨幕，荐以粱肉兰橘，心厌体烦，内热生病矣。”可见道家一派认为，内热之病的由来，在于肥浓美食。近年来不断发掘出土的简帛文献中，有不少关于导引、养生和气功的内容，大都以清心寡欲为养生之道。这些思想，都被道教吸收，成为精神信条和修炼方法。

先秦时期的道家思想和民间方术，后来成为道教的主要文化基

---

① 《礼记·祭统》：“及时将祭，君子乃斋。斋之言齐也，齐不齐，以致齐者也。是以君子非有大事也，非有恭敬也，则不斋。不斋则于物无防也，嗜欲无止也。及其将斋也，防其邪物，讫其嗜欲，耳不听乐。”

础，后者更是道教服术的直接源头。道教认为："食草者善走而愚，食肉者多力而悍，食谷者智而不寿，食气者神明不死。"① 道教认为尸虫危害身心，去除的办法是在特定的时间服饵、念咒，然后"禁一切血肉、辛菜物"。②《化胡经十二戒》之第一戒，即是"不食肉"："戒之不食肉，心当莫念煞。含血有形类，元气所养活。"③ 道教文献《七部名数要记·七伤》之第七伤，就是"啖食六畜之肉，杀害足口之美"，认为杀牲食肉会导致"臭气充于脏腑……浊滞缠于口齿"。④

佛教戒律本来只规定"不杀生"，并没有主张吃素，无论是居家信徒所受的"五戒"，还是出家的"沙弥十戒"和"比丘二百五十戒"，都未禁止食肉。在其发源地印度如此，在南传小乘佛教中也是如此，在今天的藏传密教和东传日本佛教中，都不吃素。东晋名士郗超的《奉法要》，是他对在家修佛者所写的"佛学概要"，其中重点阐释了"五戒"（不杀、不盗、不淫、不欺、不饮酒）和"岁三月六斋"，他说的斋法是：

> 凡斋日，皆当鱼肉不御，迎中而食，既中之后，甘香美味，一不得尝，洗心念道，归命三尊；悔过自责行，四等心；远离房室，不著六欲。⑤

可见，公元4世纪的修行者平时只须戒杀、戒酒，并不吃素，只是到斋日才"鱼肉不御"。

但是到南北朝时期，就有了佛教徒"断酒肉"的说法，例如，北魏时期元悦好读佛经，后来"断酒肉粟稻，唯食麦饭"。⑥ 北齐

① 葛洪：《抱朴子·内篇·杂应》。王明：《抱朴子内篇校释》，北京：中华书局1985年版，第266页。

② 《祝去伏尸方》，张君房编、李永晟点校：《云笈七签》卷82，北京：中华书局2003年版，第1859～1860页。

③ 《云笈七签》，第867页。

④ 《云笈七签》，第2014页。

⑤ 释僧祐：《弘明集》卷13。

⑥ 《魏书》卷22《孝文五王列传·汝南王悦》。

武平年间（570—575年），卢潜“戒断酒肉，笃信释氏”。①一般认为，此种习俗的改变，始于自称“皇帝菩萨”的梁武帝萧衍（503—549年在位）。梁武帝四度舍身为佛，曾经下《断杀绝宗庙牺牲诏》，禁止在中国传统的祭祖礼上使用牺牲。他又写了四篇《断酒肉文》下诏全国佛教徒禁止啖食鱼肉，引起佛教界的大辩论，最后在其强制之下形成了全国僧人断食酒肉的宗教习俗。②

与其把去除宗庙祭牲、佛教徒蔬食断欲的转变归于梁武帝的个人行为，毋宁说是由于佛教在中国化的过程中，吸收了中国本土文化中儒家洁身事神的礼制约束和道教断肉去辛的修炼方法，将其强化为佛教徒“异于外道”的一种文化标志，用以作为宗教竞争、争取信众的文化手段。无论原因何在，客观的事实是，南北朝之后，佛教在中国被改造成一个吃素的宗教。

唐宋以来的中国，出现了大量民间宗教，这些民间宗教大都不食荤腥，禁断酒肉。如崇尚光明的摩尼教在五代梁贞明六年（920年）发动母乙起义，史载他们“依浮屠氏之教，自立一宗，号曰上乘，不食荤茹”。③摩尼教的变种明教和吃菜事魔教，都以素食吃菜作为自己的教规，“凡事魔者不食肉”：

> 两浙州县有吃菜事魔之俗。……凡事魔者不肉食，而一家有事，同党之人皆出力以相赈恤。盖不肉食则费省，故易足；同党则相亲，相亲故相恤而事易济。④

---

① 《北齐书》卷42《卢潜传》。

② 释道宣：《广弘明集》卷26。梁武帝的《断酒肉文》援引最多的是佛教《大楞伽经》(见于《出三藏记集》卷四)，此经中有如下说法：“食肉之人，众生见之，悉皆惊怖……食肉者，身体臭秽，贤圣善人，不用亲狎……食肉者，诸天远离，口气常臭，增长疾病，易生疮癣。”另参康乐：《素食与中国佛教》，载林富士主编《礼俗与宗教》，“台湾学者中国史研究论丛”，北京：百科全书出版社2005年版，第117~127页。

③ 《旧五代史》卷10《梁书·末帝纪下》。

④ 李心传：《建炎以来系年要录》卷76“绍兴四年五月”条。另参王国维：《观堂别集·摩尼教流行中国考》，北京：中华书局1959年版。

吃菜事魔教之所以成为宋代方腊起义时团聚民众的基本手段，其重要原因是禁肉吃菜，赀费减省。

又如，创立于明朝的罗教（又名无为教，到清朝由于受到朝廷查禁，南传后改名为老官斋教），也讲究吃斋念经。① 创立于明朝的黄天教，后来传到江南衍生出长生教，其教规也是吃素行善。明清时期民间宗教支派繁多，如弘阳教（三阳教）、大成教（大乘教）、八卦教、燃灯教、糍粑教、闻香教等，不一而足，如其教义互相牵借附会，但吃斋、诵经、燃香、作法会，则是相通的教规。这些民间宗教，一般都把中国传统的民间方术、道教、佛教中禁断酒肉、素食斋戒的内容拿来作为立教、传教的文化标志。

提倡素食，减少了对动物杀害，其环保意义不言自明。当今全球有 2.5% 的人口奉行素食主义，其中有各种原因（比如宗教信仰），但坚持环保主义理念而食素的人越来越多。

说到饮食，中国古代虽然有“食不厌精，脍不厌细”的传统，但是也有不求珍馐、粗茶淡饭的传统。《朱子治家格言》有“毋贪口腹而恣杀牲禽”之句，继承了中国古代优秀的素食传统，对贪吃山珍海味、奇禽异兽，持着明显的鄙弃态度。这篇《治家格言》对近二三百年来的中国乃至整个东亚文化产生过巨大影响，对于一般百姓的居家生活影响尤巨。其中“饭食约而精，园蔬胜珍馐”的居家习惯，比起今天专吃“山中走兽云中燕，陆地牛羊海底鲜，猴头燕窝鲨鱼翅，熊掌干贝鹿尾尖”的恶劣食性，真是霄壤之别。

3. 民间俗信

所谓“民间俗信”，是经过长期的文化传承，在民间形成的传统观念和风俗习惯，它们很多来自原始宗教和民间巫术。经过几千年的传承，这些民间俗信深植民间，虽然不免有迷信的成分，但是其中也有不少有利于生态保护的内涵，不能一概否定。例如，民间普遍认为，应当善待动物，善待一切生命，否则便会遭到不好的报应，这种观念的约束力和深入人心的程度，甚至超过各种律令，其

---

① 马西沙、韩秉方：《中国民间宗教史》，上海：上海人民出版社 1992 年版，第 340～391 页。

积极意义无疑应当肯定。

世界各民族的原始文化都曾经相信万物有灵，印度的《奥义书》和佛教本生故事中，风火雷电山水树木，都有神灵。中国古代也是如此，《山海经》中记载甚多。中国古代的祭祀系统，由天、地、人三大系统构成，天神包括日月星辰，地祇包括五岳、四渎之类，人鬼是祖先人鬼。地神系统中的很多崇拜，都有利于生态保护。具体言之，每个地区都有自己的地域神，古代各省州县都立城隍，基层乡里有社神，这些神灵负责保护一定范围内的生灵平安，百姓只祭祀本地的地域社，“祀不过望”，远距离的地神不起作用。例如，楚国人的山神有“五山”“危山”之类，水神有江、汉、沮、漳、大波、大川、湘夫人、河伯等名称。① 居家生活时，可能对更小范围内的井、泉、池、泽都有祭祀。对地域神灵的尊崇和祭祀，当然不乏迷信乃至草菅人命（如河伯娶妇）的内容，但是它客观上增加了人们对山川河湖的敬畏，使得随意“动土”成为禁忌之事，减少了人类对自然界的过度破坏。

除了山神、水神之外，树亦有神。南方闽粤桂地区，榕树尤多，每村皆有神树，今天仍有孑遗，清代就有相关记载：

> 树之有神，见于史乘者，不可枚举。广西、福建二省多榕。此物之因地而生者也。福建之榕，尤多盛于祠庙衙署。②

民间认为这些神树具有神性，会给当地带来一方平安，所以不能随意砍伐。也正因为这些迷信传说，使得大树逃过斧锯之灾，至今在中国农村还可见到为数不多的百年老树。《履园丛话》记载，清朝嘉庆年间，洪大令（饴孙）做湖南某县知县时：

---

① 杨华：《楚地水神研究》、《江汉论坛》2007年第8期。杨华：《楚地山神研究》，《史林》2010年第6期。

② 唐埙：《凤山县榕将军记》，卢德嘉编《凤山县采访册》壬部，“台湾文献史料丛刊”第二辑（36），台湾大通书局印行。

署中厅事，旧有园池，古木参天。洪嫌其黑暗，遂命伐之，吏役不敢，曰："千年大树素有神，不可伐也。"洪不信，怒曰："亟先芟树枝，明日再断其根。"是夜，洪梦绿袍者数十人，皆折臂流血，诃洪曰："汝家福禄尽矣，尚敢肆毒耶！"洪惊觉。晨起至厅事，但见池水尽变成血，树皆人立而啼。洪大骇，因得疾，越日死。①

动植物之有神灵，固然是迷信，但也有好处。比如说，先辈采伐森林之前，都要占卜，并祭祷树神，才会动斧。少数民族在猎杀赖以为生的动物（如熊、鹿）之后，也要对之实行祭祷。各民族在捕渔季节开始之前，也有开渔的祭祀活动。这些不能一概视为虚伪，我们从原始崇拜的理论上可以对之加以解释。客观上这些崇拜和禁忌阻止了乱砍滥伐、乱捕滥杀，有利于保持动植物的生态平衡。

又如风水问题。中国古代的风水之学，旨在处理人与环境的关系，求得与天地自然界的和谐相处，以达到趋吉避凶、安居乐业的目的。风水学最讲究村址要求背山面水，负阴抱阳，以便藏风聚气，刚柔相济。每个自然村落的"龙脉"、"水口"（"得水为之上，藏风次之"）至为重要，所以，与之相关的动工、伐木、挖沟、开渠都十分小心。这种讲究也客观上保护了自然环境（尤其是水土植被等资源），形成了中国人独特的人地友好关系。工业化过程之前，中国乡村的生态环境长期保持稳定，部分得益于此。

再如水源的保护问题。在没有自来水的古代，村民共用同一水源，但饮用水和生活用水分别得很清楚，上游用水时绝对不会污染下游的水质。古谚有所谓"千里井，不反唾"（或作剉、莝）②。孩子们从小就被告知，水井边不能大小便，尤其是不能往水井里丢脏物，否则会遭到各种恶劣报应（如肚子疼、烂眼睛之类）。另外，成人也懂得古代凿井、修路都是积德行善的表现，来生会有好

---

① 钱泳：《履园丛话》卷16《树神现形》。

② 参看杜文澜辑：《古谣谚》，北京：中华书局1958年版，第581～582页。

报应。这些观念并不高深，也没有多少所谓“科学根据”，可是却让中国乡村的水质保持清洁达几千年。

五、可持续发展的理论和实践

中国传统文化中，不仅儒家强调“取之有度”、“用而不匮”，几乎所有的思想体系都主张“合百物之产”，基层农民更是深知自然资源的有限性，在生产实践中形成了一些与今天所谓“可持续发展”、“绿色发展”相契合的理论和实践。以下略举几端。

1.“中和有度”的礼制规定

强调礼制是中华文明区别于世界其他文明的重要特点，商周时期已然形成体系，后来被孔子及其后学加以借鉴，成为儒家最重要的文化主张和政治主张。礼制的最大特点是秩序性和等级性，它规定饮食、舆服、宫室、车旗、畜聚均有度有制，不得逾越。礼制的负面作用是阻碍个人平等、个人自由的发展，但其正面作用也不容忽视，今举两个方面以说明：

第一，它根据等级分配资源，限制了对资源的过度消耗和无限浪费。按照荀子的说法，礼的起源是“分”，其功能在于“去争”，即用一定的社会规范来限制人们的私欲膨胀。超出自己身份等级而攫取社会资源，便是“违礼”“逾制”，会受到惩罚。例如，史书上经常看到古人对于违礼厚葬、违礼建造华屋豪宅的谴责，汉武帝设立刺史之官以“六条问事”的原则来监察各地大员，其中第一条就是“强宗豪右田宅逾制，以强凌弱，以众暴寡”。孔子说：“礼不可不省也。礼不同，不丰不杀。”意思是说，根据身份等级不同，其享用不可过多(“不丰”)，也不可减省(“不杀”)，要“唯其称”，合乎情理，恰到好处。

第二，“礼尚质”，以少为尊、以素为贵的原则，客观上引导人们崇俭去奢。一般而言，礼制规定以高大华美、丰厚多文为尊，但是礼也常常以少小简素为尊，即地位愈高，其物质配给愈是质朴简略。《礼记·礼器》谓：

有以高为贵者。天子之堂九尺，诸侯七尺，大夫五尺，士三尺。天子诸侯台门。此以高为贵也。有以下为贵者。至敬不坛，埽地而祭。天子、诸侯之尊废禁，大夫、士棜禁。此以下为贵也。

礼有以文为贵者。天子龙衮，诸侯黼，大夫黻，士玄衣纁裳。天子之冕，朱绿藻，十有二旒，诸侯九，上大夫七，下大夫五，士三。此以文为贵也。有以素为贵者，至敬无文，父党无容。大圭不琢，大羹不和，大路素而越席，牺尊疏布鼏，椫杓，此以素为贵也。

总的来说，追求奢侈、铺张浪费都被认为是违礼的行为，受到舆论谴责和礼法惩处，管仲虽然有“九合诸侯，一匡天下”的伟业，但是他生活奢侈，“镂簋朱纮，山节藻棁”，仍然受到谴责：“君子以为滥矣。”（《礼记·礼器》）

这种崇俭去奢的观念，在中国历代得到发扬。孔子说：“奢则不逊俭则固，与其不逊也宁固。”① 苏东坡贬黄州时，十分节俭：

痛自节俭，日用不过百五十钱，每月朔后取四千五百钱，分为三十块，挂屋梁，每平旦以画叉挑取一块，即藏去叉，仍以大竹筒别贮。用不尽者，以待宾客。②

《朱子治家格言》中的“一粥一饭，当思来之不易；半丝半缕，恒念物力维艰”，成为中国民间最妇孺皆知的生活信条。这样的生活习惯，客观上减少了物质资源的浪费性消耗，当然会间接地影响到动植物生态平衡。不过有时候影响来得也十分直接，例如，唐中宗之女安乐公主生活奢靡，她命人用百种鸟羽织成毛裙，极其漂亮，“正看为一色，旁看为一色；日中为一色，影中为一色。百鸟之

① 《论语·述而》。

② 丁傅靖：《宋人轶事汇编》卷12“老苏、二苏”，北京：中华书局2003年版。

状，并见裙中”。此裙共制作两条，另一条献给韦皇后。她又集百兽之毛做成鞯面（马鞍的垫子），从其图形中可看出动物原来的形状。韦皇后为了与之攀比，又集百鸟之羽织成鞯面。自安乐公主做毛裙之后，“百官之家多效之。江岭奇禽异兽毛羽，采之殆尽”，动物饱受其害。开元初年，名相姚崇、宋璟屡次进谏，批评其奢靡之风，“玄宗悉命宫中出奇服，焚之于殿廷，不许士庶服锦绣珠翠之服”，从此这股采捕珍禽异兽的恶劣风习，才渐渐平息。①

2. 休耕、轮耕和绿肥

中国是一个农业耕作技术十分发达的国家，以农业的精耕细作、深耕易耨闻名世界。中国历代的政治家都讲究“尽地力”，即最大限度地调动农民积极性，务求地尽其力，实现高产。② 可是在生产技术不发达的古代，过度开垦很容易耗尽地力，在土壤贫瘠的地方尤其如此，例如清代广东地区，“土地硗薄，一年耕必以两年息地力；计田三四亩，始抵膏腴一亩之利。”③ 为此，中国古代发明了一些既能蓄养地力又能增产增收的“绿色”耕种方法。

《诗经·采芑》：“薄言采芑，于彼新田，于此菑亩。”郑注：“田一岁曰菑，二岁曰新田，三岁曰畬。”根据汉代人郑玄的解释，上古时期中国人把耕地分成三部分，以一部分休耕，其他二部分耕种，这样菑、新、畬三块土地每年轮流耕作、轮流休耕，保证有一块土地处于休耕状态，这十分有利于地力的恢复。有人把它叫作“三田制”，恰如欧洲中世纪时代的“三圃制”。

另外还有一种轮作制度。即在同一土地上每年按次轮流种植一定的作物，使同一土地在不同作物接连种植中得到休养，以此调剂恢复地力。《吕氏春秋》说“今兹美禾，来兹美麦”，《管子·治国篇》有“四种而五获”，《荀子·富国篇》有“一岁而再获之”

---

① 《旧唐书》卷37《五行志》。

② 先秦时期魏国的李悝有“尽地力之教”，后来成为秦国商鞅变法的重要内容。《后汉书·章帝纪》：“给予粮种，务尽地力，勿令游手。”

③ 彭启丰：《陈宏谋墓志铭》，载钱仪吉编《碑传选集》，台北：宗青图书出版有限公司1997年版。

等，指的就是这种换茬或倒茬的办法。

汉武帝时期，赵过主管农业，他发明了一种“代田法”：“一亩三甽。岁代处，故曰代田，古法也。”根据唐代颜师古的注释，“代，易也”，这也是一种培养地力的轮种之法。其办法是，把一亩田分成三个甽，每一甽中的每一步（宽六尺）内挖宽深各一尺的沟，把挖出的土堆在甽旁，形成垄和沟。垄和沟每年互换其位置，今年的垄变为明年的沟，今年的沟变为明年的垄，这样沟垄位置互换，能够保持地力不致衰竭，而又每年都可利用，不必整块土地休耕。①

到南北朝时期，农民开始将粮、豆、瓜、菜等作物进行套种、间种、连作和轮作，以提高农业生产效率。当时人还发明了把豆科作物当作绿肥进行轮作，以翻压肥田的创举。成书于北魏末年的《齐民要术》，称之为“美田之法”：

> 凡美田之法，绿豆为上，小豆、胡麻次之；悉皆五六月中穊种，七八月犁掩杀之。为春谷田则亩收十石，其美与蚕矢、熟粪同。

此后的历代农民都广泛采用绿肥种植技术，以蓄养地力，提高产量，明、清时将绿肥与粮棉进行间作或套种，绿肥的种类已达10多种。20世纪30—40年代中国引进毛叶苕子、箭筈豌豆、草木犀和紫穗槐等，对于地力的恢复和培养大有好处。目前中国普遍使用化肥种植，相比之下，其负面效应显而易见。

3. 山川林木的保护

我国位于北温带，地域辽阔，森林资源相当丰富，中国古代文明的很多成就都是利用森林木材的结果，所以古人很了解保护森林、植树造林的重要性。古人有“食不毁器，荫不折枝”的说法，即对给人们带来荫凉的树木，怀着感激之情。这只是一种朴素的情

① 曹贯一：《中国农业经济史》，北京：中国社会科学出版社1989年版，第35、68、181～184页。

感，而关于造林护林的悠久传统，可从以下几方面得到说明：

一是配合水利工程的护林造林。早在先秦时期，各国统治者兴修水利的同时，就采取在河堤两岸种植树木的措施以防水土流失。齐相管仲曾号召在堤防边坡地植树种草，“树以荆棘，以固其地，杂之以柏杨，以备决水”①。《吕氏春秋》也记载了类似的护堤经验：“治唐圃，疾灌浸，务种树。”② 这些办法后代一直沿用，宋代王嗣宗、谢德权等人治理黄河时，都曾经采取植树固岸的办法③。宋明以来，江淮大兴圩田，农民在圩区广植树木，如芜湖县圩岸“并皆高阔壮实，濒水一带，种植榆柳，足捍风涛，询之，农民实为水利”④。植树的目的在于聚沙固堤，所植树木以榉柳为多，“植榉柳之属，令其根盘错据，岁久沙积，林木茂盛，其堤愈固，必成高岸，可以久”⑤。由于广泛植树，形成“湖岸人家榆柳行，风毡低昂似迎客”的景观。⑥

二是皇家苑囿和官民陵寝的护林造林。中国古代向来就有不伐陵墓树木的礼俗，《礼记·曲礼下》：“君子虽贫不鬻祭器，虽寒不衣祭服，为宫室不斩于丘木。”任何时候墓园之木是不可砍伐的。历代国家都设有虞衡、虞人、载师之类专门管理山林川泽的职官。由于中国古代土地国有，家国不分，所以全国一些大的山林川泽都成为皇家园林，禁止百姓涉足。这些禁苑面积极大，例如秦汉时期的上林苑周长 340 公里，里面有离宫 70 所，苑中包罗了泾、渭、灞、沣、滈、涝、浐等“长安八水”。苑中可以容纳千乘万骑，其中的人工湖泊昆明池就是用来训练水军的，它周长 40 公里，池水面积 2000 多万平方米。司马相如的《上林赋》对之有详细描绘。苑中有各类珍稀的草木鸟兽，以供皇室游猎。这些皇家园林的一草一木都严禁百姓染指，禁止砍伐采获。历代为之制定了很多严苛的

① 《管子·度地》。
② 《吕氏春秋·尊师》。
③ 《宋史》卷 287《王嗣宗传》、卷 309《谢德权传》。
④ 光绪朝重修《安徽通志》卷 64，清光绪四年刻本，第 864 页。
⑤ 魏岘：《四明它山水利备览·防沙》。
⑥ 韩元吉：《永丰诗》。

法律，例如新近出土的湖北云梦龙岗秦简，就涉及秦代皇帝禁苑的管理制度。① 唐朝政府的虞部和水部，其重要职能之一就是保护山水植被，法律规定“京兆、河南二都，其近为四郊三百里皆不得弋猎采捕”。②

历代陵园中也广植树木，树木保护十分严格。汉朝规定，如有人盗伐帝陵柏树，受弃市之刑。③ 唐朝的《盗贼律》规定：“诸盗园陵内草木者，徒二年半。若盗他人墓茔内树者，杖一百。”如果只是砍伐而未盗走，按照《杂律》中“毁伐树木稼穑”的条文，也按本条盗窃罪论处。④ 明朝显陵神宫监右少监阮菊“擅伐陵树百余株私用，事觉，英宗命斩之”⑤。康熙十一年四月，有盗伐官柳一株入家，被杖八十、刺“盗官物”三字。有人盗陵园树木一条，其罪重至于皆杖一百，徒三年。⑥ 除了本朝陵寝受到保护之外，对前明的陵寝也加以保护，顺治六年十月，就下令“禁伐明陵树木”。⑦ 顺治十六年十一月，又下谕各地，“明代诸陵树木永禁樵采”。⑧ 历代皇家苑囿和皇家陵寝，无疑是中国古代的植物园和动物园。

三是民间宗族活动对树木的保护。宋明以来，宗族观念加强，各地设立祠堂、宗庙、族墓，与之相关的公共水源、一草一木，也都受到各个家族的保护，这几乎成为各地乡规民约、族规家法的必书内容。对于违反规定，“破坏风水”者，奖惩分明。例如，徽州

① 刘信芳、梁柱：《云梦龙岗秦简》，北京：科学出版社1997年版。

② 李淑娟等：《唐长安城环境保护法规初探》，《西安建筑科技大学学报》（社会科学版）26卷第3期，2007年9月。

③ 《艺文类聚》卷8《木部·柏》引《三辅旧事》。

④ 《唐律疏议》卷19“盗园林内草木”条，刘俊文：《唐律疏议笺解》，北京：中华书局1996年版，第1369～1373页。

⑤ 余继登：《典故纪闻》卷11。

⑥ 姚文然：《盗伐官柳误刺字述》，《皇朝经世文编》卷92《刑政三·律例下》。

⑦ 《清文献通考》卷120《群庙考二·历代帝王陵》。

⑧ 《清文献通考》卷136《王礼考·巡幸》。

祁门县彭龙乡环砂村程氏宗族于嘉庆二年（1797年）十一月制订的护林族规：

> 所有界内山场，无问众己蓄养成材，自后入山烧炭、采薪，如有带取松、杉二木，并挖柴桩及纵火烧山者，准目观之人鸣众。违禁者，罚戏一台。如目观存情不报者，查出与违禁人同例。倘有硬顽，不遵定行，鸣官惩治，仍要遵文罚戏。……纵火烧山者，罚戏一台，仍要追赔木价。挖桩脑者，无问松、杉、杂植，罚戏一台。采薪带取松、杉二木，并烧炭故毁，无问干湿，概在禁内。违禁者，罚戏一台。举报者，赏给钱一百文。①

又如，福建南靖县和溪乐土村客家人黄氏家族，将村周2000多亩山林定为风水林，现在黄氏祠堂后还有300多亩保存完好，成为罕见的原始森林景观，被列为国家级自然保护区。闽北建瓯县万木林自然保护区的林木就是当地杨氏宗族的风水林，被族人保护而留存下来的。这些村规民约、族规家法，国家法律、法令的补充，属于村落习惯法的范畴。这些习惯法大力提倡保护生态的行为，特别是注重对林木的保护，对维护生态的平衡，防止聚落附近的水土流失，改善村落的小气候环境质量，保障宗族成员的生存基础，发挥了重要作用。其实际效用和约束力量，是对国家法律制度的有效补充。②

随着人口压力不断增加，生存的需要压倒了对自然的敬畏和爱护，明清时期，森林面积逐渐减少，水土流失和沙漠化现象加剧，自然灾害也越来越严重。从皇帝到各级官员都看到了问题的严重性，于是明清两朝出现了很多强化植树造林的措施。

---

① 卞利：《明清时期徽州森林保护碑刻初探》，《中国农史》2003年第2期。

② 关传友：《论清代族规家法保护生态的意识》，《北京林业大学学报（社科版）》2007年第3期。

雍正四年朱轼《请定考核以专责成疏》中请求颁令直隶，将农民植树作为官吏考核的指标：

> 除稻粱麦黍之属随宜播种外，其有畸零闲旷之地不能播种五谷者，俱宜种植树木，或薪或果，利用无穷。至各处河堤栽种柳树，既可保护堤根，亦可资民樵爨，尤为有益。臣等稽诸往古，凡言燕地之产者，俱云鱼盐枣栗之饶，现今行视京东永府一带，其民种植枣栗，所在成林，果实所收，贸迁远迩。夫土性不甚相殊，而树艺不能皆一，虽百姓之勤惰不齐，亦有司之劝相未力。嗣后请著为定例，训饬农民，凡一村一坊之地，务令种植若干，造册报明。本管上司，不时查视。①

类似这样上疏请求下令植树造林的建议，清朝一直未有中断，清朝官吏陈宏谋在陕西、云南等地为官，曾多次上书布檄，提倡种树：

> 山岭有不能种植粮食之地，断无不能种植树木之处。且原系崇林密箐，今始斩伐殆尽，正当复行栽种。（《巡历乡村兴除事宜檄》、《种杂粮广树植状》）②

其他如杨永斌的《劝民种殖讲学疏》、黄六鸿在《养民四政》、尹会一的《敬陈农桑四务疏》、杨景仁的《备杂粮》、彭世昌的《备荒全策》，等等，在清代《皇朝经世文编》及其《续编》《三编》中，此类疏奏十分常见。

实际上，朝廷也看到了植树造林的重要性，乾隆三十七年的《捐栽芦苇树木议叙》中，确定了将植树与官吏考核相结合的具体原则：

---

① 《皇朝经世文编》卷108《工政十四·直隶水利中》。

② 《皇朝经世文编》卷28《户政三·养民》、卷37《户政十二·农政中》。

江南蓄水诸湖、豫东二省、黄河两岸月格等堤内外，以及沮洳坑塘等处，栽种芦苇，准其议叙。印河官员栽种芦苇一顷者，准其纪录一次；二顷者，纪录二次；三顷者，纪录三次；四顷者，加一级。民人有情愿捐栽者，确查数目，分别造册，咨部议叙。如捐栽芦苇不及议叙之数者，准其次年补栽，地方官先行查验收管，申报河督存案，俟三年之内统计。种苇四顷者，造册报部议叙，给予九品顶戴荣身。

至捐栽树木，除福建、浙江、广西三省，凡可种植树木之处，业已栽种无遗，无事再为劝种；贵州省现在试种桑麻，俟有成效，再行酌办外。其直隶等十五省地方官员，有能自出己资在官山、官地栽种树木，三年后培养长成，该督抚委员查验数目，造册送部。成活五千株者，纪录一次；一万株者，纪录二次；一万五千株者；纪录三次；二万株者，加一级。分别议叙。各省商民，如在官山、官地栽种成活二万株，及在己地内栽种成活一万株者，给以九品顶戴荣身。如生监能于官地内栽种成活四千株，及在己地内栽种成活二千株者，免其考职，给以主簿职衔。①

从这份政府颁布的政令，即可看出朝廷对于植树造林的重视，以及这项工作在当时的迫切性。此前历代提倡植树，多以经济林为主，旨在解决百姓的温饱问题。但雍正朝提倡百姓栽种芦苇，则生态意义更加明确，而且政府还开辟了捐栽的渠道，明确标示植树造林的奖励措施。对于清朝政府用以鼓励植树造林、绿化山河的措施，也应当给予正面评价。

4. 公共卫生与环境保护

中国古代很早就注意到公共卫生与环境保护的关系，商朝曾还专门立法，禁止在公共场合倾倒垃圾："弃灰于公道者断其手。"②孔门弟子也曾怀疑此罚太重，历代对此也不是完全相信，但近年来

---

① 《钦定大清会典事例》卷77《吏部》。

② 《韩非子·内储说上》。

考古学对此有了新认识。在商人的建筑遗址附近，常见大小不等的废弃取土坑（面积通常在30平方米以上，有的可达100平方米），坑中有陶片、炭灰和动物骨骼等日常生活废弃物，上面由纯净的黄土夯压。此前学者曾认为与房基建筑有关，近来学者认识到，这就是商人的垃圾填埋坑，商人在严厉的法典之下，把日常生活垃圾都倒在规模较大的相对固定的垃圾坑中，待经过长时间的使用，垃圾坑填满后，再用纯净的黄土或者黄土和料礓石颗粒的混合土覆盖，以保持生活区的环境卫生清洁。① 其实在发掘先秦时期居住遗址的过程中，常可见到用灰坑、废弃窖穴或水井来掩埋生活垃圾的现象，说明中国古代环保意识的确立，至少已有三四千年的历史了。秦汉以后各代，继承了此种环卫之法："秦连相坐之法，弃灰于道者黥。"② 到了汉代更进一步规定路旁居民要以水洒道，以防止灰尘的扬起。东汉时专门发明了"翻车渴乌"，即一种洒水车，"用洒南北郊路，以省百姓洒道之费"③。

可与此相互印证的是，在澧县城头山、淮阳平粮台、鲁东五莲县丹土、邹平丁公、安徽固镇垓下、石首走马岭、江陵阴湘城等新石器城址中，在偃师商城、西周镐京、虢都上阳城、洛阳涧滨、琉璃河燕城、郑韩故城、赵邯郸城、燕国下都、齐国临淄城、鲁国曲阜城、楚国纪南城、秦国雍城、秦都咸阳、薛国故城、汉代长安城、汉代闽越王城等商周秦汉城址中，都发现中国古代的给水和排水系统，用以排污的陶制水管非常普遍，有的直径竟然接近半米。④ 这些规模巨大的排污系统，表明上古中国的城市建设和公共管理中，已经将环境保护视为重要因素。后来历代的城市设计中，排污系统非常完善，兹不赘述。

---

① 岳洪彬、岳占伟：《考古发掘中所见殷墟商人环保意识之一斑》，《中国文物报》2007年5月4日。

② 《汉书》卷27《五行志中之下》。

③ 《后汉书》卷78《宦者列传·张让》。

④ 参看李春亭：《水与中国上古的城市建设》，武汉大学历史学硕士学位论文（2010年），指导教师：杨华。

六、结　语

中国古代在“天人合一”的思想影响之下，其天道观主张“敬天”“法天”，“人定胜天”并非中国文化的主流自然观。中国古代关于“天人合一”的观念，要求以人合天，以人顺天，而不是相反。为此，中国古人主张“顺应天时”，并据此理念制定了完备的月令制度，这在传世文献和新出简帛中都有反映。这些时令规定，禁止“取之无时”，包含着非常实用的生态智慧，与现代社会可持续发展观完全契合。包括儒释道在内的中国传统宗教，都主张善待生命，去杀放生，提倡素食。自古以来的民间俗信，都相信万物有灵，山川树木皆有神灵，不可随意破坏，这也客观上起到保护自然环境的作用。中国传统礼制主张“中和有度”，尚质崇俭，它客观上限制了自然资源的过度消耗和无限浪费。在实践层面，中国古代发明了休耕、轮耕制度，并种植绿肥，对于蓄养地力、保持水土平衡大有助益。中国历代官方和民间都强调植树造林，皇家苑囿和陵寝、水利工程、地方宗族公共事务等因素，对于造林护林尤其具有正面推动作用。

中国历史上维护生态平衡的理念、制度和行为，需要我们进一步挖掘和总结，并最大限度地加以诠释和转化，成为改善当今人地关系、解决生态危机的实用智慧。

（作者单位：武汉大学历史学院、中国传统文化研究中心）

中西论衡

学鉴

中西医学的科学原理（概要）

◎师 领

科学是由导源于文明预设的形而上学原理推演出来的关于自然、人和社会的经验事实的知识诠释系统。中医是由中国传统文化孕育出来的治疗体系，是中国传统文化对人的生理和心理现象的知识诠释系统及其在医学上的应用。它以精气学说为预设，以阴阳和五行学说为诠释原则，以脏腑和经络理论为诠释系统，以望、闻、问、切为诊断方法，以辨证论治为治疗原则，以草药配伍、针灸推拿等为治疗方法，确保了中华民族千百年的健康与繁衍。如果说中华民族的精神健康（不仅是心理健康）依赖于儒、释、道互补的传统文化，身体健康（不仅是生理健康）则首赖中医和中药。西医是由西方文化孕育出来的治疗体系，是西方文化对人的生理和心理现象的知识诠释系统及其在医学上的应用。它以人体机械论为预设，以实体和物质哲学为形而上学原理，以解剖—生理为诠释系统，以实验诊断为诊断方法，以直接对抗为治疗原则，以药物和手术等为治疗方法，极大地促进了人类的健康。

虽然同是科学的医疗体系，中医的科学性却受到了以科学自居的西医的挑战，可以说中西医的冲突是围绕着中医的科学性展开的。在中西医碰撞和交流中，以余岩为代表的废止中医论者，否定中医的理论和疗效，认为阴阳、五行、十二经脉等都是不合事实的谎话，必须斩钉截铁地打破；以唐宗海、恽铁樵等为代表的中西医汇通论者认为，中西医各有特点和所长，中西医学可以汇通，而且汇通中应以中医为主，实践中主张中西药兼用；以丁福保、陆渊雷等为代表的中医科学化论者认为，中医经验可贵，理论不科学，因此应立足中医，吸收西医之精华，使中医科学化；中西医结合论者的观点是：应用现代科学（包括现代医学）理论知识和方法，加强中、西医结合的研究，继承发掘祖国医学遗产，取中、西医药之长，融会贯通，促进医学科学的繁荣和进步；中西医分流论者认为，中西医之间存在本质差别，实践中也许可以互补，但理念上不可能结合，中西医应该独自发展。①

对于废止中医论者甚至中医科学化论者而言，中医的科学性不是问题，因为中医根本就不是科学。中西医汇通论者尤其是中西医结合论者，虽然承认了中医的独立地位，但汇通和“结合”的结果往往是以西医来解构和重组中医，中医里能由西医或西方科学正面解释的就被保留下来，不能纳入这个解释框架的就被视为反科学的或非科学的而遭剔除。中西医分流论者虽然坚持中医独立自主的发展道路，但在咄咄逼人的强势西医面前，分流只是一厢情愿的愿望。

西医理念上以真理自居的“优越性”从根本上动摇甚至摧毁了中医赖以存在的科学理据，不但导致体制对中医外在的限制和逼迫，更有害的是导致了中医内在生命力的衰退：中医学院学生以西医教学模式培养，中医学者和研究人员按照西医思路在实验室中做对象化、定量化和实证化研究，中医临床工作者不再根据传统方法而主要依赖实验诊断诊病；中药亦有丢弃辨证处方代之以批量生产中成药的倾向。中医现实存在的空间越来越逼仄，濒临临床上被西医彻底同化和存在主体性消失的危险的境地。②

---

① 甄志亚：《中国医学史》，北京：人民卫生出版社 1991 年版，第 419 ~ 498 页。

② 贾谦：《中医战略——中医传承与发展的认识和思考》，北京：中医古籍出版社 2007 年版。

中医的现实困境引起学术界就“中医的科学性”进行了“激烈的观点交锋，全方位的思想剖析”的大讨论，《医学与哲学》杂志社连续两年开展了“中医的科学性”专论，① 中国哲学史学会中医哲学专业委员会等单位已两次主持召开有关中医药文化和中医哲学的高规格论坛和研讨会，深化了中医科学性的研究，产生了许多卓有成效的创见。② 由于学科交叉跨度太大，中医科学性的研究系统性相对不足。因为缺乏现成的“第三者”客观的知识诠释系统，以西方知识诠释系统为参照系来诠释中医时，又有意或无意地以它为真理和标准而落入其思维的窠臼。最重要的是，中医科学性研究没有科学地揭示中医赖以建立的基础，即中国古代生理学和心理学的诠释系统——这是中医理论的“硬核”，如果它遭到质疑或否定，整个中医体系都将崩溃；如果这一基石没有奠定，所有中医科学性的论证都似空中楼阁。这也许是近百年来中医科学性论证“屡战屡败”，中医也因此“越战越败”甚至濒于消亡的根本原因。③

当中医在自己的母国逐渐走向衰亡时，却以她“神奇的临床疗效”开始征服欧美，在欧美逐步得到介绍和推广的同时也引起欧美学者和医学界的重视和研究。西方学者以“西体中用”的态度，以西方科学固有的理路诠释中医理论，以西方生物医学研究方法检验中医的疗效，得出的结论常自相矛盾，有的学者坚信中医是独立的科学治疗体系，有的认为是伪科学，而西方主流医学界对中

---

① 杜治政、何裕民、常存库、荆志伟、张功耀、李明等：《中医科学性专论》，《医学与哲学》，2006 年第 4 期。程伟、常存库、祖述宪、卓小勤、方舟子、邱鸿钟、袁钟等：《中医科学性专论》，《医学与哲学》，2007 年第 4 期。

② 张朝中：《中医哲学的时代使命》，北京：中国中医药出版社 2009 年版。北京博爱堂名医馆：《中医影响世界论坛第一次会议文集》，2008 年。北京博爱堂名医馆：《中医影响世界论坛第二次会议论文集》，2009 年。

③ 张祥龙：《思想避难：全球化中的中国古代哲理》，北京：北京大学出版社 2007 年版，第 27 ~ 37 页。张其成：《中医“气-阴阳-五行”模型的阐释》，《国际易学研究》第 8 辑，华夏出版社 2005 年版。萧汉明：《传统哲学的魅力》，北京：中华书局 2008 年版，第 257 ~ 338 页。

医中药仍持存疑态度。虽然越来越多的西方人到中医门诊求医问药，而且中医中药确实治愈了不计其数的西医无法治愈的重病和难病，但中医中药最终“因科学无法解释”而沦于主流医疗体系之外辅助治疗方法的境地。①

文化是以文明预设为核心的形而上学原理推演出来的知识诠释系统及其生活方式，是人类生活的自诠释系统。在人类一体化的文明冲突的大背景下，中国传统文化现代化的主要问题就是中西文化的特质及其关系问题。在中国传统文化面临西方强势文化的挑战面前，中西医之争不可能是一个单纯的医学问题，可视为中西文明之争在医学上的表现。此点对于现在暂处弱势话语权的中国传统文化格外重要。作为中国传统文化科学的典范，它最有资格应战以科学理性自居的西方文明。能否守住这最后的文化阵地，并以此为基础重振华夏文明，不仅仅是中医的问题，亦是事关中国传统文化生死存亡的问题。因此中医要摆脱目前所处的内外交困、生死存亡的困境，必须“勇敢地站出来”正面回答“中医是不是科学的?”这一问题。如果中医不是科学的，它何以能够治病；如果肯定中医是科学的，包括西方医学在内的西方科学又当做何解释?

主要内容：一、科学的概念；二、中西医学比较研究的方法论；三、西方生理科学，包括解剖学（含组织学和胚胎学）、生理学、生物化学、免疫学、遗传学、细胞和分子生物学等；四、中国古代生理学和心理学，包括脏象系统、体液系统、经络系统、气化系统、防卫系统、排泄系统和神志系统；五、中西医学的诠释系统；六、临床案例的实证分析；七、中西医学的文明预设和形而上学原理。

---

① H. R. Schumacher: *West Meets East——Observations on Integrative Medicine in Rheumatology from the USA*, *Chinese Journal of Integrative Medicine*, Sep. 2008. T. H. Xue & R. Roy: *Studying Traditional Chinese Medicine*, *Science*, May 2003. M. Zhan: *Does it Take a Miracle? Negotiating Knowledges, Identities, and Communities of Traditional Chinese Medicine*, Cultural Anthropology, 2001 年第 6 期。高音，W. E. Herfel, D. Rodrigues:《一个新的中医研究范式：从非线性动力学的角度解读中医》，《医学与哲学》，2008 年第 4 期。

基本思路和方法：基本思路是人类一体化背景下的比较诠释，即以西医的诠释系统为参考系统（而不是标准），站在客观的立场，把中医放在中国传统文化框架内，就其对人的生理和心理现象固有的和内在的理路进行比较诠释，而不是中西相互对比，尤其不是中西对比中的以西比中。基本方法是系统比较研究法，即以西医的解剖学、生理学、生物化学、免疫学和分子生物学等为参考知识，系统地诠释中医的生理解剖系统即脏象系统，中医的体液系统，中医的调节系统即经络系统，中医的代谢系统即气化系统，中医的防卫系统和排泄系统。以西方心理学为参考知识，诠释中医的神志系统。

研究重点：中医的脏象系统相当于中医的生理解剖系统，包括心系统、肝系统、脾系统、肺系统和肾系统，是中医基础理论的核心，是中医其他系统的基础，因而是本研究的重点。

研究难点：知识上的难点一是经络系统，原因是经络系统是纯功能性的，没有具体的形态，至少难于确定具体的形态。虽然在功能上和西医的神经系统和内分泌系统相当，但在形态结构上完全无法进行比较。二是神志系统，中医是心身一体观，研究中医的生理学不得不研究其心理学，以西方心理学为参考知识诠释中医的神志系统，不但涉及西方心理学这样一个和其生理学一样博大精深的知识体系，也涉及如何诠释的问题。知识结构上的难点主要是由于现代分科教育造成研究者知识结构与研究视野的局限。研究中国古代生理学、心理学和医学的前提是必须对西方生理学、心理学和医学有精深的研究，至少应受过严格正规的专业训练；而且，只有经过严格正规的哲学训练，才有能力“跳”出具体的知识和技能的框架进行形而上学的思考。知识结构中既有生理学与心理学的交叉，也有科学与哲学的交叉，更有中西之间的交叉。本研究的第三个难点是理论研究如何与临床实证相结合。临床疗效是中医的生命线，也是中医在内外交困的压力下能顽强地生存下来的根本原因。中医虽有“神奇的临床疗效”，而没有被公认为“科学”，除了上述根本原因以外还有一个策略问题：中医科学性论证与临床实证一体化程度不够。本研究的一大特点是以临床实证印证理论分析，同时亦以理论分析支持临床实证。

主要观点：科学是人类认识世界和人类自身的一种知识诠释系统，不同文明有不同形态的科学诠释系统；中国古代生理学和心理学，是中国传统文化依据一定的文明预设和诠释原则对人的生理和心理现象进行科学诠释的知识系统；中医是以这一知识诠释系统为基础建立的独立的科学医疗体系。如果说西方生理科学的诠释系统是解剖—生理诠释系统，即以实体结构为基础并研究其功能，则西方心理学的诠释系统是心理—行为诠释系统，即以行为为基础并研究其心理，那么中医的诠释系统是心身一体的功能—形态诠释系统，即以功能为基础形成的形态结构来解释人的生理和心理现象。

创新点：首次提出并系统论证中西医的科学原理，即中国古代生理学和心理学诠释系统——功能—形态诠释系统和西方生理科学的诠释系统——解剖—生理诠释系统。

（作者单位：武汉大学哲学学院心理学系）

中医的机遇与挑战

◎师　领

中医药文化走向世界的机遇是什么？西医！中医药文化走向世界的挑战是什么？还是西医！因为正是西医内在的固有的缺陷将成就中医使之走向世界，但中医要走向世界，又必须明确地回答西医的挑战和质问：中医是科学吗？如果中医不是科学，它何以能够治病；如果肯定中医是科学，以科学自居的西医又当作何解释？它是什么样的科学？和西医又将如何相处？"中医在用西医这个他者的文化注视自己。法国存在主义哲学家保罗—萨特曾经说他者是自我的坟墓。如果中医对这个他者没有足够的敏感性和清晰的认识，极有可能出现中医自掘坟墓的尴尬局面。"①

中医是否科学不仅是西医提出来的，更是时代精神决定的。西方文明正是凭借着科学及其物化形式技术，在短短二三百年的时间里，创造的生产力超过了人类几千年积累的总和。科学创造了人类文明史上的奇迹，科学精神逐渐演变成了一种普遍接受的价值观念，科学几乎成了上帝的代名词而主宰了世界，甚至科学主义横绝

① 李明、高颖、李敏：《西医——中医挥之不去的他者》，《医学与哲学》（人文社会医学版），2006年第4期。

天下。在这样的时代背景下，如果一个学科不是科学，那就无异于迷信和骗术，还谈什么发展和走向世界呢？所以左玉河先生在《科学主义话语下的中医废存之争》一文中一针见血地指出，“西医废止中医之最重要的理由，乃为中医不合近代科学。在科学主义高扬的时代洪流中，只要中医理论在科学上没有根据，中医理论不能以科学来解释，也就无法得到科学的承认。得不到科学承认的中医，其存在的合理性、合法性便会受到怀疑”。①

因此，中医要摆脱目前所处的内外交困、生死存亡的困境走向世界，必须勇敢地站出来，正面回答“中医是否科学”的问题。如果能够理直气壮而又令人信服地回答这一问题，就领到了走向未来走向世界的通行证；否则，它可能彻底走向灭亡，至多不死不活地拖下去。从西医一进入中国，这个问题就摆在了中医面前，事实上历史上历次有关中医的大讨论，都是围绕这一问题展开的。它是中医理论的硬核，遭到质疑或否定，整个中医体系都将崩溃；如果这一基石没有奠定，整个中医体系都似空中楼阁。正因为近百年来此问题始终没有得到回答，使得中医日渐式微以致濒于消亡。

现代中国是建立在五四运动的两个概念即“德先生”（民主）和“赛先生”（科学）之上的。当国家建立，人民当家做主后，科学成了唯一的诉求，成为评判一切的标准，科学成了信仰。在一个科学至上的社会里，中医药的科学性都遭质疑，中医药自然不能够受到国人的重视和得到很好的传承。罗希文先生讲“我们现在面临很大的危机。第一个危机，中医学在实际上被整体地否定之后，始终没有恢复元气。这个元气非常难恢复。要真正恢复元气，最大的障碍是什么？搞中医的人对于中医是否科学内心都打了一个问号，或者不太理直气壮。”② 德国汉学家满晰博讲“在有关中医方

① 郝长墀：《现代性的哲学本质及其局限性——对于中西哲学比较研究提出的一点忠告》，武汉大学哲学院、中西比较哲学研究中心编：《比较哲学与比较文化论丛》（第1辑），武汉：武汉大学出版社2009年版，第30～36页。

② 罗希文：《恢复中国哲学的历史面貌，增强民族自信力》，张朝中主编：《中医哲学的时代使命》，北京：中国中医药出版社2009年版，第117～121页。

针和战略方面，管理层却显得动摇不定，优柔寡断。因此，不仅普通公众关于中医的意识和知识是模糊不清，相互矛盾的，就是那些屈指可数的专家和辩护者，其观点也表现出很大的分歧。这样，自然很难有连贯一致、协调统一的行动了。”非但如此，“中医在中国本土遭到各种蓄意的，彻头彻尾的破坏行为，人们无需具有专业的历史知识就会感觉到，这种恶意破坏，荒唐自毁的极端行为，在人类历史上是绝无仅有的。”“在仅仅50年内，中医在中国就几乎被毁之殆尽——它是一场名副其实的大灾难，它对这个地球上所有国家和社会所造成的恶劣影响，不仅是几个月、几年，而是几代、几个世纪。”①

由此可知，中医长期以来一直没有受到国人的重视，没有得到很好的继承并非中医药本身的问题，亦非其自身的缺陷和不足(中医当然有其缺陷和不足，中医有什么样的缺陷和不足以及如何克服，后文再论)，而是社会对中医的歧视和贬低，究其原因是质疑“中医药的科学性”！要摆脱社会的歧视和偏见，就必须理直气壮地证明，中医是百分之百的科学。而一旦中医药的科学性得到确认，中医药文化中以人为本，大医精诚的理念和核心价值，自会得到恰当的阐述和认识。这是一个坐标的原点，有了这个原点，中医的理论和价值自会伸张，这是夜行者的北斗星，也是航海者的指南针。否则中医的理论体系无以建立，其理念和价值也就无以认识。

如果中医的科学性是中医发展的基本，如何证明它呢？观点之一，中医的疗效就是中医科学性的证明，只要中医能够治病，中医就能走向世界，所谓“治病才是硬道理”。但能够治病的方式很多，并非能够治病的就是科学；巫术、宗教甚至迷信都能够治病——至少它们宣称可以治病！另一方面，中医药确实治愈了大量西医无法治疗的疾病，但中医的科学性仍然受到质疑。在抗击非典的过程中，中医药不仅疗效远远好于西医，而且从现在的结果看，

---

① 满晰博、周建平：《中医是一门成熟科学——满晰博谈中医》，张朝中主编：《中医哲学的时代使命》，北京：中国中医药出版社2009年版，第97～104页。

副作用远远小于西医，可以说副作用几乎为零，可是人们谈起中医疗效来，为什么总是闪烁其辞呢？观点之二，中医药只要走市场化和产业化的道路，就一定能走向世界。在如此激烈的国内、国际市场竞争中，在西医强大的竞争面前，中医连宣称科学性的底气都没有，还有什么底气打开市场？统计数字表明的中医药在国内、国际医药市场的份额就是对这种观点的最好回答。

刘长林先生一针见血地指出："中医发展的瓶颈是什么？我认为中医发展的瓶颈最主要的是在哲学方面，而不在医学本身，也不在科学上。"① 中医走向世界的关键是理念和认识问题，也即哲学问题。如果不能从哲学上正本清源，回答中医药是否科学的这个问题，其他一切都是无源之水，无本之木。中医科学性的哲学论证，是中医大厦的地基，虽然埋在地下无法看见，却支撑着整个大厦。中医"之所以有这么多的困惑和迷茫，其根本原因是在于我们长期以来忽视了对一个元哲学的却是牵一发动全身的问题的解决，这就是对中医的基本性质的认定没有一个共识：中医究竟是不是科学？它具备哪些和不具备哪些科学特征？中医的特质精神究竟是什么？这些认识问题不解决，我们就会在应用现代科学方法研究中医药时产生价值判断、方法取向和科学真理标准的困惑，如用现代科学方法研究人体生理和病理是否为唯一正确的方法？现代科学是否为衡量包括传统医学在内的一切有关生命现象研究的金标准？不符合现代医学理论但为经验所证明的东西又意味着什么？用现代医学方法研究传统中医药究竟能不能保留和发展中医学的思想和经验的精华？"②

近百年来，中医之所以举步维艰，就在于其科学性问题得不到解答，其主要原因是忽略中医的哲学论证。中医是不是科学的，表面上看这是一个科学和医学问题，其实质是一个哲学问题和文化问

---

① 刘长林：《中医学发展的瓶颈在哲学》，《中医影响世界论坛第二次会议论文集》，第10~12页。

② 邱鸿钟：《论中医的科学精神和人文方法》，《医学与哲学》，1999年第1期。

题。中医科学性的哲学论证被忽视，有复杂的文化和社会原因，也有认知和知识结构方面的局限。研究中医科学性的哲学原理，既有生理学和心理学交叉，也有科学和哲学的交叉，更有中西文明之间的交叉。由于现代分科教育和学科分化高度专业化造成研究者知识结构和研究视野的局限，使中医科学性的哲学论证掉在了多学科的空当里而鲜有人问津。总之，中医药的科学性如果不从形而上学的高度严密地论证，仅靠经验和事实层面的证据是不可能得到确认的。只有从哲学上对中医药、中医药的形而上学原理，中医药的文明预设进行系统而又全面的论述，才能令人信服地宣称：中医是由中国传统文化决定的独立的治疗科学体系。

科学是知识的诠释系统，中医是"功能—形态诠释系统"，西医是"解剖—生理诠释系统"，这两种不同的诠释系统，其形而上学原理和文明预设完全不同。所以奥地利汉学家沃尔纳明确地指出，中西医是中西两种文化决定的科学的治疗体系。① 它们各有优缺点和各自系统的特点。中西医之间最大的不同，也就是中医的先进性，简而言之概括为：中医是"生命医学"，西医是"生物医学"（其实质是机械医学）。

中医认为人体是具有生命活力的有机体，突显了生命的本质，其治疗原则是扶正祛邪，即通过辨证论治，调理阴阳，培植人体正气，人体自然能把病灶自我消化掉。其方法可以是口服汤药、针灸推拿和手术。道理很简单，有机体能长出一个病灶来，也能把它吸收掉。

西医则认为人体是只有物理化学作用的机器，与中医观点的不同导致治疗手段上的天壤之别。由于人体是机器，只能被动地对刺激发生反应，自己没有能力消灭细菌等导致的病灶，因此西医的治疗原则基本上是"越俎代庖"，常规方法一是药物的直接对抗，即药物直接进入体内杀死病菌。其治疗存在的问题：①许多病例如艾滋病、顽固性肺结核等大量使用药物仍然无法治愈。许多情况下，即使是很普通的感染，用了大剂量、最强效和最先进的抗生素，仍

① 沃尔纳：《中医的科学性特点》，张朝中主编：《中医哲学的时代使命》，北京：中国中医药出版社 2009 年版，第 104～110 页。

难免眼睁睁地望着病人死在病床上而束手无策。很多人认为是因为没有更有效的抗生素问世才如此，而忽略反思其医理本身的正确性，可谓“医理杀人”。②药物的副作用，很可能一次抗菌素的过敏就能让人万劫不复。③耐药性，抗生素从口服开始到肌注再到静脉注射，其用量逐渐递增。①

二是手术治疗，即切割，对于非细菌感染和已经形成的病灶，药物是不起作用的，机械的身体也是无能为力的。只有劳驾医生操刀切割了。手术的代价、效果及副作用等，论述多极，不劳多论。

三是替代疗法，这是手术治疗的延伸，当切割还不足以解决问题时，只有替换。一辆汽车零部件坏了可以换，人体是一架机器，它的零部件坏了理所当然也可替换。移植疗法让人生不如死的巨大副作用不是这里讨论的重点，需要指出的是，移植疗法的后果往往是人财两空、家破人亡!②

这里需要申明：中西医治疗对比，是医理之间的对比，而非医生之间的水平之对比，即两种医理中最高水平之间的较量。今天的中国，西医占统治地位，中医濒于灭亡，中西医之间很难进行平等的交流和对话。

中医是生命医学，似乎远远优于机械西医，何以中医没有像西医那样发展起来，而且西医确实把人类的健康提高到前所未有的高度并对保证人类的健康做出了巨大的贡献。答案是“狐假虎威”!西医借着西方文明的“西风”乘风破浪。从理念到科学技术等方面占尽天时、地利和人和的优势，取得了巨大的成就；但不能因此掩盖西医本身的缺陷。简而言之，中西医之间的冲突，是中西文明冲突在医学上的表现，更糟糕的是，当中国文化整体被否定之后，中医就以自己单薄的身体不仅仅是和西医对抗，而是在和整个西方文明对抗！这种对抗的结局一望而知。

---

① 赵美娟：《医学人文困境与反思》，《新华文摘》，2008 年第 18 期。

② 师领：《再生障碍性贫血的中西医治疗——兼论中西医之差异》，武汉大学哲学学院、中西比较哲学研究中心编：《比较哲学与比较文化论丛》(第 1 辑)，武汉：武汉大学出版社 2009 年版，第 260 ~ 272 页。

所以中医要发展，必须和中国文化的一切方面，结成“神圣的同盟”，一个民族的文化要衰落甚至走向灭绝，它的医学何以能够兴旺发达呢？中医首先要求支持的就是中国哲学。一个民族的哲学立不起来，这个民族就立不起来，一个民族没有思维上的巨人，这个民族永远不可能成为世界上的巨人。当中医为华夏民族的复兴在前方浴血奋战时，中国哲学也要以其兵精粮广的根据地之位，为中医输精送血！

中医药是科学，中医的优势中蕴含着缺陷和不足。由于它是功能医学，很难以现代科学的实证化来衡量；它讲究辨证论治，很难用现代科学进行定量化分析；它讲究药性而非药物成分分析。中医的不足自身无法克服，它只能借助于表面看起来是敌人实则是朋友的西医。就医理而言，中医几乎没有治不好的病，代价小，副作用低，最关键的是能够根治，不同于西医的临床治愈。如果中医能吸取西医和佛医的长处，必能如虎添翼。

中医和西医的冲突今天不论多么激烈，历史会证明，这不过是历史短暂的“误会”。中、西医是一个战壕里的战友，它们有一个共同的目标：人类的健康。德国汉学家满晰博三十多年前问他的导师，一个成功医生最重要的品质是什么，答案是“大气”！中医要发展，就必须大气和真诚地对待西医这位“不速之客”，正视并超越它，实现更高层次的融合，期待一种全新的、人的世界医学和健康观。那是浴火重生的中医，那是凤凰涅槃的中医，也一定是走向世界的中医。那将是天下所有为病痛折磨的人们怎样的福音啊！

德国汉学家满晰博说：“我热切地希望中国人民及其政府能大气地克服不必要的畏惧和担心，以勇敢的创新精神，果断地处理中医危机。完成这一伟大使命，不仅意味着人类最荣耀，最宝贵遗产的复兴，而且表明中国从一个多世纪的创伤中全面恢复，回到其令人信服的真实重心”①。

（作者单位：武汉大学哲学学院心理学系）

---

① 满晰博、周建平：《中医是一门成熟科学——满晰博谈中医》，张朝中主编：《中医哲学的时代使命》，北京：中国中医药出版社 2009 年版，第 97～104 页。

玄圃评鉴

学鉴

先秦道家起源与老庄异同论

——兼评张舜徽《周秦道论发微》

◎程水金

一、本文缘起

华中师范大学为纪念著名历史文献学家张舜徽先生，邀约张门弟子分头对张氏平生著述进行总结性的学术评价，以期较为客观地釐清张氏的学术思想，比较公允地估定张氏的学术贡献。然以愚之浅陋，深惟厥举之意，又不仅止于此也。张氏的学术思想及其学术贡献，固然须盖棺而论定，但就学术之演进而言，倘若不了解前贤相关的学术成就，不知其立说的是非得失，则要么重复前人成果而窃喜发前人所未发、道前人所未道，要么误入前人歧途而自许苦心孤诣、深造有得。是以前者之失在闻见不博，后者之失在鉴照不精。因此，无论于张氏之私，抑或于学术之公，此举皆有足多者存焉。

虽然本人早年就学于华中师范学院，但并非张门弟子，亦未尝亲承音旨，不过私淑其人而已。主其事者戴建业教授，以张氏《周秦道论发微》一书见责，本人不胜惶恐，初不敢承命。然戴建业教授乃华师中文系77级本科同窗，相交有年，终不忍拂其雅嘱。好在因研习老氏之学，于前贤时哲相关之论，亦多所泛滥，而张氏之书，亦曾寓目，于其所持之说，也不算太陌生。是以不揣鄙陋，将手头当务之急稍作搁置，略陈拙见，以就教于张门高足及海内大方之家。

二、张著之大旨及其运思之路径

张氏《周秦道论发微》(中华书局1982年版。以下简称《发微》)，其书包括《叙录》一卷、《道论通说》一卷、《道论足征记》一卷、《老子疏证》二卷、《管子四篇疏证》各一卷以及《太史公论六家要指述义》一卷。张氏自弁《前言》乃谓“其书九卷，不成于一时”；又于《叙录》之始历数篇目，亦结云“以上九卷书”。然夷考全书篇目，实有十卷。知张氏自云“九卷”者，大抵因《叙录》乃初版付印之前所作，又非其书之本体，故未之计耳。

张氏自述其《发微》之作，因抗战期间随学校转徙四方，“不能多得书”，便“努力温习周秦诸子”，且“着重涵泳白文，探求大义”，故而“对古代道家阐明人君南面术的言论，颇有领悟”。张氏认为，《管子》中《心术》、《白心》、《内业》等篇，是古代道家阐述君人南面之术的“代表作”；又认为“西汉学者多能识得道家深处”，而司马谈《论六家要指》“是研究古代道家学说的一把钥匙，学者必深通其义，才有入门处”。又以《荀子·解蔽篇》所引《道经》“人心之危，道心之微”及伪古文《尚书·大禹谟》“人心惟危，道心惟微，惟精惟一，允执厥中”十六字，皆“为君道而发”(第1页)。继而“博考经、传、子、史，以及唐以前士大夫们的议论”，以为其中多有“印证古代人君南面术”之材料。又因上世纪70年代长沙马王堆帛书《老子》问世，张氏乃参照帛书而“撰述《老子疏证》”，并对《管子四篇疏证》“加以补充修改”(第2页)，因而“裒为一书”，交中华书局出版。是《发微》之作，确乎“不成于一时”也。

不过，各卷之书“不成于一时”，此乃为学之条件所限，无关乎识见之优劣。然而，就张氏自述其成书与为学的运思过程，有两点是值得注意的：其一，张氏认为司马谈《论六家要指》为“研究古代道家学说的一把钥匙”。其二，张氏认为《管子四篇》是“古代道家阐明人君南面术”的“代表作”。正是基于上述两点，张氏拎出荀子所引《道经》“人心之危，道心之微”两句遗文，以及伪《古文尚书》所谓“十六字心法”，作为运思的全部理论根据，将先秦道家的思想学说完全锁定在“人君南面之术”，进而解说一切所谓“周秦道论”。

这样的运思路径，就决定了张氏其书对先秦道家学说误流为源的方向性失误。这个方向性失误，必然导致两大后果：

其一，必然认为先秦道家自始至终就是铁板一块，并无分支与流派；而先秦道家的根本目的，就是研究君人南面之术，教导统治者如何驾驭群臣，统治百姓。有此观念横亘于胸，张氏就决不会想到，要对先秦道家的起源与发展作出系统的历史梳理。于是正如我们在书中所读到的那样，张氏不问时代先后，不问派别差异，皆以所谓“人心”与“道心”横切先秦道家各派之说，且宣称欲“以先秦诸子之见还之先秦诸子”，以为“先秦诸子所谓‘道’”（第30页），皆为君人南面之术，根本无须鉴别。

其二，张氏既认司马谈《论六家要指》是“研究古代道家学说的一把钥匙”，也就导致张氏解说先秦道家的思想学说，一以汉人之说为依归，因而其所引证之材料全部取之于西汉及西汉以下各家之说。即使引证先秦诸子的相关学说，也必以汉人的解释为解释。如《道论通说》讲“君臣关系”一节，有以下文字：

> 喻之于物，如毂之于辐。《老子》第十一章：“三十辐共一毂，当其无，有车之用。”《文子·上德篇》：“三十辐共一毂，各直一凿，不得相入，犹人臣各守其职也。”《淮南子·主术篇》：“志欲大者，兼包万国，一齐殊俗，并覆百姓，若合一族，是非辐凑，而为之毂。”高诱注：“毂以喻王。”《淮南子·齐俗篇》：“通于道者，如车轴。不运于己，而与毂致千里，转无穷之原也。”按旧义皆以毂辐喻君臣。故《老子》

> 三十九章："侯王自谓孤寡不榖。"《河上本》作轂。注云："不轂，不为辐所凑也。"亦用古训。（第58页）

这段文字，首先肯定《老子》"三十辐共一轂"云云乃"君臣关系"之喻，次引汉人"旧义皆以轂辐喻君臣"以证成其说。至于所谓汉人"旧义"是否断章取义，是否符合《老子》本意，张氏一概不予检讨。① 尤其是《老子》三十九章"侯王自谓孤寡不榖"，《河上本》作轂，其注曰"不轂，不为辐所凑也"，亦被张氏视为"古训"而不加甄别地罗列与引用。殊不顾今本《老子》四十二章之有明文；"人之所恶唯孤寡不榖，而王公以为称。"亦不问《左传》所载春秋各国君主以及周王以"不榖"自称，其例甚夥。如僖公四年载齐桓公曰："岂不榖是为？先君之好是继。与不榖同好如何？"杜预注："孤、寡、不榖，诸侯谦称。"而先秦典籍所载侯王自称之"不榖"，未有作"不轂"者，可见河上公不破通假而说"孤寡不轂"为"不为辐所凑"，大悖老子本义。则所谓汉人之"旧义"、之"古训"者，恶足凭信耶？然张氏置《老子》本文内证及《左传》之重要旁证于不顾，一味依汉人"君臣之喻"以为说，则张氏所谓"周秦道论"者，实为汉人之"道论"。而汉人之"道论"决非"周秦"之"道论"，更非道家始祖老子之"道论"，又从而可知！

当然，夫著述体类繁多，而缀文之士，亦可各尊其体。也许张氏述作之初衷，并不以系统的历史著述自任，不过是将中国古代——或者具体地说——秦汉之际的某种政治学说作一专门的汇集与讨论，从而为研究这一专题的后来者提供一些必要的线索与资料。其次，或者张氏不过是不满于宋明理学家对伪《古文尚书》"人心惟危，道心惟微，惟精惟一，允执厥中"之所谓"十六字心法"的穿凿附会，即如张氏所言："余尝博考群书，穷日夜之力以思之，恍然始悟先秦诸子之所谓'道'，皆所以阐明'主术'，而

---

① 老子此章之义，可参见高明：《帛书老子校注》，中华书局1996年版，第270～272页。

‘危微精一’之义，实为临民驭下之方，初无涉乎心性”，于是“浩然有志阐古义之幽，发千载之蔀，举后起一切附会支离之说，悉摧陷而廓清之”（第31页）。如果张氏的著述目的仅止于上述两点，则我们可以毫不犹豫地肯定：张氏的著述初衷非常完满地实现了。也因此，我们还可以肯定地说，对于研究秦汉之际尤其是西汉初年黄老学派的政治学说而言，张氏的《发微》，确乎是一部不可多得的上乘之作，其闻见之广博，其功底之深厚，当代学人，罕有其匹；而旁搜远绍，其资料罗列之繁富，并世贤哲，亦无出其右。但是，我们也应该负责任地指出，对于研究先秦道家之起源及其学说之派分与演进而言，张氏的《发微》，殊不能满足这一要求。或者张氏著书之初，并没有事先考虑自己的立说界限，却于付梓之际冠以“周秦道论”之名，便一不留神犯了以偏概全的逻辑错误；而“裒为一书”之后，张氏也没有考虑到研究对象的时代性，而为“周秦道论”之宏大称名所惑，从而堕人误流为源的泥沼而不自知。为今之计，悬想张氏付梓之时，倘若题其书名曰：“危微论：秦汉之际黄老政治思想丛稿”，则庶几其可名实相副而无称名之累。然而，遗憾的是，历史不能假设，事实就是事实。职是之故，拙著《中国早期文化意识的嬗变》第二卷，辟十余万字的篇幅，专章讨论老子学说，但未列《发微》作为参考书目，虽然其时我已从头到尾认真地读过张氏这本著作。

三、先秦道家起源榷论

由于张氏《发微》所关注的重心是秦汉之际业已成熟的“君人南面之术”，对于先秦道家的起源及其基本的理论体系，张氏并无意梳理；或者更可以说，对于“道”的原初意蕴以及先秦道家的立说初衷，张氏根本不愿意劳心费神予以探究。张氏认为，围绕一个“看不见、摸不着的东西，讨论争辩不休。虽再争个几百年，也无法得出‘道’字的确解”（第19页）。这就无怪乎在关于先秦道家的起源问题上，张氏只能作一些不着边际的泛泛之论：

> 大约在我国古代奴隶社会和封建社会的统治者，都有“南面”之称，“南面术”便是他们怎样驾驭臣下、压制人民的一套手法和权术。这种术，周秦古书中，名之为“道”；古代有人把这种术的体和用，总结出了一套有系统的理论，便是“道论”；宣扬这种理论的，便是“道家”。（第9页）

张氏这种笼统肤廓、大而化之的议论，根本没有切中先秦道家及其道论的肯綮之处；而且，宣扬“君人南面之术”的不仅仅是“道家”，而道家之“道论”更不仅仅是宣扬“君人南面之术”的理论。这种似是而非的论述，说明张氏根本昧于先秦道家的真正起源与道论的确切本质，更不明白先秦道家与道论的推衍流变脉络。也因此，对于胡适“老子是道家学说的创始人”的学术观点，张氏当然就要极力反对。张氏说：

> 凡一学说的兴起，绝不是、也不可能由一个人在某时期突然创造出来的。必然是前有所承，经过若干年代的孕育酝酿，由无到有，由少到多，由小到大，由低级到高级，由没有系统到有系统。这从很长时期来看问题，仍然是综合了多少人的心思才力，在集体创造的基础上产生出来的。道家的学说，也自然不能例外。胡适谈到老子哲学时，便认为“老子是最先发见道的人”（原注：见《中国哲学史大纲》上卷第三篇）。这一断语，显然是十分错误的（第15页）。

毋庸讳言，隐含在张氏这段叙述之中的基本思想，是上世纪60年代前后，普遍流行于中国思想界且占主导地位的两大核心观念：一个是进化论，一个是群众史观。这是张氏所处时代的流行风，也是其时中国学术界普遍所持的思维方式，张氏自然不可能不受其影响，对此，我们也无可厚非。但是，这种进化论与群众史观，并不能解释思想史与社会史。以中国的历史之悠久，人口之众多，何以在孔子之后，我们没有产生一个比孔子更加孔子的思想家？在庄子之后，我们也没有再产生一个比庄子更加庄子的哲学家？同样的道理，以世界历史之漫长，人数之如河沙，何以在柏拉图之后，世界上没有再产生一个比柏拉图更柏拉图的哲学家，也没有再产生一个比耶稣更耶稣的宗教思想家？显而易见，肤浅的进化论与笼统的群众史观，决不能解释思想史与社会发展史。而事实上，伟大的思想家与卓越的政治家，既能改变人类社会的历史命运，也能刷新人类精神的运思方向。如果没有秦始皇，中国社会可能是永久的联邦制；如果没有孟德斯鸠，西方世界也不可能出现三权分立的政体。然而，我们有什么理由，一定要矢口否认老子就是道家学派的创始人呢？

事实上，道家之所以称为“道家”，其根本的学术理据，就在于老子的“道论”；且以老子为“最先发见道的人”，也不是后人的盲目追封，而是老子之自述。老子《道经》开宗明义，提醒人们说：

> 道，可（何）道也？非恒道也。名，可（何）名也？非恒名也。①

马王堆《帛书老子》原文如此，通行本原文作：“道可道，非常道；名可名，非常名。”除却因避汉文帝之讳，改“恒”为“常”之外，帛书本与通行本的最大区别，在句末多了两个语气词“也”字。本人于撰写《中国早期文化意识的嬗变》第二卷之际，曾对《老子》一书的各种版本以及前贤时哲的相关论著，下过一番耙梳剔罗的工夫。其结果亦诚如张氏所言，“余尝博考群书，穷日夜之力以思之”，发现自韩非《解老》、《喻老》以降，各家解《老》注《老》之作，对老子本章的注释与解说，全是穿凿附会，自作解人，与老子之本意，实在是风马牛不相及，其去老子之远，不可以道里计！于是亦如张氏“浩然有志阐古义之幽，发千载之蔀，

① 本文所引《老子》原文，皆引自高明：《帛书老子校注》，中华书局1996年版，下不出注。

举后起一切傅会支离之说，悉摧陷而廓清之”。乃依马王堆《帛书老子》原文，破“可”为“何”，标点为设问自答，则老子之意在以问答形式提醒人们：他所使用的“道”这个概念（“名”），是旧瓶装新酒，名虽同而实有异，不可以恒常所言之“道”诂释其内涵。继而在此基础上，对老子“道论”之思想体系作了全面的梳理与解读，从而撰成拙著第二卷之第十三章《老子》专论。尔后，又因其有摧陷廓清旧注旧解之意，乃抽取其“道论”一节，作为专题论文单独发表。至于其详细之论证，读者可参阅拙著及拙文，兹不赘述。①

又，《老子》二十五章亦自述其“道”之得名，其文曰：

> 有物混成，先天地生。寂呵寥呵，独立而不改，可以为天地母。吾不知其名，字之曰道。吾强为之名曰大，大曰逝，逝曰远，远曰反。

“有物混成，先天地生。寂呵寥呵，独立而不改，可以为天地母”，这个在天地之前就已经存在，并能从中产生天地万物的东西，是作为思想家的老子心目中所独具的思想对象，因为找不到一个合适的概念来表达，只好借用一个现成的语词来描述。因此，老子说：“吾不知其名，字之曰道，吾强为之名曰大。”正是因为“不知其名，字之曰道”，所以，这个被老子“字之曰道”的东西，就必定与恒常所言之“道”大为不同。且由于不得已而“强为之名”，则人们发生错误的理解甚至不得其解，当然在所难免。职是之故，为防止曲解，老子必于《道经》开宗明义，提请人们注意：“道，何道也？非恒道也。名，何名也？非恒名也。”不可以彼恒常所“名”之“道”，理解此强为所“名”之“道”。且为揭示这个旧

---

① 参见拙著《中国早期文化意识的嬗变——先秦散文发展线索探寻》第二卷相关章节，武汉大学出版社 2004 年版；或者参见拙作《时间·变化·对策——老子道论重诂》，《武汉大学学报》(人文版)，2004 年第 2 期。

语词新概念的实际意涵，以便人们通过想象而有所领悟，老子又必反复描述其难以名状的性质与样态。

这就是说，老子采用了一个旧语词，提出了一个新概念，而这个新概念的内涵与旧语词的意义截然不同；因为围绕这个新概念，有着一系列与众不同的新思想。后世的学术史家将具有这一新思想的思想家称为“道家”，并将那些沿着这一新思想衍生发展而来的思想家亦称之为“道家”，这也是理所当然的。而且，由于老子是提出这一新概念的第一人，那么，说老子是“最先发见道的人”，为什么就是“十分错误的”呢？

因此，舍老子之“道”与“道论”而谈“道家”之起源，必然流于泛泛之论，隔靴搔痒不着是处。职是之故，我们认为，道家学说的创始人，就是那位写过《道德经》五千言的老聃，这是不容丝毫怀疑的。胡适的说法并没有错！

四、老子“道论”体系概述

要阐明老子学说的基本理论旨趣，必须结合先秦文化发展的大背景，对老子“道论”思想体系作深入的研究，方可得出比较确切稳妥的结论，不能仅凭古人的只言片语便以偏概全地轻下断语。

老子与孔子先后并世生活于春秋之末，两者的学术理路，都是以历史文化与既往传统的反思为出发点建构自己的思想体系，从而谋求规范与整合他们赖以安身立命的社会现实。因此，我们说，老聃与孔子都是先秦史官文化向士人文化转换与蜕变过程中的导向与奠基人物。但是，作为先秦士人文化的先驱，老子与孔子的学术理路虽然一致，但由此所得的结论却恰恰相反。老子认为，“智慧出，有大伪”（《帛书老子》十八），文明的进化也就意味着历史的衰落；而孔子则认为，“周监于二代，郁郁乎文哉”（《论语·八佾》），文明的脚步伴随着历史的进程而前行。因此，两位哲人对于历史文明与文化传统持着截然不同的观念，同时对社会人生也持着截然不同的态度。

如前所述，老子之所以成为道家学派的创始人，就在于老子以旧瓶装新酒的方式提出了“道”这个与现行观念大为不同的新概念与新思想。而这个新概念与新思想的提出，又与老子的史官身份有着莫大关系。

我们知道，周代史官的职责，一方面是“掌官书以赞治”，以其“藏书作书读书”的职司，襄助王朝包括丧葬、祭祀、册命、诏诰在内的日常政治事务；另一方面，观察天象，推步阴阳，制订历法，也是周代史官的重要职能。太史公司马谈曰：“余先，周室之太史也，自上世显功名于虞夏，典天官事。”而司马迁《报任少卿书》亦曰：“文史星历，近乎卜祝之间，固主上所戏弄，倡优畜之，流俗之所轻也。”由此可见，“文史星历”，“典天官事”的史官职掌，自周至汉，因仍不改。老子身为周王朝的“柱下史”，周代史官的这两种职能，当然也是老子的基本职业技能。由于“掌官书以赞治”，老子对周代的一应典章文物及其礼乐文明的内在本质了如指掌；由于熟知天文历象与阴阳推步，老子对天道循环往复与阴阳周而复始的运行规律亦心知其意。

因此，老子描述他那意涵独特而非恒常所“名”之“道”的性状曰：

> 视之而弗见，名之曰微；听之而弗闻，名之曰希；播之而弗得，名之曰夷。三者不可致诘，故混而为一。一者，其上不曒，其下不昧，寻寻呵不可名也，复归于无物。是谓无状之状，无物之象，是谓忽恍。随而不见其后，迎而不见其首。执今之道，以御今之有，以知古始，是谓道纪。(《帛书老子》十四)

“视之而弗见”，“听之而弗闻”，“播之而弗得”，谓其无形无声无质。“一者，其上不曒，其下不昧，寻寻呵不可名也，复归于无物”，状其前后阴阳相续，永不间断。① 而“随而不见其后，迎而不见其首”，乃言其无始无终。因此，阴阳相续，周而复始，无限循环，绵长无尽，既无质无形无声，亦无始无终无断的一维永恒性，就是老子之“道”最基底的原初意蕴。

由老子对“道”之性状的描述，我们可以领悟到，老子之所谓“道”，是从天文历象之学移借而来的概念。而且，我们也完全可以领悟到，老子之“道”的基本意义内涵，就是永恒流逝的时光。因此，“一者，其上不皦，其下不昧，寻寻呵不可名也”者，摩时光阴阳对转之性；而“无状之状，无物之象，是谓忽恍。随而不见其后，迎而不见其首”者，言时光空寂无端之状。因此，阴阳对转而又无始无终亦无断，空寂无端而又无形无声亦无质，这永恒流逝而空寂无端的时光就是“道”，这空寂无端而永恒流逝的时光就是“一”。也因此，“道”即是“一”，“一”即是“道”。张氏《道论通说》知“‘一’即‘道’之别名”（第34页），而昧于老子之“道”的思想来源，是知其然而不知其所以然，知二五而不知一十也。

老子之“道”的原初意蕴既为永恒流逝而空寂无端的时光，则老子之所谓“德”的原初意蕴，乃为永恒流逝而空寂无端的时光所覆盖之万物的情状。当然，从空寂无端的时光之“道”到林林总总的万物之“德”，中间有一个逻辑过渡。请尝试而言之：

首先，老子认为，时光是先于天地万物而存在的。老子曰：

> 湛呵似或存，吾不知其谁之子也，象帝之先。（《帛书老子》四）
>
> 谷神不死，是谓玄牝，玄牝之门，是谓天地之根。（《帛书老子》六）

---

① 王引之《经义述闻》卷五曰：古者上与前同义。《吕氏春秋·安死篇》“自此以上者，亡国不可胜数”，高诱注：“上犹前也。”《尚书·微子篇》曰“我祖厎遂陈于上，我用沈酗于酒，用乱败厥德于下”，上下即前后也。按王说是也。“其上不皦，其下不昧，寻寻呵不可名也”，通行本作“绳绳不可名”，意即其前不明，其后不暗，绵绵不断。此状时光乃昼夜循环运转，永无止息。

有物混成，先天地生，寂呵寥呵，独立而不改，可以为天地母。吾未知其名也，字之曰道。(《帛书老子》二十五)

对于老子这些说话，张氏有他自己的理解，而尤其不同意胡适的看法。张氏认为，老子"这一类洸洋浩荡的话"，无非是故意"夸大'道'的神秘"，也就是过分"夸大'南面术'的高妙"；不过如《淮南子·修务篇》所谓"托之神农、黄帝而后能入说"，使"乱世暗主，高远其所从来，因而贵之"的游说技巧而已（第18～19页），不必过于深求。因而张氏十分蔑视胡适的如下之说："老子的最大功劳，在于超出天地万物之外，别假设一个'道'。这个道的性质，是无声、无形；有单独不变的存在，又周行天地万物之中；生于天地万物之先，又却是天地万物的本源。"张氏认为：胡适不是把"道"看成"君人南面术"，而是"把'道'看成另一物，看成没有天地以前便已有了的东西"，这就是误入歧途。不仅胡适自己误入了歧途，也把读者引向了"纠缠不清"的迷路。因此，张氏说，"在胡适以前，许多封建学者，也是这样理解；在胡适以后，不少哲学工作者，同样不能超越这种看法"，而"近人在这个问题上纠缠不清，实以受胡适的影响为最大，我们对胡说必须给以批判"（第19页）。

平心而论，由于受到西方哲学的影响，胡适的说法虽然不免有些夹缠，也未能准确理解老子"道论"的理论价值，但他对老子之"道"的性质把握，还是相对接近老子原意的。因此，并不是胡适要把老子之"道"毫无根据地"看成为没有天地以前便已有了的东西"，而事实上老子的理论前提，就是这样设定的。所谓"象帝之先"，所谓"天地之根"，所谓"为天地母"，诸多譬喻描述之辞，无非是说：空寂无端而永恒流逝的时光是先于天地万物而存在的。而张氏必以为这是老子的自神其说，是"高远"其"南面术"之"所从来"，足见张氏的学术理趣无关乎哲学。

既然时光是先于天地万物而存在的，那么，这个命题的逻辑换位也就是：天地万物都是在时光之中产生的。而老子则将这一命题直接表述为"道生物"。老子曰：

> 道生一，一生二，二生三，三生万物。万物负阴而抱阳，冲气以为和。(《帛书老子》四十二)

时光不是物质性实体，它不可能直接产生万物。老子把“天地万物都是在时光之中产生的”直接表述为“道生物”，似乎有偷换概念之嫌。其实，如果把“天地万物都是在时光之中产生的”表述为“天地万物都是时光的产物”，那么，老子把“天地万物都是在时光之中产生的”直接表述为“道生物”，也就并非没有道理。

其次，既然“天地万物都是在时光之中产生的”，那么，时光与天地万物就有两种不同的关系：其一，时光覆盖涵容天地万物。这种关系，就是“道”与“物”的关系。其二，时光的流程也就是天地万物生灭转化的过程。这种关系，就是“道”与“德”的关系。

就“道”与“物”的关系而言，老子曰：

> 道生之，德畜之，物刑之而器成之。是以万物尊道而贵德。道之尊也，德之贵也，夫莫之爵也，而恒自然也。道生之，畜之，长之，育之，亭之，毒之，养之，覆之。生而弗有，为而弗恃，长而弗宰，是谓玄德。(《帛书老子》五十一)

“道”虽然覆盖涵容万物，使之生长、养育、成熟，但“道”并不主宰、拥有万物，也不依恃于万物。也就是说，时光不直接生成主宰万物，但它涵容覆盖万物，使之自生自长。故老子一则曰“道生之，德畜之，物刑（形）之而器成之”；再则曰“道之尊也，德之贵也，夫莫之爵也，而恒自然也”。意即在时光流程的覆盖之下，“器”与“物”皆“自然”而然地无须借助于外在的动力而自己形成。准确地说，“道”不是“物刑之而器成之”即万事万物生长、发育、成熟的外在力量。

就“道”与“德”的关系而言，老子曰：

> 孔德之容，唯道是从。道之物，唯恍唯惚。惚呵恍呵，中有象呵；恍呵惚呵，中有物呵。窈呵冥呵，其中有情呵。其情甚真，其中有信。自今及古，其名不去，以顺众父。吾何以知众父之然也？以此。（《帛书老子》二十一）

老子将“道”与“德”的关系，表述为“孔德之容，唯道是从”，亦最为简要。“容”，动也；言“大德之动，惟从乎道也”。① 而“德”者，得也；先秦古书，往往通用。如《管子·心术篇》曰：“德者，道之舍也，物得以生。”又曰：“故德者，得也。得也者，其谓所得以然也。”此言“德”与“得”音同义通，以及“道”之与“德”的关系，最为明晰。因此，“孔德之容，唯道是从”，其确切的意涵，就是“物随道化”；而“物随道化”也就是“德”。对于“物”而言，“德”即是“道”在“物”中的印痕，是以老子描述“道之物”即“道中之物”② 的状态是“唯恍唯惚”。意谓万物皆在时光流程之中不断变化，这种变化虽然并不明显，难以觉察，但这变化必定是存在的。因此，老子曰：“惚呵恍呵，中有象呵；恍呵惚呵，中有物呵。”意即虽然恍惚难见，但必定其“中有象”，其“中有物”。③ 当然，这种变化虽然是“唯恍唯惚”，悄无声息、无所听闻；但它又一定是有所表征，能够印证的。譬之如树中的年轮，虽然人们并不能觉察到树的生长，但它确

---

① “容”乃“搈”字之借，《说文》：“搈，动搈也。”又《广雅·释诂》：“搈，动也。”说见高亨：《重订老子正诂》，北京：古籍出版社 1956 年版，第 51 ~ 53 页。

② “道之物”，邢玄本作“道之于物”；王弼本作“道之为物”；而《帛书》作“道之物”，最胜。“道之物”即“道中之物”。

③ 晋人孙盛《老子疑问反讯》曰：“三者不可致诘，混然为一，绳绳兮不可名，复归于无物，无物之象，谓之恍惚。下章云：道之为物，唯恍唯惚。惚兮恍兮，其中有象。恍兮惚兮，其中有物。此二章或言无物，或言有物，先有所不宜者也。”今人许抗生从其说，认为：“一说有物，一说无物，这不是自相矛盾又是什么呢？”说见许抗生：《帛书老子注译与研究》，杭州：浙江人民出版社 1982 年版，第 133 页。其实，老子此二章一言“无物”，是就时光本身而言；一言“有物”，是就时光之中不断变灭转化的万物而言，二者并不矛盾。

实是在一天天地长大变粗。而随着生长岁月的一年一年增加，其年轮也就一圈一圈增多扩大。老子曰："窈呵冥呵，其中有情呵，其情甚真，其中有信。""情"者，实也；"信"者，验也。"有情"，"有信"，即实有所征而情有所验。而且，"自今及古，其名不去，以顺众父"，万物在时光流程之中不断生成转化，时光存在，生成转化便永无止息。

"孔德之容，唯道是从"，永恒流逝的时光流程，投射着天地万物生成转化的过程；因而空寂无端涵容万物之"道"就以"物"为"舍"而落实到"物"中之"德"。这个"物"中之"德"，也就是万物在时光流程中不断形成的品质与德性。因此，老子一方面把"道"与"德"的基本意涵及其与"物"的关系表述为"道→物→德"之垂直下落的关系，另一方面又把"道"与"物—德"的关系表述为"生而弗有，为而弗恃，长而弗宰"之涵容覆盖的关系。两种关系叠加起来，就使"道"与"物—德"之间形成若出若入而又非出非入，若即若离而又非即非离的结构关系。这种入而不即、离而不弃的关系，也就是"不可得而亲，亦不可得而疏"的"玄同"（《帛书老子》五十六）。而所谓"孔德"，所谓"玄德"，所指正是这种"物—德"与"道"的"玄同"关系。

"道"之涵容覆盖而又垂直下落的"玄同"关系，就是老子"道论"体系最为基底的理论结构。由于这一基底理论结构的思想来源与"道"的原初意蕴具有时光流程之隐喻性质密切相关，因而我们把老子"道论"最为基底的理论结构称之为时间哲学。①

不过，值得注意的是，老子之所以在时间哲学中将"道"与"物"与"德"的关系，设定为"不可得而亲，不可得而疏"之若出若入，若即若离的"玄同"关系，其根本的理论旨趣及其运思方向，最终是要将这种"道—德"学说向社会历史学说与政治学说及道德学说推进。这才是老子立说的根本意图之所在，否则，

① 关于老子的时间哲学，尚有其他相关的思想元素，如"反也者，道之动也"以及"弱也者，道之用也"等，此处不及叙述。其详细论述，可参见拙著《中国早期文化意识的嬗变》第二卷相关章节。

老子的“道论”学说，不过是设计了一局猜谜性的思辨游戏，毫无学术价值。

首先，老子的“道论”学说，由时间哲学推向历史哲学是顺理成章的。所谓历史，就是由人类所有社会生活所构成的时间序列。而这个时间系列，与老子心目中的那个“道”有一部分是重合的。其次，“孔德之容，唯道是从”，老子既在时间哲学中设定了“物随道化”的思想前提，那么，随着时间的推移，人类历史亦不断地向前推进。因此，老子的“物—德”理论，同样适用于人类社会这个庞大的“道中之物”。也就是说，在“道”与“物”的关系之中，“道”同样以“物”为“舍”而过渡到“物”中之“德”。只不过人类社会这个庞大的“道中之物”，其所谓“德”有着多种不同的体和用，亦即有着各各不同的规定性，它涵盖着人类社会所有的物质福利与精神文明。而“德”的变动不居，生灭转化，也就是整个人类社会的物质福利与精神文明的推衍流变，生生不息。

如果说，老子的时间哲学与老子的史官身份渊源颇深；那么，老子的历史哲学与政治哲学及其道德哲学则与老子的隐者身份互为因果。

首先，老子关于人类社会之“德”的结构规定，整个朝着精神方向倾斜，它指涉着人类社会的一切人文措施、人们的道德水准以及由人的欲望所激起的智慧程度；而且，老子指涉社会的物质福利也更多地强调着它们与人类私欲的相关性。如：“人多知巧，而奇物滋起”（《帛书老子》五十七），“圣人欲不欲，不贵难得之货”（《帛书老子》六十四），“难得之货，使人行妨”（《帛书老子》十二），其诸多此类说法，意皆如此。因为在老子看来，社会的物质福利出自人类的智慧，但人类的智慧又是由人的私欲所煽激起来的。于是物质福利的进化，是由于私欲的膨胀；而私欲的膨胀又反过来加速物质福利的进程。

其次，老子认为，人类社会之“德”，自古迄今，是一个递减衰落的过程。老子曰：

上德不德，是以有德；下德不失德，是以无德。(《帛书老子》三十八)

由于老子所论人类社会之“德”，包含着社会的一切人文举措、道德风尚以及对待物质福利的追获方式（智慧与物欲的互动关系），因此，“上德不德”，也就是说，人类最为完美的社会是一片虚无的淳朴，它既没有任何人文举措，也无所谓道德风尚，人们对于物质福利的追获方式也极为简单，“日出而作，日入而息，凿井而饮，耕田而食”(《帝王世纪》)。正是这种“不德”，才是“有德”。这种“不德”之“有德”，是谓“玄德”，体现着“道”涵容覆盖天地万物但“生而弗有，长而不宰，为而弗恃”的“玄”远之“德”。

至于“下德”之世，则大为不然。“下德”之世，则人君努力建立各种人文举措，倡导仁义道德以规范人心；创制礼仪名分以检束人的行为，并把这些束缚人身与人心的种种举措，作为“知识”一代一代地灌输下去，这就是“下德不失德”。而“不失德”的种种举措，正是“无德”的表现，即与质朴无文的“上德”之世毫无关联了。

当然，客观来说，人类社会的人文举措是与人类自身的社会生活密切相关的。社会的人文举措愈是繁缛，也就意味着人类的社会生活愈来愈复杂，人类的精神世界也因之愈来愈丰富，人类的各种需求也随之逐级提升。这是人类社会发展的必然趋势。但是，在老子看来，人类社会的人文举措日趋繁缛，正是人类自身的道德水准日趋堕落的表现；而文化与文明不断进化的过程，也就是历史不断衰落的过程。因此，老子曰：

失道而后德，失德而后仁，失仁而后义，失义而后礼。夫礼者，忠信之薄也，而乱之道也。(《帛书老子》三十八)

“忠”、“信”、“仁”、“义”、“礼”，人类文化与文明的这些雅号与徽标，正是昏乱的衰末之世“失道”又“失德”而令人无限叹惋的明确表征。何以如此？老子曰：

> 故大道废，安有仁义。知慧出，安有大伪。六亲不和，安有孝慈。国家昏乱，安有贞臣。(《帛书老子》十八)

这就是说，人类社会的一切人文举措，皆是针对世风颓败，道德堕落而设置的。而且，社会的人伦规范与道德堕落之间存在着互为因果的连锁关系：世风愈是颓败，道德愈是堕落，则社会的人伦规范与人文举措便愈是繁缛苛细；同理，社会的人伦规范与人文举措愈是繁缛苛细，则世风便愈趋颓败，道德便愈趋堕落。因此，老子曰：

> 夫天［下］多忌讳，而民弥叛；① 民多利器，而邦滋昏。人多智而奇物滋起，法物滋彰，盗贼多有。(《郭店简书老子》甲组)

设于天下的禁令愈是苛细，人民就愈易干法乱纪；人民所遭到的措置与安排愈多，邦国的政事就愈趋昏乱；人类愈是崇尚智慧，则人的物质欲望便愈加膨胀；社会的典章制度愈是彰著，欺诈毁败之行便愈加猖獗。这样，在人文举措与世风颓败、人伦规范与道德堕落之间，便形成了不断升级的紧张与对峙，而整个人类社会的历史行程也就陷入了文明进程与道德堕落的魔圈，并且在二者不断升级的紧张与对峙之中，最终走向崩溃与毁灭。“飘风不终朝，暴雨不终日”，持续的紧张与对峙，“天地而弗能久，又况于人乎”(《帛书老子》二十四)！

如何才能走出历史的困境？于是，老子的“道论”学说，便从历史哲学推向了政治哲学与道德哲学。

既然人伦规范与道德堕落之间的紧张与对峙，是二者魔道相长

① 《帛书》甲乙二本与王弼本均作“而民弥贫”。按老子此处所论数事皆与“昏乱”相关，故《简书》作“畔”即“叛”字更符合老子原义。

的结果，那么，消除对峙，摆脱困境，最为径捷的方式，便是削减人伦规范以至于放弃一切人文举措。因此，老子政治哲学的核心思想便是“无为”。老子曰：

我无为而民自富，我亡事而民自化，我好静而民自正，我欲不欲而民自朴。(《郭店简书老子》甲组)

百姓之不治也，以其上之有以为也，是以不治。(《帛书老子》七十七)

将欲取天下而为之，吾见其弗得已。夫天下，神器也，非可为者也。为之者败之，执之者失之。故物或行或随，或嘘或吹，或培或堕。是以圣人去甚去太去奢。(《帛书老子》二十九)

当然，老子之所以把“无为”而治作为其政治哲学的核心思想，是与其时间哲学中“道论”结构相呼应的。老子曰：

天大，地大，道大，王亦大。国中有四大安（焉），王居其一安（焉）。人法地，地法天，天法道，道法自然。(《郭店简书老子》甲组)

老子之“道”，本以时光流程为其思想原型，天地万物皆在时光流程中发生，亦在时光流程中演进。而“道”之于“物”，是涵容覆盖而又无所作为的关系。至于天地之于万物，亦与“道”同。“夫天覆于上，地偃于下，下气烝上，上气降下，万物自生其中间矣”(《论衡·自然》)，老子将人王安置在与天、地、道相并列的地位，意在强调其一理相通的共性，亦即《易大传·文言》“大人与天地合其德”之谓。而这一理相通之“德”，便是“自然”与“无为”。而王充《论衡·自然篇》所释最洽老子之意，王充曰：“天动不欲以生物，而物自生，此则自然也。施气不欲为物，而物自为，此则无为也。”因此，在天、地、人、道转相“法”的宇宙格局中，“道法自然”，也就是“王法自然”；而“道法自然”、“王法自然”，也就是“道法无为”、“王法无为”。何谓“无为”，王充亦“试依道家论之”曰：

> 天道无为，听恣其性，故放鱼于川，纵兽于山，从其性命之欲也。不驱鱼令上陵，不逐兽令入渊者，何哉？拂诡其性，失其所宜也。夫百姓，鱼兽之类也，上德治之，若烹小鲜，与天地同操也。(《论衡·自然篇》)

上德治国，“与天地同操”，即“王法无为”之谓。至于如何才是“无为”，首先是“从其性命之欲”，无善恶之辨。老子曰：

> 圣人恒无心，以百姓之心为心。善者善之，不善者亦善之，德善也。信者信之，不信者亦信之，德信也。圣人之在天下也，歙歙焉为天下浑心。百姓皆注其耳目焉，圣人皆孩之。(《帛书老子》四十九)

其次则是“和其光，同其尘”，无贤愚之别。老子曰：

> 不上贤，使民不争。(《帛书老子》三)
>
> 知者弗言，言者弗知。塞其兑，闭其门，和其光，同其尘，挫其锐，解其纷，是谓玄同。故不可得而亲，亦不可得而疏；不可得而利，亦不可得而害；不可得而贵，亦不可得而贱，故为天下贵。(《帛书老子》五十六)

贤愚优劣之差别既已泯灭，人们便既不会以其贤而亲附之，亦不会以其不贤而疏远之。贤者既不会因其贤而获利，当然也不会因其贤而遭妒忌；不贤者亦不会因其不贤而受辱。既不会以其贤而得富贵，亦不会因其不贤而遭贫贱。因此，“不上贤，使民不争”，这才是治理天下的上策。

老子“无为”思想的具体化，或者说落实到日常政务与外交，就是“无事”。所谓“无事”，对内政而言，便是“俭”与“啬”，对外交而言，则是“主静”与“不争”。总之，老子的“无为”

思想，贯穿于其政治哲学的各个层面，涉及政治、法律、经济、文化、军事与外交等各个不同领域。而“无为”的基本原则，就是要求在上者削减一切人文举措，缓解人伦规范与道德堕落之间的紧张与对峙。因此老子曰：

> 其政闷闷，其民惇惇。其政察察，其民□□。（《帛书老子》五十八）

王弼曰：“善治政者，无形，无名，无事，无政可举；闷闷然卒至于大治，故曰‘其政闷闷’也；其民无所争竞，宽大淳淳，故曰‘其民淳淳’也。立刑名，明赏罚，以检奸伪，故曰‘察察’也，殊类分析，民怀争竞，故曰‘其民缺缺’。”高明亦曰：“其政无事无为，则民必朴实惇厚。其政严明苛细，则民必狡猾□诈。”① 因此，政之繁简与民之淳滑实相反对。

然而，尽量削减人伦规范以至于放弃一切人文举措，固然是削除人文对峙，摆脱历史困境之最为径捷的方式，但一味削减人文举措而对植根于人类灵魂深处的人性弱点——“欲”不加限制与检束，则反而加速了社会道德的堕落，从而促使社会整体的早崩。于是老子“道论”学说又从政治哲学走向道德哲学。

如前所述，老子“道论”的基底结构，是以宇宙自然的日月星辰运行之规律性作为思想基础的一套思辨哲学体系。“天何言哉，四时行焉，百物生焉”（《论语·阳货》），这是从子产到孔子的时代共识。天道玄默，“生而弗有，为而弗恃，长而不宰”，故“道”之于“物”，既“无为”，且“无欲”，更“无私”。这种“天道无为”的思想，又在天人转相法的运思过程中，从“天道”过渡到“人道”；又在“孔德之容，唯道是从”的“道—德”逻辑结构之中，由“天之道”转换为“人之德”。因此，老子“道亘（恒）亡为”，“上德无为而无以为”的“道”“德”规定，就是杜绝“私”“欲”。只有杜绝“私”“欲”才是削除人文对峙，摆脱

---

① 高明：《帛书老子校注》，北京：中华书局1996年版，第110页。

历史困境的拔本塞源之举。

为了防范“私”“欲”的膨胀，老子反对“求生之厚”，提倡“贵生”。老子曰：

> 民之轻死也，以其求生之厚也，是以轻死。夫唯无以生为者，是贤贵生。(《帛书老子》七十七)

本来，“求生之厚”与“轻死”是矛盾的，但为了“求生之厚”以至于“轻死”，正是“私”“欲”过分膨胀的恶劣后果。因此，真正的“贵生”，并不是“求生之厚”，而是“少私寡欲”。因此，老子把人类的智慧看成是助长“私”“欲”的利器：

> 人多知，而何（奇）物兹（滋）起。(《帛书老子》五十七)
>
> 绝巧弃利，盗贼无有。(《帛书老子》十九)

在老子看来，智慧与奇技，是由人的物欲刺激起来的，而智慧与奇技又反过来助长了人的物欲。而“绝巧弃利”，才是杜绝人的“私”“欲”膨胀的有效途径。只要人类摒弃了“私”“欲”，人人“甘其食，美其服”，保持无“私”无“欲”的状态，人类也就用不着设置许多道德规范去防止道德的沦丧，社会的一切紧张与对峙也就不存在了。

由于“私”与“欲”植根于人类灵魂的深处，是人类与生俱来的本能存在，所以要达到这种“无私”“无欲”的道德境界，并非轻而易举，必须加强后天的修炼。因此，老子关于道德的实现，强调一个“修”字。老子曰：

> 善建者不拔，善抱者不脱，子孙以祭祀不绝。修之身，其德乃真；修之家，其德有余；修之乡，其德乃长；修之国，其德乃丰；修之天下，其德乃博。以身观身，以家观家，以乡观乡，以国观国，以天下观天下。吾何以知天下之然哉？以此。(《帛书老子》五十四)

由“身”“家”而及于“乡”“国”，终而至于“天下”，“修”的过程是一个不断扩大的过程，也是一个境界不断提升的过程。至于落实到某个具体的“修道”者，则方式因人而异。老子认为，王公大人是以外在的自我贬损而达到内心的自认孤弱。老子曰：

人之所恶，唯孤寡不穀，而王公以自名也。物或益之而损，损之而益。(《帛书老子》四十二)

必贵以贱为本，必高矣而以下为基。夫是以侯王自谓孤寡不穀，此其贱之本与，非也？故至数舆（誉）无舆（誉）。是故不欲禄禄如玉，硌硌若石。(《帛书老子》三十九)

受国之垢，是谓社稷之主，受国之不祥，是谓天下王。正言若反。(《帛书老子》八十)

“孤寡不穀”，皆是一些不中听的字眼，王公大人用以自称，就是要以此时常提醒自己并非随心所欲的“强梁”，而是一个“受国之垢”、“受国之不祥”的孤弱者。老子认为，由外在的贬损可以达到内心的充益，这就是“正言若反”。因此，“圣人之能成大也，以其不为大，故能成其大”(《帛书老子》三十四)。“其不为大”而又“能成其大”，正是外损内益的实际效果。至于一般士人的“修道”方式则与此不同，他首先必须具备一种“若冬涉川”、“若畏四邻”的谨慎戒惧心理，在语默动静之间“葆此道不欲盈”，不让私心与欲望膨胀起来，“是以能敝而不成”(《帛书老子》十五)。而“葆此道不欲盈，是以能敝而不成”，也就是意守残缺，自甘辱垢。因此，老子曰：

知其雄，守其雌，为天下溪；为天下溪，恒德不离；恒德不离，复归于婴儿。知其荣，守其辱，为天下谷；为天下谷，恒德乃足；恒德不足，复归于朴。知其白，守其黑，为天下式；为天下式，恒德不忒；恒德不忒，复归于无极。(《帛书老子》二十八)

所谓“知”与“守”，其实就是心理素质的磨炼。王弼注云：“此三者（即雄雌、荣辱、黑白），言常反终，后乃德全其所处也。”意思是说，天地万物的发展运动，都要无条件地由正面走向反面；如果“修道”者“德全其所”，意守残缺，甘于辱垢，则终究会出离于残缺，蝉蜕于辱垢。这种“炼意”的功夫，也就是“修德”的过程。而且，这种“炼意”、“修德”的过程本身，也就是“德”不离身了，老子称之为“执一”。老子曰：

曲则全，枉则正，洼则盈，敝则新，少则得，多则惑。是以圣人执一，以为天下牧。(《帛书老子》二十三)

联系上引“知其雄，守其雌”云云，则“执一”既是“知一”，亦是“守一”。故老子又曰：

不自是故彰，不自见也故明，不伐故有功，弗矜故能长。夫唯不争，故莫能与之争。古之所谓曲全者，几语哉！诚全归之。(《帛书老子》二十三)

“知一”与“守一”的心理过程，最终落实到行为上的“不自是”、“不自伐”与“弗矜”。而“不自是”、“不自伐”、“弗矜”，统而言之，就是“不争”。

当然，这种“不争”并不仅仅是主观上的不愿意“争”，而是由主观上的不愿意“争”所造成的客观上无法“与之争”。这种由主观的“不争”所带来的客观效果，妙用无穷。老子尝以水为喻：

天下莫柔弱于水，而攻坚强者莫之能胜，以其无以易之也。柔之胜刚也，弱之胜强也，天下莫弗知也，而莫能行也。(《帛书老子》八十)

而这种先内“损”而后外“益”的“修道”方式，并不是所有人都能够明白的，也不是所有人都能身体力行的，只有“圣人”才有如此通达的胸次，也只有“圣人”才配有这样的实力。故老子以“天长地久”为喻曰：

> 天长地久，天地之所以能长且久者，以其不自生也，故能长生。是以圣人退其身而身先，外其身而身存。不以其无私与？故能成其私。(《帛书老子》七)

“退其身而身先，外其身而身存”，正是意守残缺，甘于辱垢，而最终出离于残缺，蝉蜕于辱垢。此即“以其无私”而终“能成其私”。

由此可见，老子外“损”而内“益”的修“道”方式，意在诱导世人屈心抑志，以屈求伸，以退为进。屈心抑志，就是遏制私欲；以屈求伸、以退为进，则是达到道德的完善。私心欲望愈屈愈退，人的心灵便愈是接近于“道”。因此，道德境界的最后实现，也就形成了“正言若反”：

> 是以建言有之曰：明道如昧，进道如退，夷道如类。上德如谷，大白如辱，广德如不足，建德如偷，质真如渝。大方无隅，大器免成，大音希声，大象无形，道褒无名。(《帛书老子》四十)

道德完善的最高境界，反而庶几乎俗世观照之下的心灵残缺。因此，不同层次的人们也就对于“道”持有不同层次的理解与态度。老子曰：

> 上士闻道，勤能行之。中士闻道，若存若亡。下士闻道，大笑之；弗笑，不足以为道。(《帛书老子》四十)

当然，道德的提升与完善，有赖于从“侯王”到一般士人的个人“修炼”自不必说，但这并不意味着老子忽视全社会的道德教化。不过，老子提供的道德教化方式，也与其“无为无事”的政治思想一样，凸显着“独异于人”的隐士特征。

老子认为，道德教育的最佳方案是“不言之教”。老子曰：

> 圣人居无为之事，行不言之教。(《帛书老子》二)
>
> 天下之至柔，驰骋乎天下之至坚。无有入于无间，吾是以知无为之有益也。不言之教，无为之益，天下希能及之矣。(《帛书老子》四十三)

显然，“天下之至柔，驰骋乎天下之至坚”，则所谓“不言之教”并不等于“不教”，只是不以“言”（即一切有文有形的人伦规范）“教”而已。事实上，老子强调的是“圣人”的道德辐射作用。老子曰：

> 是以圣人欲不欲，而不贵难得之货；学不学，复众人之所过。能辅万物之自然则弗敢为。(《帛书老子》六十四)

《郭店简书老子》甲组“学不学”作“教不教”，“教”与“学”上古音同义通。而“学不学”与“欲不欲”为对文，意即“圣人”“不欲”，“不贵难得之货”，即是最好的“学（教）”。也就是说，“圣人”的行为具有无声无形的影响力；能使“众人”舍弃过分膨胀的私欲；矫正恢复“众人”背离的“大道”。当然，“圣人”的这种道德辐射作用与影响力，也是自然产生的，并非人力所强致，故曰“能辅万物之自然而弗敢为”。

在强调“圣人”的道德辐射作用与影响力的同时，老子也很重视“侯王”以身作则的表率与楷模作用。毕竟“上之所好，下必甚焉”；上行下效的社会心理“自古及今”是永远存在的。老子曰：

> 道恒无名，朴虽小而天下弗敢臣。侯王若能守之，万物将自宾。(《帛书老子》三十二)

> 道恒无名(《郭店简书老子》作“亡为”),侯王若能守之,万物将自化,化而欲作,吾将镇之以无名之朴,镇之以无名之朴,夫将不辱(欲),不欲以静,天地将自正。(《帛书老子》三十七)

“道”既是“无名”,亦是“无为”。“守之”即“守道”;“守道”,便是清心寡欲,无私无为。而“侯王”若能“守道”、“修道”,以身作则,就是一种“无形”的号召力。“万物将自宾”,“万物将自化”,“宾”、“化”乃服从、趋附之谓。“物”者,众也。这就是说,“侯王”自身若能“守道”、“修道”,无私无欲,自然便成为天下万民效法的对象。这种“无形”的号召力与风化作用是不可低估的。老子曰:

> 执大象,天下往,往而不害,安平太。乐与饵,过客止。故道之出言也,曰淡呵其无味也。视之不足见也,听之不足闻也,用之不可既也。(《帛书老子》三十五)

“大象”者,“无形”之“道”也。“侯王”守道无为,则“天下万民移心归往之也”;如同美妙的音乐与可口的食物能够吸引“过客”那样吸引民众。这种楷模与表率的无形号召力,并非甜言蜜语的哄骗与诱惑,而是民众的自愿归附。

当然,无论是“圣人”的道德辐射作用还是“侯王”以身作则的无形号召力,归结到一点,就是“无为而无不为”,或者说“以无事取天下”。故老子以“圣人之言”曰:

> 我无为而民自化,我好静而民自正,我无事而民自富,我欲不欲而民自朴。(《帛书老子》五十七)

由上述可见,老子政治学说的核心是“无为无事”,道德哲学的核心是“无私无欲”。而不论是政治哲学抑或是道德学说,都是针对“有为之世”的社会危机与人文困境提出的解决方案。“无为无事”，是削减人伦规范以至于放弃一切人文举措；而“无私无欲”，则是克服人性的弱点以至于净化人的心灵，从根本上消除人文对峙，摆脱历史困境。因此，削减人伦规范也罢，克服人性的弱点也罢，都是“人心惟危”的乱世哲学，是应急扑火的措施。如果是大朴未散的初民社会，一切社会矛盾没有凸显，人们的私心与欲望亦无从显现，则这些学说也就无所依托而失去了它的针对性了。因此，老子认为，危机与困境之最终的解决，便是回到“小国寡民”的远古之世。老子曰：

> 小国寡民，使有十百人之器而勿用，使民重死而远徙。有舟车无所乘之，有甲兵无所陈之，使民复结绳而用之。甘其食，美其服，乐其俗，安其居，邻国相望，鸡犬之声相闻，民至老死不相往来。(《帛书老子》六十七)

这便是老子的“理想国”。在这个淳朴无文的“寡民”“小国”之中，老子也就用不着喋喋不休地讲述他那“无为而无不为”这种有似于“奥夫赫变”式的自相矛盾的学说了。于是，老子的哲学体系也就从政治哲学与道德哲学重新回到历史哲学。同时，老子的思想也在此画上了一个重重的句号。①

综上所述，老子“道论”思想体系，包括四大板块：其一，时间哲学；其二，历史哲学；其三，政治哲学；其四，道德哲学。时间哲学是老子学说的理论基础，为其他三大思想板块提供理论依据。老子之后的“道家”学说，便是以此四大思想板块为基础，作不同向度的延伸。从老子的时间哲学与道德哲学，产生了庄子的生命哲学。从老子的历史哲学与政治哲学产生了庄子后学的文化哲学。从老子的政治哲学与道德哲学，经齐国的稷下学派而衍生了韩

① 本节关于老子思想体系的阐述，是拙著《中国早期文化意识的嬗变》第二卷《老子》章的大幅度浓缩与改写。因篇幅所限，本文论述如有不详不明之处，敬请参阅原作，特此说明。

非的社会学说。而从老子的时间哲学与道德哲学，又演变出后来的医家养生学派。最后，各派学说又汇集为西汉初年的黄老政治哲学。因此，老子之后，道家学说虽然派别支分，异彩纷呈，实乃各取老子“道论”之一端浸假而流为异说。然无论如何派别支分，无论如何异说杂陈，但都与老子“道论”有着或引申、或倒转、或旁折之承传流变关系。本文之所以不惜辞费详述老子“道论”思想体系者，以见先秦道家学说之源耳。

五、庄子的生命哲学对老子“道论”的扬弃

如前所述，老子认为，人类的私欲与智慧是一对相互煽激的孪生兄妹。由于智慧与私欲的相互煽激而又不断地竞相膨胀，导致了人类社会的物质福利飞速发展。而人类物质福利的飞速发展，反过来又进一步膨胀了人类的智慧与私欲。为了限制私欲膨胀，挽救世风颓败，规范道德人心，人类社会建立了种种人文举措，倡导仁义道德以规范人心，创制礼仪名分以检束人的行为。然而，事与愿违的是，世风愈是颓败，道德愈是堕落，社会的人伦规范与人文举措便愈是繁缛苛细；而人类社会的人伦规范与人文举措愈是繁缛苛细，则世风便愈趋颓败，道德便愈趋堕落。这样，在人文举措与世风颓败、人伦规范与道德堕落之间，便形成了不断升级的紧张与对峙，因而整个人类社会的历史行程也就陷入了文明进程与道德堕落的魔圈。而老子提出的解决方案，一方面是削减人伦规范以至放弃一切人文举措；另一方面是努力克制人性的弱点以至于净化人的心灵，从根本上消除人文对峙，摆脱历史困境。

然而，人类自从有了文明与文化，就已然走上了一条万劫不复的不归之路。人类社会的人文举措与人伦规范只会越来越苛细，不可能得到丝毫的省减；人类的欲望也只会越来越膨胀，从而人类的智慧也随之而越来越发达。而且社会成员因愚智与巧拙而自然形成的贫富之差，因诚实与狡诈而人为造就的贵贱之别，也永远不可能泯灭。久而久之，人类社会便逐渐产生了一整套与其贫富之差、贵

贱之别相适应的人文价值体系。更为可悲的是，这一套人文价值体系因其由来已久而根深柢固，以至于去思考它的合理性与不合理性也似乎显得多余而没有意义，作为人类社会既渺小卑微而又孤弱无助的生命个体，对于这个庞大的价值体系只能无条件地加以认同。于是，庄子的生命哲学应运而生也就是势所必然之事了。

切肤感受着人类社会庞大价值体系的沉重挤压，而又无力改变现实社会的残酷与不公；如何应对与超越人生的现实苦难，疗治新旧斑驳的心灵创伤，从而提升个体生命的精神境界，这就是庄子的生命哲学所思考的人生问题。

毋庸讳言，庄子对于人类个体生命的自然差异以及人类社会的庞大价值体系，无疑是绝对认同的。基于这种认同，庄子便深刻地认识到，作为人类社会的生命个体，不仅必然具有与生俱来的社会属性，同时还具有迥异于其他物种的自然属性。或者说，正是因为人有不同于其他物种的自然属性，人也就必然具有与生俱来的社会属性。而人生在世的种种痛苦与磨难，就是人类与生俱来的自然属性与社会属性所造成的。

庄子汪洋恣肆、横无际涯的生命言说之中，“天籁”、“天弢”或“天袠”以及“天刑”这几个造语生新而意趣奇谲的语词，指涉着人类个体自然生命的特殊性以及人类社会价值体系的普遍性，同时也指涉着由这两种不同属性所带给人类个体生命的种种生存艰辛与生命苦难。

“天籁”一语，出自庄子《齐物论》。由于其出现频率仅此一次，因而自郭象以来，学者往往忽视其确切意涵，以为“天籁”就是“自然”。其实，庄子“天籁”所指，并非一般泛言所谓“自然”，而是特指与宇宙间一切有生物及无生物有着重大区别的人或人类。① 庄子认为，人与物的根本不同，就在于人有知觉与语言，

① 参见拙文《“天籁”解——生命的自然本质与庄子的生存焦虑》以及蔡庆《敢问天籁——兼评程水金〈天籁解〉》。拙文载《学鉴》第1辑，武汉：武汉大学出版社2007年版；蔡文载《科教文汇》2008年第21期。

有意识与思虑；更为重要的是，人有“成心”与偏见。由于“成心”与偏见，人不可能获有一致的认知结果，于是便有了是非不同的各种言说与辩论。当然，庄子并没有在《齐物论》中具体地专门论述人的“成心”与偏见所由以形成的原因，而是认为人的“成心”与偏见，与生俱来，无论智愚，皆不能免。这也是庄子之所以用“天籁”比拟人的自然生命现象的根本原因。因为，在庄子看来，人就是造物者自然生成的一个物种。既然造物者已经把人生成这样一个有“知”有“言”有“辩”的物种，它当然就是一个无“怒者”而自鸣的“天籁”。《德充符》庄子谓惠施曰：“天選（撰）子之形，子以坚白鸣。”“天撰之形”，“以坚白鸣”，正是“天籁”一语最为明晰的注脚。因此，在这个意义上说，不仅惠施是一“天籁”，庄子自己亦是一“天籁”。依此类推，南郭子綦、颜成子游、老聃、孔子、颜回，当然也包括现在在世的我们以及将来在世的每一个人，无一不是“天撰”之“形”，且无一不以其所知而自“鸣”。是故，人人皆为“天籁”！

因此，庄子所谓“天籁”，就是指“人”——这个具有“百骸九窍”而异于“牛马四足”的形体，并且无时无刻都在发出各种是非不同的言论的活物。由此出发，庄子对人的生命现象及其自然本质，包括认知的可靠程度，言论的是非标准，以及争端的能否解决等问题，作了全面而深刻的哲学思考。然而，庄子对生命现象的思考结论却是令人十分沮丧的，他认为人与人之间“相拂以辞，相镇以声”（《徐无鬼》），永远也无法了结，从而陷入了一种深沉的生存焦虑。这种深沉的生存焦虑，就是庄子追求精神超越的思想来源及其动机之一。

所谓“天弢”或“天袠”，则是就人的社会属性一面取譬。无论何人，“一受其成形，不忘以待尽”，自从他降生于母腹，便堕入了“人间世”这个庞大的人伦之网。这个庞大的人伦之网，就像一个天然的大口袋，将每个人牢牢地套在其中，既不可逃避，亦无可选择。《知北游》曰：“解其天弢，堕其天袠，纷乎宛乎，魂魄将往，乃身从之，乃大归乎！”只有“魂魄将往，乃身从之”的“大归”之日，方是“解其天弢，堕其天袠”之时。死，才是彻底的解脱。不过，虽然“天弢”或者“天袠”涵盖着各种错综复杂的人际关系，但庄子最为忧心的，其实是“父子”与“君臣”。看他把这两伦称之为“无所逃于天地之间”的“天下”之“大戒”，即可见其端倪。《人间世》曰：

> 天下有大戒二：其一，命也；其一，义也。子之爱亲，命也，不可解于心；臣之事君，义也，无适而非君也。无所逃于天地之间，是之谓大戒。① 是以夫事其亲者，不择地而安之，孝之至也；夫事其君者，不择地而安之，忠之盛也。

庄子所谓“天下之大戒”，并不是要求人们去积极地践行这种人生大“义”，而是强调因无所逃而不得不接受的无奈。“戒”者，“械”也。《说文》：“械，桎梏也。”所谓“天下有大戒二”，即是说天下有两种最大的桎梏：一个是父子，一个是君臣。

庄子于五伦之中，之所以独于“父子”与“君臣”感受最深，称之为“大戒（械）”，这是因为，“父子”，虽然与人的自然属性相关，但在人伦之中，它仍然是一种人我关系，当然也是最基本、最初始的人我关系。而“君臣”一伦，则是人的社会属性之最高体现，也是最后的体现。如果将所谓“五伦”按照由近及远的次序排列，则是父子、兄弟、夫妇、朋友、君臣。这种次序，体现着人我关系之由自然血缘关系向社会政治关系的逐步蜕变。因此，“父子”与“君臣”两大关系，在人生五伦之中，分别代表着人的自然属性与人的社会属性之两极，承载着人生的一切责任、义务、道德、事功等价值体系。这便是人生的“大戒（械）”。

正是由于人有人的价值尺度，人不可能如同猪一样浑浑噩噩，

---

① 今中华书局点校本郭庆藩《庄子集释》以为“无适非君也”与“无所逃于天地之间”一贯，故于“无适非君也”后用逗号，“无所逃于天地之间”后用句号，此标点大误。“是之谓大戒”与“无所逃于天地之间”乃解释与被解释关系，中间不可以句号隔断。

无所事事。因此，“为人谋”必然不能等同于“为彘谋”（《达生》）。也因此，只要是不愿像猪一样活着的人，就得无条件地接受人之为人的一切责任与义务、文明与文化。于是，人自免于父母之怀，便开始了“终身役役而不见其成功，苶然疲役而不知其所归”的漫漫长路。同时，也就意味着，从此便不得不开始接受处世为人的一切价值尺度的裁量以及文化与文明的矫抑。因此，便有了道德的评判，便有了事功的衡量，便有了利禄的诱惑，便有了名位的计较以及智愚之分与贵贱之别。总之，荣辱与得失，便成为判定人生成败的价值准据。而且，人为了实现人自我设定的这些价值观念，又不惜犯患履险，甚至以生命作为代价。如《人间世》中欲以身犯难去卫国教化卫君的颜回、即将出使齐国办理外交却“朝受命而夕饮冰”的叶公诸梁，以及给“其德天杀”的卫灵公太子做老师的颜阖，无不饱受“阴阳之患”与“人道之患”。这就是庄子所谓不可解脱的“天刑”。

然而，更为可悲的是，人虽然努力地实现人生这一总的存在价值，但是，在很大程度上，人生价值的实现与否，往往超出人的主观努力之外，亦不能为人自身的聪明才智所把握。且更加荒唐的是，人的道德无论善恶，其最后的生命代偿，反而是等值的。如《外物》曰：

> 外物不可必，故龙逢诛，比干戮，箕子狂，恶来死，桀纣亡。人主莫不欲其臣之忠，而忠未必信，故伍员流于江，苌弘死于蜀，藏其血三年而化为碧。人亲莫不欲其子之孝，而孝未必爱，故孝己忧而曾参悲。

“外物不可必”，即人事的最终结果，既不由当事者的主观努力所决定，也不与人事主体的行为善恶相等值。因此，关龙逢、王子比干、箕子等忠臣义士与恶来、殷纣等恶人暴君的结果并无区别。伍子胥虽尽忠以谏，然夫差却盛之以鸱鹈之皮而浮于江；苌弘乃周敬王之贤臣，而终为周人所杀。是忠臣未必见信，贤臣未必善终。至于事亲以孝，亦未必见爱于父母。殷高宗武丁之子孝己，为人至孝，仍遭后母所难，忧苦而死；而曾参亦为大孝，仍为父母所憎，常遭父母打骂，邻于死地。是以成玄英曰：“夫父子天性，君臣义重，而至忠至孝，尚有不爱不知，况乎世事万途，而可必固者!”“世事万途”，不可“必固”，则人之与人，无论时地，他人便是陷阱!

总之，无论是“天籁”，还是“天弢”抑或“天袠”，人活着就是痛苦；人生存于人世之间，就无时无刻都在遭受不可解的“天刑”。人生既要承担人的自然本质所规定的一切情感重负；同时，又不得不接受不断累积与递增的人类文明所加套的文化桎梏。于是，庄子的思想便陷入了一种深沉的感伤情怀与生存焦虑，由此而形成了庄子强烈的反文化、反社会的叛逆倾向；同时，又以其渊博的知识与涵养、高深的才华与智慧，坚执地冲决现实人生的一切精神枷锁与文化藩篱，从而寻求一种超文化、超自然、超历史，甚至超人类的精神家园与情感寄托。因此，庄子以人生的苦难为起点，以脆弱与孤独的个体生命为依托，开始了他漫长而艰难的思想历程。

然而，在漫长的思想求索过程中，庄子从老子现存的思想武库中，找到了可以冲决一切藩篱与桎梏的思想武器，并以此为基础，经过重释与发挥，增改其理论内涵，变换其思维向度，从而形成一个新的理论构架，以表达自已对宇宙对人生的独特理论观照。这个思想武器，就是老子“强为之名”的“道”。

庄子之“道”，一方面承袭了老子“道”论的理论内核，另一方面，也对老子“道”论有所创发。《大宗师》曰：

> 夫道，有情有信，无为无形；可传而不可受，可得而不可见；自本自根，未有天地，自古以固存；神鬼神帝，生天生地；在太极之先而不为高，在六极之下而不为深，先天地生而不为久，长于上古而不为老。

这段文字，是庄子《内篇》论“道”最为集中之处。“有情有信”，是说“道”是一种真实的存在，不是人心虚拟之物，即《老子》所谓“绵绵呵其若存，用之不勤”。而“无为”，即是《老子》“生之畜之，生而弗有，长而弗宰”之意。而“无形”，也就是《老子》之所谓“无状之状，无物之象，是谓忽恍”。至于“自本自根，未有天地，自古以固存；神鬼神帝，生天生地”云云，皆是言“道”对于天地万物的原初性，亦即天地万物皆在时间之中发生，或曰天地万物的发生皆需要时间。因此，庄子“有情有信，无为无形”，以至“神鬼神帝，生天生地”等关于“道”的描述与界定，与老子“道”论的基本旨趣是完全一致的。

值得注意的是，虽然庄子之“道”是从老子书中传承因袭的思想概念，但庄子之“道”仍然与老子之“道”有着明显的差异。这种差异，主要体现在互为相关的两个方面：一是“道”的广延性，二是“道”的超越性。

老子之“道”是以“一达谓之道”之“道路”之“道”为其基本特征，同时又融入了古代关于天文历象之学的某些思想，即所谓“天道”学说而形成的哲学范畴。因此，老子“道”论的基本思想，就是与时间的一维性相关联而展开的。诸如万物的生成转化即“物”之“德”与“道”的“皦”“昧”相续以及“大”“逝”“远”“反”周行不殆之运动形式的关系等思想，皆与时间的一维延伸而又循环往复的基本性质相一致。因此，时间的一维延伸就是老子之“道”的基本内涵。

庄子之“道”则有所不同。庄子之“道”，不仅仅是一维延伸的时间序列，同时，还突出了“道”的空间广延性意涵。《大宗师》在描述了“道”的基本特性之后，接着说，“道”“在太极之先而不为高，在六极之下而不为深，先天地生而不为久，长于上古而不为老”。“道”“在太极之先不为高”，“高”字所表达的空间意涵是不言而喻的，故此“太极”不是指时间，与《易大传》“易有太极”之“太极”为时间概念不可相提并论。“先”字也不是时序上的“先后”之“先”，与“高”字的空间意涵相关联，应理解为“上”。故“在太极之先不为高”，就是“在太极之上不为高”，与“在六极之下不为深”相对成文，① 共同构成了“道”的空间广延性特征。至于“先天地生而不为久，长于上古而不为老”，则与老子之“道”的思想意涵相同，表达时间的一维性。因此，时间的一维性延伸与空间的广袤性拓展叠加在一起，就是庄子之“道”。因此，老子之“道”只有时间一维延伸的特性，而没有空间广袤拓展的性质。这一点，正是庄子之“道”与老子之“道”最为突出的差异。

庄子将老子单纯表示时间性意涵的“道”，向空间的广延性向度作了延伸，无疑是庄子对老子理论的拓展。当然，这种理论拓展，一方面固然是受到时代思潮的影响，如惠施的“天与地卑，山与泽平”的空间思想以及齐国稷下先生的宇宙观念等；另一方面，也是庄子建构超越的人生哲学的理论需要，由此也就形成了庄子之“道”与老子之“道”的第二个差异。

庄子之“道”没有老子之“道”的行为准则与方法论意义，而是超越于万物之上以宇宙时空为体悟对象的虚空与无限。其理论价值仅在于引导人的心灵不断地向上超越，最终攀达于一种“参万岁而一成纯”的“纯白”之境，从而摆脱俗世的所有琐琐屑屑，远离尘寰的一切熙熙攘攘。《大宗师》之所谓“安排而去化，乃入于寥天一”，《应帝王》之所谓“乘夫莽眇之鸟，以出六极之外，而游无何有之乡，以处圹垠之野”，皆是其义。

庄子之“道”超越于万物之上而具有虚空与无限的特性，《大宗师》略发其端，而《庚桑楚》则论之较详。其文曰：

> 出无本，入无窍。有实而无乎处，有长而无乎本剽，有所

---

① 按清人俞樾云：“下云‘在六极之下而不为深’，则此当云‘在太极之上’方与高义相应。今作‘在太极之先’，则不与高义相应，而转与下文‘先天地生而不为久’其义相复矣。”又云：“庄子原文，疑本作在太极之上，犹云在天之上也。后来说《周易》者皆以太极谓天地未分之前，于是疑太极当以先后言，不当以上下言，乃改太极之上为太极之先，而于义不可通矣。《淮南子·览冥篇》曰‘引类于太极之上’。”俞说不无道理，录之以备参证（《诸子平议》卷17，上海：上海书店1988年版，第339页）。

> 出而无窍者有实。有实而无乎处者，宇也。有长而无本剽者，宙也。有乎生，有乎死，有乎出，有乎入，入出而无见其形，是谓天门。天门者，无有也，万物出乎无有，有不能以有为有，必出乎无有，而无有一无有，圣人藏乎是。

这段文字，虽然没有明显出现“道”字，但确乎是对庄子之“道”的具体描述。所谓“出无本，入无窍”，是指“道”在时间与空间两个维度上都是无限的，故曰“有实而无乎处”，“有长而无乎本剽”。“实”与“长”相对，“实”有充塞、充满之意，凡可充塞、充满者必为虚空，故引申之则为空间。“处”者，止也，“有实而无乎处”，即空间无限，没有尽头，没有止境。而“入无窍”，则是指空间的无限广延性。以经典物理学的运动观念言之，“入无窍”就是说，虽然运动着的物体在空间中的位置有所变化，但永远是在这同一空间，并不是由此一空间进入彼一空间。“剽”者，末也，“有长而无乎本剽”，即时间无限，没有起始与终结，此与老子所谓“随而不见其后，迎而不见其首”之意相同，皆指时间的无限延伸。《则阳》曰“吾观之本，其往无穷；吾观之末，其来无止”，正是“有长而无乎本剽”之最好注脚。“往无穷”，即指过去之时间无限；“来无止”，是指未来之时间无限。至于“有所出而无窍者有实”一句，语意不明，可能有讹误，或者应为“有所出而无本者有长；有所入而无窍者有实”，是指时间无始无终绵延无限，空间无边无际延展无穷。①

显然，这种“有实而无乎处”之“宇”，“有长而无乎本剽”之“宙”，虽然是虚空与无限，是超越于“万物”之上的“无有”，但却是“万物”存在与运化的形式，故曰：“有乎生，有乎死，有乎出，有乎人，入出而无见其形，是谓天门。”以“天门”“入出”形容“万物”在“道”的兼覆之下不断生灭变化，其意

---

① “有实而无乎处，宇也。有长而无乎本剽者，宙也。”郭象注曰：“宇者，有四方上下，而四方上下未有穷处。宙者，有古今之长，而古今之长无极。”郭氏之注极是。

正在表明时空为万物的存在与运化形式。而“天门者，无有也”，意在补充说明“道”即是虚空与无限。至于“有不能以有为有，必出乎无有，而无有一无有”，乃在于强调“道”——虚空与无限对于“有”的超越性。

由此可见，庄子之“道”与老子之“道”的最大区别，乃在于老子之“道”是逐步向下落实，最终成为人的行为准则与思想方法；而庄子之“道”则是不断向上超越，最终成为人的心灵所仰望神游的纯粹虚空与无限高远。而且由于时空的无限，“道”也就“未始有封”(《齐物论》)。也因此，庄子之所谓“得道”者与“得道”的表现，也就推向了无限高渺的虚空与极为荒远的往古，而且由于道“未始有封”，因而体“道”愈深，也就离当下的世俗愈远。是以《大宗师》描写得“道”者的状貌与心灵，而称之为“古之真人”。且于“夫道，有情有信，无为无形”之后所列举之得“道”者，更是茫昧无稽的神话与传说中人。其文曰：

> 狶韦氏得之，以挈天地；伏戏氏得之，以袭气母；维斗得之，终古不忒；日月得之，终古不息；堪坏得之，以袭昆仑；冯夷得之，以游大川；肩吾得之，以处大山；黄帝得之，以登云天；颛顼得之，以处玄宫；禺强得之，立乎北极；西王母得之，坐乎少广，莫知其始，莫知其终；彭祖得之，上及有虞，下及五伯；傅说得之，以相武丁，奄有天下，乘东维，骑箕尾，而比于列星。

今人陈鼓应曰：“这一节神话，疑是后人添加，亦无深意，无妨删去。施天侔著《庄子疑检》，已认为此节非庄周之学。”① 学者之所以有此疑误，是由于混同庄子之“道”与老子之“道”而无所区别，不知庄子之“道”具有虚空与无限的超越性特征所致。事实上，“这一节神话”紧接于“在太极之先而不为高，在六极之下而不为深，先天地生而不为久，长于上古而不为老”之下，庄子

① 陈鼓应：《庄子今注今译》，北京：中华书局 1983 年版，第 182 页。

的用意是非常明显的。与下文“孰能登天游雾，挠挑无极；相忘以生，无所终穷”，其语意相同，皆是对体“道”者“游心于淡，合气于漠”的形象描绘。①

庄子既把老子向下落实的“道”改造成向上超越的“道”，并使之内化为一种虚空与无限的心灵境界，同时，也将老子意在削减社会的人伦规范、放弃一切人文举措而在政治哲学层面所强调的“无为”，以及意在杜绝私欲膨胀、防止人性堕落而在道德哲学层面所强调的“无欲”，全然改造成一种淡泊恬静的生命情怀，以此消解现行价值体系与人文准据所带给个体生命的一切苦难与烦恼，从而获得生命的和适与通达。并以此为前提，庄子特别创造了一套由“心斋”而“外物”而“坐忘”的修养方法以及“齐不齐以致齐”的“齐物”之论，作为攀达超越的“道”的心灵境界之阶梯与手段及其超越的理论根据。不过，有关这方面的研究较多，本文姑且从略。

六、本文小结

综上所述，先秦道家的始祖就是那个最初发现“道”而作《道德经》五千言的老子，决不是泛泛所谓“古代奴隶社会和封建社会的统治者”。老子“道论”的初衷也决不是宣扬统治技巧的“君人南面之术”，而是以时光对万物既“无为”亦“无私”的涵盖与包容之喻象关系为理论前提，要求放弃一切有为的统治，回到“邻国相望，鸡犬之声相闻，民至老死不相往来”的理想“乌托邦”。而自老子“道论”之后，先秦道家也有不同向度的演变，庄子将老子逐渐下落的方法论意义的“道”改造为向上超越的时空境界之“道”，其与“君人南面之术”相去之远，则不可以道里

① 《老子》第三十九章亦曰“昔之得一者：天得一以清，地得一以宁，神得一以灵，谷得一以盈，万物得一以生，侯王得一以为天下正”，与庄子《大宗师》此处行文语气相似，但思想意蕴则大不相同。老子描述的是“道”向下落实的指导意义，而庄子描述的是“道”向上超越的心灵境界。

计。至于庄子后学的文化哲学，经齐国稷下学派而衍生的韩非的社会控制学说，秦汉之际的医家养生学派，以及成于西汉初年之黄老政治哲学，虽然派别支分，异彩纷呈，实乃各取老子“道论”之一端或引申、或倒转、或旁折而浸假流为异说。由于篇幅与时间之关系，此处不能一一展开论述，其俟诸后日。

（作者单位：南昌大学国学研究院）

《郭店楚竹书〈老子〉校注》读后

◎杨逢彬

一

顾颉刚先生曾说：

近世治古典者咸推王念孙父子为最精。杨树达《尚书正读序》曰："其所为《广雅疏证》，通训诂之事也；《经传释词》，审词气之事也。合二者而为《读书杂志》、《经义述闻》。宋元以来，儒者说经校史之作数盈千万，未有能与二书相颉颃者。"其称许之者至矣。是后天才、实学两擅胜场者，有俞樾、孙诒让、章炳麟等。然俞氏分力于酬酢，章氏献身于革命，专心致志于研究者，惟孙氏一人耳，而年寿不永，创造不多。继起者为王国维，所涉既广，致思尤精，每作一文，未尝不解决问题也。微闻先生自言："予考据不为工，特工于作考据文耳。"此固㧑谦，而其作文逻辑性强，有说服力则可知。惜年方五十，遽尔自沉，较之孙氏尚少十年。是后则为杨树达。余嘉锡序其《小学金石论丛》曰："君之读书，先致力乎根柢，循序渐进，不陵节而施。其于《说文》讽籀极熟，于群经讲贯极精，然后上溯钟鼎、甲骨之文以识其字，旁通诸子百家之书以证其义，穷源竟委，枝叶扶疏。”诚哉其言也！寿登七十，虽不及王（念孙）、俞而侈于孙、王（国维）。其成就之笃实辉光，为斯学广辟涂术，大足为后学准绳矣。①

然则，顾先生所谓“近世治古典之巨子”，以高邮王氏父子、海宁王氏及长沙杨遇夫先生为最精。傅斯年先生说：“凡一种学问，能扩充他作研究时应用工具的，则进步；不能的，则退步。”② 学术史上的一条铁律是，要想超越古人，远出侪辈，必须有方法上的突破。傅先生所谓“应用工具”，即方法。有清一代，小学超迈汉唐，乃因古音大明，学者得以突破字形的束缚，因声求义。此学者固知之，不待赘言。而高邮父子之所以居于峰巅者，杨遇夫先生有言：

凡读书者有二事焉，一曰明训诂，二曰通文法。训诂治其实，文法求其虚。清儒善说经者，首推高邮王氏。其所著书，如《广雅疏证》，征实之事也；《经传释词》，捣虚之事也。其《读书杂志》、《经义述闻》，则交会虚实而成者也。呜乎！虚实交会，此王氏之所以卓绝一时，而独开百年来治学之风气者也！③

关于此点，先生在《高等国文法·序例》、《训诂学小史》、《中国文法学小史》、《尚书正读序》等文中亦再三致意。④ 如此，

---

① 顾颉刚：《顾颉刚学术文化随笔》，北京：中国青年出版社 1998 年版，第 311～312 页。

② 傅斯年：《历史语言研究所工作之旨趣》，载《傅斯年全集》第 3 卷，长沙：湖南教育出版社 2003 年版，第 7 页。

③ 杨树达：《词诠·序例》，北京：中华书局 1965 年第 2 版，第 5 页。

④ 杨树达：《高等国文法》，北京：商务印书馆 1930 年版，第 5 页；《训诂学小史》、《中国文法学小史》二文，载《积微居小学述林全编》，上海：上海古籍出版社 2007 年版，第 621、631 页；《尚书正读序》，载《积微居小学金石论丛》，上海：上海古籍出版社 2007 年版，第 378 页。

王氏父子之所以“独开百年来治学之风气”者，乃正如裘锡圭先生于北大课堂所说，其时禹域虽无成系统的文法学，但王氏父子已有很强的文法观念了。按照顾颉刚先生的说法，高邮之后，“治古典”而独开风气，独辟蹊径的就是海宁王静安先生、长沙杨遇夫先生了。静安先生有“二重证据法”，其代表作为《殷卜辞中所见先公先王考》。① 至于后者，如果说高邮父子是无意识地运用文法治学的话，那么杨遇夫先生乃是自觉地用文法为利器，以之解决古籍词句的疑难问题；其古籍整理的代表作有《汉书窥管》。《汉书窥管》公认为是20世纪整理《汉书》的两部最好的著作之一。有意思的是，《汉书》整理的另一部最好著作陈直《汉书新证》，恰恰是运用二重证据法的成功之作。

打个不太确切的比方，典籍疑难词句的释读要从清代小学的营垒中突围而出，有两个突破点，一个是走“二重证据法”的道路，一个则是走传统小学与现代语言学相结合的道路。目前的状况是，第一个突破点——甲骨、金文，特别是简帛——人才济济，第二个突破点则甚为寂寥——说它是第二个突破点，实为唐突，甚至毋宁说，它只是理论上存在的一个突破点。

文法学（语法学）是现代语言学的一个重要分支，将文法学与传统的训诂学（广义的训诂学包含文字学、音韵学）相结合实际上就是走现代语言学与传统训诂学相结合的道路。文法（语法）是词句的组织规律，不明白词句的组织规律是不能精读古书的。诚如杨遇夫先生所言：

> 治国学者必明训诂，通文法。近则益觉此二事相须之重要焉。盖明训诂而不通文法，其训诂之学必不精；通文法而不明训诂，则其文法之学亦必不至也。②

---

① 载王国维：《观堂集林》，石家庄：河北教育出版社2003年版，第209～224页。

② 杨树达：《高等国文法》，北京：商务印书馆1930年版，第5页。

语法学是理论语言学的一个重要分支。如果不仅运用语法学，而且利用词汇学、语音学以及语言学理论于典籍整理，势必将有重大突破，自不待言。可惜，笔者近年始从事于斯，且甚感落落寡俦。

中国哲学领域异军突起的丁四新教授——十余年前因博士论文《郭店楚墓竹简思想研究》(郭齐勇教授指导)而一时声名鹊起——任教于我国哲学研究的重镇武汉大学哲学学院。近日他以新著《郭店楚竹书〈老子〉校注》(下凡引用，仅注页码)相赠。① 拜读之下，感触良深，郁结块垒于胸中，遂涌波澜于笔底，不得不为文申述之。

如前所述，在上述两个突破点中，丁四新教授无疑属于第一个。但是，在拜读了他的新著之后，我惊喜地发现，他在成功运用二重证据法于简帛文字释读的同时，也运用了语言学的利器。笔者既深感吾道之不孤，敢不为之揄扬，以振斯学哉？

二

依照普通语言学的基本原理，研究古汉语这种历史语言，必须遵循三个原则：语言的社会性原则、语言的历史性原则、语言的系统性原则。

什么是语言的社会性？它有多方面的含义。但对于研究历史语言来说，最重要的是要注意，语言表达要遵循或符合此时说这一语言的社群的表达习惯或表达规律。是否符合这一习惯或规律，这在当下是容易判断的——听起来如果不对味，不是那么回事儿，就知道了。而对于古汉语来说，某句话、某个词语的解释是否正确，就需要到这一句子、这一词语出现的时代的典籍中通过大量同类型的例证去抽绎，去归纳，去总结。高邮王氏父子的名篇正是这样做的。王引之在著名的《终风篇》中，通过对“终温且惠”、“终窭

① 丁四新：《郭店楚竹书〈老子〉校注》，武汉：武汉大学出版社 2010 年 3 月平装版，同年 10 月精装版。

且贫”、“终和且平”、“终善且有”的总结，弄清了“终风且暴”就是“既风且暴”的意思；王念孙则通过对“夫唯……故……”格式的掌握，证明了“夫佳兵者……故有道者不处”应该是“夫唯兵者……故有道者不处”。

语言的社会性原则，是古书疑难词语解读是否成功的第一道检验关口。如果要看某一词语的解释是否正确，就要看作者在解释时是否也提供了王氏父子那样的证据。我们欣喜地看到，丁四新教授的新著中处处体现了这一原则。例如：

郭店楚竹书《老子》甲篇第一章：“绝憍（伪）弃虘”，“虘”字到底读为“虑”，抑或读为“作”、“诈”，众说纷纭，莫衷一是。丁教授赞同李零的意见，以上博《三德》篇第2号简“毋为伪虘”与竹书《老子》“绝伪弃虘”之二“虘”字全同为线索，运用语言的社会性原理，指出“伪诈”这一词组在《管子》中出现3次，《吕氏春秋》中出现2次，《韩非子》中出现2次；而“诈伪”，在《荀子》中出现3次，《庄子》杂篇中出现2次，《左传》等书亦多次出现。据此，丁教授指出，释“虘”为“诈”是正确的；而释为“虑”，则于古书无征，（第9~13页）即过不了“语言的社会性”这一关口。

同篇之“民复季子”，弼本作“民复孝慈”。有人释“季子”训为“稚子”，进而解释为“赤子”、“婴儿”，丁教授明确指出“先秦故书并无其例”，而同意释“季子”为“孝慈”；因为“孝慈”这一词语为周秦典籍中所常见。（第15~16页）《老子》第十八章即为：“六亲不和，有孝慈。国家昏乱，有忠臣。”按，杨树达先生《积微居小学金石论丛》首篇即为《释慈》。文中证明“慈”训“爱子”，“慈”“子”为同源词，且古书中不乏“子”“兹”通假之例。故“孝慈”之“慈”在楚简中写作“子”是完全可能的。

第四章“善者果而已”，弼本作“善有果而已”。到底孰是孰非？丁教授同意前者。因为“善者”周秦古籍中常见，而“有果”则未之见。（第44页）

王弼本第十三章：“何谓宠辱若惊？宠为下，得之若惊，失之若惊，是谓宠辱若惊。”郭店楚竹书《老子》乙篇第四章“何谓宠辱”下无“若惊”二字。“若惊”二字是脱去？抑或未脱而本无？诸家争执不下。丁教授主张脱去。他说：“‘何谓宠辱’句下当脱‘若惊’二字。下‘是谓宠辱-惊’句‘辱’字下，有一短墨横，当为重文符号。此重文‘辱’字，读作‘若’。说见下。此节文字，自‘人宠辱若惊’开始，至于‘是谓宠辱若惊’而终。从答句‘是谓宠辱若惊’来看，其问句当为‘何谓宠辱若惊’。此其一。其二，本章首先陈述‘人宠辱若惊，贵大患若身’两命题，随后的文本则正是针对此二者来作论述的；因此‘何谓宠辱若惊’必须作为一个问题存在于其中。其三，从文本的平行对称结构来看，既然下文提出了‘[何谓贵大患]若身’的问题，则上文相应的提问当是‘何谓宠辱若惊’。据此三条理由，完全可以断定简本‘何谓宠辱’句下当脱‘若惊’二字。”（第289～291页）杨树达先生在《训诂学小史》一文中总结高邮王氏的成功经验有四，其三为“审句例”，谓：“前人于训诂之学有一大病焉，则不审句例是也。大言之，一国之文字，必有一国之句例；小言之，一书之文字，必有一书之句例。然古人于此绝不留意，但随本文加以训诂，其于通例相合与否不之顾也。故往往郢书燕说，违失其真，至可惜也。王氏说经乃始注意及此。故往往据全书通例以说明一句之义，故能泰山不移。”① 所谓“一国之文字，必有一国之句例”，即是语言社会性的体现；而“一书之文字，必有一书之句例”，则是体现的个人风格或文风。丁教授上述三点论述，是“审句例”的成功运用，其结论当然是有相当说服力的。

三

普通语言学认为，语言是一个系统。语言的系统性原则，比较复杂，这里只谈与古书词句释读密切相关的问题。

---

① 杨树达：《训诂学小史》，《积微居小学述林全编》，上海：上海古籍出版社2007年版，第618页。

第一，语言中的要素，如词，其意义的引申，如词组和句子，其组合都是有脉络可循的，不是一团乱麻。第二，语言既然是一个系统，而凡是系统的东西一定有它的内部规律，我们解决某一系统内的疑难问题的时候，一定要从掌握该系统的内部规律入手。第三，许多词都是多义词，但我们平时说话有歧义的时候并不多，这是因为在一定的上下文中，也就是在一定的组合关系中，一个词只有独一无二的一个意义。一个词的多义呈现于词典中，在上下文中，它只有一个意义。换言之，什么样的组合关系决定了某个词在词典的诸多意义中呈现出哪一个意义。因此，要弄清楚该词的诸多意义到底呈现了哪一个意义，就必须对该词所出现的上下文也即组合关系进行考察。

丁四新教授的这部大作，是注重语言的系统性的。如：弼本第三十七章“侯王若能守之，万物将自化”。此章对应郭店楚竹书《老子》甲编第七章，但下句前多一“而”字，作“而万物将自化”。丁教授说：“陈锡勇读‘而’为‘如’，云‘此而字当有，而犹如也。……本句谓侯王如能守一，如万物之顺自然。万物之顺自然，故天清、地宁、谷盈也。是侯王如能守一，如万物之顺自然，则民自化矣。’陈氏于其大著中三致其意，以为重大发明，并多次呵斥他人意见，故特引述于此。”（第 89 页）可见，丁教授对这种说法，是不赞同的。陈氏所引述者，就是所谓随文释义的训释。所谓随文释义的训释，它往往可以解释通某一句话，却缺乏普适性；它不符合语言的社会性、历史性、系统性原则。把这种随文释义的训释放在被释词的诸多意义中，难以找寻意义引申的脉络，因为它根本就是凭空产生的。随文释义的训释，即使是清朝一代大师以最博最精著称的王氏父子，也难以完全避免。例如《老子》乙编：“及吾亡身，有何患？”对应弼本十三章之“及吾无身，吾有何患”。有学者说“‘及’‘若’义同”，就引用了王引之所说为据。按王引之《经传释词》卷五：“家大人曰：‘及，犹若也……《老子》曰：“吾所以有大患者，为吾有身；及吾无身，吾有何患？”言若吾无身也。及与若同义，故及可训若，若亦可训及。’”① 这当然是绝不可信的。

必须看到，这类错误的训释，并不始自王引之《经传释词》，而且由于王氏父子的博学与精湛，这类错误在他们的著作中得到了相当程度的纠正。（在王氏前后的刘淇《助字辨略》、吴昌莹《经词衍释》中，这类错误表现得非常普遍。）但由于人们对王氏父子的敬畏，使得这类错误长期得不到纠正。到了裴学海《古书虚字集释》，则更变本加厉，虚字几乎到无所不通的地步。王叔岷先生《古籍虚字广义》（中华书局2007年）一书，虚字的说解更是漫无纲纪。我们可以大胆负责地说，凡是该书标明“此新义”（即王先生自己的创见）者，几乎无一例外地绝不可靠。类似的例子如郭店楚竹书《老子》乙编第四章：“故贵为身于为天下，若可以托天下矣。爱以身为天下，若可以寄天下矣。”此章所对应王弼本第十三章之文本为：“故贵身于天下，若可托天下；爱以身为天下者，若可寄天下。”《经传释词》云：“‘于’，犹‘为’也。《老子》曰：‘故贵身于天下，若可托天下；爱以身为天下者，若可寄天下。’‘于天下’，即‘为天下’也。……此家大人说。”很明显，这一结论的得出，基于所谓“互文见义”。郭锡良先生说：“训诂学上的‘互文见义’用在词义训释上也有它的局限性，不能任意比附、阐发，用在语法分析上就更危险。因为古文中的对句、排比句并不见得都是语法结构一一相对的。”② 另外，说“于”“犹‘为’也”，带有很大的随意性，忽略了语言的系统性。“于”、“为”都是介词，而介词是成员较少的封闭的子系统，其系统性较之名词、动词、形容词这类开放的子系统就更强，往往是“一个萝卜一个坑”，不会杂乱无章地功能交叉重叠。

我们注意到，对于《经传释词》的说解，丁四新教授并未眩于王氏父子的“最博最精”而囫囵吞枣地全盘接受。例如对上述“及吾亡身，有何患”中“及”的说解，丁教授即不从王氏所谓

① 王引之：《经传释词》，长沙：岳麓书社1984年版，第107～108页。

② 郭锡良：《汉语史论集》，北京：商务印书馆2005年版，第122页。

"及，犹若也"，而采取《词诠》所说"时间介词，至也，比也"的说解。（第292页）对于后一例，丁教授明确指出："其实，仅据简、帛本，王氏父子之说已被证明是完全错误的。"（第294页）我们可以比较下面的例子：杨伯峻先生《孟子译注》中，对王氏的这类训释，也不随便采纳。例如，《孟子·离娄下》的"君之视臣如手足，则臣视君如腹心；君之视臣如犬马，则臣视君如国人；君之视臣如土芥，则臣视君如寇雠"，《经传释词》云："之，犹'若'也。"① 王引之虽未引《孟子》此段，但引用了类似的《左传》僖公三十三年："寡君之以为戮，死且不朽。若从君惠而免之，三年将拜君赐。"杨伯峻先生对此注以"恐非"，而根据先秦语法解释为"表示该句为主从复合句之从句"，也就是今日我们常说的"取消句子的独立性"。我们所用的《经传释词》是岳麓书社的黄季刚、杨遇夫先生批注本。黄注此条："此'之'为'只'之借"，杨注则为"此条未确"。无疑，黄注是不正确的。

一个词有若干个义位（词典谓之"义项"），但在上下文也就是语境中它只可能是其中的一个义位。古书中的疑难词应该如何解读？通常的做法是，择取词典中的一个义项，似乎能够解释圆通，所谓"文从义顺"，即为大安。其实这是读古书的大忌。首先，语言具有历史性，每个词的各个义位，都是在历史长河中逐渐引申发展出来的。因此，应该首先排除那些产生时代靠后的义位。其次，语言具有系统性，在词汇这个子系统中，每个词都处于一定的聚合关系和组合关系中，每个义位也处于一定的聚合组合关系中。考察该词某个义位的聚合组合关系，就可归纳出该词在此句（就是此一组合）中究竟用的哪一个义位。高邮王氏父子的若干代表作之所以精湛绝伦，实乃与此原理冥合。例如，在"终风且暴"这一组合中，"终"究为哪一义位？王氏的做法是，通过对"终温且惠"、"终窭且贫"、"终和且平"、"终善且有"等组合中"终"的词义归纳，找出了"终"在这一聚合关系中的义位——类似于"既"的意义，因而令人信服。现在的许多学者却不由此途。他们

① 王引之：《经传释词》，长沙：岳麓书社1984年版，第107~108页。

不只是随便择取词典中的某一义位（词典中的义位是经过词典编纂者的初步抽绎归纳总结的），甚至于择取诸如郑玄注、高诱注中的"某，某也"这种随文释义的训诂以为己用，而对该词语的组合聚合关系如何则不甚措意。如甲编第十四章："以正之邦"的"之"，有人释"往也，适也"，有的释"之，犹为也"，有的释"之，用也"，不一而足。我们注意到，对于此类训释，丁教授基本上是不赞同的。（第 152 页）

四

所谓历史性原则，指研究、解读历史语言（包括古汉语）要有发展变化的观点。比如，多义词的义位是在历史长河中逐渐引申发展而来的，某个词现在所有的几个意义，在先秦时期却不一定都有。如果拿后来产生的意义去解读前代的古籍，其对错不言自明。一个典型的例子是，有人解释《庄子·秋水》的"于是焉河伯始旋其面目，望洋向若而叹"的"望洋"是"望着海洋"。可是，"洋"是迟至北宋才有"海洋"意义的，所以，"望着海洋"说当然是不可信的。①

丁四新教授是非常注重语言的历史性的。例如，楚竹书《老子》甲编第四章"其事好长"。丁教授即指出："有学者将竹简'好长'之'好'训为'适宜'、'容易'、'很'等义。其实，此诸义皆晚起，而不足为训。"（第 49 页）

甲编第六章"为之者败之，执之者失之。是以圣人无为，故无败；无执，故无失"。"是以"，简丙、河上本等无，而帛、弼本等有，严遵本作"故"。于是有人因为"是以"为"关联词"，而此处无须关联，遂认为不当有"是以"二字。我曾经在《〈老子〉群诂献疑》一文中指出：

---

① 孙德宣：《释"望洋"》，载《杨树达诞辰百周年纪念集》，长沙：湖南教育出版社 1985 年版，第 58～64 页。

《二十九章》云："故物或行或随，或歔或吹……"陈鼓应先生曰："下面的文句并不是承上文的结语，用'故'字显然不妥。根据景龙本改为'夫'。"按，以王弼本与景龙本相较，则前者显然为善本。至若"故"，固不必以之承接上文；此等用法经籍中并不鲜见，改"故"为"夫"，似可不必。《庄子·齐物论》："有成与亏，故昭氏之鼓琴也；无成与亏，故昭氏之不鼓琴也。"《战国策·东周策》："君必施于今之穷士不必且为大人者，故能得欲矣。"《孙子兵法·虚实》："故兵无常势，水无常形，能因敌变化而取胜者，谓之神。故五行无常胜，四时无常位，日有短长，月有死生。"《新语·修政语上》："大禹之治天下也，诸侯万人，而禹一皆知其体。故禹岂能一见而知之也？"杨树达先生曰："按此诸'故'字皆上无所承，故为提起连词。"①

"是以"这类连词也是这样，由于使用频率较高，其关联性逐渐磨损，有时便用为一并不表因果关系的连词。正因为如此，丁教授认为简本无误。他说："可以看出，这种文本用语上的高度一致性，在简本中已经成了一个重要的现象。……本章严遵本作'故'，盖亦有所因承。"（第73页）如同严遵本用"故"作一般的承接一样，简本、弼本等用"是以"作一般的承接，并不表示因果关系。

甲编十四章"以正治邦，以奇用兵，以无事取天下"。在训释这章的"取"字时，丁教授说："《老子》之'取'，不过'选取''获取'二义而已矣，无作'夺取'义者。"（第153~154页）

我们在此强调历史语言研究的历史性原则，是因为直至今天，不重视这一原则因而导致种种错误的现象还是相当普遍的。我们希望所有的历史语言的研究者都像丁教授那样充分重视这一原则，如

---

① 杨逢彬：《沧海一粟——汉语史窥管集》，上海：复旦大学出版社2007年版，第172~177页。所引杨树达文，见《词诠》，北京：中华书局1978年版，第100页。

此，历史语言的研究则“思过半矣”。

五

任何系统，其内部各部分之间的联系，较之系统内部与外部(系统论称之为“环境”)之间的联系要紧密得多。因此，解决某一系统内的问题，必须从掌握系统内部规律着手。这不是简单的所谓内证、外证的问题。丁四新教授指出：“某段文本的旨意，与该段文本的字面意思是密切关联在一起的。且其字面意思，与此段文字之字词本身及语法结构又是紧密联系在一起的。”（第303页）语言是思想的载体，所以，要弄清楚某一文本的思想，必须要确切弄懂这一段语言的意义，即，“字面意思”。而所谓“字面意思”，属于语言的范畴，当然要求通过语言学的方法来求得解决，即“与此段文字之字词本身及语法结构又是紧密联系在一起的”。傅斯年先生说：“要把历史学语言学建设得和生物学地质学等同样，乃是我们的同志！”① 如同解决计算等问题要用数学方法，分子的化合要用化学方法一样，解决词句释读等语言问题首要的当然要用语言学的方法，即弄懂“字面意思”。只有完成了这一步，才能进一步探求字面之后蕴藏的思想和哲理；而不能相反。王力先生说：“语言是代表思想的。我们读古人的书，必须很好地体会古人的思想。但是，我们阅读一本古书的时候，是应该先体会古人的思想呢？还是应该先弄懂古人的语言呢？这个先后的分别非常重要，这是有关方法论的问题。古人已经死了，我们只能通过他的书面语言去了解他的思想；我们不能反过来，先主观地认为他必然有这种思想，从而引出结论说，他既然有这种思想，他这一句话也只能作这种解释了。后一种做法有陷于主观臆测的危险。……总之，当我们读古书的时候，所应该注意的不是古人应该说什么，而是古人实际上说了什么。如果先主观地肯定古人应该

① 傅斯年：《历史语言研究所工作之旨趣》，《傅斯年全集》第3卷，长沙：湖南教育出版社2003年版，第12页。

说什么，就会想尽各种方法把语言理解为表达了那种思想，这有牵强附会的危险；如果先细心地看清了古人实际上说了什么，再来体会他的思想，这个程序就是比较科学的，所得结论也是比较可靠的。”① 我们以为，丁教授解读古文献的实践，正是贯彻了王力先生的以上论述。虽然在程序上有先后主次的分别，但诚如丁教授所说：“对于一个文本的思想，从义理与从语言学的两种进路加以把握都是必要的，而且在理解的结果上也应当是大体一致的。”（第306页）

在面对出土文献的释读时，丁教授的上述观点已经将语言学与义理的探讨放在同样重要的位置之上，这在进行中国思想史、中国哲学研究的学者中是非常难能可贵的。丁教授富于青春，而已硕果累累；如能在语言学的素养上再上层楼，其成就将不可限量。所以，下面我将要提出两点与丁教授进行探讨。

甲编第四章：“善者果而已，不以取强。”帛书二本作“毋”，弼本作“不敢以取强”。传统训诂学和现代词汇学在训释虚词时，训诂学往往是重在趋同，词汇学则往往重在别异。前者如《经传释词》：“不，毋也。”现代词汇学告诉我们，去除方言和时间的因素，同义词中，等义词几乎是不存在的，因为等义词的存在，违反语言的经济原则，增加人们的记忆负担，必然分化（即产生区别）或淘汰。同义词中大量存在的是近义词，现代词汇学的一个重要任务就是辨别近义词的微小差异。具体到“不”和“毋”，虽然偶尔通用，但其区分是明显的：先秦以迄西汉，“不”表一般性的否定；“毋”表禁止性的否定，即“不要”。我们认为，简本作“不以取强”，到王弼时代，“不”、“毋”的区别已经模糊，遂加一“敢”字以体现一以贯之的“一般性否定”。帛本作“毋”，则体现了传抄者的意志。我们正可循此以探讨版本源流和思想变迁。

丙编第一章：“信不足安有不信。”弼本十七章作“信不足焉，有不信焉。”弼本此句的第一个“焉”，到底属上读，还是下读。

---

① 王力：《训诂学上的一些问题》，《王力语言学论文集》，北京：商务印书馆2000年版，第518～519页。

出土文献未出之前，这不成问题——属于上读。自从出土文献——竹书丙本、帛书乙本此处作“安”，帛书甲本此处作“案”——问世之后，似乎属下读更为合理。《经传释词》、《词诠》、《古汉语虚词》都说“焉”有“乃”“于是”的连词用法，而且训“乃”“于是”于此也文从字顺。但考虑到语言的系统性，释为连词却没有什么道理。因为“焉”从代词到兼词到副词再到助词，有着大致清晰的意义引申的脉络。如果释为连词，它究竟从何而来？实为突兀。其组合关系和作代词表疑问的“焉”几乎全同，表达中又如何避免误解？我们注意到，《经传释词》、《词诠》、《古汉语虚词》中释为“乃”、“于是”的“焉”，如果释为句中语气助词，全无问题，而且与“焉”的其他用法是一脉相承的。而“安”古音与“焉”同属影纽元部，我们宁愿相信竹书丙本、帛书乙本、帛书甲本的“安”“案”同“焉”一样，也是句中语气助词。

文献——传世文献和出土文献——疑难词句的释读，说到底是个语言问题。因此，即使从“二重证据法”的进路去加以释读，没有一定的现代语言学根底，也难以作出无愧于时代的精湛成就。我们在此揄扬丁教授的新成果，无非是希望这一领域的研究者们，提高理论语言学素养，进而大大提升整个简帛文献研究的水平。

（作者单位：上海大学文学院）

《生活禅钥》读后

◎吴根友

佛教自传入中国之日起，就面临着如何适应中国的土壤而又不丧失自己的根本精神的文化难题。中国佛教的千余年发展史基本上成功地回答了这一问题。禅宗作为佛教的一个有机组成部分，自传入中国后也面临着佛教的同样问题。自初祖达摩来华之后，中经二祖、三祖、四祖、五祖的发展，在六祖慧能大师的努力下，初步完成了禅宗的中国化工作，为禅宗在中国的进一步发展奠定了坚实的基础。余英时先生对六祖慧能的中国化禅宗的意义有高度的评价，认为颇类似西方的新教伦理的变化。① 且不说这一评价是否准确，单就禅宗所开创的生活方式——禅农结合、禅茶结合形式，就使得中国禅佛教具备了鲜明的中国特色，从而与以农业生产为主的传统中国社会有机结合起来了，获得了不竭的生命源泉。

不仅如此，禅宗还在精神文化层面与中国士大夫的业余精神生活结合起来，禅诗、禅画等艺术禅，使得禅又与中国传统文人的生活结合起来了。这样一来，禅与生活的结合使得禅佛教基本上成为

---

① 参阅余英时《士与中国文化》一书的“中国近世宗教伦理与商人精神”部分，上海：上海人民出版社 1987 年版。

中国传统文人精神生活的一部分了，生活禅与禅生活是一个有着相当长的历史内容的佛教生活形态了。

近代中国社会在西方现代文化冲击下，一切都面临着革命。在这一大的社会浪潮面前，近代佛教大师太虚提出了顺应时代潮流的新命题——人间佛教（先是“人生佛教”），从而将千年来的中国化佛教——与世俗生活紧密结合的一种佛教从理论的高度给以概括出来。① 早期来自印度的出家佛教从此在理论方向上发生根本的转变。“人间佛教”虽然为现代中国佛教确立了为此世人间服务的大宗旨，但其理论对象还是仅仅针对专业的出家僧众而言的，佛教与普通人的生活、工作、休闲还没有发生更为密切的联系。再加上20世纪60年代“文化大革命”运动对于佛教的强烈冲击，太虚法师的“人间佛教”理论没有得到应有的发展。直到1978年改革开放发来，中国现代佛教事业又重新获得了新的、长足发展的新机遇。在这样大的历史背景下，湖北四祖寺主持净慧大和尚在长期的宗教实践与修行的基础上，通过对太虚法师“人间佛教”咀嚼、消化，更进一步地提出了“生活禅”的新命题，对禅佛教在当代中国的发展开示了一条新的道路。

一、“生活禅”概念的提出及其基本内涵

从当代禅宗思想史的角度看，“生活禅”概念出现较晚，是净

① 无独有偶，在现代印度，印度教与佛教也掀起了一股面向生活的宗教改革潮流。其中，像著名的诗人罗宾德拉纳特·泰戈尔也主张，印度教与佛教应当在现实的此世展开行动，实现人生的超越，以爱为根本精神，实现与无限和大梵的合一，而不应当隐居山林，造成人本性的堕落。如泰戈尔批评当时的印度隐士道：“在我们的国家中，有一些隐士，他们在生活中将‘我是他’的哲学变成极端的懒散性和麻木不仁，他们为了超越动物生存的界限而折磨肉体；他们自以为是地否定和超越人性，放弃独立的人的职责；他们执着于物质的自我……”（《人生的亲证》附录《人》，北京：商务印书馆1992年版，第120页）他还说，我们获得真理的方式，“不是通过眼睛朝天、屏息静坐和离群索居，而是通过行动”（同上，第123页）。

慧大和尚于1991年提出的。1993年在柏林禅寺举办第一届生活禅夏令营的时候，正式推出这样一个理念。(《生活禅钥》,① 第173页。下简称《禅钥》，并随文夹注) 细算起来，距今也不到20年的时间。②然而，从中国佛教事业的发展趋势来看，我个人认为，此一新理念的提出，必将为中国禅宗的新发展奠定坚实的、符合现代社会生活需要的新基础，而且也将成为当代中国新文化建设的一个有机的组成部分。我提出这一带有预言性的断言，是基于我对“生活禅”精神的理解。

“生活禅”的基本宗旨是：觉悟人生，奉献人生。这一宗旨以佛教哲学特有的精神服务于当代社会现实的人生。觉悟是以佛教的智慧来唤醒人生，使人们从迷执于不正确的人生观下解放出来；奉献人生，是以佛教的特有智慧与文化理论、修行实践，为增进人生的幸福，奉献自己的一份力量。而且，生活禅以奉献人生为终极目标，不追求自己任何特殊的宗教利益，将佛教的慈悲精神更加彻底地落实到了现实人生。这是生活禅在继承传统佛教文化精神的基础上，在新的历史时代作出的适应时代要求的新发展。

依照净慧大和尚自己的定义，所谓“生活禅”，“即将禅的精神、禅的智慧普遍地融入生活，在生活中实现禅的超越，体现禅的意境、禅的精神、禅的风采”(《禅钥》第164页)。他要求“学佛、修行的人必须把佛法净化人生（利乐有情）、净化社会（庄严国土）的精神，完整地落实在生活中，落实在工作中，落实在做人的分分秒秒中；要使佛法的精神具体化，要使自己的思想言行与自己的信仰原则融为一体，实现法的人格化，在生活中修行，在修行

---

① 净慧：《生活禅钥》，北京：三联书店2008年版。

② 我个人接触这一新概念的时间更晚，是2004年的因缘，因拜会净慧大和尚才知闻这一新的禅学理念，当时就直觉到这一新理念非常活泼、有生机。2009年春节期间又去拜会净慧大和尚，获得其惠赐大作《生活禅钥》一书。2009年3月份在中央党校学习期间，我于正规的学习时间之外，认认真真地读完了这本书。从党校回来之后，本想立即提笔写点读后感之类的文字，然而诸事繁杂，未能如愿。然总有一愿未了于心，不能释怀。今年发誓要了此心愿。故有本篇小文，以为结此善缘之见证。

中生活”(《禅钥》第163页)。

应当说，上述慧净大和尚对“生活禅”内涵的界定与阐释，要将佛教哲学中的崇高精神“面向生活”，这是“生活禅”的一个方面的意思。

另一方面，“生活禅”还要提升普通大众生活的境界，使得平凡甚至有些庸俗的生活变得更加崇高、有情、有趣、有味，将中国化的佛教——禅宗的“灵动活泼的天机”呈现出来，使人们在生活中学会运用“禅的方法”，“解除现代人生活中存在的各种困惑、烦恼和心理障碍，使我们的精神生活更充实，物质生活更高雅，道德生活更圆满，感情生活更纯洁，人际关系更和谐，社会生活更祥和，从而使我们趋向智慧的人生，圆满的人生”(《禅钥》第164页)。

这样，“生活禅”一方面使禅宗精神融入生活，更加真切地体现中国化佛教的入世精神，另一方面，又让禅宗精神提升人的精神境界，净化人们的心灵，体现佛教文化一以贯之的救世精神与慈悲情怀。与古代印度佛教和中国古代佛教的救世精神稍有不同的是，生活禅的救世精神不再是传统意义上的宗教类型的救世主，而是佛教哲学中众生平等精神下的救世，即表现为师生关系意义下的救世。净慧大和尚对此有明确的阐释，他说：“佛和众生的关系，不是救世主与被救者的关系，而是老师与学生的关系，师父与徒弟的关系。”而“师生关系就是慈悲融洽的关系。众生可以拥有佛的慈悲、智慧和福德”(《禅钥》第242页)。这样，我们通过向佛学习而拥有佛所拥有的慈悲、智慧和福德，从而发现并在生活中呈现、证成我们自己本来自足的佛性，提升我们自己的生存品位与境界。因此，生活禅的救世情怀可以理解为一种心灵与精神的唤醒，与现代教育精神提倡的个人觉醒、人格成长颇为契合。而“生命的自在、生活的潇洒、思想的空灵”(《禅钥》第270页)就是生活禅的具体生活目标。与此三个具体目标相一致，就分别形成了禅生命、禅生活、禅文化。生活禅的终极旨趣在于追求“生命的自在解脱”(《禅钥》第271页)。

“生活禅”虽然是一个新的理念，然而与中国传统佛教精神是一致的，净慧大和尚这样说道：“生活禅的理念，是为适应今天的生活节奏和时代因缘而提出的佛教修行实践的新理念，这个方法没有离开如来禅、祖师禅的精神。生活禅，是以菩提心作为出发点，以般若见作为见地，以息道观作为修习禅定的方法，以融入生活、消融烦恼作为日常实践的功夫。”（《禅钥》第277页）

这样，“生活禅”并不偏离传统佛教的教义、方法，而是通过对传统佛教教义、方法的高度提炼，使之与现代人的生活发生密切的关联，并为提升现代人的生活品质的总体目标服务。从这一角度说，“生活禅”既是中国传统佛教适应现代大众生活而表现出的现代性的转化，同时又是从佛教的宗教文化资源出发为化解现代人的人生困惑与苦恼而提出的佛教教法。

二、生活禅与佛教的现代性、中国化

“现代化”，作为一个全球性的生活趋势与话语体系，可谓无所逃于天地之间。传统文化要现代化，禅宗作为传统文化的一个部分，也要现代化。然而，禅宗如何现代化呢？禅宗现代化究竟是什么意思呢？对此问题，净慧大和尚的“生活禅”理念有着自己独特的理解。

禅宗现代化，绝对不是日常世俗层面那样单面性的理解，即要求“禅”单方面地适应现代人的生活要求，脱胎换骨地改变自己的内容与形式，以迎合现代生活。在净慧大和尚看来，禅的现代化，其主要精神在于：“要让现代人了解怎样进入修行、怎样改变自己，怎样在佛法中找到安身立命的方法。”因此，禅的现代化，其实如复旦大学教授王雷泉所说，“佛教要现代化是为了化现代”（《禅钥》第171页）。在此基础上，净慧大和尚进一步界定了佛教与禅宗的现代化的具体内涵。他说道：

“现代人即使有一个人需要佛法，佛法也有责任教化他、引导他，这就是现代化。不要把化现代理解为包罗一切，好像就是要改造现代社会，不是这个意思。化现代就是要化现代所有信佛教的人，只要你信佛我们就有教化的责任，就有正确引导的责任。”（《禅钥》第171页）

很显然，佛教与禅宗的现代化，绝对不是佛教与禅宗被动地适应现代生活，而是要让信仰佛教的人有正确的佛教信仰。作为当今多元文化的一元，佛教及其自身的现代化虽然可以理解为化现代，然而也绝对不是化现代所有的人，包治现代社会的所有问题，而仅是教化那些信仰佛教的人具备正确的信佛理念与正确的修行方法。佛不度无缘之人。那些不信仰佛教的人当然就不在佛教的教化之列了，也就当然不在佛教化现代的行列了。从这一点看，“生活禅”以其明确的责任意识与宗教文化的边界意识，在现代多元、开放的文化与精神生活中保持着自己的一份独特的文化价值、精神园地与社会责任，从而使得多元的现代文化成为可能。这也可以看作禅的精神的如实体现。

为什么这样说呢？因为真实的人文化成世界里有多元合理的文化价值现象，仅从宗教文化现象看，目前世界上现存的就有二千多种宗教，而大的宗教就有基督教、伊斯兰教、回教、道教、印度教等。禅宗作为中国化的佛教也仅是诸多宗教文化中之一种。因此，禅宗有自己的独特价值与独特的社会责任。

从根本意义上说，禅提倡不立文字，主张如实呈现真、善、美的本真、活泼泼的状态。而人文世界真、善、美的多样性需要如实呈现，也当如自然世界一样，表现为多样与丰富性。仅从生活现象来看，下面的诸多表相在净慧大和尚看来都是禅：“从自然现象来说，满目青山是禅，茫茫大地是禅；浩浩长江是禅，潺潺流水是禅；青青翠竹是禅，郁郁黄花是禅；满天星斗是禅，皓月当空是禅；骄阳似火是禅，好风徐来是禅；皑皑白雪是禅，细雨无声是禅。从社会生活来说，信任是禅，关怀是禅，适度是禅，平衡是禅。从心理状态来说，安详是禅，睿智是禅，无求是禅，无伪是禅。从做人来说，善意的微笑是禅，热情的帮助是禅，无私的奉献是禅，诚实的劳动是禅，正确的进取是禅，正当的追求是禅。从审美意识来说，空灵是禅，含蓄是禅，淡雅是禅，向上是禅，向善是禅，超越是禅”（《禅钥》第164~165页）。

当然上述列举还仅是一些典型的例子，还有很多生活现象都透着禅意，不能穷尽。禅“不立文字”，其本意并非反对文字甚或取消文字，而只是要求人们不执著于文字，并通过文字，过一种真诚无妄的生活，从事一种生命实践，从而面向生活、生命的本真。古人讲担水挑柴，洒扫应对，都透有禅意，就是这个意思。这与道家庄子讲的道无处不在，甚至在矢溺之中，意思相通。要而言之，作为真、善、美的完整体现，而且也是如实、生动的体现，禅是无处不在的。佛教哲学最高境界讲如实智，如实观，禅的精神就以中国哲学与文化的方式体现了这种如实智、如实观。这一重视整体、如实、生动的"生活禅"，作为一种佛教文化，可以对治、化解现代化生活中的机械、分割、碎片、过度包装、理性的冷酷、理智的计算等负面性的东西，从而使人的精神与心灵回到本真的活泼泼的状态。

从禅宗发展的历史看，六祖慧能开创的南宗，已经实现了印度佛教的中国化。慧能之后，佛教的中国化进程仍然在向前迈进，直到近代佛教大师太虚法师"人间佛教"概念的提出，使佛教由出世的宗教从根本上转化成入世化的宗教，从而将佛教的中国化推向了一个新的境界。与"人间佛教"所体现的现代中国佛教精神相一致，并且将其精神更加具体化，"生活禅"以贴近生活、融入生活、教化生活的更加多样、具体、灵活的方式，实践并推动着佛教文化"利乐有情、庄严国土"的慈悲精神。比如说，"家庭作道场，生活作佛事"（《禅钥》第 283 页）的主张，使得禅与中国人重视家庭生活的精神紧密地结合在一起了。禅修即在日常生活中。如果说传统的禅宗是以寺院作道场，修禅作生活的话，那么"生活禅"就是处处是道场，生活即禅修。这样一来，出家僧众、在家居士以及虽非居士而有佛教信仰的人，都可以在生活中践行佛教的理论，使佛教与人间生活更加紧密地结合在一起了。从这一角度看，"生活禅"是"人间佛教"理论的更加具体化的表现。

不仅如此，"生活禅"还对传统佛教中的"因果"关系论作出了创造性的、积极性的解释。这一创造性的解释表现在如下两个方面，第一，创造一切善因善缘，不断积累，从而改变我们的人生。如净慧大和尚说："有时候，我们会把因果的作用看成是固定不变的。当然，种什么因得什么果，确有一定的规定性。但只要我们有一个健康的信仰，在结果上尽管我们不可选择，在种因上我们却有主动权。不能选择什么果报，但是我们可以选择种什么因。我们尽量不要去做损人利己的事，尽量不要去做伤天害理的事。经过不断积累，就能改变我们的人生”（《禅钥》第244页）。第二，创造一切善因善缘，推迟恶的结果到来，使好的结果提前。净慧大和尚说：“我们无法改变结果，但是我们可以创造一切善因善缘，使恶的结果推迟，使好的结果提前。这也不是不可能的，这也是我们人生的主动权”（《禅钥》第244页）。

净慧大和尚在此处对传统佛教“因果”关系作出的积极解释，显然对传统佛教因果理论作出了一个更符合中国传统“易哲学”精神，也符合现代人积极进取精神的新解释。

在“生活禅”的理念下，净慧大和尚还提出要重视生命，不要等闲空过的思想（《禅钥》第245页），这一思想与传统佛教轻视此世肉体生命，向往西方极乐世界的出世思想大相径庭，而与中国传统儒家哲学、道家生命哲学以及现代的人道主义精神非常合拍。中国古代诗歌多有劝人珍惜光阴，积极有为的诗作。像岳飞的词：“莫等闲白了少年头，空悲切！”曾经激励过多少有志之士奋发有为！

至于“生活禅”将菩萨精神看成“是大地的精神，是桥梁的精神”（《禅钥》第234页），更体现了禅宗与易哲学的坤道思想，传统中国人的生生不息之流，现代人的沟通意识等相契合的一面。

上述种种的新观念，在我看来，都是“生活禅”理念对佛教与禅宗作出了更加中国化、更符合现代人精神与心灵要求的新解释，体现了禅宗在当代中国的新发展。

三、个人感受与可能的启示

读完《生活禅钥》一书，我初步的体认是：“生活禅”消融了生活与禅的有形边界，但并没有取消禅的自我本质，而毋宁说是将禅的本质融入到生活之中，如盐溶化于水中，生活中处处有禅而人不见禅，禅让生活变得更有味而禅本身不凸显自己之味。这也是如来禅、祖师禅大慈大悲精神，舍我救世、救人精神的更加体贴入微的体现。

在《生活禅钥》一书之后，近期，净慧大和尚又推出了另一部新作《做人的佛法》，进一步系统地阐述生活禅的具体内容，可以看作净慧大和尚“生活禅”观念的新进展与丰富化。

中国传统文化讲五味调和百味香。禅作为人的精神生活、心灵生活之重要一味，与其他精神文化共同作用，会让生活变得更加有味，因而用“生活禅”来化生活与用其他类型的高尚精神、高尚心灵来化生活是相辅相成、并行不悖的。这也当是“生活禅”的应有之意。

非常有意思的是，近来儒学研究群体中有学者提出了“生活儒学”的说法①。这一说法虽非直接从“生活禅”观念中获得启发，然而可以看成是“生活禅”观念的一种不期而然的回应，而正是从这一不期而然的回应中，我们可以感受到“生活禅”观念的时代气息。由此，我进一步想到：是否可以构造出“生活道家”、“生活基督”、生活哲学等观念？以此就教于学界与教界的学人与诸大德。

（作者单位：武汉大学哲学学院）

---

① 参见黄玉顺：《面向生活本身的儒探究——黄玉顺“生活儒学”自选集》，成都：四川大学出版社 2006 年版；《爱与思——生活儒学的观念》，成都：四川大学出版社 2006 年版。

后记

大约四年前，逢彬教授率性破茧，只身远赴沪上，就任新职；两年前，水金教授亦另觅邃野，奔赴南昌大学高就。“七子”疏落其二，所幸，尚存我等五人弘道于珞珈山。《学鉴》之发心鸿博深远，先后已出版三辑，委实不易！一年前，根友教授嘱托笔者征编本辑文稿，我当即应诺，欣然慨然。

杨兄逢彬教授出自书香世家，自幼即承家学熏炙。我辈出身粗鄙，对杨兄唯有仰视、赞慕之情！遇夫先生的学问十分广大、精深，单就小学一门来看，他上缵段王之学，而又推陈出新，大有创获，实无愧于“国学大师”的称号。廿余年来，逢彬兄有志于绍兴祖业，张皇其学。近年，他的论文常有方法论上的总结和推衍，总是给人以极大的教诲。本辑所收其二篇大文，笔者读之，获益匪浅。

朝军教授是四库学研究专家，他的辨伪成就卓著，相关大作已有多部。本辑得以编成，实有赖于司马仁兄的慷慨应允，将长篇巨制赐下。杨华教授长期从事古典时期的礼学研究，俨然自成一家。二十天前，当他将《中国传统文化中的生态智慧》一文掷下，乍看题目，我心头猛地“咯噔”一下：杨大人何时也有此雅兴，来迎合时下流行的现代性阐释的热潮呢？然而等到拜读完他的大作，笔者乃有夫子所谓“我欲托之空言，不如载之行事之深切著明”

之叹：杨教授的论述十分充实，每下一断语，皆能广征故书，言而有据，于“生态环保”之义可谓深切著明矣，与空言饶舌之辈相去何可以道里计！师领教授与笔者同院，他一向敏于思考而惜墨如金。年终，当人们在竞相填表炫示发表了多少篇文章，其中又有多少篇发表在国家级、世界级的刊物上的时候，他却踦踽独行，徜徉在自我创造的思想世界里。师教授的学识广博，其所思的焦点集中在“健康”上，他一直在深入地思考中西医学的基础理论。他的兴趣诚然在“思想”方面。

记得水金教授还在珞珈学苑漫步的时候，其气象即不同一般。如今，他在南昌开了山头，广辟道场，博施弟子，高就院长之职，堂庑更加广大了。程教授所评荐的张舜徽先生，亦为晚辈素所尊崇。华中师范大学出版社近年出版了《张舜徽集》，在下不惜巨资，悉数购得，并置于背后的书架上，以备随时翻检和学习。

净慧法师的名号如雷贯耳，晚辈还在读博的时候即曾听说过他的大名。去年春节期间，我同根友教授等前往黄梅四祖寺去给老和尚拜年、请安，得瞻尊容，顿感大师气象十分亲切，禅修功夫十分了得：圆通真俗而常怀普度之心！在此次拜会时，净慧法师亲赐巨著《入禅之门》、《生活禅钥》二书，晚生返汉后数日即匆匆读过，觉得颇为受用。不想，根友教授读得如此之仔细，他的《〈生活禅钥〉读后》言辞恳切、真实，还进一步阐发了“生活”中的智慧，同样给人以很大的启示。另外，根友教授是“珞珈七子”读书会及《学鉴》集刊的发起人和组织者，他的才艺是多方面的。我们能聚会在一起，他的贡献尤巨。

是为记。

2011年5月1日劳动节

黄陂丁四新谨识于雄楚珞桂寓所